青少年事务社会工作丛书

青少年事务社会工作案例

QINGSHAONIAN SHIWU SHEHUI GONGZUO ANLI

主编　张兴杰　副主编　韩辉　周军

全国社会工作标准化技术委员会
中国社会工作学会　组织编写
广州市团校

中国社会出版社
国家一级出版社·全国百佳图书出版单位

图书在版编目（CIP）数据

青少年事务社会工作案例／张兴杰主编．—北京：
中国社会出版社，2020.6
（青少年事务社会工作丛书／史柏年主编）
ISBN 978－7－5087－6463－4

Ⅰ.①青…　Ⅱ.①张…　Ⅲ.①青少年—社会工作—
案例—汇编—中国　Ⅳ.①D432.6

中国版本图书馆 CIP 数据核字（2020）第 246391 号

书　　名：青少年事务社会工作案例
主　　编：张兴杰

出 版 人：浦善新
终 审 人：李　浩
责任编辑：张　杰
责任校对：朱文静

出版发行：中国社会出版社　**邮政编码**：100032
通联方式：北京市西城区二龙路甲 33 号
电　　话：（010）58124853
网　　址：www.shcbs.com.cn
shcbs.mca.gov.cn

社工图书专营店

印刷装订：中国电影出版社印刷厂
开　　本：170mm×240mm　1/16
印　　张：30.75
字　　数：499 千字
版　　次：2020 年 12 月第 1 版
印　　次：2020 年 12 月第 1 次印刷
定　　价：90.00 元

中国社会出版社微信公众号

“青少年事务社会工作丛书”编委会

主　编：史柏年

副主编：邹学银　涂敏霞

主　审：丘英文

委　员（按姓氏笔画排序）：

马发腾　王　颖　许莉娅　张兴杰　杨　成　杨　慧

赵学慧　赵明思　郑玉珍　周　军　韩　辉

《青少年事务社会工作案例》编写组

主　编　张兴杰

副主编　韩　辉　周　军

编　委　徐玉霞　何俊华　苗艳梅　郑州莹

曾庆松　陆卫红　苏志豪　郑玉珍

前　言

2018年12月28日，国家标准化管理委员会发布了社会工作领域首个国家标准《青少年社会工作服务指南》，并于2019年7月1日起实施。为配合做好《青少年社会工作服务指南》的宣贯工作，在共青团中央社会联络部、民政部慈善事业促进和社会工作司的大力支持下，在广州市团校的资助下，全国社会工作标准化技术委员会、中国社会工作学会组织编写了"青少年事务社会工作丛书"。

该套丛书包括《青少年事务社会工作》《青少年事务社会工作案例》和《〈青少年社会工作服务指南〉解读》。其中，《青少年事务社会工作》系统梳理了有关青少年事务社会工作的概念、内容和方法，是青少年事务社会工作领域培训和学习的基础教材；《青少年事务社会工作案例》在征集全国青少年事务社会工作真实案例的基础上深入剖析而成，凝聚了理论界和实务界的原创智慧；《〈青少年社会工作服务指南〉解读》可以更好地帮助读者把握指南的制定原意和标准条款。

我们相信，该套丛书的出版将有力推动我国青少年社会工作服务的专业化和规范化进程，更好地促进青少年事务社会工作的发展。

丛书编写组

目 录

MULU

第一篇

青少年道德建设

第一章 “我心向党，快乐成长” 社区党群小记者建设项目

作者：黎嘉祥 督导：李 超[①]

一、项目背景介绍

（一）项目的缘起

1. 社会工作者的职业情怀

本项目的社会工作者在大学读书时曾参加大学生记者团，锻炼自己的新闻素养和能力。工作后，社会工作者一直探寻着如何将个人素养能力融入工作中，践行助人自助的职业情怀。

2. 社区党员的提议

2016 年 12 月，社会工作者在深圳市南山区沙河街道明珠街社区党群服务中心社会工作办公室接待了一名社区党员。畅谈中，这名社区党员提到在青少年服务中，可以尝试开展“小记者”活动，让更多的青少年参与到社区的服务中来。

3. 项目的前世今生

2017 年，社会工作者发现服务对象（青少年）的表达能力、写作能力、创新能力、交往能力的多样化需求较大，参与社区新闻采编的“小记者”社会实践活动热情较高。为此，组建了明珠街社区小记者队伍，开展了“美丽家园明珠街，小小记者促和谐”明珠街社区小记者培养项目。

2018 年，为适应深圳市社区党建标准化建设以及深圳建成党群服务中心“1 + 10 + N”服务体系形势，社会工作者将社区小记者培养项目升级为“我心向党，快乐成长”社区党群小记者建设项目，以此带动社区青少年健康成长，参与社区服务，同时让党群小记者服务社区，做党群共融的探

① 黎嘉祥、李超，深圳市龙岗区至诚社会工作服务中心，深圳，518172。

寻者和传播者。

（二）项目简介

1. 项目立项的思考

中共中央、国务院《关于进一步加强和改进未成年人思想道德建设的若干意见》中指出：要积极推动少儿文化艺术繁荣健康发展。加强少儿文艺创作、表演队伍建设，注重培养少儿文艺骨干力量。

深圳市教育局《关于进一步提升中小学生综合素养的指导意见》中指出：全面提升学生品德、身心、学习、创新、审美、国际、信息、生活八大素养。强调充分利用学校、家庭、社区课程资源，开发与综合素养提升相配套的专题化、系列化、模块化的拓展课程和特色课程。

2017 年 3 月，本项目的社会工作者面向社区 7 ~ 18 岁的青少年进行了项目需求调研工作，在“您最渴望提升自己哪一方面的能力”这一问题中，表达能力和写作能力的提升渴望占比大，分别达到 28.13%、21.88%，创新能力和交往能力的提升渴望分别为 18.75%、12.5%。此外，在建议一栏，家长希望有一个给孩子锻炼成长的持续平台，多开展一些社会实践性的活动，丰富孩子们的经历。由此可见，青少年对于表达能力、写作能力、创新能力、交往能力的多样化需求较大，孩子和家长的热情较高。

社会工作者在“美丽家园明珠街，小小记者促和谐”明珠街社区小记者培养项目的服务经验基础上，进行创新优化，并融入党史教育、红色采风等党建元素，组织青少年以党群小记者身份参与教育培训、采风采访、总结展望三大模块内容，以满足多样化需求。

2. 项目类型

“我心向党，快乐成长”社区党群小记者建设项目属于青少年道德建设领域，是明珠街社区的特色服务项目，在深圳市龙岗区至诚社会工作服务中心的第七届服务案例大赛中荣获优秀案例，在深圳市南山区社会工作协会 2018 年优秀服务案例评选中荣获 2018 年社会工作优秀案例。

3. 实施地域

该项目的实施地域为广东省深圳市南山区沙河街道明珠街社区。明珠街社区总人口 16188 人、5233 户，户籍人口 6872 人、1857 户，流动人口 9316 人、3376 户。

二、预估

（一）预估服务对象

服务对象预估情况一览表

预估服务对象			预估中的难点及其应对
服务对象遇到的问题： 社区青少年面临着个人成长和兴趣能力方面的窘境，家长都希望有一个给孩子锻炼成长的持续平台。	服务对象的需求： 青少年对于表达能力、写作能力、创新能力、交往能力的多样化需求。	资源及其资源障碍： 服务对象的家长志愿者协助活动；服务对象带动同辈群体参与活动。	1. 服务对象青少年对党群小记者不太了解，报名时犹豫。开展线下招募活动，加大活动内容的宣传。 2. 家长志愿者未经培训，较为随意，缺乏志愿服务技巧；活动时间提前 10 分钟，进行临时培训。

（二）预估项目

项目的各类资源	开展项目的阻碍
1. 人力资源：社区党员、社会工作者、新闻工作记者、家长志愿者等。 2. 合作方资源：纪念馆管理员、印刷供应商、大巴公司等。	项目、海报的设计；招募活动场面混乱；涉及党史政治教育，报名人数少；专业技巧培训缺乏吸引力；采风、派发报纸活动存在安全隐患……

三、制订项目服务计划

项目服务计划书

1. 计划书名称

“我心向党，快乐成长”社区党群小记者建设

2. 设计理念

本项目以培训、采风、采访、总结为外在策划思路，以学习、体验、成长、服务为内在策划思路，邀请社区党员指导工作，以党课教育、技巧培训、红色采风、采访党员和群众、派发报纸等为主要活动内容，为青少

年人群提供党课、新闻、采访、写作等服务，发挥党建引领作用，让党群小记者成为连接党员和居民群众的桥梁，促进社区党群共融。

3. 理论支持

优势视角理论认为，每个人、群体、组织和社区都有其内在的能力，包括天赋、知识、社会支持和资源，只要存在适当的条件，他们就可以建设性地发挥自身功能。优势视角着眼人的优势，以利用和开发人的潜能为出发点，社会工作者在某种程度上要立足于发现、寻求、探索及利用服务对象的优势和资源，协助服务对象达到目标，实现服务对象的梦想。

社会工作者为社区青少年提供一个参加社会实践和新闻采访的机会，青少年成为党群小记者，学习红色文化知识和新闻采写技能，体验红色采风和记者身份职业，拓展青少年的成长空间，同时让青少年落笔成文，为社区宣传服务，传播社区正能量，挖掘青少年发展优势。

4. 项目服务目标

（1）总目标

将小记者活动与党建元素有机结合，融入党建元素，培养并提高党群小记者的爱党爱国意识和专业素养能力；触摸红色文化，深入采访党员群众，让党群小记者成为连接党员和居民群众的桥梁，做党群共融的探寻者和传播者；宣传社区资讯，表彰和激励优秀党群小记者，带动青少年参与社区服务。

（2）分目标

①邀请社区党员指导工作，采取线上网络和一场线下摆摊形式招募新成员，组建成新的明珠街社区党群小记者团。

②组织开展一场党课教育和一场技巧培训，邀请社区党员和新闻记者讲述党课故事、新闻写作、采访技巧、摄影拍照等内容。

③组织党群小记者到东江纵队纪念馆、文天祥纪念馆和凤凰古村等基地参观采风，接触红色文化，感受爱党爱国的情怀。

④组织党群小记者慰问高龄党员、残障人士和商家物业等，了解需求和情况，并进行有关好人好事的采访，做党群共融的探寻者和传播者。

⑤出版两期《社区党群之声》报纸，宣传社区动态、民生微实事和党群小记者等风采情况。

⑥开展2018年度明珠街社区党群小记者总结表彰活动，表彰和激励优秀党群小记者。

5. 项目具体服务计划表

项目主题	开展时间	参与人员及人数	项目服务目标	主要内容	服务形式	所需资源	可能遇到的难点及解决预案
项目筹备	5月完成	社区党员、社会工作者，两人(次)及以上	完善项目内容，做好项目海报、折页等准备工作。	(1) 社会工作者与社区党员商议，合理规划活动，完善项目方案。 (2) 社会工作者结合青少年服务对象特点设计海报、折页各1份。	会谈	电脑、方案计划	难点：项目、海报的设计。 预案：创新策划思路，做好项目申报。
教育培训	6月下旬	社区党员、社会工作者、社区青少年、新闻记者，150人(次)	组成新的明珠街社区党群小记者团，培养和提高党群小记者的专业素养能力和爱党爱国意识。	(1) 宣传招募。邀请社区党员指导党群小记者工作，宣传活动内容，招募新老成员。 (2) 党课教育。邀请社区党员给党群小记者们上一堂内容丰富、启迪人生的党课。 (3) 技巧培训。邀请新闻记者等讲解写作、采访、摄影拍照等内容。	社区活动（宣传招募）	横幅、音响、话筒、文具套装、游戏道具	难点：招募活动场面混乱；涉及政治教育，报名人数少；专业培训缺乏吸引力。 预案：引导志愿者控制场面；活跃宣传内容；融入趣味环节。
	7月上旬				社区活动（党课教育）	横幅、记事本、文具套装	
	7月中旬前				社区活动（技巧培训）	横幅、文具套装、教材讲义	
采风采访	7—8月	社区党员、社会工作者、社区青少年、家长志愿者、纪念馆管理员、大巴司机，90人(次)	触摸红色文化，弘扬少年中国精神，感受爱党爱国的情怀；了解党员群众的状况或需求，做党群共融的探寻者和传播者。	(1) 红色采风。①东江纵队纪念馆参观采风；②文天祥纪念馆、凤凰古村参观采风。 (2) 采访党员。组织党群小记者深入走访党员家庭。 (3) 采访群众。组织党群小记者走上街头、深入群众，采访辖区商家、物业、困难群体。	社区活动（红色采风）	队旗、横幅、马甲、书包、帽子	难点：外出活动可能出现摔伤等情况；采访行程中，可能存在安全问题。 预案：强调注意事项；红色采风活动购买保险；家长志愿者协助。
	8月上中旬				社区活动（采访党员）	证件牌	
	8月中旬				社区活动（采访群众）	证件牌、纸巾	

续表

项目主题	开展时间	参与人员及人数	项目服务目标	主要内容	服务形式	所需资源	可能遇到的难点及解决预案
总结展望	8月下旬	社区党员、社会工作者、社区青少年、家长志愿者、印刷供应商，75人(次)	宣传社区资讯，总结项目实施情况，表彰和激励优秀党群小记者、最佳突出党群小记者，带动更多的青少年积极参与社区服务。	(1)制发报纸。收集和编辑出版2期《社区党群之声》报纸，并组织党群小记者前往白石洲地铁站等地方派发《社区党群之声》报纸两次。 (2)总结表彰。汇报项目实施情况，表彰“优秀党群小记者”和“最佳突出党群小记者”。	社区活动(派发报纸) 社区活动(总结表彰)	队旗、横幅、矿泉水、《社区之声》报纸 横幅、水果拼盘、茶点小零食、奖品、荣誉证书、公仔、台灯	难点：派发报纸外出安全问题；总结表彰活动参与人数较多，场面可能存在混乱。 预案：强调注意事项；派发报纸活动购买保险；家长志愿者协助控制场面。

6. 项目评估

本项目采取项目满意度评价法，对服务对象和相关利益方（社区党委等）进行评估；同时，项目的社会工作者对项目创新性、项目管理、资源动员和整合、政策倡导等能力建设方面进行自我评价。

四、实施项目服务计划

（一）开展项目服务

开展项目服务的过程	项目服务的方式及方法	开展项目服务中的难点及其应对
6月29日，开展宣传招募。活动现场，通过宣传单张、游戏互动、回答问题、填表报名等形式，让青少年知道和了解党群小记者。来往的少年儿童热情参与，纷纷表示对党群小记者的后续活动十分期待。	社区活动（宣传招募）	难点：招募活动场面比较混乱，出现插队现象。 应对：增加社会工作者和志愿者调控场面。

续表

开展项目服务的过程	项目服务的方式及方法	开展项目服务中的难点及其应对
7月15日，开展党课教育。活动首先从“何为党群小记者”“我们的历史渊源”“我们的内容安排”“我们的希望要求”四个方面为大家介绍了社区党群小记者项目，让大家对活动的由来、历史、安排和期望有一个较为全面的了解和认识。随后，邀请社区老党员胡永林给党群小记者们上了一堂内容丰富、启迪人生的党课。	社区活动（党课教育）	难点：涉及政治教育，一些孩子和家长觉得枯燥无趣。 应对：说明党课教育重在一种认识，主要以小故事解读党史。
7月18日，开展技巧培训。本次活动由“拍拍操”开始，我们邀请报社工作记者到现场给大家授课。活动课程以“新闻采写技巧心得——记录生活的精彩瞬间”为主题，生动精彩地讲述了“寻找线索”“判断线索”“采访技巧”“写稿”“摄影”方面的知识和技巧；培训活动还给大家发放了《小记者综合能力训练》教材。	社区活动（技巧培训）	难点：报名专业培训活动的人数较少，缺乏吸引力。 应对：融入“拍拍操”环节，减少枯燥内容。
7月22日，党群小记者及家长到坪山新区东江纵队纪念馆参观采风。大家随着纪念馆的讲解员开始了一次红色体验之旅，先后参观了大厅、展厅、文物厅、烈士英名碑、曾生文物室、前进报社旧址。在二楼观看了东江纵队宣传片。党群小记者来到这里接受熏陶，看到战争中先辈们的付出，采集红色文化，感受和平年代生活来之不易，珍惜现在的美好生活，开创未来的精彩人生。	社区活动（红色采风）	难点：外出采风活动，孩子们靠近讲解员，缺少参观礼仪。 应对：强调参观博物馆时的礼仪，做文明的党群小记者。
8月5日，党群小记者及家长志愿者到宝安区福永街道凤凰社区文天祥纪念馆、凤凰古村参观采风。随着讲解员，陆续参观了纪念馆的六个部分：家规祖训、彰善瘅恶；济世爱民、清正廉洁；危难救国、勇于担当；忠诚不渝、丹心永铸；抵御利诱、取义成仁；正气家风、世代传承。参观完文天祥纪念馆，随后前往凤凰古建筑群，领略古村的民风与原貌。	社区活动（红色采风）	难点：许多党群小记者参观完文天祥纪念馆后，到处玩耍，存在安全隐患。 应对：强调安全事项，多数参观完，引导大家继续参观附近的凤凰古村。
8月8日，明珠街社区党群小记者走上街头、深入商铺，采访群众、商家。党群小记者与过往群众以及便利店、菜店、药店、服装店等老板或服务员“套近乎”，采访有关药品、食品、社区服务、安全卫生环境、幸福指数等方面的问题，同时尽可能传递党政方针政策。	社区活动（采访群众）	难点：采访行程中，存在安全隐患。 应对：安排社区志愿者协助和跟进活动。

续表

开展项目服务的过程	项目服务的方式及方法	开展项目服务中的难点及其应对
8月13日，明珠街社区党群小记者深入走访党员群众家庭和部分物业管理处，采访党员群众和物管人员。党群小记者与退休党员谈故事，与特殊群体聊家常，与物业管理人员说服务。	社区活动（采访党员群众）	难点：采访过程中出现没有话题聊的尴尬局面。 应对：不同性格的孩子们有机组合。
8月17日、26日，开展派发报纸活动。党群小记者及家长怀着喜悦的心情，前往侨城豪苑、湾畔花园、白石洲地铁站等派发《社区党群之声》报纸。	社区活动（派发报纸）	难点：存在安全隐患。 应对：购买保险。
8月20日，举办总结表彰活动。活动中，5名党群小记者分享了自己参加社区党群小记者活动的所思、所获、所感。党群社工通过PPT对社区党群小记者建设项目做了总结汇报。现场表彰了17名“优秀党群小记者”和6名“最佳突出党群小记者”，明珠街社区党员代表做了总结讲话。	社区活动（总结表彰）	难点：总结表彰活动参与人数较多，时有孩子们走动。 预案：组织家长志愿者协助现场。

（二）结束项目服务

结束项目服务的标准（或指标）	结束项目服务的方式及方法	结束项目服务的难点及其应对
①完成10场社区活动； ②编辑出版并派发两期报纸。	最后一次派发报纸结束，即结束项目。	难点：报纸素材的收集及排版。 应对：提前向孩子们及家长说明，表彰评优的依据主要是撰写稿件的采用数量和参与服务的表现情况，激励大家结合活动积极写稿和投稿。

五、评估

（一）评估的内容及方法

1. 评估内容

围绕本项目的目标，评估服务对象和相关利益方对项目的满意度，以及项目的实际效果。

2. 评估方法

项目评估的方法主要采用服务对象和相关利益方的评价、社会工作者自评等方法。

（二）项目服务的成效

1. 目标的达成情况

项目组织开展10场活动，直接服务总人数96人，辐射受益人群1824人次。撰写稿件20篇，抒发爱党爱国情怀，提高了孩子们的新闻素养和采访写作能力。采访13名党员和46名群众，了解党员群众的需求，促进社区党群共融。出版两期《社区党群之声》报纸，发出1551份，传播了社区的正能量，扩大影响力，吸引了近百名青少年参与到社区服务中来，达到项目预期目标。

2. 项目满意度评价

78位受益人或相关方对本项目的评价为优，“很满意”的人数为74人，占调查对象的94.9%；“较满意”的人数为3人，占调查对象的3.8%；“一般”的人数为1人，占调查对象的1.3%；“不太满意”“很不满意”的人数均为0人。

3. 社会工作者自评

社会工作者站在深圳市社区党建标准化建设的新高度，开发并创新了项目的新版本，使之更好地适应基层社区服务。全程策划和组织了项目活动，在项目管理、资源动员和整合、政策倡导等能力建设方面有所提高，圆满完成了项目的主要内容，得到辖区群众的普遍认可，得到社区党委的肯定，该项目已经获得多个荣誉称号。

（三）评估中遇到的难点及其应对

社会工作者在评估中，社区层面的服务成效较多，在党群小记者个人层面的展现不多。后经督导指点和自我反思，社会工作者针对服务对象青少年（党群小记者）层面的总结如下：

①项目融入党课教育、红色采风等党建党群元素活动，以及撰写心得感言，让党群小记者抒发爱党爱国情怀，传递了爱党爱国意识；

②项目凝聚到对新闻写作、采风采访、摄影拍照感兴趣的96名青少

年，增强了青少年群体归属感；

③一期项目编写采用稿件11篇，二期项目编写采用稿件20篇，提高了党群小记者的新闻素养和采写能力；

④采访13名党员和46名群众（包含商家、物业在内），成为党员和居民群众的桥梁，了解党员群众的需求或情况，促进社区党群共融；

⑤出版《社区之声》《社区党群之声》报纸，并向社区居民发出1551份，极大地传播了社区里的正能量，更带动身边的青少年参与到社区服务中来，增强了社区青少年对自我的价值感。

六、总结与反思

（一）收获

1. 专业方面的收获

社区党群小记者建设项目的实施和完成，深化了社会工作者对优势视角的认识和运用，使得社会工作者在项目管理、项目资源动员和整合、青少年参与社区党建工作等方面积累了项目专业经验和能力。

2. 个人方面的收获

通过参加社区党群小记者建设项目，收获了知识和新闻编写方法及产品化思维成效的创新性，同时很好地融入了个人素养能力和助人自助的职业情怀，实现了自我价值感。

（二）经验与创新

1. 项目服务中用到的过往工作经验或方法

社会工作者在项目服务中，采用社区活动的专业方法推进项目，通过优势视角方法，为社区服务对象青少年提高一个参加社会实践和新闻采访的机会，青少年成为党群小记者，学习红色文化知识和新闻采写技能，体验红色采风和记者身份职业，拓展青少年的成长空间，同时让青少年落笔成文，为社区宣传做服务，传播社区正能量，挖掘青少年发展优势。

2. 项目服务中的创新

一是项目定位理念创新。为适应深圳市社区党建标准化建设，承载党建内容，将小记者升级定位为“党群小记者”。一方面让社区青少年成长起来，参与社区服务；另一方面让党群小记者服务社区，做党群共融的探寻者和传播者。

二是项目领域结合创新。在寻求破解流动青少年个人成长和兴趣能力等素质发展的同时，党群小记者活动与基层党建有机结合，融入党建元素，承载党建内容，体现党建和青少年的领域结合创新。

三是项目探索出“党建引领+社工扶助+社会协同+少年参与”服务体制，创新服务的运作模式。

四是项目创造出《社区党群之声》宣传报纸，具有可视化产品。

五是项目调动了社区党员、社会工作者、工作记者、家长志愿者等人力资源参与其中。

3. 项目服务对行业工作的贡献及价值

项目荣获深圳市龙岗区至诚社会工作服务中心第七届优秀案例故事大赛“三等奖”、南山区 2018 年社会工作“优秀案例奖”，并且入选《2017—2018 年南山区社会工作优秀服务案例汇编》，为深圳市龙岗区至诚社会工作服务中心、深圳市南山区社会工作贡献了项目新思路，也为社会工作和党建工作的有机结合提供了一种可行路径。

（三）专业反思

1. 项目服务中印象最深刻的是什么

项目服务中给社会工作者印象最深刻的是融入党课教育、红色采风等党建元素，使得服务对象青少年接受党史教育、参观爱国主义基地、撰写红色采风和采访党员群众心得文稿、出版可视化宣传报纸《社区党群之声》，这些集中体现了项目服务中的党建元素、党群元素。

2. 项目服务中有哪些印象深刻的情绪感受

项目服务中，社会工作者的情绪几乎经历了喜、怒、哀、乐。设计和开发出来的目标蓝图是令人欣喜的，并积极投身宣传招募中。6 月放学时进行的线下宣传招募活动，招募到的青少年几乎都是路过辖区的孩子，招募情况不容乐观，后来大力进行了线上招募，吸引了一些青少年加入。开展党课教育前，社会工作者担心培训内容青少年群体不感兴趣造成报名参加的人很少，因此感到忧虑。社会工作者积极运用线上的自媒体、微信群、电话，以及线下的走访、宣传介绍等，结果党课教育参与人数达到 30 余人，超过预定的 25 人目标，从而为后面活动的开展创造了信心基础。

3. 项目服务中有哪些与专业服务有关的新发现

项目服务中，社会工作者发现青少年服务对象乐于红色采风，乐于采访党员群众，尤其乐于派发报纸，锻炼自我、展现自我。

4. 在未来的服务中，将如何运用专业收获开展项目服务

在未来的服务中，社会工作者将在已有社区活动的基础上，融入小组等专业社会工作手法，进一步深度融合党建的需求，引进更多的公益资源，充实和优化党群小记者建设的项目内容。

七、督导评语

（一）社会工作者在项目服务中价值理念的践行

社会工作者在项目设计时运用了优势视角的理念，善于发掘社区的资源并运用到项目中来。在项目开展过程中，重视服务对象自身的能力发挥，让服务对象从服务的参与者成为服务的提供者，让服务对象更加感受到自身的价值，体现社会工作“助人自助”的理念。同时，在项目实施过程中，能尊重、真诚对待服务对象及服务合作方。

（二）社会工作者在项目服务中的专业能力

1. 社会工作者具备较强的项目研发和项目文书撰写能力

本项目社会工作者在原有项目的基础上进行优化升级，项目整体目标明确、思路清晰，项目内容能有效回应项目的目标，并促进项目目标的达成。同时还注重项目的产出及可视化产品的制作，整体展现了社会工作者项目策划的能力。

2. 社会工作者在项目实施过程中能有效做好项目的执行

在本项目的执行过程中，社会工作者能与项目合作方进行良好的沟通，促进项目有效推进，并在遇到困难时，积极寻找资源予以解决，具备较强的项目执行能力。能较好地扮演组织者、协调者、资源整合者等角色，促进项目的推进。

（三）社会工作者在项目服务中突出的表现

青少年群体参与社区服务，尤其是参与社区党建工作是日常工作中的

难点，难免会出现内容枯燥或者形式大于内容的情况，而社会工作者设计的“‘我心向党，快乐成长’社区党群小记者建设项目”很好地解决了这个问题，项目以青少年感兴趣的社区小记者的形式结合党建工作开展，让党群小记者成为连接党员和居民群众的桥梁，做党群共融的探寻者和传播者，通过党群小记者采访社区党员和群众，出版《社区党群之声》报纸，并向社区居民发放，极大地传播了社区里的正能量，更增强了社区青少年对社区的归属感，对自我的价值感，项目整体成效较好。同时，本项目的服务案例获得社会工作服务机构和南山区的评优荣誉。

（四）社会工作者在项目服务中有待提升的方面

1. 项目设计方面

目前在项目设计这一块还有待提升。本项目是关于党建的项目，社会工作者自身在这方面的项目设计素养还需要提升，同时在社区小记者如何具体参与党建工作，有效促进党员、群众共融方面还需加强思考。

2. 个人自信心方面

社会工作者在个人自信心方面表现不够自信，对于自己的能力认识有所欠缺，对自己可以做好一个项目的自信心有待提升。从工作效果来看，本项目的实施有力地证明了社会工作者扎实的专业服务能力，社会工作者应对自己有信心，同时进一步提升自己的成长目标，提高自己的专业成长，以取得更好的成绩。

第二章　青少年注意力不集中问题介入案例

作者：逄彤彤　王子璇　曹睿　卞江　督导：赵记辉①

一、案例介绍

服务对象张林同学长期存在上课和写作业注意力不集中的现象，这使得他的成绩一直居于班级中游，父母和他曾多次想办法来改善这一情况，但都效果不佳。社会工作者在四点半课堂发现服务对象经常会出现在写作业过程中说话的现象，社会工作者劝说时，服务对象也只是暂时地保持安静，但仍会一边玩着别的东西一边写作业；并且与其他学生相比写作业效率和正确率都较低。社会工作者通过评估认为注意力不集中问题已对服务对象的学习生活产生了影响，需要专业服务的介入。

（一）服务缘起

社会工作者在某社区四点半课堂进行志愿服务时，发现服务对象小张同学有写作业注意力不集中的现象，所以社会工作者主动联系到了服务对象的家长，服务对象家长表示知道这个情况，但一直没有有效方法解决。社会工作者提出想要主动帮助服务对象改善这个情况，家长表示赞同与支持，服务对象也同意社会工作者对自己提供服务。

（二）服务对象的基本信息

姓名（化名）	张林	年龄	11 岁
性别	男	职业	学生
受教育程度	小学	婚姻状况	未婚

①　逄彤彤、王子璇、曹睿、卞江、赵记辉，山东女子学院，济南，250300。

续表

兴趣、爱好	乐高玩具、绘画	家庭情况	独生子女，与父母同住，与父母关系均很好
服务对象的来源	社会工作者发现	服务对象的类型	青少年
服务对象求助的意愿	由被动接受变为主动寻求	服务对象对社会工作者的认知程度	在四点半课堂时对社会工作者印象不深，经过服务，对社会工作者有一定的认可和信任

（三）个案描述

1. 个人情况

服务对象表达欲较强，但由于服务对象年龄较小，自制力较差，无法控制自己对周围环境的抗干扰能力和表达欲，使得自己在课堂和写作业的过程中也会不自觉地与周围人说话或受周围环境的吸引，从而导致注意力无法集中在学习上。

2. 家庭情况

服务对象家庭氛围融洽，父母语言表达能力较强。服务对象受到家庭氛围和语言环境的影响，表达能力较强，喜欢热闹，擅长与他人交流。社会工作者在与服务对象及其父母沟通的过程中，他们均表示服务对象注意力不集中的现象已经对服务对象的学习造成了影响，愿意接受社会工作者的服务为服务对象改善这个情况。

3. 曾作出的尝试及成效

曾采取措施，但无成效。在开展服务之前，服务对象及其老师、父母都采取了一些方法来帮助服务对象改善这个情况，但是效果均不佳。

社会工作者于四点半课堂发现服务对象。服务对象在每周一到周五的某社区四点半课堂临时托管过程中仍出现上述情况，社会工作者发现了服务对象注意力不集中的现象，并且已经对他的写作业的效率和正确率产生了很大的影响，所以主动与服务对象及其父母沟通。

服务对象做自己喜欢的事情注意力极高。社会工作者发现服务对象对乐高和绘画的兴趣很浓厚，在做这两件事情的过程中注意力能够高度集中，很难受外界环境的干扰。

二、个案工作服务的过程与专业关系

（一）接案与建立关系

1. 接案

	接案的过程	应用的方法和技巧	接案中的难点及其应对
初步接触	（1）与服务对象父母沟通取得服务对象父母的同意和配合（服务对象属于未成年人，需要与其监护人沟通取得监护人的同意）。 （2）与服务对象父母沟通，了解父母对服务对象的期望和服务对象的基本情况，以及父母对服务对象产生此类现象原因的分析。 （3）与服务对象沟通，询问其是否愿意接受服务（此前四点半课堂已与服务对象存在良好的关系基础）。 （4）与服务对象沟通了解服务对象对自身的期望和对自身注意力不集中情况的看法以及自身曾经做过什么努力。 （5）社会工作者评估服务对象问题产生的原因和期望达到的结果，并对社会工作者自身所掌握的资源进行评估，并与服务对象及其父母进行沟通，确保评估结论的准确性。	（1）澄清技巧：在与服务对象服务沟通的过程中一律使用“情况”和“现象”来代替“问题”一词，并向服务对象及其父母澄清服务对象并不是与其他孩子不同，以及在服务过程中需要的是双方的努力，避免给服务对象造成依赖和压力。 （2）沟通和聆听技巧：在与服务对象及其父母沟通的过程中，需要引导他们说出对开展服务有效的信息，并在聆听的过程中表达社会工作者的关切和专注以及从他们的神态、动作中挖掘潜在的信息。 （3）表达同理心：在进行沟通的过程中社会工作者一直表示能够理解服务对象及其父母对解决问题的迫切心情。 （4）影响性技巧：服务对象在之前的努力中受到了一些打击，认为自己仍没办法改善自己的问题。社会工作者通过告诉服务对象任何问题的解决都需要时间这个道理来帮助服务对象重新建立信心。 （5）评估技巧：社会工作者向服务对象表示自己可以帮助他改善现在的情况，但是需要我们共同的努力才能更好地改变，没有给予他会帮助他彻底解决问题的承诺。	难点： 服务对象的父母一直把社会工作者放在老师的角色当中，对社会工作者角色没有一个正确的认知。 应对： （1）社会工作者向服务对象的父母澄清社会工作者主要是一个协助者的角色，需要与服务对象以及家长的配合一起帮助服务对象。 （2）社会工作者向其父母建议与社会工作者每天交流服务对象制订计划的完成情况和变化，并让他们在服务的过程中向社会工作者提出意见。

续表

	接案的过程	应用的方法和技巧	接案中的难点及其应对
接案	(1) 取得服务对象及其父母的认可之后，社会工作者与服务对象一起分析出现注意力不集中问题的主要原因是由于服务对象对自己的控制力不强，不能很好地规范自己的行为。 (2) 社会工作者与服务对象及其家长一起沟通讨论服务对象接下来的服务计划、监督计划和发展目标。 (3) 社会工作者与服务对象一起制订了本周的计划，包括在课堂集中注意力听课时长的任务和写作业走神次数限定的任务。	(1) 服务对象参与。社会工作者与服务对象一起分析出现问题的原因，不仅仅是由社会工作者出力，而是社会工作者引导服务对象一起参与。 (2) 尊重技巧。服务对象在每一阶段的任务的制订过程中社会工作者充分尊重服务对象的意愿，由服务对象自己执笔制订计划，社会工作者在旁协助。	难点：服务对象对社会工作者有依赖心理。 应对：社会工作者通过多使用问句来了解服务对象的想法，从而让他明白自己有解决问题的能力。

2. 建立关系

建立关系的过程	应用的方法和技巧	建立关系中的难点及其应对
(1) 社会工作者与服务对象父母沟通，征得其父母的同意之后，由其父母先告诉服务对象父母及社会工作者想帮助他改善问题的想法，让其对社会工作者有一个基础的认知。 (2) 社会工作者与服务对象沟通，取得服务认可后，签订服务协议，正式建立服务关系。 (3) 由于服务对象在四点半课堂中与社会工作者是师生关系，社会工作者向服务对象澄清此次服务关系是处于一个平等的关系上，有任何的需求都可以与社会工作者交流；逐步推动服务对象在潜意识里与社会工作者专业关系的建立。	(1) 沟通和真诚：在与服务对象沟通时，充分表达社会工作者对帮助他的真诚意愿，在沟通的过程中拉近彼此之间的距离。 (2) 影响性技巧：社会工作者从在四点半课堂对服务对象说教的方式转变为任何事情都与服务对象沟通的方式，潜移默化地影响服务对象对彼此关系的认知。	难点：四点半课堂师生关系根深蒂固，对专业关系的建立产生了影响。 应对：社会工作者首先让服务对象转变对社会工作者的称呼，由老师转变为“哥哥”“姐姐”，从潜意识里改变服务对象对与社会工作者关系的认知。其次社会工作者主动与服务对象进行交流，聊服务对象平时的趣闻逸事，和他一起玩他喜欢的游戏，从行动中转变角色。

（二）预估与发展关系

1. 预估

收集资料			分析与统整	预估中的难点及其应对
服务对象遇到的问题	服务对象的需求	服务对象的资源	服务对象的社会生态系统分析（见下图）。	难点：服务对象存在畏难情绪。 应对：与服务对象好好沟通，正向引导他意识到自己的问题，并协助其建立起良好的信心。 难点：服务对象存在多种问题。 应对：抓住服务对象行为表面背后所真实存在的原因的实质，并加以缓解。
（1）注意力不集中，学习效率不高； （2）缺乏学习兴趣。	做事时能进行自我控制，注意力集中于所做的事情，不被其他事物所干扰。	（1）内部：服务对象自我改变意识较为强烈。 （2）外部：社会工作者的引导与协助；父母的配合和监督。		

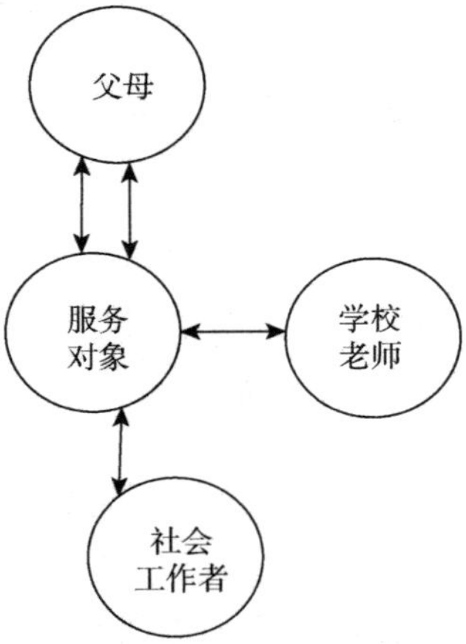

服务对象的社会生态系统图

2. 发展关系

发展关系的过程	应用的方法和技巧	发展关系中的难点及其应对
(1) 在接案时澄清社会工作者与服务对象的专业关系，将服务对象从四点半课堂的师生角色中脱离出来。 (2) 在接案之后，经常与服务对象父母沟通，了解服务对象对每次服务的情绪变化和行为变化；从了解服务对象的过程中与服务对象建立关系。 (3) 为服务对象辅导功课，从服务对象最迫切的事情上与服务对象建立进一步的关系。	(1) 同感：在开展个案的过程中社会工作者能体会服务对象的感受，能体会到作为一名小学生、同时还是男孩子的贪玩而产生的注意力不集中等情况。所以我们能够做到体悟并同时能够有技巧地传达体悟。通过与服务对象的沟通交流，从服务对象的话语中我们“听”到了他的内容、感受以及需求。我们从四点半课堂的了解中发现了服务对象的问题，随后联系到了他的家长，进行一番沟通之后家长和服务对象都有意识并积极想解决服务对象目前身上所存在的注意力不集中的问题。 (2) 尊重：在个案过程中做到对服务对象思想、情感以及行为的接纳，社会工作者接纳服务对象作为一名小学生所存在的做事注意力不集中、易受到外界干扰等问题，让服务对象感受到社会工作者对他的温暖、关心与喜爱。在前期的工作中先对他进行了一番认可和表扬，让他认识到自己的优势，但同时也存在着一定的问题，而我们是愿意帮助他克服这些问题和困难的。服务对象在作出决定时，不操纵服务对象，尊重其自决权。我们在与服务对象制订他的计划书时，主要是以他自己制订为主，而我们起辅助和引导作用，指导他在不偏离大方向的基础上，根据自己实际能达到的情况而制订行之有效的计划书。 (3) 真诚：在开展个案服务过程中，社会工作者在与服务对象的互动中做到内心与外表一致、言语与行为一致，做到表里如一、人格统一，开展个案以前接触到了服务对象，并发现了服务对象身上出现了一定的问题，同时觉得如果服务对象能将问题加以解决会在日后得到更好的发展。所以我们自始至终本着一颗真诚且真心实意帮助服务对象的心，在过程中即使遇到了外界或者内部各种困难的阻挠，但我们仍未放弃。 (4) 简洁具体：在开展个案过程中，社会工作者与服务对象用字措辞要适当，不但要简单明了、具体明确，而且还要避免含糊不清、模棱两可。服务对象的年龄只有 11 岁，所以在个案的整个过程中将我们所表述的话尽可能使服务对象准确无误地接收。	难点：不同阶段的角色转换存在一定的问题，从四点半课堂中学生与老师的角色较难转化为社会工作者与服务对象的角色。 应对：及时与服务对象沟通，避免使其产生抵触心理，通过一定的方法、技巧，引导其积极进行角色转化，适应关系的改变。

（三）制订计划

1. 社会工作者和服务对象在制订计划中的关系

服务对象为计划制订的主体，占主导地位，而社会工作者在过程中为引导者，起协助作用，社会工作者协助服务对象意识到自己存在的问题并使服务对象自主制订适合自己的计划以解决问题。

2. 个案工作服务计划

	目标	个案的服务模式及方法	服务对象需要有的努力或行动	社会工作者链接的资源
直接目标	使服务对象专注学习的时间增长，作业正确率得到提高。	服务模式：任务中心模式 社会工作者在接触到服务对象之后，了解到服务对象对自己的问题已有一定的认知，并且服务对象处在正常的生活状态之中，社会工作者相信服务对象具有解决问题的能力和意愿。所以采用任务中心模式帮助服务对象集中焦点，从课堂听讲和写作业两方面来改善注意力不集中的问题。	(1) 服务对象对自身问题明确且有改善此问题的意愿；服务对象需要跟社会工作者共同设立服务目标及任务。 (2) 回家后服务对象能够主动地达成每日目标，自愿完成自己的任务。 (3) 服务对象有解决此问题的能力。 (4) 服务对象处于正常的生活状态，具有自主能力。	(1) 舒适安静的服务环境。 (2) 督导老师对整个服务过程督导，提高服务效率，保证服务质量。
间接目标	分阶段增长一节课的专注时间：第一阶段：一节课能够专注听课时长 15 分钟以上； 第二阶段：一节课能够专注听课时长 20 分钟以上； 第三阶段：一节课能够专注听课时长 25 分钟； 第四阶段：一节课能够专注听课时长 30 分钟左右，不低于 25 分钟。 分阶段提高答题正确率：第一次保证答题正确率 50% 以上。 第二次：保证答题正确率 60% 以上； 第三次：保证答题正确率 70% 以上； 第四次：保证作业答题正确率基本保持在 80% 以上。	服务模式：任务中心模式 社会工作者帮助服务对象系统地制订服务方案，根据不同的阶段一步一步制订计划，并适时向服务对象提出意见和建议。	(1) 服务对象有制订当周的计划并每天都如期完成。 (2) 服务对象需要较强的自控力来要求自己。 (3) 服务对象要接受家长的监督。	能将服务对象周边的资源进行整合和链接，转化为自己的优势。在开展个案中借助服务对象的家庭，对服务对象起到监督作用。

（四）实施计划

1. 实施计划的过程

初期：

（1）社会工作者与服务对象及其家长初次见面，了解服务对象需求及存在的问题，建立专业关系。

（2）制订服务计划及目标。社会工作者与服务对象及其家长制定了服务对象在服务这一段时间最终要达到的目标为：

①每节课堂集中注意力的时间能够保持在25分钟左右（一节课40分钟）

②每天写数学作业的过程中能够保证30分钟的集中注意力时间

③每天数学作业的正确率保持在80%左右

中期：

社会工作者与服务对象分四个阶段制订计划，并在计划书后签上服务对象的名字，以此作为任务凭证。

（1）第一阶段任务：

①语文课集中精力30分钟

②数学课集中精力20分钟

③英语课集中精力20分钟

④本周写作业15分钟内保持走神8次以内，写15分钟休息一次

第一阶段之后，社会工作者与服务对象的父母进行了1小时左右的面谈，对服务对象在这一阶段的改变进行了评估，并询问了服务对象父母对接下来服务的建议。

在经过第一阶段的评估之后，社会工作者与服务对象回顾了服务对象在这一阶段的改变，并与服务对象一起总结了在这一阶段的不足。在第一阶段中服务对象部分任务完成，但是语文课和英语课的任务并没有达到，社会工作者帮助服务对象分析了没有达到的原因主要是因为服务对象对自己之前的认识存在偏差，给了自己过高的期望，并且服务对象对于这两个学科的老师存在抵触情绪。社会工作者帮助服务对象重新梳理了之前的表现，形成一个正确的自我认知。并帮助服务对象分析了老师的一些令他不舒服的行为的缘由，让他慢慢地理解老师的一些做法，降低对老师的抵触心理。之后，根据第一阶段的情况制定了第二阶段的任务。

（2）第二阶段任务：

①语文课集中精力 25 分钟

②数学课集中精力 25 分钟

③英语课集中精力 20 分钟

④本周写作业 20 分钟内走神 8 次，写 20 分钟休息一次

在第二阶段过程中服务对象主动来找社会工作者说数学老师上课讲授的知识他听不懂，希望社会工作者帮助他再讲解一下这节课的内容。社会工作者询问服务对象听不懂的原因，服务对象认为自己已经集中精力听老师讲课，但是这节课的内容对他来说确实有点难。在了解到这一方面原因之后社会工作者答应了服务对象的请求，并告诉他帮助他复习是对他的一个奖励，因为他遵守了与社会工作者的承诺，努力地改变自己。

第二阶段结束后社会工作者与服务对象父母再次进行了 1 小时的面谈，总结了服务对象在这两次服务之后变化较大的方面，社会工作者与父母一致认为服务对象在写作业方面有了很大的改善，自己制定的任务能够有效地完成。父母为了鼓励服务对象，为服务对象购买了一套乐高玩具。

社会工作者将与父母面谈的内容告诉了服务对象，并告诉服务对象父母对此很开心，希望他能够继续保持，服务对象也坚定地表示自己能够继续坚持下去。

（3）第三阶段任务：

①语文课集中精力 25 分钟

②数学课集中精力 25 分钟

③英语课集中精力 25 分钟

④本周集中精力写作业 30 分钟，写 30 分钟休息一次，正确率在 70%左右

经过第三阶段的评估之后，社会工作者与服务对象及他的父母一起进行了面谈，综合讨论了服务对象这段时间的表现，服务对象在第一阶段任务的完成率在 50%左右，第二阶段和第三阶段的完成率基本在 90%左右。服务对象的情况基本稳定。社会工作者告诉服务对象及父母通过近期的评估，服务对象有了很不错的改变，社会工作者的服务也即将于下一阶段结束。让服务对象有一个结案的心理准备，防止出现无可调适的离别情绪。

（4）第四阶段任务：

①语文、数学、英语三堂课的集中精力听课时间在30分钟左右，不低于25分钟

②本周集中精力写作业30分钟，写30分钟休息一次，正确率在80%左右

第四阶段是本次服务的最后一次服务，社会工作者帮助服务对象梳理了这一个月以来服务对象从最开始到现在的听课质量和写作业的效率、质量方面的改变。并与服务对象及其父母综合评估了此次服务的目标达成情况，服务对象及其父母一致认为此次的服务目标达成。服务对象表示自己一定会继续地保持下去，做一个更好的自己。

后期：

（1）处理服务对象的离别情绪，社会工作者与服务对象商量好会不定期地打电话交流。

（2）对整个服务效果进行评估总结，与督导老师综合梳理此次服务从接案开始每个步骤的实施情况和成效。

结案后，社会工作者整理好服务对象的服务资料，每半个月对服务对象进行电话回访，询问当前的情况，并针对后续存在的问题进行跟踪。

2. 应用的服务模式、方法和技巧

服务模式：任务中心模式

方法和技巧：

（1）尊重服务对象的个人意愿，同时相信服务对象有发现并改善自身问题的潜能。

（2）表达专注，在与服务对象沟通时持续与服务对象保持视线接触，并时刻参与服务对象问题的发现以及改善措施、目标的制定。

（3）主动倾听，主动倾听服务对象的话语并准确捕捉服务对象话语内所表达的含义，以鼓励服务对象继续表达自己的意见。

（4）同理心，发掘服务对象语言中的含义并且领会服务对象自身问题为其学习生活带来的困扰，继而向服务对象准确表达自己的体会。

（5）鼓励支持，通过声音以及肢体语言鼓励服务对象表达自己的想法并且努力改善自身问题。

建议：结合自身生活中集中注意力的方法，采取商量的口吻、征询式的态度给服务对象相关建议以供其参考。

3. 实施计划中的难点及其应对

难点：

（1）服务对象最开始不相信自己有克服这个问题的潜能，认为自己做不到一同设立的目标与任务；

（2）如果在规定时间内服务对象未完成自己的任务，服务对象会产生巨大的情绪波动，甚至会哭泣，并且不能短时间内处理好自己的情绪；

（3）回家完成任务的效率较低，自制力不足。

应对：

（1）鼓励服务对象表达自己的想法，让服务对象意识到在整个服务过程中并非只有个人力量，相信社会工作者可以帮助自己，相信自己也会有潜能。

（2）在服务开始阶段，先制定一些服务对象容易完成的目标及任务，让服务对象获得一定的成就感与满足感。社会工作者对服务对象的情绪有敏锐的识别，协助服务对象处理好自己的情绪。督促服务对象家长对服务对象的监督，做好记录。

（五）评估与结案

1. 评估

评估的内容	应用的方法	服务成效	评估中的难点及其应对
服务对象目标的达成情况、服务对象通过个案所达到的成效、督导和同事对工作进展的评估。	（1）由服务对象评估工作情况。 （2）由社会工作者评估自身工作情况。	（1）对资源投放的评估： 社会工作者人力资源丰富，且服务时间足够，能够给服务对象链接足够的资源。 （2）活动/服务：社会工作者协助服务对象制定服务契约、目标及任务，大部分由服务对象独立完成，全程尊重服务对象的意愿，满足服务对象的需求，以促进更高效的服务。 （3）服务成效：服务对象意识到自己的问题且有强烈的意愿来改善自己的问题。服务对象基本能够完成自己设立的目标及任务；回到家中服务对象能够主动及时地完成自己的作业，并接受家长的监督。服务对象对目标的完成度有困难时会产生情绪波动，在社会工作者和家长的安抚下能改善并控制。	难点：在评估过程中可能会存在一定的个人主观情愫的影响，使评估结果存在偏差。 应对：在评估前跟服务对象沟通好，让他明白要实事求是地进行评估，不要因为社会工作者的专业关系而酌情评分。

2. 结案

结案的标准	结案的过程	应用的方法	结案中的难点及其应对
社会工作者和服务对象都认为服务的目标已经达到，即服务对象能够集中注意力在学习上，尽可能地不受到外界的干预和打扰。且服务对象认为离开社会工作者后自己有能力解决问题，自己能够集中注意力学习，自己能积极主动地为自己制订学习计划。	在开展第三次个案服务的时候，社会工作者对服务对象进行了评估，发现他基本能够达到预期的目标。服务对象能够注意力集中、较高质量地完成作业，基本不受外界的任何干扰。所以就告诉他第四次服务结束后结束本次的个案，提前让服务对象面对离别情绪，以便第四次结案时处理好离别情绪。结案后每半个月给服务对象打一次电话回访，询问服务对象的情况，为期一个月。	（1）同理心。在结案时，服务对象表示出不想结束服务的想法，社会工作者表示可以理解他的心情，并说自己会定期与他打电话，让他能够更好地处理离别的情绪。 （2）回顾成果。社会工作者帮助服务对象回顾了整个服务的过程，从经验中肯定了服务对象处理问题的能力，巩固了服务对象所获得的成绩，增强了服务对象坚持下去的信心。	难点：服务对象存在较大的离别情绪。 应对：社会工作者告诉服务对象会定期对他进行回访，服务对象有困难时也可以打电话与社会工作者沟通。

3. 跟进个案

跟进情况	应用的方法与技巧
每半个月进行一次电话回访，了解服务对象的情况，一共进行了两次回访。 社会工作者通过回访发现，服务对象离开社会工作者后仍能保持服务的效果。一节课的专注时间能够保持在 30 分钟左右，且题目的正确率高达 80% 左右。服务起到了良好的效果。	通过电话了解服务对象的情况。在交流时仔细倾听服务对象的陈述，尽可能地从中捕捉更多的信息。社会工作者在交谈中不断鼓励服务对象，让服务对象相信自己有解决问题的潜能。

三、总结与反思

（一）收获

1. 专业方面的收获

（1）正式在个案中与服务对象接触、沟通，在与服务对象、服务对象家长沟通的过程中锻炼了自己不同角色的转换以及恰当的沟通能力。

（2）主动有意识地运用个案工作服务技巧，熟悉了任务中心模式的应用流程。在此服务中，社会工作者要以一个参与者的态度来对待，而不是一个服务的策划者。

（3）重新回顾了所学个案工作方法技巧，也发现了在个案实务中专业知识转化的障碍。在整个服务过程中，要尊重服务对象的独特性，服务对象的需求要从自身和环境两个方面考虑。

2. 个人方面的收获

（1）个人能够更好地将专业技巧应用于实践中，并在实践中能够发现自己知识方面的不足和能力的欠缺，能够查漏补缺，为以后的实务奠定基础。

（2）自身掌握了一定的沟通技巧，处理人际关系的能力提高，语言组织的能力增强。

（3）通过开展个案服务，积累了一定的实务经验，丰富了自己的专业素养和专业能力。

（二）经验与创新

1. 个案服务中用到的过往工作经验或方法

（1）针对服务对象，尤其是未成年人服务对象，必须考虑到其自身以外相关因素，得到其家长、学校等方面的支持对服务开展有很大的帮助。

（2）服务对象自身意识方面很大程度上对服务起决定性作用。在此次服务中社会工作者帮助服务对象明确其自身问题以及服务目标，保证了服务的不断前进，同时也能使社会工作者的努力最大限度发挥作用。

2. 个案服务中的创新

（1）服务对象是之前有过接触的四点半课堂的学生，在开展服务之前，彼此之间有一定的了解，提高了接案的效率。

（2）整个服务过程是在社会工作者、服务对象以及服务对象的家长三方的配合下进行的，在社区由社会工作者进行协助，在家有家长的监督和配合。

（3）整个服务过程有具体的量化指标和数据，便于个案成效的评估。

3. 个案服务对行业工作的贡献及价值

个案服务是社会工作的四大服务之一，它通过一对一地对服务对象开展个案服务工作，有针对性地解决服务对象的问题，体现了个人的价值和尊严，承认人的独特性，尊重服务对象的自觉性，发掘服务对象的潜能，帮助其自己解决问题的能力，为其他服务起到了一定程度的示范作用。

（三）专业反思

1. 个案服务中印象最深刻的是什么

在接案的准备期间，社会工作者与服务对象家长进行沟通，以取得服务对象家长对服务开展的许可，社会工作者预期认为家长虽然可能会同意，但是家长并不会重视社会工作服务，然而实际沟通过程中，服务对象家长对服务对象学习注意力不集中的问题非常明确，也非常重视，同时更对这个问题下服务对象未来发展十分担心，因此服务对象家长十分支持社会工作者开展服务，以帮助服务对象解决其自身发展的主要问题。

2. 个案服务中有哪些印象深刻的情绪感受

对服务对象自身来说是意识到了自己学习精力不专注的问题的，但是服务对象并没有信心解决自身问题，同时其自身解决此问题能力方面确实有一定不足，需要社会工作者帮助。因此，在个案开展过程中，服务对象对社会工作者协助其制定的目标的完成十分积极，但是在完成目标的过程中障碍是不可避免的，在服务对象家庭作业正确率这一目标的提高过程中，服务对象曾因为错误过多而很急躁，甚至一度哭泣。通过社会工作者对服务目标困难的解释以及对服务对象情绪的安慰和疏导，在以后的服务过程中，服务对象可以以比较平稳的情绪应对各种困难。

3. 个案服务中有哪些与专业服务有关的新发现

社会工作者基于以往对专业理论知识的学习以及对社会工作的总体认识，认为作为社会工作者在实务过程中的服务基本是以服务对象主动求助和通过相关项目宣传招募服务对象两种形式开展的，而服务开展的主要引导者为社会工作者，甚至有时候社会工作者会对服务对象较关键决定结合专业知识以及个人经历经验给予一定建议。但是通过该个案，社会工作者发现，不论是什么服务，必须基于服务对象自身的认识并认同才能够不断克服各种障碍，达到服务目标，取得一定的服务成效。只有当服务对象自身认同时，才会有自我发展的动力，才能通过社会工作者的协助更好地做到自决，达到自我目标的实现以及问题的解决。

4. 在未来的服务中，将如何运用专业收获开展服务

在今后开展的服务中，需要注重服务对象在服务中的主动性，更加强

调服务对象在服务中的主要地位，强调社会工作者的辅助和引导作用，重视服务对象自身的意识觉醒。同时需要回顾具体专业知识，有意识地运用服务技巧，以达到熟练的目的，最终可以使用得得心应手。

四、督导评语

（一）社会工作者在个案服务中价值理念的践行

社会工作者在个案服务中秉承了社会工作的“助人自助”的价值理念。在帮助服务对象的同时，提高了自身各方面的能力。巩固了个案服务的基本流程，提高了自己的专业素养，增长了专业知识，掌握了应对突发问题的能力，真正践行了“助人自助”的理念。

社会工作者在进行服务时，充分尊重服务对象的个人价值和尊严，尊重服务对象的个人意愿，并且相信服务对象有解决问题的潜能，并能及时给予鼓励与支持。

（二）社会工作者在个案服务中的专业能力

社会工作者能够比较合适地选择服务开展模式，同时也能够充分唤起服务对象自身的认识和改变的动力，在服务过程中比较准确把握服务对象自身情况，协助服务对象制定目标，循序渐进完成个案服务。

（三）社会工作者在个案服务中突出的表现

此次个案服务中，社会工作者有以下两点做得比较不错：

第一，在处理与服务对象关系上，服务对象在最初对社会工作者有师生关系的束缚，社会工作者及时发现了这个情况，通过一系列的心理暗示和行为来引导服务对象转变与社会工作者之间的关系，取得了不错的效果；

第二，在量化数据的统计上，社会工作者通过帮助服务对象辅导功课的方式，对所需要的数据进行统计，既帮助了服务对象，也对服务对象有了更深入的了解。

（四）社会工作者在个案服务中有待提升的方面

专业方面：社会工作者虽然已经掌握了一定的专业知识和专业技巧，

但达到熟练运用还是需要加强的；将自己所学的理论知识应用于实务时可能会有很多困难出现，这时候就需要社会工作者灵活运用与处理，对社会工作者来讲是一个很大的挑战；当自己的价值观与专业价值观相碰撞的时候，要学会妥善处理。

个人方面：社会工作者在服务过程中识别自身情绪的能力还有待加强，社会工作者的表情或者动作会给服务对象带去一定的信息，所以在服务过程中要学会控制自己的情绪变化。

第二篇

青少年权益维护服务

第一章　青春零欺凌，友爱满校园

作者：梁芷晴　张慧欣　督导：黄嘉欣[①]

一、案例介绍

初一学生小宇和小雯两位同学因自身生理缺陷被认为是班上的"异类"，两人惺惺相惜成为好朋友，亲密相处且没有意识到男女相处的界限。某天放学后，以小明和小光为首的6名同班男女同学，强迫小宇和小雯留下，让他们互相搂抱并亲嘴，同时用拍照、拍视频的方式将其过程记录下来，部分同学甚至把视频发到班级微信群里，并转发到别的班级微信群里，视频开始在年级同学中流传。

社会工作者敏锐地通过小宇异常的情绪、行为表现发现危机事件，评估事件危急程度，由社会工作者、家长、校方共建危机工作小组，及时开展学校层面、班级层面及欺凌者、被欺凌者个人层面的三层危机介入工作，与学校、班级、服务对象共同度过危机，促进服务对象恢复与适应，共建良好校园氛围。

（一）服务缘起

小宇为社会工作站常客，经常到社会工作站参加活动，这一天小宇在社会工作站行为异常，情绪低落、不安。社会工作者观察发现小宇情绪异常，通过面谈了解得知他正遭受严重的网络欺凌，社会工作者核实事件的准确性并发现该视频在学校微信群、QQ群中流传，小宇和小雯被同学议论纷纷，两个人惴惴不安，产生负面情绪，小宇甚至还产生逃学的想法。社会工作者评估事情的严重程度，立即与学校联系共同介入该事件。

---

① 梁芷晴、张慧欣、黄嘉欣，广州市越秀区青宫社会工作服务中心，广州，510650。

（二）服务对象的基本信息

姓名（化名）	小宇	年龄	13 岁
性别	男	职业	学生
受教育程度	初中	婚姻状况	未婚
兴趣、爱好	益智游戏、游泳	家庭情况	一家四口（父母、服务对象、弟弟）与祖父母同住
服务对象的来源	社会工作者挖掘	服务对象的类型	在校青少年
服务对象求助的意愿	较强	服务对象对社会工作者的认知程度	较好

（三）个案描述

1. 服务对象个人系统

（1）基本信息：服务对象为本地户籍青少年，2003 年出生，接案时就读于某公办中学初一年级。

（2）身体情况：服务对象在小学三年级的时候，由于学习成绩逐渐与班级同学拉开差距，父母带服务对象到医院进行智力方面的检查，检查结果发现服务对象有智力障碍。父母担心服务对象知情后造成更大伤害，因此对服务对象隐瞒其生理缺陷。

（3）心理情况：服务对象性格较开朗，经常面带笑容和社会工作者交流生活琐事。对于班上同学的排斥、嘲笑感到愤怒和不理解，逐渐产生逃学的想法。

2. 服务对象家庭系统

（1）家庭类型：主干家庭，服务对象一家四口与其祖父母居住，父母双职工，家庭经济小康，服务对象弟弟就读小学三年级，平常主要由祖母照顾服务对象和弟弟的日常生活。

（2）家庭关系：服务对象与家庭成员关系较好，祖父母、父母关心关爱服务对象，服务对象与主要照顾者祖母的感情尤为深厚。

3. 服务对象的学校系统

（1）学业情况：服务对象由于智力障碍，学习成绩不佳，但能正常上课及在他人辅导下完成作业，在校在班表现较好，遵守纪律。

（2）同辈互动情况：服务对象表达能力和理解能力相对较弱，缺乏朋辈交往技巧，较少与班上同学交往，仅与班上另一名有生理缺陷的女同学关系密切。班上部分同学有给服务对象起绰号并指使服务对象做事等不友善的行为，对服务对象与女同学的正常朋辈交往进行嘲讽。另外，由于个人卫生情况较差，存在被同学排斥、嘲笑甚至欺凌的情况。

（3）师生互动情况：服务对象与老师互动关系较好，服务对象在班级遇到同学不友善对待会向老师寻求帮助，但老师由于日常教务工作繁忙，较少有精力和时间每次回应处理服务对象的求助。

二、个案工作服务的过程与专业关系

（一）接案与建立关系

1. 接案

	接案的过程	应用的方法和技巧	接案中的难点及其应对
初步接触	服务对象在初一新生阶段对社会工作服务宣传感兴趣，至社会工作站了解社会工作服务，社会工作者向服务对象介绍社会工作服务和邀请服务对象参与站点常规服务和志愿者服务。服务对象后成为社会工作站常客，定期到社会工作站进行活动，参与社会工作服务。	方法：尊重、真诚地接待服务对象。 技巧：态度诚恳，用贴近青少年的语言清晰明了介绍社会工作服务，保持笑容及亲切感加深服务对象对社会工作者的印象和好感。	难点：服务对象不认识社会工作者，不清楚社会工作者能提供什么服务。 应对：社会工作者除口头语言上介绍社会工作服务外，采用多种形式方法，如派发宣传资料、邀请参与活动让服务对象认识和了解社会工作者及社会工作服务。
接案	社会工作者察觉当天在社会工作站活动的服务对象情绪异常，表情苦恼。社会工作者引导服务对象进行面谈了解危机事件的发生。	方法：观察服务对象非言语行为表现。 技巧：社会工作者仔细观察服务对象的面部表情、肢体语言异常表现。	难点：服务对象遇到危机事件自身无能力解决并不敢求助他人。 应对：社会工作者通过观察服务对象异常非言语行为，及时发现危机事件，对服务对象进行危机介入。

2. 建立关系

建立关系的过程	应用的方法和技巧	建立关系中的难点及其应对
①情绪疏导并澄清问题：服务对象出现不安、低落、焦虑等负面情绪，甚至出现不想回校的想法。社会工作者安抚服务对象并引导服务对象表达其目前发生的危机事件及情绪感受。 ②核实危机事件及评估危机程度：社会工作者向服务对象、身边同学核实危机事件真实性，服务对象确实在学校遭遇欺凌。评估危机事件的影响和严重程度，发现欺凌视频已被欺凌者及同学转发到班级微信群，甚至在其他班级流传，对服务对象、学校影响性和危害性较大。 ③对服务对象解决问题的能力进行检视，评估当事人是否有足够的自我控制能力和解难能力应对危机：社会工作者评估到服务对象自身没有足够的能力应对目前的危机，产生逃避的心理。	方法：对服务对象表达关怀、鼓励，安抚服务对象情绪，引导其说明目前的处境和感受。 技巧：与服务对象面谈过程中，社会工作者做身体语言拍肩动作安抚服务对象并鼓励其宣泄不良情绪，并及时递上纸巾表达关怀和理解，使服务对象感受到温暖，在情绪宣泄后继续表达自己的感受和看法。 在面谈中积极倾听服务对象传达的信息，细致观察服务对象的表情动作，理解服务对象的感受并作出积极的回应。	难点：与服务对象面谈后了解到服务对象危机事件中涉及的人员较多，社会工作者也需进一步核实事件、了解事件具体经过。 应对：社会工作者首先将服务对象危机事件告知校方，通过查看学校监控核实事件和确认事件具体经过，并组织学校重要人物（校长、德育主任、心理老师、涉事班级老师等）召开危机处理小组紧急会议。

（二）预估与发展关系

1. 预估

收集资料			预估中的难点及其应对
服务对象遇到的问题	服务对象的需求	服务对象的资源	
服务对象遭遇青少年欺凌，处于危机事件中且自身没有足够能力处理。	①情绪疏导：关注和疏导被欺凌者在遭遇欺凌行为后的悲伤、恐惧等不良情绪。 ②知识增加：认识欺凌行为及正确对待欺凌行为态度，遇到欺凌行为时的自我保护措施。 ③能力提升，再遭遇欺凌行为懂得如何面对及处理，增强被欺凌者抗逆力，顺利应对危机。	正式资源：学校、社会工作服务机构。 非正式资源：家庭、同学。	难点：服务对象危机事件需要注意即时性及限定性目标处理。 应对：社会工作者及时在短时间内制定具有针对性、有限性及当事人或其重要他人能胜任或应付的目标及任务，通过短时间的密集式介入，迅速解除危机的威胁及压力。

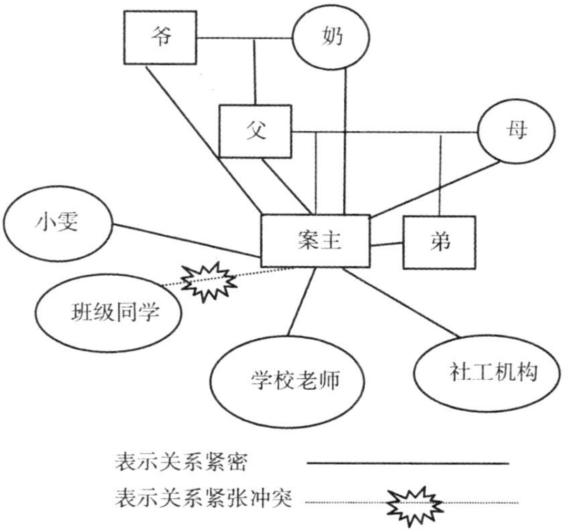

服务对象的社会生态系统图

2. 发展关系

发展关系的过程	应用的方法和技巧	发展关系中的难点及其应对
社会工作者与服务对象的重要他人接触，到家庭进行家访，了解基本家庭信息、亲子关系、互动情况，家庭对危机事件的认知。服务对象的家庭关系较好，家庭成员对于社会工作者介入表示支持和感谢，家人对危机事件知情后除了愤怒外更多表达无奈，表示由于服务对象生理缺陷，家人通常让服务对象忍耐同学日常的欺凌，没有教导服务对象自我保护的方法、技巧。	方法：社会工作者对服务对象进行家访，与家庭建立关系，社会工作者详细了解服务对象的基本信息，让家庭了解和认识社会工作者，为后续跟进服务做铺垫。 技巧：在家访中，社会工作者表达对服务对象的关怀，家庭成员可以感受到社会工作者的真诚与关注，通过家访交流感受到社会工作者的真诚，增强彼此间的信任关系。	难点：服务对象家庭对于服务对象目前所发生的危机事件更多表达无奈，缺乏教导服务对象正确应对欺凌行为的方法技巧。 应对：社会工作者向家庭表示支持，利用自身专业知识向家庭提供青少年预防欺凌和自我保护知识的信息，教导家长如何应对服务对象受欺凌的情况。

（三）制订计划

1. 与服务对象共同制订计划

社会工作者和服务对象在制订计划中的关系平等互动，在危机事件中社会工作者及时处理服务对象的负面情绪，在服务对象相对平静状态下，社会工作者与服务对象分析目前事件情况，厘清服务对象期望，引导服务对象共同制订计划。

2. 个案工作服务计划

<table>
<tr><th colspan="2">目标</th><th>服务对象需要有的努力或行动</th><th>个案的服务模式及方法</th><th>社会工作者链接的资源</th></tr>
<tr><td rowspan="2">直接目标</td><td>疏导服务对象不良情绪</td><td>服务对象愿意向社会工作者表达内心真实情绪和感受，积极地进行社会工作者提供的情绪管理训练。</td><td>危机介入模式：
危机介入是以短期干预为导向，强调运用心理分析与自我心理学的概念协助危机状态中的个人和提供快速与短暂雕饰的专业服务。①</td><td rowspan="4">①建立危机处理小组：告知校方关于本次危机的相关事宜，并组织学校重要人物（校长、德育主任、心理老师、涉事班主任等）召开危机处理小组紧急会议。
②联动相关部门：青少年欺凌事件涉及法律，联动区检察院开展普法活动，提高学生法律认知。</td></tr>
<tr><td>增强服务对象抗逆力</td><td>服务对象认真学习社会工作者提供的自我保护知识小技巧，在现实情境中尝试运用。
另外服务对象愿意尝试应对危机情境，鼓励其发挥自身能力应对危机，积极探寻正向意义。</td><td rowspan="3">危机介入原则：①立即；②主动；③接近（找到问题的症结）；④有限目标（注重短期目标）；⑤共存（与案主及其家庭共同面对危机）；⑥期待（树立信心）；⑦共感；⑧问题解决。
危机的发展阶段一般分为危机发生、危机应对、解决危机、恢复期、重组五个阶段
危机介入模式的基本原则包括：①及时处理；②限定目标；③输入希望；④提供支持；⑤恢复自尊；⑥培养自主能力。
危机介入模式的特点包括四个方面：①迅速了解服务对象的主要问题；②快速作出危险性判断；③有效稳定服务对象的情绪；④积极协助服务对象解决当前问题。</td></tr>
<tr><td rowspan="2">间接目标</td><td>矫正欺凌者不良行为，建立正确认知，减少不良行为产生</td><td>欺凌者清晰所进行的欺凌行为对被欺凌者负面影响，矫正自身不良行为。</td></tr>
<tr><td>预防欺凌危机再发生，营造安全良好校园氛围</td><td>服务对象在危机中学习自我保护知识及正确解决问题途径，并于实际生活中运用。</td></tr>
</table>

① 顾东辉主编．社会工作概论［M］．上海译文出版社，2005：108.

（四）实施计划

1. 实施计划的过程

（1）直接介入

①服务对象个案辅导：情绪疏导，关注和疏导服务对象在遭遇欺凌行为后的悲伤、恐惧等不良情绪；知识增加，认识欺凌行为及正确对待欺凌行为态度，遇到欺凌行为时的自我保护措施；能力提升，再遭遇欺凌行为懂得如何面对及处理，增强被欺凌者抗逆力。

②欺凌者个案辅导：行为改善，了解实施欺凌行为的原因和动机，引导使用欺凌行为的非理性认知，认识欺凌行为的严重危害和可能将要受到的惩罚，减少欺凌行为出现；态度转变，引导欺凌者反思自己的欺凌行为，与班级同学正常相处；情绪疏导，了解学生受学校处罚后的看法和情绪等的影响，及时疏导学生的负面情绪。

（2）间接介入

①重点班级：主题班会活动，针对发生网络欺凌事件的班级，社会工作者在重点班级开展了“青春零阴影，班级零欺凌”反校园欺凌主题班会活动。班会活动通过真实的校园欺凌案例分析和探讨及选取该班发生过两个欺凌行为的情景进行角色扮演，让学生们进一步了解校园欺凌的严重危害。另外，社会工作者围绕该班存在的不和谐、不团结的问题让学生们深入思考和讨论他们对班集体的期待和该如何建设友爱和睦的班集体。

②家长工作：通过印发有关校园欺凌的宣传单，让学生们在班会课和心理课后把宣传单交给自己的家长阅读并签名，从而让家长能共同参与维护校园安全和和谐，同时也让家长能有意识地对学生使用网络进行有效监督、引导及教育。

③公检法相关部门：危机介入小组网络欺凌危机事件的严重程度，寻找公检法司相关部门进行法律专家教育支援资源协助，检察官针对危机事件向学生进行普法教育。

④学校：全校开展了反校园欺凌和网络欺凌的教育讲座活动。该讲座通过检察官讲法、社会工作者分析、校方对欺凌事件表态的形式让全校同学从法律和社会以及个体层面认识到校园欺凌特别是网络欺凌的危害以及引导学生面对欺凌行为能够有恰当的应对方式，形成良好的班风、校风。

2. 应用的服务模式、方法和技巧

①即时性处理：需先界定当事人是否处于危险状况，若是就须实时介入，在最短的时间内将其面对的危机转化为转机。

②限定目标：危机介入的首要目标是处理危机引发的实时问题，避免危机情境对当事人造成的伤害，协助其恢复平衡状态，在短时间内制定出针对性、有限及当事人或其重要他人能胜任应付的目标及任务，通过短时间的密集式介入，迅速地解除危机的威胁及压力，不应涉及太多重点目标、任务及建议。

③输入希望：让当事人看到及感受到希望是危机介入的重要原则，处于危机状况的人多感到气馁及绝望。介入过程需不断注入希望，这有助他重拾信心，从一个新的或被忽略、遗忘的角度看自己或人或事，从中找到处理困扰及危难的转机。

④培养自主能力：先找出这次与以往有何不同，评估能否引发当事人的动机去处理问题；分析及运用引致危机事件的外在及内在因素，看看能否配合正面转变的机会；有效地运用过往成功处理危机的经验；提醒及肯定当事人的贡献，令事情没有变得更糟；协助当事人评估这次危机中的收获。

⑤提供支持：适切和适时的支持和鼓励，使当事人觉得有人同行的感觉，降低孤立无援及自我形象低落的负面思想及感受，在适当的情况下，鼓励当事人运用人际资源支持自己，努力发展自助能力和社会资源，共同渡过难关。

3. 实施计划中的难点及其应对

①难点：服务对象由于遭遇欺凌，向社会工作者表达被同学不友好对待，而忽视同学友好对待的一面。

应对：社会工作者引导服务对象自我保护不受欺凌的过程中，也关注服务对象善于寻找班级对待自己相对友好的同学，加强班级中的朋辈支持，良好适应班级。

②难点：社会工作者除关注服务对象即被欺凌者外，同时需要关注欺凌者的情绪和认知，欺凌者受到学校处分，也许会产生不良情绪。

应对：了解欺凌者的行为背后原因，协助欺凌者正确对待事件，引导其对欺凌事件和处分的合理认知，认识欺凌行为的危害性。

③难点：部分班级其他同学对欺凌事件认知不一致，产生情绪困扰。

应对：社会工作者协助组织班级进行主题班会课，降低危机事件对学生的情绪困扰，辨析有需要进一步支援辅导的学生，澄清事实，避免谣言。关注促进整个班级对欺凌行为认识和建设友好班风，在班级环境层面避免欺凌事件再发生。

④难点：社会工作者危机介入中除服务对象、欺凌者、重点班级外，针对家长、学校层面需要进行介入。

应对：社会工作者组织学校重要人物成立危机处理小组，在学校层面对全体学生进行普法教育，加强学生对欺凌知识、法律知识的认识。在家长层面，协同学校动员家长了解青少年欺凌知识，引导家长对青少年加强关注。

（五）评估与结案

1. 评估

评估的内容	应用的方法	服务成效（服务目标的达成情况、服务对象发生的具体改变）	评估中的难点及其应对
①服务对象情绪疏导、知识增加、能力提升； ②欺凌者行为改善、态度转变、情绪疏导； ③同学欺凌知识增加。	面谈，社会工作者与服务对象回顾个案服务对象能力提升、知识增加和良好的变化评估表，服务对象自身能力提升、改变，班级同学知识增加。 参与观察，观察服务对象在校、在班、在站点与同学相处互动情况。	①服务对象：走出被欺凌的阴影，增强了服务对象抗逆力，提升自我保护知识，在班上与同学正常相处，并在社会工作站结识到新朋友。 ②欺凌者：意识到自身实施欺凌行为造成的严重危害，疏导被处分者的负面情绪，改正自己的不良认知和不良行为。 ③班级：重点班级主题班会的开展，学生对班上的欺凌现象进一步反思及对校园欺凌的定义及具体内涵加深认识，风气改善，严重欺凌行为没有再发生。 ④学校：全校对校园欺凌及网络欺凌的认识有进一步的了解，提升学生抵制和打击校园欺凌行为和网络欺凌行为的意识，暂没有发生再严重的校园欺凌现象。	难点：个案服务涉及的层面和对象较多，较难以单一方法评估。 应对：运用不同评估方法和工具，如面谈法、评估表、参与观察法进行不同情况的评估。

2. 结案

结案的标准	结案的过程	应用的方法	结案中的难点及其应对
目标达致	社会工作者评估服务对象的问题得到较好的解决，在个案后期跟进阶段逐渐向服务对象传达结案的预告信息。最后一节面谈中与服务对象回顾整个个案努力和服务对象的成长，会持续关注服务对象状况。	访谈法、观察法	难点：服务对象表示不希望结案，担心结案后社会工作者不再关注自己。 应对：服务对象对社会工作者产生依赖和移情，社会工作者于个案后期阶段有意识地延长面谈间隔时间，向服务对象预告个案结束阶段及澄清个案工作关系结束仍会持续关注服务对象，并定期回访服务对象。若服务对象有新需要仍可继续寻求社会工作者帮助。

三、总结与反思

（一）收获

1. 专业方面的收获

在校青少年危机介入个案紧急处理，社会工作者及时、迅速整合各方资源处理危机事件，从而将危机事件对个人、家庭、学校层面影响和危害减小到最低，同时协助服务对象顺利度过危机并有一定的成长。

2. 个人方面的收获

“授人以鱼，不如授人以渔。”社会工作核心理念为助人自助，协助危机中的青少年增强自身能力更有效防止类似危机事件的再次发生。

（二）经验与创新

1. 个案服务中用到的过往工作经验或方法

运用个案服务模式中的危机介入模式，结合个案工作流程，建立关系—收集资料进行个案服务，个案方法技巧，如支持性技巧（专注、倾听、同理、鼓励），引领性技巧（澄清、对焦、摘要），影响性技巧（提供信息、自我披露、建议、忠告、对质），即时性处理、限定目标、输入希望、培养自主能力、提供支持。

2. 个案服务中的创新

在处理危机事件过程中社会工作者除关注危机事件的当事人外，善于运用其身边的资源系统及社会、社区资源，特别联动未成年人保护单位，如学校、检察院作为危机介入事件协助方和后盾。

3. 个案服务对行业工作的贡献及价值

（1）在危机个案服务中，组织涉事的各方单位组建危机介入小组，在不同层面进行紧急处理联动的措施和协调，寻求联络相关资源，强化资源网络。

（2）校园欺凌事件频发，青少年欺凌事件具有隐蔽性，隐藏在各校园，本个案服务作为在校青少年欺凌、危机介入模式的案例指引学校社会工作者、学校进行类似危机事件跟进和及时处理。

（三）专业反思

1. 个案服务中印象最深刻的是什么

社会工作者引导服务对象与欺凌者面谈，服务对象与欺凌者表达双方的感受，让双方意识到欺凌事件对被欺凌者、欺凌者都是一种伤害，欺凌者向服务对象表示歉意，服务对象愿意接受道歉。

2. 个案服务中有哪些印象深刻的情绪感受

服务对象向社会工作者表达欺凌情况，宣泄自身不良情绪，社会工作者感觉被欺凌者的痛苦和不安情绪。

3. 个案服务中有哪些与专业服务有关的新发现

欺凌者即使为有过错的一方，欺凌行为背后的原因更值得挖掘，了解欺凌者和被欺凌者，研究资料显示被欺凌者有机会转化为欺凌者，跟进欺凌者了解其背后需求和原因，对预防类似事件发生有较大的用处。

4. 在未来的服务中，将如何运用专业收获开展服务

在校青少年危机介入个案紧急处理，社会工作者及时迅速整合各方资源处理危机事件，从而将危机事件对个人、家庭、学校层面影响和危害减小到最低，同时协助服务对象顺利度过危机并有一定的成长。

四、督导评语

（一）社会工作者在个案服务中价值理念的践行

在本案例中，社会工作者将服务对象看作是一个与自己有平等价值的人，不因其智能、体能、地位等不同而有所区别，始终相信服务对象是有潜力改变且有能动性的个体，并在工作过程中注意倾听服务对象的声音。

（二）社会工作者在个案服务中的专业能力

接案阶段，社会工作者运用尊重、真诚的技巧与服务对象建立良好的专业关系，先处理了服务对象的情绪问题，再进一步搜集资料，与服务对象确定问题和需要，从而共同制订个案辅导计划。这些前期工作的良好表现，为个案工作的顺利实施打下了基础。

（三）社会工作者在个案服务中突出的表现

社会工作者敏锐的观察能力，使校园欺凌问题得到及时的发现和介入，有效控制了校园欺凌恶性事件对学生和学校带来的负面影响。

社会工作者不仅关注被欺凌者的感受，通过面谈或主题班会的方式对欺凌者和旁观者进行教育，也能较好地避免同类事件的再次发生，让校方对校园欺凌行为更重视。

（四）社会工作者在个案服务中有待提升的方面

对于智力存在缺陷的青少年，社会工作者对其的个案辅导工作可以咨询、参考康复专业人员的建议，强化社会工作者的辅导效果。

第二章　多方联动，还她一个美好生活

作者：陈衍　李诗韵　督导：徐楚钧[①]

一、案例介绍

本案例的服务对象小茵是一名遭受家庭暴力伤害的残障青少年，面临着人身安全权益和康复权益不能得到保障的困境。

社会工作者通过联动相关职能部门组成“反家暴”工作组，链接康复资源与发掘服务对象自身资源，从多角度、多层次协助服务对象应对家暴困境及保障自身的康复权益。本案例以提供个案服务给遭受家庭暴力事件的残障青少年为例，对青少年权益维护服务具有一定借鉴和示范价值。

（一）服务缘起

“你们知道哪里有托养机构吗?”

这是社会工作者第一次与小茵及其妈妈会面时，小茵妈妈咨询的第一个问题。是什么缘由引起小茵妈妈急于为小茵另觅一个去处呢?

小茵，女，14 岁，这本该是一个充满朝气、刚刚步入初中的年纪。但小茵却只能每日在家与电视为伴，她是一名智力障碍的青少年，无法与人正常交流，生活也不能自理，而照顾小茵生活起居的重担全都落在妈妈一人身上。

更不幸的是，小茵的爸爸经常酗酒，不时会对小茵和她妈妈实施不同程度的家暴，轻则实行言语和精神虐待，重则拳脚相加，甚至他会掐着小茵的脖子。好几次，小茵的妈妈都认为小茵和自己看不到第二天的太阳了。

小茵妈妈希望小茵和自身的安全得到保障，生活能有所改善。因此，

---

① 陈衍、李诗韵、徐楚钧，广州市北斗星社会工作服务中心，广州，510000。

她向社区居委会求助，居委会工作人员把小茵及小茵妈妈转介给社会工作者，期望社会工作者可以介入跟进，帮助小茵及小茵妈妈改变现状。

（二）服务对象的基本信息

姓名（化名）	小茵	年龄	14 岁
性别	女	职业	无
受教育程度	早年曾接受过两年的特殊学校教育，现没有继续接受相关教育。	婚姻状况	未婚
姓名（化名）	小茵母亲	年龄	45 岁
性别	女	职业	失业
受教育程度	初中	婚姻状况	已婚
居住情况	自购房，商品楼。小茵、小茵母亲及小茵父亲同住，胞兄在市内大学就读，周末回家。		
家庭收入来源及人均每月收入	小茵父亲从事个体经营，工资收入不稳定，据小茵母亲介绍，其平均月收入 4000～5000 元。		
服务对象来源	社区居委会转介	服务对象类型	残障青少年家庭
服务对象求助意愿	主动求助，求助意愿高。	服务对象对社会工作的认知程度	经过社区居委会转介，对社会工作有基础的了解。

（三）案例陈述

1. 家庭情况

小茵，女，现年 14 岁，智力障碍且伴有肢体残疾（服务跟进过程中，经评残确定为智力一级残疾），无法与人正常交流，生活完全不能自理。

小茵妈妈，女，现年 45 岁，育有一子一女。小茵妈妈全职在家照顾女儿，无收入，与丈夫及女儿同住。

小茵爸爸，男，现年 47 岁，从事个体经营工作。

小茵哥哥，男，现年 18 岁，在市内大学就读大学一年级，在校寄宿。

2. 支持网络情况

小茵的其他家人都不在广州，虽然他们都知道小茵和小茵妈妈遭受家暴，但是也都无能为力。小茵妈妈也表示不希望其他家人涉及家暴事件中，担心他们也遭受家暴伤害。

小茵因无法与人正常交流，一直在家，并没有自己的朋辈群体，支援她的基本只有她母亲。而小茵妈妈担心家丑外扬，平日也较少与邻里互动，同时，向朋辈主动求助的意愿低。

综上所述，小茵及其妈妈的非正式支持系统相对薄弱。

3. 曾作出的尝试及成效

小茵妈妈曾求助民警，尽管民警经常对小茵爸爸进行劝阻和教育，但小茵爸爸的家暴行为不久便故态复萌。

小茵妈妈曾尝试通过寻找工作而获得经济收入，但由于小茵的日常生活起居全都需要照料，因此小茵妈妈未能找到可以兼顾照料小茵的工作。因为小茵妈妈没有独立的经济能力，小茵和小茵妈妈最终只能继续寄居在这个毫无温暖感觉的家中，小茵的爸爸也看准了这一点，对小茵和小茵妈妈的伤害愈演愈烈。

小茵妈妈经常到处打听有什么机构或者学校可以托养小茵，但往往徒劳无功，因为要不就是小茵不是对方机构的接收范围，就是机构表示名额已满。而工疗站或是精神健康综合服务中心，也只能在家长全程陪同的情况下才能接收上课。

二、个案工作服务的过程与专业关系

（一）接案与建立关系

1. 接案

	接案的过程	应用的方法和技巧	接案中的难点及其应对
初步接触	经社区居委会转介，社会工作者主动联系小茵及小茵妈妈，了解其遭受家暴的情况及求助诉求。	运用“倾听”和“同理”的技巧，了解服务对象目前的境况，建立初步关系。	难点：如何协助服务对象家属了解个案工作。 应对： （1）结合社会工作站宣传资料向其介绍社会工作内容 （2）通过沟通解答其疑问

续表

	接案的过程	应用的方法和技巧	接案中的难点及其应对
接案	经过初步的评估确定需要进行持续跟进，与小茵妈妈确认接案。	运用“澄清”和“沟通”的技巧，与服务对象梳理双方的期望和义务，确定个案目标。	难点：如何协助服务对象家属界定问题。 应对： （1）要运用沟通技巧，与小茵母亲进行讨论与磋商，形成对问题的共同看法。 （2）协助小茵母亲对形成的问题按紧急及优先意愿进行排序。 难点：如何协助小茵母亲澄清角色期望和责任。 应对：通过澄清与沟通，对比并找出小茵母亲与社会工作者想法的差异和距离，协商并达成一致看法。

2. 建立关系

建立关系的过程	应用的方法和技巧	建立关系中的难点及其应对
在了解小茵及小茵妈妈的求助需求后，通过与小茵及小茵妈妈进行想法和感受的沟通，一方面与小茵及妈妈建立情感互动，另一方面激发小茵及妈妈的改变动力，鼓励小茵和小茵妈妈进入角色，实现改变。	通过“同理”与“诚恳”技巧，在面谈过程中与小茵母亲就服务对象的问题和需要进行交流，通过良好的沟通增加其改变的动力。	难点：如何与服务对象建立良好的工作关系。 应对： （1）运用同理的技巧，在价值中立的前提下让小茵母亲感受到社会工作者能感受其处境。 （2）保持诚恳、开放、真实的态度，以服务对象需求为出发点，接纳服务对象，专注于改变服务对象的处境。

(二)预估与发展关系

1. 预估

收集资料			分析与统整	预估中的难点及其应对
服务对象遇到的问题	服务对象的需求	服务对象社会生态系统的资源	绘制服务对象的社会生态系统图	
(1)高风险问题 遭受家暴,身体受伤害 因小茵妈妈没有独立的经济能力,且小茵不便外出,故她们与小茵爸爸居住在一起,处于不定期会遭受家暴的高风险状态。 (2)缺乏正常的康复训练 小茵是一级智障且伴有肢体残疾,本应参与适当的康复训练。但目前因母亲无法支付小茵进行康复训练的费用,所以小茵一直没有接受相关康复服务,这不利于小茵的康复成长。 (3)没有固定稳定经济收入 小茵妈妈常年待业在家,就业技能偏低,未能适应时下工作环境的需要,未能顺利就业获得经济收入,因此生活不能独立。	(1)安全权益保障的需要 小茵及妈妈仍然面对着被小茵爸爸家暴的风险,这威胁到小茵及妈妈的生命安全,因此需要降低小茵及妈妈继续遭受家暴的风险。 (2)康复权益保障 找寻合适的康复机构或托养机构的需要。 协助小茵到指定医院完成评残手续,评估小茵的情况,针对其情况找寻合适的康复机构并参与适切的康复训练。 (3)提高小茵妈妈就业技能及促进其再就业的需要 小茵妈妈因为没有经济收入,一直无法离开家庭独立生活,同时也无法支持小茵进行康复训练。而小茵妈妈多年未参与职场活动,就业技能早已不能满足当下的职场要求。因此,需要协助小茵妈妈提升就业技能,同时向小茵妈妈链接就业资源,协助其实现再就业,以满足小茵康复成长的需要。	可链接的资源分为正式和非正式: (1)正式资源: ①妇联、居委会、公安等部门的联动关注。 ②社会工作站服务介入。 ③残联优惠政策支持。 ④工疗站、精神健康综合服务中心的服务支持。 ⑤街道就业招聘信息支持。 (2)非正式资源: ①小茵妈妈自身: 第一,个性独立,有较强的自主意识,改变动机高; 第二,有一定的工作经验,有再就业的能力。 ②小茵哥哥的支持。他与小茵及妈妈关系良好,家庭归属感较强,愿意协助照顾小茵。	见下图。	难点:如何对服务对象进行全面的评估。 应对:运用优势视角看待服务对象的情况,在评估服务对象的需求及当前困境外,还会注重对服务对象的优势及可调动的资源进行梳理和分析。

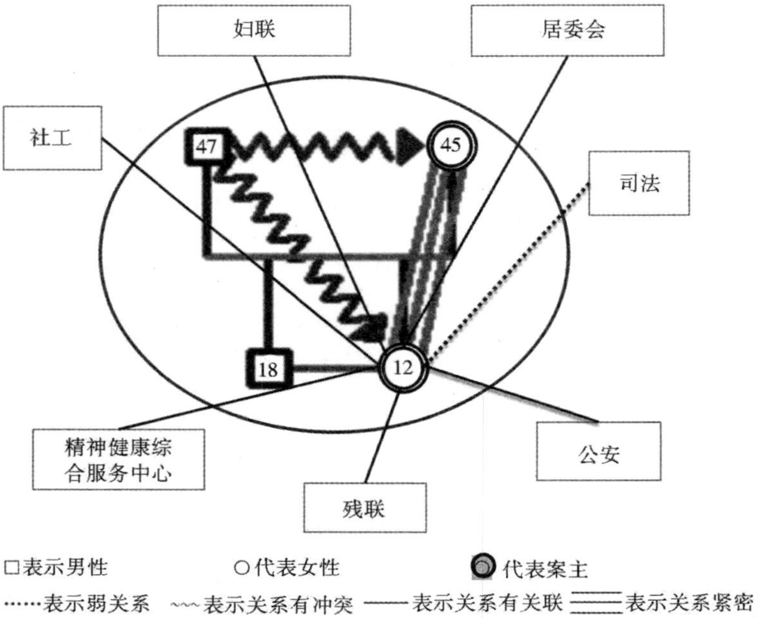

服务对象的社会生态系统图

2. 发展关系

发展关系的过程	应用的方法和技巧	发展关系中的难点及其应对
在个案跟进的过程中，社会工作者会对服务对象及其家属提供持续的支持和鼓励，不断强化社会工作者与服务对象之间的情感互动，帮助服务对象更适应工作关系。 当小茵及妈妈在遭受家暴创伤后，社会工作者会通过线上及线下的方式保持与服务对象及相关职能部门的沟通联系，动态关注小茵及其妈妈的人身安全。 当小茵及小茵妈妈在四处找寻康复资源却无果的情况下，社会工作者会为其提供情绪的支持以及经验的梳理，协助其分析并总结下一步工作。 当小茵妈妈在找寻工作过程中遇到瓶颈时，社会工作者会鼓励其调动身边的资源，并协助其通过就业技能培训以提升自身就业能力。	通过“同理”“沟通”与“鼓励”的技巧，积极主动理解服务对象的所思所想，在适当的情境下给予服务对象适当的回应。既以服务对象为中心，鼓励服务对象对自身进行积极探索，同时又让服务对象感受到社会工作者与其同在，并积极寻求资源协助，以回应服务对象的需要。	难点：服务对象家属对社会工作者跟进介入回应其需要的能力有担忧。 应对：①向服务对象澄清社会工作者并非单一的工作，社会工作者会联动各方职能部门，链接调动各类合适的资源，以共同回应服务对象需要；②对服务对象家属做好期望管理的工作。

（三）制订计划

1. 社会工作者和服务对象在制订计划中的关系

在整个制订计划的过程中，从服务对象问题的梳理、需求的评估、目标的确定以及计划的制订，社会工作者与服务对象家属均是同行者的关系。

总体而言，社会工作者在本案例中主要发挥服务提供者、支持者、使能者、倡导者及资源筹措者的角色。

2. 个案工作服务计划

个案工作服务计划表

目标		个案的服务模式及方法	服务对象需要有的努力或行动	社会工作者链接的资源
直接目标	联动社区相关单位及资源，关注小茵及妈妈遭受家庭暴力的事件，共同庇护小茵及妈妈的生命安全。	危机介入模式： 危机介入模式是围绕服务对象的危机而展开的调适和治疗工作，它的目的在于在有限的时间内快速、有效地帮助服务对象摆脱危机的影响。 危机介入模式的工作原则是：①及时处理；②限定目标；③输入希望；④提供支持；⑤恢复自尊；⑥培养自主能力。[①] 结合本案例，主要的工作方法是： （1）跨部门合作，搭建安全权益保障网络； （2）发掘服务对象自身资源，完善安全网络； （3）找寻合适康复机构，降低安全风险。	（1）遇到家暴事件需要尽快求助； （2）积极发掘并运用自身资源； （3）为小茵找寻康复资源。	（1）妇联、公安、司法、社区居委等职能部门共同关注，保障小茵及其妈妈人身安全权益； （2）辖区内外的康复资源。

① 全国社会工作者职业水平考试教材编写组. 社会工作综合能力（中级）［M］. 北京：中国社会出版社，2019：126－127.

续表

目标		个案的服务模式及方法	服务对象需要有的努力或行动	社会工作者链接的资源
直接目标	协助小茵完成残疾等级评定工作，促使其享受相应的残疾人政策资助及进行合适的康复训练。	任务中心模式： 任务中心模式把服务介入的焦点集中在为服务对象提供简单有效的服务上，希望帮助服务对象在有限的时间内实现自己所选定的明确目标。 任务中心模式认为介入有5个方面的要求：①介入时间有限；②介入目标清晰；③介入服务简要；④服务效果明显；⑤介入过程精密。① 在本案例中，主要的工作方法如下： （1）链接政府，缓解照顾压力； （2）找寻合适康复机构，提供康复训练； （3）陪伴与同理，提供情绪支援； （4）正向聚焦，解决问题。	（1）协助小茵完成评残工作； （2）找寻适合小茵的康复资源。	（1）联动残联部门，共同协助小茵完成评残工作，促使其享受政策支持； （2）找寻、筛选辖区内外康复资源，并协助小茵妈妈进行梳理与选择，保障小茵康复权益。
间接目标	链接就业资源，提升小茵妈妈就业技能，促进其实现再就业。	任务中心模式： 在本案例中，主要的工作方法如下： （1）链接就业资源，协助实现经济独立； （2）鼓励拓展非正式支持网络，提升家庭内部支持。	（1）积极参与就业技能提升课程，提升就业能力； （2）积极联动自身可用资源，协助自身回应需要。	链接就业培训资源及转介职业招聘信息，推动小茵妈妈实现再就业。

（四）实施计划

1. 初期阶段：安全陪护，我们与你同行

（1）实施计划的过程

首先，安全陪护工作。

接到社区居委会关于小茵家庭的情况转介后，社会工作者当天接触小

① 全国社会工作者职业水平考试教材编写组. 社会工作综合能力（中级）［M］. 北京：中国社会出版社，2019：127－130.

茵及其妈妈，并向其了解家暴事件及相关的家庭背景资料，做好评估及计划工作。小茵妈妈最开始求助社会工作者的原因是找一个托养的地方，而找寻托养不仅仅是为了康复训练，更是期望找到一个安全的庇护之地。小茵爸爸的家暴行为一直威胁着小茵及妈妈的安全。社会工作者通过与妇联、居委会、民警等相关部门组建起来的反家暴联动小组，动态关注小茵的家庭暴力情况，及时跟进小茵及妈妈的家庭情况。

社会工作者在接案的三天内完成与社区妇联、公安、居委会等反家暴单位成员的联席沟通会议，沟通落实各方在小茵个案中的工作重点。公安部门对小茵爸爸实施家暴的现象出警，并就家暴事件对其进行了训诫和教育；妇联和居委会对小茵爸爸进行劝导和调解的工作；社会工作者与小茵及妈妈保持紧密的联系，将最新的动态实时反馈到社区居委会。各方部门联动跟进小茵家庭的家暴情况，将小茵及妈妈的安全工作摆在首位，尽量降低其再次遭受家暴的风险和危险程度。

除了联动社区基层单位共同关注小茵家庭的家暴情况，社会工作者还鼓励小茵妈妈联系小茵的哥哥，鼓励其回归家庭并参与反家暴行动。所谓“远水不能救近火”，基层单位也有工作的限制，未必能时刻回应小茵的家庭状况。因此，鼓励小茵哥哥关注自身家庭的家暴发生情况，定期劝解并在必要时参与制止家庭暴力行为是非常重要的。

其次，政策咨询工作。

小茵妈妈一心急于为女儿小茵找到康复机构，经常到处打听有什么机构或者学校有可能接收小茵这种情况的孩子，但都被拒绝。在这个阶段，社会工作者会亲自陪伴小茵及妈妈一同前往相关的机构共同咨询，并对小茵妈妈焦急找寻托养机构的心情给予理解。面对来自各方机构不能接收小茵的回复，社会工作者向小茵妈妈表达了同理并提供了情绪支援。与此同时，社会工作者尝试与小茵妈妈进行分析，推动其反思和总结经验：虽然从外观上已经可以判断小茵是残障人士，但由于没有完成评残工作，小茵仍然无法享受相应的政策支持，因此，小茵妈妈同意在社会工作者的陪同下协助小茵完成残疾评定及残疾人医保申请等工作。

社会工作者在两月内协助小茵完成残疾评定工作、办理残疾人医保及申请相关残疾资助优惠等程序，协助小茵享受政策关怀与资助。

（2）应用的服务模式、方法和技巧

一是跨部门合作，搭建安全权益保障网络。

社会工作者联动妇联、居委会、民警等相关部门组建反家暴联动小组，动态关注服务对象的家庭暴力情况，保障服务对象的安全权益。

二是发掘服务对象自身资源，增强服务对象的自我保护能力，完善安全网络。

社会工作者与服务对象母亲共同整理有关自我保护的做法，降低遭受家暴事件时的伤害程度。同时，通过链接社区律师资源，协助其梳理如何在生活中做好家暴证据的收集工作，为必要时申请人身保护令做准备。社会工作者鼓励服务对象母亲联系服务对象哥哥，推动其回归家庭并参与反家暴行动。

三是陪伴与同理，提供情绪支援。

在未找寻到合适的康复机构时，社会工作者陪伴服务对象及其母亲，提供情绪支援。

四是链接政府正式资源，缓解照顾压力。

社会工作者协助服务对象到残联指定医疗机构完成残疾评定工作，并协助其到街道相关部门进行残疾人医保、残疾人资助等相关政策优惠的申请，促使其享受相关的政策关怀与支持。缓解服务对象母亲在照顾服务对象过程中面对的经济、体力、精神等方面的压力。

2. 中期阶段：初见曙光，且行且试

（1）实施计划的过程

首先，康复资源筛查工作。

经过走访和摸查，社会工作者发现在残联系统下属有一家综合医院，可以接收小茵。在这个医院里可进行康复训练，同时，医院可以安排长期住院，免去患者每天来回奔波。经过咨询发现，小茵在评残和缴纳医保的情况下，可以报销最高80%的费用，意味着如果成功入住这家医院，每月仅需支付800～1000元的住院费用。

在初步找寻到合适的康复医院后，社会工作者陪同小茵及妈妈到访实地了解该医院的康复服务开展形式、入住资质、优惠政策享受办理流程等情况。同时，社会工作者协助小茵及妈妈对入住康复医院的优劣方面进行梳理和分析，提供相关的建议供小茵妈妈参考选择。

其次，就业技能提升训练。

小茵妈妈表示，小茵爸爸绝不会支付小茵的康复费用，因此她必须获得一份工作才有能力支付小茵的康复训练费用。经过招聘资源的转介，小茵妈妈成功找到一份餐厅侍应的工作，暂时可以缓解一定的经济压力。但由于小茵妈妈需要照顾小茵起居，只能以钟点工的形式应聘这份餐厅侍应的工作，因此收入不高。从长远发展来看，小茵妈妈仍然有可能面对失业的困境。因此，社会工作者推荐小茵妈妈参与职业技能培训学习，提升自身职业能力，增加再就业的资本。然而，由于职业技能培训学习需要每周花费一天的时间，这会影响到小茵妈妈对小茵生活起居的照顾，因此小茵妈妈对职业技能提升培训抱有保留态度。

社会工作者劝说小茵妈妈尝试找寻儿子的帮忙，协助其照顾小茵。一开始小茵妈妈担心影响小茵哥哥的在校生活而有所犹豫，经过社会工作者的鼓励，小茵妈妈最终与小茵哥哥达成协商：在小茵哥哥暑假放假在家的时间去参加就业技能培训。

（2）应用的服务模式、方法和技巧

第一，找寻合适康复机构，降低安全风险。

为服务对象寻找到合适的康复训练机构，不仅能保障服务对象的康复权益，同时意味着为她提供一定程度上的安全防护，降低被家暴的机会。

第二，链接就业资源，协助实现经济独立。

社会工作者链接就业技能培训资源，让服务对象母亲参与社会工作站与职业技能培训学校合办的职业技能培训班，提升其就业技能。同时，社会工作者通过街道及合作商家的招聘会资源，为服务对象母亲转介就业招聘信息，帮助其寻找合适的就业单位，重新实现再就业，拥有独立的经济能力。

3. 结束阶段：渐入佳境，初见成效

（1）实施计划的过程

一是康复训练工作。

经过后续的康复训练资源筛查及对比，小茵妈妈在残联的建议下，为小茵选择在家附近的一所公办特殊学校，并在 2018 年 9 月成功正式入读。根据小茵的情况，每年可以获得 1600 元的残疾人优惠政策支持，这在一定程度上也缓解了小茵妈妈在小茵教育费用方面的负担。目前，小茵已逐渐适应学校的康复训练生活，暂未出现不适应的情况，社会工作者也会持续保持与小茵及妈妈的联系，跟进小茵的入学适应情况。

二是就业开展工作。

小茵妈妈成功就职一份正式的餐厅侍应工作，小茵妈妈表示雇主了解其需要照料小茵的情况，平日对其也十分支持，有需要时可以提前下班接送小茵放学。目前，小茵妈妈已经拥有一定的就业能力并持续就业，具备相对独立的经济能力。

三是安全防护工作。

经过多方的联动介入，目前小茵爸爸已经较大幅度地减少家暴行为。据小茵妈妈表示，虽然小茵爸爸仍会不时出现言语谩骂，但动手伤人的行为已经没有，情况的确有所好转。由此可见，小茵家庭的家暴情况已有明显好转。

（2）应用的服务模式、方法和技巧

首先，筛选对比康复资源，提供康复训练。

对康复训练资源进行筛查，协助服务对象母亲进行对比，选择最合适服务对象的康复机构，协助服务对象成功入读，接受康复服务。

其次，鼓励拓展非正式支持网络，提升家庭内部支持。

当服务对象母亲在进行就业技能提升计划过程中出现困难时，社会工作者鼓励其用家庭内部资源，学习主动与服务对象哥哥沟通并寻求他的帮助，让自身可以为日后职业发展做好铺垫。

4. 实施计划中的难点及其应对

难点（1）：因服务对象及其家属存在遭受家暴的风险，需要关注如何做好有效的危机介入工作。

应对：

①与妇联、居委会、公安等职能部门组成反家暴联动小组，线上线下动态跟进服务对象及其家属的情况，一方发现风险情况马上通知各联动方，多角度全方位跟进服务对象情况，保障服务对象及其家属的人身安全权益。

②联动司法资源，教授服务对象及其家属如何在日常生活中做好自我防护及证据收集工作，为必要时申请人身保护令做好准备。

难点（2）：服务对象家属对于运用自身资源的意愿较低，需要推动服务对象积极尝试运用自身优势及资源。

应对：

①情感上同理服务对象母亲不愿“麻烦”自身家庭内部其他家属的同时，协助服务对象母亲梳理积极运用自身资源及优势的必要性，鼓励服务对象家属尝试运用自身资源。

②通过情景模拟的方式，带领服务对象母亲梳理及体验如何与服务对象其他家属进行洽谈，提升服务对象与家庭内部其他家属的技巧与能力，增强服务对象母亲尝试的信心和动力。

（五）评估与结案

1. 评估

评估的内容	应用的方法	服务成效	评估中的难点及其应对
联动社区相关单位及资源，关注小茵及妈妈遭受家庭暴力的事件，共同庇护小茵及妈妈的生命安全。	服务对象自评	目标已达成 经过多方联动向小茵爸爸进行劝导和教育后，小茵妈妈反馈她们遭受家庭暴力行为发生频率有所下降，动手伤人的行为已经消失，小茵及其妈妈能较好地回归到社区生活。	难点：如何有效与服务对象沟通服务成效。 应对：因服务对象无法正常与人交流，因此社会工作者通过与服务对象家属进行有关成效评估的交流，辅以社会工作者观察评估，以此作为服务的评估依据。
协助小茵完成残疾评定工作，促使其享受相应的残疾人政策资助及进行合适的康复训练。	服务对象自评	目标已达成 社会工作者协助小茵完成残疾评定工作、办理残疾人医保及申请相关残疾资助优惠等程序，小茵已享受政策关怀与资助。 小茵成功入读康复机构，正在逐步适应过程中。小茵目前就读的学校就在社区附近，相比残联下属的康复医院，这所学校的路程更便捷，小茵妈妈能更好地兼顾小茵的日常接送和工作安排。	
链接就业资源，提升小茵妈妈就业技能，促进其实现再就业。	服务对象自评及社会工作者观察评估。	目标已达成 通过资源链接，社会工作者为小茵妈妈链接到职业技能提升培训资源及招聘信息。小茵妈妈已成功再就业，具备相对独立经济能力。	

2. 结案

结案的标准	结案的过程	应用的方法	结案中的难点及其应对
个案目标达成	结合社会工作者评估及服务对象自评，个案目标达成，服务对象同意结案。	通过服务意见反馈表，收集服务对象对服务满意度以及服务效度的意见，确定其对服务目标达成程度的看法。	难点：如何协助服务对象及家属进行成效的巩固。 应对：通过经验的梳理以及情景模拟，协助服务对象及其家属对已改变的成效进行梳理与巩固。

3. 跟进个案

跟进情况	应用的方法与技巧
与服务对象及其母亲协议结案后的一个月，社会工作者再次联系服务对象母亲了解服务对象及母亲的近况。服务对象母亲表示： ①小茵已经适应学校生活，目前没有出现特别的不适情况。 ②小茵的哥哥现在每周周末都会回家（过去回家的频率为两周一次或一月一次），小茵哥哥在家的时间增加了，这让小茵及其妈妈感觉备受支持。	通过“聆听”和“沟通”的技巧，了解服务对象及其家属的近况；同时，肯定服务对象及其家属的改变。

三、总结与反思

（一）收获

1. 专业方面的收获

通过本案例的工作，社会工作者真实体验危机介入工作，让社会工作者有机会将有关危机干预模式的理论学习进行实践操练，为日后再次跟进有关家庭暴力等危机干预工作提供了经验的累积和总结。

2. 个人方面的收获

助人自助是社会工作的理念，而这一理念在本案例中得到充分的体现。小茵及其妈妈在求助初期是受助者的角色，但随着社会工作者服务的推进，通过资源链接和能力提升，小茵及其妈妈逐渐实现运用自身资源和优势回应自身的需求，实现保障自身权益。小茵的案例让社会工作者更加深入理解“助人自助”的理念以及坚信自身的专业选择，社会工作者将继续坚守自身的专业工作。

（二）经验与创新

1. 个案服务中用到的过往工作经验或方法

社会工作者在平时的日常工作中经常保持与妇联、居委会、残联等相关职能部门的紧密合作，因为过往已经与相关职能部门建立良好的合作关系，因此在本案中能较快联动相关职能部门，迅速组建成立反家暴联动工作小组，共同回应服务对象需要，保障服务对象及其家属的权益。

2. 个案服务中的创新

以小茵的个案为例，小茵及妈妈面临的问题不仅仅是“被家暴”，还有包括子女照顾、子女康复、个人再就业、家庭支持网络搭建等情况。然而，单靠社会工作者的力量是无法很好地协助小茵及其家属回应生活中遇到的困境的，因此，社会工作者以一个“管理”和“联动”的视角介入个案，有利于从一个整体的角度回应小茵及其妈妈需求。

在保护小茵及妈妈生命安全方面，社会工作者联动社区相关职能部门筹建的反家暴联动小组发挥了重要的作用。

在小茵的康复路上，社会工作者联动小茵家庭身边正式与非正式的资源，多方共同回应小茵的康复发展需要。

在小茵妈妈实现再就业的事情上，社会工作者在调动社区资源的同时，也推动小茵妈妈学习运用自身家庭的内部资源。

综上所述，社会工作者通过整合服务对象自身及其所在社区的资源，创建“反家暴”工作组保障服务对象及家属人身安全，链接康复及就业资源，保障服务对象康复权益，协助服务对象及其家属顺利回归社会。因此，本案例具有服务创新性。

3. 个案服务对行业工作的贡献及价值

家庭暴力事件的介入处理并非一方力量即可全面应对，需要多部门、多力量共同参与执行。本案例分析介绍社会工作者通过联动街道相关职能部门，从保障服务对象生命安全，提升应对生活中的困境能力以及增强支持网络的角度，全方位地协助服务对象及其家庭应对家暴困境，对青少年权益维护服务有一定借鉴和示范价值。

（三）专业反思

1. 个案服务中印象最深刻的是什么

在个案跟进过程中印象最深刻的是小茵妈妈的坚持不懈。看着小茵妈妈在为小茵找寻康复机构的过程中，从最开始的不断被拒绝，到后期成功找到合适的康复资源。在整个过程中，小茵妈妈虽然也有彷徨和迷茫，但却非常坚定，一心只为找到真正适合小茵的资源。最后经过筛选和对比，终于确定了小茵的康复机构，小茵妈妈满心的欢喜和欣慰的表情，实在让人难以忘怀。

2. 个案服务中有哪些印象深刻的情绪感受

个案服务中，印象最深刻的情绪感受是感动。看着小茵妈妈为小茵的无私付出，一方面感动于小茵妈妈伟大的母爱，另一方面是感动于服务对象无限的潜能。

在案例中可以发现小茵及其妈妈的生活经历过数不清的坎坷，然而这并没有真正将小茵及其妈妈打倒，反而是激起小茵及其妈妈努力“反抗”的动力，积极寻找并运用身边的资源和力量以回应自身的需要，这与社会工作理念中“相信服务对象的能力”是不谋而合的。

3. 个案服务中有哪些与专业服务有关的新发现

社会工作者通过统筹以及资源调动，有效回应服务对象的需要，因此，这提醒了社会工作者在开展专业服务的过程中，需要全面评估服务对象身边可用的资源，才能充分链接调动正式资源及非正式资源以回应服务对象的需要，保障服务对象权益。

4. 在未来的服务中，将如何运用专业收获开展服务

社会工作本来就是一个多学科综合的专业，这不是要求社会工作者要成为一个全才的人，而是推动社会工作者反思是否能在工作的过程中充分结合实际情况进行评估，从个案管理的视角系统分析个案的需要，开展辅导跟进工作。

以小茵的个案为例，小茵及妈妈面临的问题不仅仅是“被家暴”，还有包括子女照顾、子女康复、个人再就业、家庭支持网络搭建等情况。单靠社会工作者的力量无法很好地协助小茵及妈妈回应生活中遇到的困境，因此“联动”很重要！不管是哪一方面都提醒着社会工作者，社会工作者

不是一个人去面对服务对象的困境，而是应该从一个个案管理的角度去介入跟进服务对象的情况，联动各方资源共同回应服务对象的需要，促使服务对象能顺利回归生活。

四、督导评语

（一）社会工作在个案服务中价值理念的践行

在这个案例中，社会工作者秉承社会工作的尊重、独特性和相信人能改变的基本信念，在介入过程中，秉承接纳、个别化和案主自决的原则。因服务对象无法与人正常交流，没有足够能力进行决策，社会工作者一直尊重服务对象母亲在服务过程中表达的意见和想法，为其提供必要信息，始终坚持由她进行自我决定原则。同时，社会工作者坚信服务对象及其家属具备改变潜力和能动性，相信他们有能力去面对并解决自身问题，充分发掘服务对象及家属自身及身边的资源。

（二）社会工作者在个案服务中的专业能力

社会工作者的个案处理程序有条理，面对家暴情况，首要进行了危机介入，准确判断并果断执行方案，保障服务对象及母亲的人身安全。然后面对服务对象的康复需求，运用了任务中心模式，准确推动了服务对象的行动系统，从基本情况收集、需求评估到服务介入，都能按部就班进行，帮助服务对象找寻到合适康复机构。

在本案例中主要发挥资源筹措者、支持者、使能者和倡导者的角色。在这些角色中，资源筹措者和支持者角色尤为重要。链接资源保障服务对象权益是本服务过程中的重点，社会工作者考虑到联动正式与非正式资源共同介入解决问题的同时，也注重发掘服务对象最主要支持者其母亲的自我介入意识和能力。社会工作者联动的资源方包括妇联、司法所、公安、残联、居委会、就业培训机构、康复训练机构以及家庭内部成员等，搭建的资源网络多元化，有效为服务对象及其母亲提供支援。

在关系建立方面，服务对象及其母亲基本没有情感支持的网络，社会工作者真诚的同理和陪伴，恰当的鼓励和支持，是双方良好信任关系建立的基石，也是服务对象母亲自信提升和愿意寻求儿子帮助的重要推力，达到为服务对象母亲增权。

总体而言，社会工作者在个案中专业处理、介入方向制定、工作手法的应用都恰当，个案过程中的态度积极，秉承社会工作者价值理念，最终确实改善了服务对象及其母亲的生活状况，保障服务对象的安全和康复权益，成效显著，值得肯定。

（三）社会工作者在个案服务中突出的表现

社会工作者在本案中不单以理论和技术为考虑点，实践助人自助理念，坚守社会工作的原则，以优势视角和正面价值观贯穿整个介入服务，不仅影响服务对象，也在推动社区各部门和单位协助面临家暴情况的群体解困，突显社会工作者与服务对象的相处不仅只是一种工作理性化，更是促使生命影响生命的互动。

（四）社会工作者在个案服务中有待提升的方面

社会工作者在本个案中，关注重点在被家暴方，对于施暴方暂未进行直接跟进。如若有机会，社会工作者可接触服务对象的父亲，了解其情况与需求，以开展更进一步的跟进和处理。

服务对象的社会支持网络方面仍相对薄弱，可考虑为服务对象及母亲找寻情况相仿的居民或志愿者，后续邀请参与中心合适的服务，拓展她们的社会支持网络，这种来自朋辈的一对一支持，所产生的效果更明显和持久。

第三篇

青少年违法犯罪预防与矫治服务

第一章 “用爱护航，点亮心光”

——社会工作者介入涉罪未成年人帮教服务

作者：曾宪琳 廖文琳 督导：廖文琳[①]

一、案例介绍

服务对象小C家庭经济条件比较困难，父母早年离异，母亲改嫁离开W市后便没有回来，父亲在其年幼时因喝酒引发并发症去世，后服务对象便一直跟随舅舅在H省W市B镇生活，现无法联系上其母亲和舅舅等亲属。L区检察院聘请两名社会工作者担任法定代理人，负责服务对象社会帮教期间的观护帮教工作。

（一）服务缘起

服务对象小C既属于事实孤儿，又属于“三无”人员（即无固定住所，无收入来源，无监护条件）青少年。曾因涉嫌盗窃在H市第一看守所依法被羁押8个多月，后根据服务对象认罪、悔罪态度诚恳被H市L区检察院取保候审。因服务对象仍属于未成年阶段，现暂时联系不上其法定监护人，L区检察院特聘请两名社会工作者担任法定代理人，负责服务对象社会帮教期间的观护帮教工作（观护即观察、看护，帮教即帮助、教育。指在刑事诉讼程序外建立了针对少年犯的特别程序，强调国家、社会对少年犯的教育及管束义务，使之重返社会。此处的观护帮教工作指检察院牵头，联合政府各部门、司法社会工作者以及爱心企业进行日常的教育矫正和考察工作）。

① 曾宪琳、廖文琳，海口市友善社会工作服务中心，海口，570100。

（二）服务对象基本信息

姓名（化名）	小 C	年龄	17 岁
性别	男	职业	搬运工
受教育程度	小学程度	婚姻状况	未婚
兴趣、爱好	看小说，玩手游	家庭情况	单亲家庭
服务对象来源	由区检察院转介	服务对象类型	非自愿性服务对象
服务对象求助的意愿	重新回归社会，需要一份正常工作	服务对象对社会工作者的认知程度	知晓但不了解

（三）个案描述

1. 服务对象的成长经历

小 C 父母早年离异，母亲改嫁并离开 W 市，父亲是继父，在其年幼时因喝酒引发的并发症去世。服务对象从小被寄养在亲戚家，后继父家中亲戚不接受小 C，服务对象便跟随舅舅一直生活在 W 市 B 镇。服务对象 7 岁就读于 L 小学，因无心学习，小学辍学后一直在老家打零工。直到 2014 年才到 H 市打工，曾经在网贷公司工作过，负责上门追债。辞职后因年纪小，没有技能，生活较困难。且自从 2014 年独自一人来 H 市打工后，由于不记得舅舅与母亲的联系方式和联系地址，多年来一直处于失联状态。

2. 服务对象的个人特点

服务对象肤色较黑，身材匀称，身体健康。性格内向，不擅长与外人打交道，基本只与熟悉的人来往。语言表达能力良好，思维清晰，能够对所经历事件进行较为主动的反思。小 C 涉案前处于无业状态，曾因为饥饿偷窃被人发现后殴打。平时偶尔会去上网，与同涉及刑事案件的同伴在 QQ 群里认识后一同犯罪。服务对象涉案时年仅 16 岁，文化水平低，法律意识薄弱。

3. 服务对象的人际关系状况

服务对象在 W 市老家有一个玩得比较好的朋友，但在独自来 H 市后就未与老家朋友来往。服务对象的主要社交群体有在 H 省交友 QQ 群中认识的朋友，在看守所羁押期间没有再与之前的不良朋友联系。

二、个案工作服务过程和专业关系

（一）接案与建立关系

自服务对象涉案以来，社会工作者两次担任服务对象的合适成年人与检察人员至看守所旁听提审过程以及探望服务对象，为服务对象进行心理辅导和情绪疏导。2018 年 8 月上旬，服务对象被区检察院取保候审，在区检察院的介绍下，正式与社会工作者见面，并建立个案工作关系。

1. 接案

	接案的过程	应用的方法和技巧	接案中的难点及其应对
初步接触	①社会工作者担任第一次合适成年人旁听提审，并与服务对象进行初步接触，对小 C 本人及其问题与需求进行了解，以备进行初步评估。 ②了解服务对象的问题和需要，社会工作者对服务对象的情况和机构的情况进行初步评估分析，以决定是否提供服务和提供怎样的服务。 ③社会工作者第二次充当合适成年人与检察人员一同前往探望服务对象，对服务对象期望、机构服务范围进行澄清和告知，并取得服务对象的服务同意。	①介绍自己（暖场、减轻焦虑）； ②说明初次会谈的目的（双向沟通）； ③避免把当事人定义为“问题人”； ④专注地聆听（姿势、眼神接触、语言动作回应）； ⑤简明扼要、具体化（列点陈述、澄清、归纳等）。	难点 1：社会工作者第一次接触事实孤儿个案服务对象，个案实务经验缺乏。 应对：查阅事实孤儿资料，了解事实孤儿相关信息。在开展个案服务过程中，注意学习和寻求督导帮助。 难点 2：与服务对象初次会谈过程出现障碍，双向沟通不畅，服务对象起初不愿透露自身需要。 应对：关注会谈中沟通较为顺畅的部分，将发生障碍部分进行记录，待之前关系成功建立再进行了解。

续表

	接案的过程	应用的方法和技巧	接案中的难点及其应对
接案	社会工作者正式与服务对象见面，作为服务对象的法定代理人，并签署了知情同意书，告知服务对象社会工作者保密原则的适用范围，解释个案档案一定时间后会销毁，不会对其造成负面影响。	①表达同理心（设身处地）； ②无条件接纳（认同人的价值）； ③安抚，平衡不舒服感（物资、释放情绪）； ④输入希望（让当事人感受到问题解决的希望）； ⑤避免盲目承诺。	难点：服务对象短期经历所拥有物的差距感，在物资和情绪方面易出现不平衡。服务对象的其他资源进行盲目承诺，给服务对象带去过高的期待感。 应对：社会工作者自身要避免盲目承诺的出现，对于其他资源进行的盲目承诺，应在与服务对象单独相处时，向服务对象进行澄清，帮助服务对象克服高期待。

2. 建立关系

建立关系的过程	运用的方法和技巧	建立关系中的难点及其应对
社会工作者跟随检察人员，与区妇联工作人员一同带领服务对象至爱心企业处，熟悉未来工作、生活环境。社会工作者与服务对象相关单位负责人见面，建立沟通关系。随后社会工作者安抚服务对象面对新环境的紧张情绪，并约定次日面谈时间安排。	①尊重； ②同感； ③真诚一致； ④工作者自我袒露； ⑤现实性。	难点：服务对象一时无法适应社会工作者介入和暂时融入新工作环境出现困难。 应对：安抚服务对象情绪，并通过前期较为紧密的联系，增进社会工作者与服务对象关系，建立信任关系，使服务对象逐渐熟悉社会工作者的存在和介入。

（二）预估与发展关系

1. 预估

<table>
<tr><td colspan="3">收集资料</td><td>分析和统整</td><td>预估中的难点及其应对</td></tr>
<tr><td>服务对象遇到的问题</td><td>服务对象的需求</td><td>服务对象的资源</td><td rowspan="2">1. 非理性认知
服务对象因为受传统观念的影响，认为家庭残缺且自身是涉罪人员会被人瞧不起，所以认定自己以后没有前途，也没有朋友等一些负面情绪。这些非理性信念往往会加剧服务对象的焦虑和紧张。社会工作者在跟进时，需要消除服务对象的这种非理性信念，树立理性信念，正确地看待自身价值。
2. 自信心不足
服务对象在现实中不断经历现实的打击，在缺少家庭和朋辈支持的情况下，自信心逐渐下降，对生活没有足够的信心，消极心态严重。社会工作者和服务对象需要共同发掘其优势，并不断地给予鼓励和支持，同时寻找服务对象周围的支持系统，给予服务对象更多的支持和鼓励，从而树立其自信心，以积极心态面对生活。</td><td rowspan="2">难点：服务对象问题复杂，社会工作者无法第一时间判断服务对象遇到的问题。
应对：根据解决原则，解决对于服务对象来说最紧急的问题。坚持“服务对象为本”原则，邀请服务对象对自身问题进行判断，双方共同决定多个问题中最主要矛盾。</td></tr>
<tr><td>①小C在看守所内羁押时间较长，与社会存在脱节现象。
②小C性格较内向，情绪一直压抑在心底。
③小C属于“三无”人员（无固定住所，无收入来源，无监护条件）。
④小C文化程度低，法律意识淡薄，缺乏在社会上生活的技能。
⑤小C社会交往面较窄，社交自信心和能力较差，开展社交意识的自主性差。</td><td>①小C自身需要反思与社会脱节的原因和影响因素，多参与社会活动；
②小C情绪需要得到宣泄；
③小C需要输入新的人生希望，理性识别其背后的非理性信念，了解到解决问题的其他可选方案，在个人成长方面的需求需要得到保障；
④小C需要提高自身文化程度，增强法律知识的学习，并学习社会生活技能；
⑤提高自信心，增强社交技巧和社交能力，扩大社会交往面。</td><td>L区妇联等政府部门；
L区检察院未检部门；
两名专业社会工作者；
爱心企业制药公司H；
服务对象单位部门组长及同事。</td></tr>
</table>

2. 发展关系

发展关系的过程	应用的方法和技巧	发展关系的难点及其应对
经过看守所两次合适成年人见面后，加上在L区检察院以及制药公司H社会工作者与服务对象两次面谈后，社会工作者与服务对象建立起初步信任关系，并与服务对象工作单位负责人保持良好的沟通关系。 在约定好的面谈时间，两名社会工作者应检察院请求，根据服务对象生活需求，购买了生活必需品送至服务对象宿舍并进行面谈，服务对象与社会工作者之间的信任关系进一步发展。	①同感； ②接纳； ③适当的身体接触； ④澄清； ⑤真诚关怀； ⑥尊重服务对象自决； ⑦保持专业行为的一致性。	难点1：服务对象现工作单位距离观护站距离过远，一定程度上对社会工作者进行帮教上存在一定局限。 应对：在与服务对象沟通商量之后，约定每月周末进行两次面谈帮教和定期电访。 难点2：服务对象在刚开始阶段关于社会工作者存在矛盾心理，一方面有点抗拒进行交谈，另一方面对社会工作者存在些许依赖心理。 应对：谈论服务对象兴趣爱好方面的话题，降低服务对象的戒备心。引导服务对象多与单位同事沟通交流，向服务对象明确社会工作者的帮教内容范围，逐渐降低服务对象对社会工作者的依赖，鼓励服务对象多尝试自己解决问题。

（三）制订计划

1. 社会工作者与服务对象在制订计划中的关系

由于服务对象自身文化水平较低，且性格内向，社会工作者选择以“面谈”形式在服务对象熟悉的环境下进行工作计划的制订。与服务对象制订计划的过程中，邀请服务对象充当制订计划主导者，社会工作者对计划基于辅助，引导服务对象重新确认自身问题，确定问题重点，确定问题解决次序，明确服务对象希望达到的目标或效果。

2. 个案工作服务计划

	目标	个案的服务模式及其方法	服务对象需要有的努力或行动	社会工作者链接的资源
直接目标	通过面谈、电访、带领参与社区志愿服务各种渠道疏解服务对象不安情绪，提升服务对象自信心；引导服务对象修正不良的自我和超我功能，克服不良的自我防卫机制，有效控制自己的行为，避免盗窃等不良行为的再犯。	采用心理社会治疗和理性情绪治疗模式，认为服务对象问题对于服务对象是压力，压力来源于服务对象的内心冲突，包括过去在家庭中未得到应有的关爱、现在与社会脱节后对社会生活的恐惧，觉得被社会所抛弃以及因为自己“涉罪人员”这一特殊身份，害怕被他人持有色眼光看待。 社会工作者通过运用与非理性信念辩论、支持和探索—描述—宣泄技巧进行介入。	表现在服务对象的对抗能力上，一方面是与外界压力的对抗，另一方面是与自身内心冲突对抗，寻找机会表达出负面情绪和被压抑的情绪。	链接开展相关志愿服务活动的社区组织； 链接社区居委会，为带领参加志愿服务活动提供便利； 链接开展活动社区的社会工作者； 链接检察院等部门，便于更直观更好地学习法制知识。
	通过带领服务对象参与社区志愿活动，增强服务对象的社会责任感，尤其参与法制知识宣传活动，学习法律知识，完成服务感想，在活动后进行学习行为的练习，协助服务对象树立理想信念。	社会学习理论为理论基础，认为人可以借助观察和模仿进行学习，通过带领服务对象参与社区法制宣传活动，对服务对象之前的认知错误进行辨识，从而进行认知重塑。	认真学习法制知识，对自身之前的错误认知进行分辨，了解如何进行理性选择。在观察中学习，在学习之后练习需要学习的行为并进行模仿，进行反馈。	

续表

	目标	个案的服务模式及其方法	服务对象需要的努力或行动	社会工作者链接的资源
直接目标	在社区活动过程中进行互动（如进行交谈，绘画等），引导释放和缓解服务对象的工作和生活压力，促进服务对象的心理健康，增强服务对象自信心。	采用认知行为治疗模式，关注人的认知和行为。社会工作者通过运用放松练习技术进行介入。通过“互动游戏”让服务对象得到身体的放松，通过身体放松舒缓生理和心理紧张。	根据社会工作者的安排，进行放松练习。	链接专业的心理咨询室，利于服务对象进行放松。
间接目标	与服务对象监护人进行联系沟通，寻求监护人支持和帮助。	采用任务中心模式，目的是提供简洁有效的服务，在有效的时间内尽可能联系上服务对象监护人，寻求监护人和服务对象之间联系中断问题的解决。	需要尽力克服与监护人之间因为多年联系中断而造成的疏离感，放下戒备去接受监护人的关爱。	链接检察部门获取服务对象监护人联系方式，后链接服务对象监护人这一资源，提供家庭支持。
	与服务对象工作单位进行联系，通过改善工作生活条件来达到服务对象不良行为的监管和改变，完善人格。	社会工作者通过运用心理社会治疗模式中的间接治疗技巧进行介入，通过改善周围环境和辅导第三者间接影响服务对象。	努力和行为表现在认真努力工作之前，并学会自我控制行为。	链接服务对象工作单位相关资源，如服务对象组长等第三方资源，共同进行改善工作。

（四）实施计划

1. 实施计划的过程

（1）第一阶段：建立关系与介入（2018 年 8 月 23 至 25 日）

社会工作者开始与服务对象接触，进行初次会谈，并制订介入计划目标。初次会谈时，要全面了解服务对象当前的问题和需要，注意服务对象的心理状态及变化，运用相关技巧赢得服务对象的信任，社会工作者要给予服务对象信心和希望以及激励服务对象的成长和改变的动机。同时，针对会谈内容，制定对服务对象的介入计划目标。

（2）第二阶段：发展关系及情绪宣泄（2018年8月25日至9月11日）

鼓励服务对象倾诉，宣泄内心负面情绪。社会工作者全面收集和服务对象有关的资料，包括直接资料和间接资料。

在与服务对象进行初次和第二次访谈时，使用宣泄治疗法，让服务对象的困惑情绪及压力得到宣泄。和服务对象回顾分析之前的经历，分享感受。

访视服务对象家庭，包括服务对象的母亲和舅舅，特别是舅舅。收集服务对象的家庭情况等信息。与服务对象监护人进行联系和沟通，包括给予更多的关爱，多和服务对象谈心。

（3）第三阶段：社会融入计划（2018年9月11日至11月14日）

在与服务对象的会谈中，社会工作者协助服务对象分析拥有的社会支持网络，认识到单位组长、社会工作者、检察人员是他目前最大的支持。

社会工作者与服务对象深入接触。目标是消除他的非理性信念，树立理性信念；缓解服务对象在新环境里不适应及在新环境里的孤独情绪；增强服务对象的自我适应能力，促进服务对象的成长。

社会工作者带领服务对象参加社区志愿活动，带领共同学习理性情绪治疗法，寻找服务对象存在的非理性信念，并提出消除办法。社会工作者和服务对象分享人际沟通的重要性，并讨论如何更好地增强人际沟通，从而从身边同事朋友中获取更多的支持。

（4）第四阶段：社会学习计划及情绪动态发展监测（2018年11月14日至12月14日）

协助服务对象认清自我现状，订立适当的短期计划和目标，给予服务对象支持和鼓励，协助其树立自信心。

带领服务对象再次参与社区志愿服务活动，增强社会责任感，增进与他人互动。与服务对象共同进行互动，了解服务对象的情绪及心理动态，在互动的过程中引导释放和缓解服务对象的工作和生活压力，促进服务对象的心理健康。

服务对象针对之前发现的问题，提出解决的方法，并在实际生活中改进，取得了不错的效果，社会工作者及时地给予鼓励和支持，让服务对象认识自己的优点，并重新树立自信心。

（5）第五阶段：介入后期，评估与结案（2018年12月14日至12月30日）

主要任务是回顾和总结。社会工作者和服务对象共同回顾了辅导的整个过程，并对服务对象现在的状况给予鼓励和赞赏，并鼓励其一直坚持下去，对服务对象的进步给予正强化，帮助服务对象把咨询过程中学到的认知方式、分析和解决问题的方法运用到日常生活中，来处理自己与他人的关系，鼓励服务对象正面评价自己。通过检察人员、社会工作者以及单位同事的积极配合，让服务对象感觉到其实自己被人理解和关心。同时，让服务对象与同事们加强日常交流，加深彼此的了解和友谊。

同时社会工作者和服务对象探讨结案事宜，因为服务对象状况已经改善并且稳定，社会工作者告知将会结束辅导过程，但是以后还可以继续联系。

2. 应用的服务模式、方法和技巧

前两个阶段的工作以心理社会治疗模式为主，社会工作者直接回应服务对象的要求，并提供必要的服务，服务对象在介入初期处于被动服从位置接受服务。主要运用技巧是非反映性治疗技巧和间接治疗技巧。

在进行面谈时用了接纳和同感的方式，向服务对象表现社会工作者肯定和认可，传达善意，减轻服务对象的压力和不安；在提及服务对象涉案情况时，社会工作者运用同感表达对其感受的理解。通过强调，突出服务对象悔罪态度好等好的方面，增强改变的动机；与服务对象共同制订计划和确认目标时，邀请确定自身存在的问题，适当地进行提议，由服务对象采纳；受限于“特殊身份”，社会工作者对不良行为可能导致的后果进行了说明，并指导服务对象采取积极的措施；社会工作者让服务对象分析解释和描述自身困扰可能产生的原因，为服务对象提供情绪宣泄。

后三个阶段的介入工作以认知行为治疗模式和理性情绪治疗模式相结合为主，主要运用的技巧是认知行为治疗模式中的个案概念化和认知重塑，以及对非理性信念的辩论技巧。

根据个别化原则和个案概念化技巧要求，相信服务对象的个别化，从服务对象具体情况出发；社会工作者引导服务对象对错误认知进行分析和辨认，加强服务对象理性认知的能力；社会工作者带领服务对象参加社区志愿服务活动，通过模仿和果敢训练的方式进行自我成长。服务对象常发生人际交往行为的场所和对象分别是单位同事和观护站社会工作者，通过参加志愿活动，接触不同的群体，锻炼服务对象既能主动表达自身要求，又能敏锐感觉他人要求的能力；服务对象自卑和内向受到外在评价的影响，社会工作者通过放弃自我评价的方式，引导和鼓励服务对象放弃用外在的标准评价自己，把自身非理性理念逐渐进行消除。在与非理性理念对抗的过程中学会正确的生活方式。

3. 实施计划中的难点及其应对

难点①：服务对象是由检察人员强制要求进行服务，对社会工作者有抗拒和服从权威的心理。

应对：澄清社会工作者的角色是支持者和使能者，并不是权威和教师式的教育者。服务的主要目的是帮助服务对象发挥自己能力。

难点②：在运用宣泄疗法的过程中，服务对象对于自身负面情绪和压力不好意思也不敢进行宣泄。

应对：社会工作者优先表达善意，通过同感或自我暴露方式，向服务对象告知宣泄情绪和压力是件很正常的事，并进行鼓励，强调保密性。

难点③：服务对象的母亲与舅舅暂时无法联系上，服务对象的部分信息收集出现困难。

应对：寻求检察人员协助，根据服务对象户籍所在地信息进行服务对象监护人联系。

难点④：在带领服务对象学习理性情绪治疗法后，服务对象因自身性格等因素影响，一时间无法直接发生转变。

应对：向服务对象说明学习的作用效果是渐进的，鼓励和支持服务对象逐步发生改变，肯定服务对象的每一个改变。

难点⑤：在人际沟通方面，服务对象与同事可以做到正常沟通。但当社会工作者提出带领参与社区志愿服务活动，服务对象出现恐惧心理，并不断拒绝。

应对：首先向服务对象表达理解和尊重，声明不会强迫参与。其次，在与服务对象进行互动的过程中，逐步引导服务对象正视社区志愿活动能带来的改变，并承诺活动现场社会工作者和检察人员都在。活动过程会密切关注服务对象，若服务对象参与后觉得不自在，可离开活动现场，由社会工作者与服务对象单独相处。

难点⑥：在回顾总结阶段，由于前期对服务对象的关注度高，服务对象出现些许对社会工作者的依赖，面谈时情绪起伏大。

应对：安抚服务对象情绪，告知介入已至最后阶段。后期会结束辅导过程，鼓励服务对象学会自行解决问题和适当寻求身边支持。

（五）评估与结案

1. 评估

<table>
<tr><th>评估的内容</th><th>应用的方法</th><th>服务成效</th><th>评估中的难点及其应对</th></tr>
<tr><td>行动评估：为达到服务对象某种程度的改变，社会工作者进行的一切活动。
收集资料方法的评估：收集方法有与服务对象会谈、与服务对象的家人会谈、调查表的运用、现有资料的运用、观察的运用等。</td><td>评估方法：
和服务对象一起对服务的效率和效果进行评估；
和同事一起对服务提供进行联合评估；
利用原先制订的计划表进行评估。
服务执行后询问服务对象的问题是否解决，或者在多大程度上得到了解决。
评估过程：
过程评估——每一次会谈翔实做好会谈记录，并且会谈完毕与服务对象一起对此次会谈作评估。每次会谈结束后社会工作者都需要填写评估表格并邀请同事互评。</td><td>经过对服务对象 12 次的服务，社会工作者运用心理辅导、参与活动等方法，让服务对象逐渐加强自我认识、发现自我潜能，让服务对象通过改善“自知”来充分发挥积极向上的、自我肯定和自我实现的潜力，以改变自我适应的不良行为。
通过与单位同事的沟通交流，建立起良好的人际关系，让服务对象在与人交流中成长进步，逐渐习惯和人交流；通过学习理性情绪控制，增强自信心和克服非理性信念动力。</td><td rowspan="2">难点 1：在与服务对象共同进行评估时，服务对象出于好感致使评估结果感性化。
应对：及时向服务对象说明评估的重要性，解释评估是经过服务对象认定的社会工作者工作成果。
难点 2；社会工作者在与同事进行联合评估时，双方意见出现偏差，一方工作者碍于面子不愿进行评估。
应对：在出现意见偏差时，根据机构的评估制度，由督导进行评估。社会工作者在评估时需做到坦诚开放，突破自己的面子，真诚地分享经验和不足。</td></tr>
<tr><td>结果评估：通过服务对象结果信息的反馈，关心与服务对象互动的结果，服务对象的问题或困难是否得到了解决，服务对象在多大程度上发生了改变。</td><td>结果评估——个案治疗结束后社会工作者的反思，以及同事的评价。</td><td>服务除了社会工作者与服务对象的直接访谈外，还将服务对象的资源整合在一起，这有助于服务对象缓解和摆脱内心的胆怯和自卑。
在服务过程中，服务对象展现出渐进的进步。一开始他见到陌生人冷漠、胆怯，不喜欢主动交流；基本不参与没有社会工作者陪同的活动，在服务后期的他能与他人交流顺畅，勇于表达自己的需求和表现自己的优点。</td></tr>
</table>

2. 结案

结案的标准	结案的过程	应用的方法	结案中的难点及其应对
服务对象现工作方面已转正，与同事之间相处融洽，自身不良行为已得到了矫正，压力和不良情绪得到了释放。服务目标已经达成，经过与服务对象和督导商讨后，社会工作者决定结案。	服务对象的不安情况得以缓解，并为自己制订了合理的生活规划和目标。社会工作者介入后纠正非理性信念，正确地规划自己的人生。以积极的心态去面对社会生活，并得到很好的改善。综上所述，该服务对象的服务目标已基本达成。 社会工作者在 11 月面谈时就与服务对象讨论结案准备情况；在 12 月的电访中，提前让服务对象知道结案时间。在当月的结案阶段逐渐减少与服务对象的接触，面对服务对象提出的要求，鼓励服务对象去自行解决，寻找同事的帮助，逐步降低服务对象对社会工作者的依赖。	进行了提前告知，让服务对象有充分的思想准备。 对结案可能出现的情况采用了接纳的态度，积极倾听服务对象的想法。 帮助服务对象回顾整个个案的过程，对服务对象发生的积极改变给予肯定和鼓励，巩固服务对象现在获得的成就，从而增强服务对象的自信心。	难点：服务对象在与社会工作者共同进行结案准备时，出现了焦虑和少许抗拒心理，认为社会工作者要离开。提出自己的某些目标没达成，还存在问题。 应对：鼓励服务对象将其结案的情绪表达出来，并解释不是当前时间结束个案关系，现在只是进行提前告知，强调明确的结案时间。 另一方面，引导服务对象自我分析发生的良好改变，说明改变是可借鉴经验，肯定服务对象处理问题和适应生活的能力的提高。 最后澄清社会工作者的作用，告知服务对象社会工作者只是助力器，并不能一直陪伴，鼓励服务对象进行自我肯定和自我认同。

三、总结与反思

（一）收获

1. 专业方面的收获

针对青少年的个案，社会工作者首先要站在他们的立场上，真诚地、充分地接纳和尊重他们，赢得信任建立关系才是问题的关键。其次是让服务对象学会剖析自己，让其勇敢去面对一定的现实。培养其面对现实的能力，在遇到挫折时从多角度出发去思考。学会向外界求助，学会理性地分析问题的实质，从而提高对社会的适应能力，实现健康成长。再次是社会工作者要善于合理利用资源为服务对象提供服务。服务开展过程中，不仅要对服务对象进行服务，也要对其周围的环境展开服务。最后是社会工作者必须有预见性的准备，要有能力引导服务对象的讲话，做到事前准备谈话的主题和需要信息。

2. 个人方面的收获

此次个案为社会工作者第一次开展附条件不起诉（即附带考察帮教期）的个案服务。由于服务对象属于涉罪未成年人，应L区检察院的强制要求，服务对象必须与社会工作者进行面谈，接受定期电访以及被带领参与社区活动。见面后，很快就配合服务工作的开展。在后面一系列的服务后，服务对象已和社会工作者建立了良好的信任关系，会主动叫社会工作者“姐姐”。

有效锻炼了社会工作者的表达能力，让社会工作者加强了自身语言的训练，从而可以让别人听懂所表达的意思。最后，为了在个案中短期有效地帮助服务对象达到一定的目标锻炼了社会工作者思考问题的能力和进行个案工作的技巧运用。

（二）经验与创新

1. 个案工作中用到的过往经验和方法

接案初期，社会工作者带服务对象参加社会服务，在闲暇时间，社会工作者主动与服务对象交流，从服务对象熟悉的话题开始，了解平时使用手机的情况。当服务对象说到自己最近在玩《绝地求生》和《王者荣耀》手游，社会工作者表示了关注，并进行自我剖析，与服务对象交谈玩家的心得体会。服务对象对自己感兴趣的话题言语变多，当谈话结束后，服务对象消除了顾虑与紧张，表现出了对社会工作者的兴趣，主动询问社会工作者的工作内容以及感谢等。在关系建立阶段，社会工作者为服务对象营造了一种安全、自由、和谐的气氛，并从服务对象感兴趣的话题入手，引导服务对象开口进行交谈。通过真诚和关注技巧的运用，服务对象觉得社会工作者是真心实意帮助他的，是真诚、坦率且值得信赖的。这更进一步加强了服务对象对社会工作者的信任感。

2. 个案服务中的创新

社会工作者角色的创新。因服务对象是涉罪未成年人，取保候审需要有法定代理人，但服务对象同时又是事实孤儿，所以在考察帮教期间由社会工作者担任其法定代理人并负责考察期间的观护帮教。社会工作者需要对服务对象进行监督管理，了解其心理动态，关心其生活情况，同时提供心理辅导，帮助他们确立积极的生活理想和人生目标。

3. 个案服务对行业工作的贡献及价值

（1）社会工作者弥补了检察机关观护工作上的不足。刑事诉讼法第272条明确规定，检察机关作为对涉罪未成年人附条件不起诉的帮教主体，承担考察期内对帮教对象的教育矫治工作。但在实际工作中，检察人员的时间精力多在专业办案上，无力承担太多观护工作，同时检察人员不一定具备社会学和心理学知识。社会工作者在观护工作上弥补了检察机关缺乏时间和专业知识上的不足。

（2）涉罪未成年人个案对于H市帮教工作体系具有推动作用。个案服务从心理、生活等多方面关爱、帮扶失足未成年人，从而使他们走出犯罪阴影，重返社会。同时，个案服务对未成年人保护的双向化提供了不可忽视的帮助力量，注重对未成年人的人文关怀和权益保护。不少未成年人的涉罪过程并不是主动涉罪，往往受到自身非理性信念影响，涉罪后心理压力大。社会工作者具有一定的社会学和心理学专业知识，在个案中，可以提供心理辅导，抚慰不安情绪。

（三）专业反思

社会工作者在服务过程中始终坚信服务对象具有改变的能力，从优势视角出发。开始时，社会工作者发现与服务对象建立关系时需要花更长的时间，因为主动寻求帮助的不是服务对象本人，前期在建立关系上较难。同时，因为社会工作者既是负责提供帮教服务人员，又是服务对象的法定代理人，在服务过程中，社会工作者积极地调整了自己的角色，从“姐姐”的角度，引导服务对象思考和计划自己的未来，尊重服务对象的选择，无条件地接纳和关注。

专业方法的运用在该案例中起到了至关重要的作用。焦点解决模式激发服务对象对自己的现状进行思考，不过度关注涉案事件本身，将未来作为重点，以一切重新开始的态度重新规划未来。同时，加以引导和暗示，为服务对象详细地分析将面对的就业方向选择。考虑到服务对象有较强的领悟和思维能力，焦点解决模式的运用可以有效地激发服务对象思考未来，从而促成服务对象积极改变。

四、督导评语

（一）社会工作者在个案服务中价值理念的践行

首先，社会工作者尊重服务对象自决的原则。尊重服务对象的价值和尊严，鼓励服务对象自我做主和自我决定。在服务 3 个月后，社会工作者邀请服务对象参加社区法制日活动，而服务对象则表示自己面对人群还是会拘束和紧张，近期想要好好工作，暂时不想参加活动，社会工作者尊重服务对象的决定，并鼓励其好好工作，争取考察期结束可以继续留在企业工作，与服务对象约定下次面谈时间，同时，在活动结束后，社会工作者将活动美篇发给服务对象，并讲解了活动细节，鼓励服务对象下次可以一同参与活动。

其次，社会工作者相信人有获得资源以解决问题并发展潜能的能力。在服务 3 个月后，服务对象第三次向社会工作者求助，表示社会工作者之前为其购置的食品已经吃完，周末食堂不开放。

（二）社会工作者在个案服务中的专业能力

社会工作者在接案与建立专业关系阶段能够简单了解服务对象的基本情况，初步评估服务对象的问题和需求、求助意愿后，与服务对象签订《知情同意书》以及《帮教协议》，澄清双方的权利以及义务。在资料收集与诊断阶段，社会工作者向多方（检察院、服务对象本人、服务对象单位组长、企业老板）收集资料，了解服务对象的原生家庭情况、成长经历、人际关系，并结合埃里克森人格发展八阶段理论、社会支持去理解服务对象不同层次的问题和需要。社会工作者在对服务对象的问题进行分析后，能根据问题、需求制定目标和策略，并可以切实执行，使个案服务工作达到一定成效。

（三）社会工作者在个案服务中突出的表现

社会工作者在与服务对象建立关系上表现突出。服务对象经历过父母离异、父亲早亡，母亲改嫁以后与母亲形同陌路，后来虽然被舅舅抚养但受到的关注较少，这些经历让服务对象很难向人敞开心扉，产生信任，建立关系困难。但在建立关系的过程中，社会工作者理解服务对象，用真诚和温暖的态度与服务对象相处，同时，社会工作者还实质性地帮助服务对象解决一些生活困难，帮助服务对象购置生活必需品、冬被等物资，经过社会工作者的努力，最终与服务对象建立关系，一起解决问题。

（四）社会工作者在个案服务中有待提升的方面

在专业层面，社会工作者的专业在为个案服务提供心理方面帮助的作用有限。对于特殊的服务对象，单从社会工作专业技巧提供支持并不足以促进服务对象发展。社会工作者需要学习心理学和社会学等关联学科的知识，将多学科工作技巧结合运用。

在个人层面，社会工作者在个案服务中发现自己在专业技巧运用和困境处理方面存在不足。限于社会工作者的实务经验不足，在对待服务对象上，针对计划产生的想法较多，最终具有可行性的较少。

第二章　成长的诱惑

——青少年禁毒教育小组案例

作者：何健豪　李汝吉　督导：李汝吉[①]

一、案例介绍

截至2017年底，我国累计登记吸毒人员295.5万名，实际吸毒总人数在1500万，青少年占吸毒总人数的75%。由贩毒、吸毒诱发的青少年盗窃、抢劫、诈骗、卖淫和各种恶性暴力犯罪层出不穷，严重危害着许多地区的社会秩序。

毒品严重损害青少年的大脑和中枢神经系统，极大地阻碍了青少年的成长、学习、生活。高度重视青少年吸毒问题，研究预防和减少青少年吸毒违法犯罪的方法和途径，不仅关系到青少年自身的前途、家庭的幸福，更关系到社会的发展和祖国的未来。

（一）服务缘起

社会工作者在开展此次小组服务时，刚成为禁毒社会工作者不久。正值暑假，家长忙于生计，容易疏忽孩子的安全教育问题；互联网技术的发展扩大了毒品的传播范围；毒品尤其是新型毒品，迷惑性极强；青少年正处于青春期阶段，学习压力大，好奇心强，又缺乏一定的毒品安全意识，因此青少年在社会交往中有误吸和沾染毒品的风险。

社会工作者在社区夏令营开展禁毒知识讲座后发现，参与活动的青少年对传统毒品的名称耳熟能详，如：鸦片、海洛因、大麻等，但除了冰毒、摇头丸，许多人对新型毒品可谓知之甚少。关于具体的毒品危害，大多数人只能以“家破人亡”“危害身体”一概而论。因此，在暑期夏令营开展青少年禁毒教育小组，促进青少年正确认识毒品，树立积极的青春期

---

① 何健豪、李汝吉，东莞市普惠社会工作服务中心，广东省东莞市，523000。

观念，增强对毒品的防范能力显得尤为重要。

（二）服务对象的基本信息

人数	17 人
年龄段	9～12 岁
性别组成	男女比例：1∶3
受教育程度	小学四～六年级
兴趣爱好	不详
类型	小学青少年
来源	本地社区及外来务工人员子女
对社会工作的认知度	良好，大部分青少年曾参与往年社会工作夏令营

二、小组工作的服务过程

（一）招募和预估

1. 招募

招募过程	应用的方法与技巧
①在小组开始前，开展禁毒讲座与潜在服务对象有直接的接触； ②与社区综合服务中心沟通活动开展后的小组服务计划； ③制作海报宣传，社区综合服务中心协助招募； ④针对报名青少年的年龄、性别、对毒品不了解等共同问题进行筛选与评估； ⑤最后确定组员。	①资源链接，通过社区综合服务中心的协助提高组员招募过程的效率； ②考虑组员的特征与能力，对组员进行筛选。

2. 预估

服务对象遇到的问题	服务对象的需求	资源
暑假期间，被毒品侵染的风险提高。	有了解毒品、认识毒品的需要。	所在地禁毒办有丰富的禁毒知识资源。
服务对象正处于青春期的萌芽阶段，关于毒品对青春期的危害和迷惑认知模糊。	有正确认识毒品，树立积极的青春期认知的需要。	夏令营有丰富的志愿者资源。

（二）设计服务计划

小组活动计划书

1. 计划书名称

成长的诱惑——青少年禁毒教育小组

2. 设计理念

吸毒，尤其是青少年吸毒已成为一个社会关注的问题，加强对青少年禁毒教育，让青少年了解毒品的危害并做好预防工作十分有必要。吸毒的青少年主要集中在12～17岁，大多数青少年拒绝毒品的意识薄弱，而且在毒品的认识上存在许多误区，比如“试一试应该没有关系”“吸毒就像吸烟”等错误认识。

青少年正处于生理、心理快速发展阶段，心理防线薄弱、好奇心强，是非判断能力不强，对毒品的危害性和吸毒的违法性缺乏认识，若没有约束和正确的引导，容易受到毒品的侵袭。依托“6·26”全国禁毒日的影响，开展“护航青春——青少年禁毒教育小组”，以情景剧及视频观看、以案说防等方式协助青少年树立对毒品的正确认识，了解毒品的危害，减轻对毒品的好奇心，提高防范和警惕意识，构筑坚固的心理防线。

3. 理论支持

欧文·戈夫曼在符号互动论基础上发展而来的“戏剧理论”中指出，在社会世界的大舞台上时时刻刻都发生着不一样的社会互动，而在社会世界的大舞台上同样有前台、后台、角色及观众，人人都在舞台的后台区域准备表演，在前台区域呈现表演。同样在青少年社会生活的发展过程中，人际互动与其品格及社会行为的形成与发展有着不可分离的联系。在社会舞台的人际互动环境中，通过分析青少年在后台区域所做的准备及前台区域呈现的表演，对青少年品格的塑造、人生观、自我认知、自我体验及自我控制能力的发展有着特殊的效果。因此，戏剧理论与青少年社会工作的方法和理念的结合，能够使青少年在人际互动的社会舞台中，学习扮演角色、理解生活、体悟人生，从而促进青少年发展健全的人格。

社会工作者通过以情景剧表演为小组轴心，在小组中根据情景呈现的问题，进行讨论、分享，社会工作者在此过程中强调毒品的危害及如何有效预防，并促进其形成良好的价值观。

4. 小组目标

（1）总目标

①通过小组，协助组员正确认识毒品，了解毒品的危害，提高警惕性；

②通过小组，增强组员对毒品的防范能力。

（2）分目标

①小组结束后，80%的组员了解3种以上毒品。

②小组结束后，80%的组员了解2个以上关于毒品的危害。

③小组结束后，80%的组员知道2种对毒品的预防措施。

5. 运用的小组工作模式

交互模式贯穿整个小组发展的始终，通过组员与组员之间、组员与小组之间及组员与社会工作者之间的互动关系，促进组员在小组内互相依存中，增强对毒品的了解程度。交互模式要求社会工作者以协调者的角色减少控制小组的次数，小组以情景剧为主要内容，随着剧情的不断推进，组员之间的互动越发紧密，社会工作者从旁引导，避免情景剧表演时偏离小组目标。一段情景剧表演结束后，社会工作者营造开放性的互动环境，运用示范、质疑和开放讨论等方式，引导组员围绕毒品是什么，有何危害等话题进行讨论。

6. 参与成员及人数（包括社会工作者及成员情况）

小组由一名社会工作者负责，一名社会工作者协助；第二节后，招募了5名志愿者协助组员分组后的情景剧表演；小组共吸引了17名青少年参与，其中3人是第二次小组加入，参与人数累计99人次。

7. 小组具体活动计划表

活动单元（8～10次）	小组时间及地点	小组目标	主要小组内容	所需物资	可能遇到的难点及其应对
第一节	2018年7月18日10：30－11：30	建立关系，介绍小组。	1. 介绍 （1）小组内容的介绍； （2）社会工作者的自我介绍； （3）组员自我介绍并将名字写在卡纸上。 2. 热身游戏：下雨啦 （1）社会工作者念天要下雨啦，组员问下什么雨，分别对应，熟悉后根据社会工作者念的语段做出相对应的动作。 （2）口号与动作：下小雨：拍拍手；下中雨：双手合十拍手臂；下大雨：跺跺脚；天晴啦，全体坐好。 3. 共同制定小组契约。 4. 填写前测问卷。 5. 引导组员带着问题观看视频后分享感受。 6. 回顾小组内容，引导组员分享感受；预告下节小组内容和时间。 7. 布置家庭作业：熟悉剧本。	卡纸、U盘、问卷、大头笔、剧本	困难：组员沉默而被动的程度超出预期，热身游戏效果不明显。 应对：以团体互动型作为互动游戏。

续表

活动单元（8～10次）	小组时间及地点	小组目标	主要小组内容	所需物资	可能遇到的难点及其应对
第二节	2018年7月25日10：30－11：30	增强组员对情景剧的期待，促进小组动力建设	1. 邀请组员回顾上节小组内容，包括组员之间的称呼、传统毒品与新型毒品的类型及其危害。 2. 游戏：交头接耳 （1）组员分成两组，并排两排，排第一的组员抽取一张纸条并有15秒钟的时间记忆。（默念） （2）15秒后，把纸条上的内容悄悄地告诉第二个人，不能让第三个人听到。以此类推，最后一个人要大声地宣布出来，哪组又快又准，哪组就赢。 纸条内容：一只老鼠看见了一只老虎，老鼠说："好可怕！那只猫真大！" 3. 介绍情景剧的概况和需饰演的角色。着重介绍情景剧第一部分的内容。 4. 把组员分成4组，讨论角色的分工和剧情，1名志愿者引导。 5. 分组表演。 6. 分享表演和观看情景剧的感受；社会工作者根据主角阿正的困惑提出问题，并引导组员积极回应。 7. 回顾小组内容，引导组员分享感受；预告下节小组内容和时间。	小蜜蜂、剧本、游戏纸条	困难：分组后，组员互相之间不熟悉，情景剧表演难以为继，小组氛围沉寂。 应对：①分组后每组自行选择一名组长；②采用积分制，表演结束后，经小组讨论，每组可选择两组认为表演较精彩的小组，得票最高的则是该节小组的"MVP"。

续表

活动单元（8～10次）	小组时间及地点	小组目标	主要小组内容	所需物资	可能遇到的难点及其应对
第三节	2018年7月31日10：30－11：30	通过与组员探讨青春期染上毒品的潜在因素，引导组员正确认识青春期。	1. 邀请组员带领其他组员回顾上节小组内容，包括阿正故事的开端及面临的问题。 2. 游戏：交换名字 （1）组员围成一个圆圈坐着。 （2）自己随即更换成右邻者的名字。 （3）当主持人问及“张三先生，你今天早上几点起床”时，真正的张三不可以回答，而必须由更换成张三的名字的人来回答：“嗯，今天早上我7点钟起床！” （4）当自己该回答时却不回答，不是自己该回答却回答的人会被淘汰。 （5）最后剩下的一个人就是胜利者。 3. 把组员分成四组，并设置四名“导演”讨论角色的分工和情景剧表演；分组表演。 4. 分享表演和观看情景剧的感受。 5. 社会工作者根据主角阿正的困惑提出问题，引导组员积极回应，思考青春期与毒品之间的联系。 6. 回顾小组内容，引导组员分享感受；预告下节小组内容和时间。	小蜜蜂、剧本	困难：因为社会工作者设置的分组长和导演这些角色，容易产生角色竞争中的冲突。 应对：社会工作者适当控制小组进程，重新调整小组规范和契约；协调组员面对冲突带来的紧张情绪，解决冲突后紧张的人际关系；让不同的组员轮流当导演。

续表

活动单元（8～10次）	小组时间及地点	小组目标	主要小组内容	所需物资	可能遇到的难点及其应对
第四节	2018年8月7日10：30–11：30	提高组员对陌生人行为的警惕性，增强对毒品的防范能力。	1. 邀请组员带领其他组员回顾上节小组内容，包括阿正故事的回顾及组员分享对青春期的思考。 2. 根据分组和上节小组设置4名“导演”，引导组员制作冰毒吸食道具，讨论角色分工和情景剧表演。 3. 分组表演 （1）分享表演和观看情景剧的感受； （2）社会工作者根据主角阿正的困惑提出问题，并引导组员积极回应，分享遇见陌生人主动接触时该如何辨别和处理的经历。 4. 回顾小组内容，引导组员分享感受；预告下节小组内容和时间。	卡纸、剪刀、固体胶、剧本、小蜜蜂、塑料瓶	困难：小组进入中期成熟阶段，因前面一直是情景剧的表演，组员容易忽略关于禁毒的小组目标。 应对：小组后期社会工作者加强组员对毒品和青春期话题的讨论，保持组员对整体目标的意识。
第五节	2018年8月8日10：30–11：30	通过组员表演阿正的故事，引导组员正视毒品对青少年青春期的危害和迷惑。	1. 邀请组员带领其他组员回顾上节小组内容，包括阿正故事的回顾及组员分享面对讨好型陌生人的应对方法。 2. 根据分组和上节小组设置两名“导演”，引导组员讨论角色分工和情景剧表演。 3. 分组表演 （1）分享表演和观看情景剧的感受； （2）社会工作者根据主角阿正的困惑提出问题，并引导组员积极回应； 4. 社会工作者再次强调毒品的类型和危害； 5. 回顾小组内容，引导组员分享感受；预告下节小组内容和时间。	小蜜蜂、剧本	困难：连续的小组开展，组员会出现分神、开小差等现象； 应对：社会工作者加强引导，并准备游戏互动环节。

续表

活动单元（8～10次）	小组时间及地点	小组目标	主要小组内容	所需物资	可能遇到的难点及其应对
第六节	2018年8月14日10：30－11：30	肯定组员的表现和成长，回应小组目标。	1. 邀请组员回顾整个小组历程，并讲述阿正的经历对自身的影响。 2. 根据分组和上节小组设置“导演”，引导组员回顾以往小组的角色分工和连贯情景的剧场表演。每小组加入一名志愿者引导。 3. 分组表演 （1）分享表演和观看情景剧的感受； （2）社会工作者根据主角阿正的困惑提出问题，并引导组员积极回应。 4. 组员分享参与小组的感受和对毒品的认识。 5. 填写后测问卷。 6. 每名组员派发一个小礼品和糖果。 7. 留影，小组结束。	问卷、笔、礼品、剧本、小蜜蜂、糖果	困难：小组结束，组员出现退化行为，采取逃避的态度否定自身的成长。 应对：把有离别情绪的组员组成一支队伍，与社区综合服务中心对接联系，尝试组建以“阿正的故事”为剧本的禁毒话剧表演队伍。

8. 所需资源

项目	内容	备注
人力资源	2名社会工作者、5名志愿者	志愿者由社区综合服务中心协助招募
物力资源	场地由社区综合服务中心提供； 其他物资：小蜜蜂、剧本、剪刀、固体胶、卡纸、塑料瓶、糖果等	
财力资源	共199.2元的活动经费用于购买糖果、书签等活动物资	

9. 活动评估

社会工作者在小组工作开展前进行了禁毒宣传讲座，根据社区综合服务中心工作人员和服务对象访谈，收集组员的相关信息，了解到组员一部分是外来务工人员子女，有被毒品侵染的风险，而且绝大部分组员在小升初阶段，正处于青春期的萌芽阶段，对毒品对青春期的危害和迷惑认知模糊。此外，社会工作者在以往的禁毒工作经验中发现，以宣讲或摊位为主要类型的活动，对青少年的吸引力一般，主动参与度不高。根据以上的组前计划评估和服务对象需求评估，制订以情景剧为纽带的小组计划。

小组第二节之后，社会工作者以观察者和引导者的身份进入小组，适时帮助梳理剧情，设置了分组长和“导演”的角色，组员当家做主，增强了小组的凝聚力，组员关系的亲密程度逐渐提高，小组结构趋于稳定。组员在情景剧表演中逐渐了解毒品的危害，并使用前测与后测的方法，设计问卷，测量组员在小组工作开始前与开始后对毒品了解程度的改变，评估小组目标成效。

从整个小组架构来看，小组内容依据情景剧剧情的推进而不断深入，使小组始终保持在正确的方向上；情景剧“阿正的故事”从一个懂事学生逐渐走上违法犯罪的道路，这样的故事贴近组员生活，具有一定的教育意义。

（三）实施服务计划

1. 小组初期（形成期）

主要工作内容	应用的方法及技巧	遇到的难点及其应对
帮助组员厘清对情景剧的期望，提高对小组目标的认识	组内讨论，共同制定目标	难点：组员不清楚目标是什么，失去讨论方向。 应对：社会工作者在讨论过程中加入毒品、青春期等主题。
协助组员彼此认识以消除陌生感	组员相互介绍和带领破冰游戏	难点：部分组员在自我介绍或者游戏过程中较被动，表现沉默。 应对：社会工作者到组员身旁，用拍肩和微笑等肢体语言给予组员信心。
营造互信的小组氛围	主动关怀并与组员沟通；进行“组员连连看”游戏，拉近组员间的关系。	难点：社会工作者与组员建立关系后会对社会工作者产生依赖感，阻碍了其在组员内的自主行动。 应对：引导组员遇到问题寻求在组内进行解决。
制定小组规范	与组员共同商定，并制定契约书，在组内表决。	难点：组员积极说出规则，虽然表述不同，但意思大体一样。 应对：社会工作者提供方向，如：课堂规则，但不应该直接帮助制定。

2. 小组中期（转折期）

主要工作内容	应用的方法及技巧	遇到的难点及其应对
情景剧角色分配与表演，发掘小组领袖	把组员分成4个小组，志愿者引导、组员自行选择角色和推荐组长。	难点：推荐组长后，落选的组员会产生消极情绪，阻碍小组动力。 应对：在小组内再设置其他角色，并加强引导。
引导组员思考阿正“变质”的原因	在表演结束后，社会工作者提问，鼓励组员反思并回答。	难点：反思时，部分组员开小差，影响小组秩序。 应对：重申契约。
适当控制小组进程	引导组员以小组为中心的互动。	难点：单节小组中，进入下一环节时，部分分组仍会停留在上一环节。 应对：加强志愿者的引导；鼓励该分组把遇到的问题放到小组内解决。

3. 小组后期（成熟期）

主要工作内容	应用的方法及技巧	遇到的难点及其应对
协助组员从情景剧中对青春期和毒品有较完整的认知	针对情景剧的角色和组员制作的吸毒道具，讨论青春期和毒品的关系。	难点：组员在讨论环节的专注度上有所下降。 应对：社会工作者提高组员专注度并适时推进小组进程。

4. 小组末期（结束期）

主要工作内容	应用的方法及技巧	遇到的难点及其应对
协助组员保持小组经验	鼓励组员把在小组中学习的禁毒与青春期知识运用到日常生活中，告知身边的朋友和亲人。	暂无
完善小组评估	社会工作者观察；前测与后测。	难点：评估方法不够完善。 应对：每节小组结束后协助社会工作者进行讨论，反馈小组情况。

（四）评估

评估的内容	应用的方法	服务成效（服务目标的达成情况、小组成员发生的具体改变）	评估中的难点及其应对
小组结束后，80%的组员了解3种以上毒品。	前后测	根据参加者意见表，非常同意小组达到目标的占80%，其中满意小组内容里毒品知识分享与教育的占100%。 根据前测问卷显示，组员模糊新型毒品和传统毒品的概念，选择正确率仅为45%，存在漏选或错选现象；在小组结束后，选择正确率为82%，有大幅度的提升，但仍然有漏选。在“毒品连连看”中，小组开始前组员选择正确率为60%，毒品图片与毒品名称对应不上；小组结束后基本可以对应上，正确率为80%。综上，目标达成情况良好。	难点：社会工作者一人难以监督组员填写问卷时的质量。 应对：强调社会工作者和志愿者加以引导。
小组结束后，80%的组员了解2个以上关于毒品的危害。	前后测	关于毒品的危害，90%的组员在前测问卷中填写不知道、不清楚等表述；在后测问卷中，组员对毒品危害概括得较为笼统，表现为身体和家庭的危害及财产的损失。综上，目标达成情况较好，组员对毒品危害的具体化有待提升。	难点：社会工作者一人难以监督组员填写问卷时的质量。 应对：强调社会工作者和志愿者加以引导。
小组结束后，80%的组员知道2种对毒品的预防措施。	前后测	据前后测问卷的对比，后测中组员勾选毒品预防措施的正确率为87%，提升了15%，漏选率为17%，降低了9%，目标达成情况良好。在小组第四节中，组员回应时认为阿正流连KTV，并被陌生青年诱惑，缺乏对陌生人的警惕，并在讨论当中，组员都能正确选择拒绝陌生人邀请的措施。	难点：社会工作者一人难以监督组员填写问卷时的质量。 应对：强调社会工作者和志愿者加以引导。

（五）服务逻辑框架图

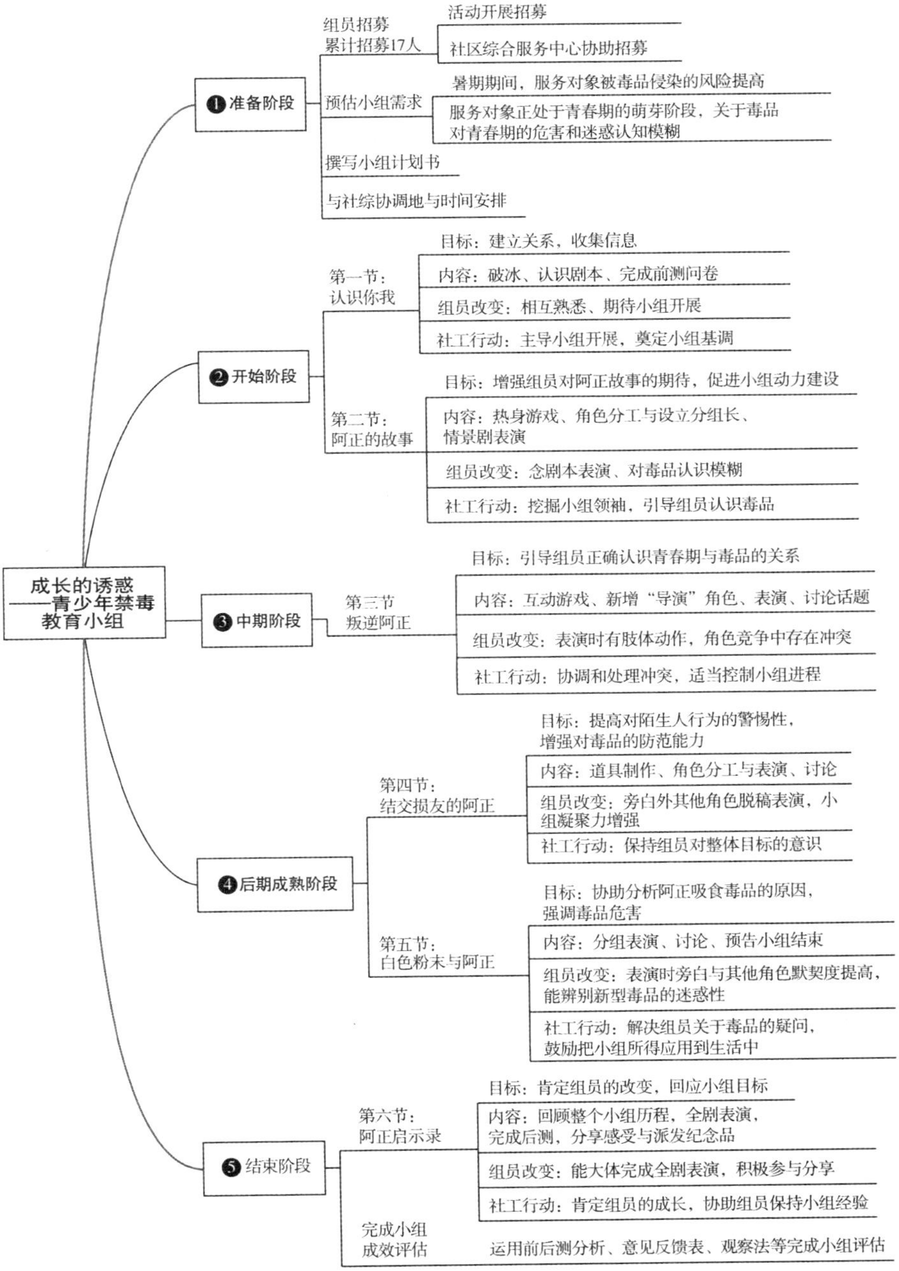

青少年禁毒教育小组服务逻辑框架图

三、总结与反思

（一）收获

1. 专业方面的收获

（1）能运用陌生的小组带领技巧，如沉默、微型演讲和设限等。

（2）意识到小组细节对小组成效的影响。如：桌椅的摆放、组员的站位、带领者的肢体语言、组员的情绪变化。

（3）组前计划评估和小组需求评估的手段。小组开始前，通过教育讲座与潜在组员直接接触，并通过社区综合服务中心收集组员信息，完成预估。使用前测与后测的测评手段，评估小组目标达成情况。

2. 个人方面的收获

（1）此次小组得到了社区、家长的认可和支持，提高了社会工作者在禁毒领域服务的信心。

（2）通过此次小组的开展，与用人单位、合作单位和服务对象建立良好的关系，为日后服务奠定基础。

（二）经验与创新

1. 小组工作中用到过往工作经验或方法

（1）眼睛的应用

①关注小组中的非语言的线索。

②引导成员看其他成员。

③引导成员透露其内心世界。

④打断成员的发言。

（2）识别同盟者

在小组中，能够正确地识别那些可以依赖和合作以及能够帮助自己完成某个任务的成员，促进了小组工作的推进。但是，在和同盟者合作的时候，要尽量避免给其他小组成员留下社会工作者偏爱某个或某些成员的不公正的印象。

2. 小组工作中的创新

在内容上，从情景剧引入青春期的话题，引导学生代入情景剧角色中，反思如果自己是主角该如何选择成长的方向和面对毒品的态度。形式主要包括破冰游戏、情景剧表演、组员分享与演讲、社会工作者总结与讲解。此类小组形式和较高的自主度比较受青少年欢迎，尤其是加入一些体验式的行为后，如制作模拟吸毒的道具及表演吸毒后的一些不良反应，效果更佳。

3. 小组工作对行业工作的贡献和价值

（1）希望这种开放度高、社会工作者角色边缘化的小组能够在青少年禁毒领域提供一种服务开展的方向和思考。

（2）情景剧来源于生活并启发思考，合理运用能够增强服务成效展现，如长者服务中防骗桥段模拟。

（三）专业反思

1. 小组工作中最深刻的是什么

最深刻的是小组凝聚力的不断提升，每节小组组员的表演从完全按照剧本念，到脱稿，配合旁白添加表情和肢体动作还有自行增加台词，到最后的默契表演，进步明显，令人欣喜。

2. 小组工作中有哪些印象深刻的情绪感受

此次小组是社会工作者在进入禁毒领域后首次服务，开始前担心出现组员招募困难、小组气氛乏闷等问题，但随着小组的不断推进，组员之间的凝聚力加强，社会工作者深感服务的开展是服务对象与社会工作者共同成长的机会，影响是双方面的，是无形的。

3. 小组工作中有哪些与专业服务有关的新发现

本次小组是以预防犯罪为出发点的，目标是为了提高青少年对毒品的了解和防范能力。社会工作者认为，若换一个角度，以发展性小组为出发点的视角观察整个小组历程，是否可一再以情景剧为纽带，主要目的是提升组员的情景剧表演能力，其次是协助组员了解认识毒品，产出一部完整的青少年禁毒话剧，丰富禁毒宣传手段。

4. 在未来的服务中，将如何运用专业手法开展小组工作

今后小组的开展结合组员的心理发展阶段，通过服务对象感兴趣的形式开展，如本次小组的团体游戏、情景剧等，有助于提高组员的参与积极性，同时在小组开展时社会工作者和工作员要及时记录小组过程细节，包括服务对象和社会工作者的表现、反应、每个环节的实施情况及存在的困

难等，以便及时调整小组内容，完善小组服务，逐渐形成自身的带领风格。

青少年禁毒教育不仅要普及禁毒知识，更重要的是让学生树立正确的成长观，学会与成长的烦恼共同成长，抵制生活中的不良诱惑，才能避免毒品的侵害。关于社会工作者的角色，社会工作者是小组的创始者，是小组的权威，但小组归根到底是解决组员的问题，促进组员的成长，这就要求社会工作者要熟练地切换角色，做一个逻辑严谨的策划者、善于控场的主持人、懂得沉默的倾听者。

完善小组评估过程。重视组前计划评估，为小组开始奠定基调；严谨把握小组的需求评估与变化，并贯穿于整个小组过程中；学习和尝试运用小组过程评估的测量工作于小组服务中。

四、督导评语

（一）社会工作者在小组工作中价值理念的践行

1. 真诚地对待和接纳每一名组员。小组中途有新的服务对象加入小组活动，社会工作者引导其他组员帮助新成员，讨论时会鼓励新成员进行分享，促进新成员更好更快地融入小组进程。此外，社会工作者认真地倾听每名组员的分享，并进行回应。

2. 促使组员投入参与解决问题的过程中。社会工作者在分组后，设置了“组长”和“导演”两个角色，增强了组员在情景剧讨论和表演时的责任感。此外，社会工作者会根据情景剧中涉及毒品或青春期成长的问题在小组内提出，积极引导组员分享。

3. 社会工作者在组员自决、非评判及明智地运用规则等方面能较好地恪守社会工作价值理念。

（二）社会工作者在小组工作中的专业能力

小组的准备阶段，社会工作者通过开展禁毒教育讲座与潜在服务对象接触，与夏令营工作人员了解青少年情况，收集了较详尽的资料，并完成了准确的需求评估；小组开始阶段，社会工作者通过不同的团体破冰游戏，与组员建立了良好的信任关系，为小组的开展奠定了基调；小组中期，组员因情景剧角色的分配产生了冲突，组员出现专注力不集中的问题，社会工作者通过运用契约的约束力和挖掘小组领袖，增强了小组的向心力。到了小组的成熟期，社会工作者总结了小组的整个历程，能详尽地说出组员的变化与成长，展现了敏锐的观察能力。

（三）社会工作者在小组工作中的突出表现

1. 以情景剧连接每节小组，确保了每节小组之间的内容没有脱节，并有较强的递进性，展现了突出的文书设计能力。

2. 在不影响组员参与度的前提下，社会工作者以引导者和观察者的角色推进小组发展，并能牢牢把握小组方向，展现了一定的小组控制力。

3. 科学的评估方式。小组开始前社会工作者通过活动的开展和资料的收集完成了小组的预估，同时使用前测与后测的评估手段，科学地评估了目标达成情况。

（四）社会工作者在小组工作中有待提升的方面

小组后续有待跟进。小组结束后，组员熟知了情景剧剧情和表演，社会工作者可组织有意愿的组员，与社区联合，组建社区青少年的禁毒话剧队，以进一步巩固小组服务的成效。

第三章 健全的人生，社会工作者帮你打造
——复杂性家庭背景青少年社会工作介入案例

作者：马嘉琪 王傅 督导：伍建新 陆卫红[①]

一、案例介绍

（一）服务缘起

中学生厌学逃学、网络成瘾、校园欺凌甚至自杀自残的现象时常发生，影响社会安定和谐。很多问题学生的问题行为，缘于其复杂的病态家庭结构。因此，介入家庭结构是根本。本案例的发生地为A中学，位于南方某大城市。该中学从初一到初三年级共20多个班，1000余名学生，是一所市级重点中学。该中学教学管理严格，奖罚分明。从学生入学开始，即根据学生学习成绩和品德评分，将其分入三个不同层次的班级：重点班、普通班和基础班。

服务对象小光（化名），为该中学初三级学生，存在着与常人差异较大的身心问题。在校内，该同学常常情绪失控，扬言要在学校纵火，跳楼，曾多次殴打同学，甚至与老师发生冲突，到学校食堂举刀威胁老师，严重影响学校教学秩序。在校外，有同学曾见他放学后故意把脚伸进行驶的公交车前方，企图伤害自己的身体，也影响了社会秩序。

面对这一情况，校方要求学生家长加强监督管理。然而，服务对象的监护人情况特殊；父亲早逝，母亲离家，爷爷也已不在人世，监护责任落到了身体健康欠佳的祖母身上。由于祖母需要定期到医院检查或治疗，照顾孙子有心无力。校方得知服务对象家庭情况后，对他给予了特别关爱。

① 马嘉琪、陆卫红，广州市穗星社会工作服务中心，广州市，510380；王傅，仲恺农业工程学院社会工作与社会政策系，广州市，510225；伍建新，香港青少年事务发展服务有限公司，香港。

在经济上，鉴于服务对象家庭经济拮据，学校为其申请减免了午餐费用；在精神上，学校每个学期上门慰问一次，在服务对象生日时，班主任会组织班上的同学为其举办生日会，让他感觉温情常在。然而，校方的这些关爱收效甚微，服务对象常常因心情不好，遇到不顺心的事情就故意骚扰同学，多次携带危险物品（例如小刀、打火机、板斧等）进校要挟同学，造成老师和同学恐慌，严重影响教学秩序。

在此情况下，校方担心这些行为会影响服务对象自身和同学的人身安全，向广州市穗星社会工作服务中心求助，期望社会工作者运用专业的社会工作知识、技能和手法，对服务对象进行介入，与学校共同解决校园危机事件。

（二）服务对象的基本信息

服务对象的基本信息表

姓名（化名）	小光	年龄	15 岁
性别	男	职业	学生
受教育程度	初级中学	婚姻状况	未婚
兴趣、爱好	美术	家庭情况	复杂型（父亲早逝，母亲离家）
服务对象的来源	学校转介	服务对象的类型	青少年群体
服务对象求助的意愿	接受	服务对象对社会工作者的认知程度	初步了解

（三）个案描述

服务对象在幼儿时期（两岁），亲眼见到父亲自杀，受到了一定程度的心理创伤。服务对象母亲与祖母素来不和，丈夫离世后，婆媳不睦的情形愈演愈烈，最后离家出走。身边没有了父母亲，服务对象饮食起居一直由祖母照顾。由于缺失父母的照顾与关爱，服务对象一直在自卑中成长，性格孤僻，独来独往，不善与人交流。社会工作者与其接触时，发现其基本情况如下。

1. 身体心理上，服务对象存在一定的健康问题

服务对象曾到医院进行过评估鉴定，确诊为注意力缺失过动症[①]（Attention Deficit Hyperactivity Disorder，ADHD）和智力残疾四级，需要进行针对性药物控制。服务对象曾经服用药物多年，收到一定效果。在治疗后期，产生耐药性，原有药物无效。医生建议换成价格昂贵的进口药（每日仅药费就超过200元）。由于家庭经济拮据，无力承担医疗费用，祖母决定停止对服务对象的药物治疗。

2. 社会适应上，服务对象无法适应学校环境

服务对象无法适应学校环境，表现在两个方面：①不适应表现的多重性，服务对象上课不专心，经常发出奇怪的声音，扰乱课堂纪律，无法考试，下课后甚至在校外都有异乎寻常的举动；②不适应表现的长期性。服务对象曾经转到特殊学校接受教育（为期1年），因无法适应回到原来的小学；回到小学后，仍然无法适应。升入中学后，同样无法适应中学生活。

二、个案工作服务的过程与专业关系

（一）接案与建立关系

1. 接案

	接案的过程	应用的方法和技巧	接案中的难点及其应对
初步接触	（1）向学校班主任收集服务对象资料。 （2）与服务对象面谈，观察其行为举止，进行心理分析。	（1）支持性技巧：专注、倾听。 （2）引领性技巧：澄清、对焦。	难点：服务对象的信息资料来源碎片化，难以得到完整的系统化的信息。 应对：多方面收集资料，站在专业角度进行分析，以求系统化、完整化。

① 注意力缺失过动症（ADHD）：也称为多动症，表现为与年龄和发育水平不相称的注意力不集中和注意时间短暂、活动过度和冲动，常伴有学习困难、情绪障碍和适应不良。

续表

	接案的过程	应用的方法和技巧	接案中的难点及其应对
接案	(1) 观察服务对象在学校外的行为。 (2) 为建立专业关系作出物质条件和精神心理准备。	(1) 支持性技巧：专注、倾听。 (2) 引领性技巧：澄清、对焦。	难点：服务对象的家庭背景资料，学校无法提供。 应对：社会工作者需要通过服务对象所在居委会询问情况。

2. 建立关系

建立关系的过程	应用的方法和技巧	建立关系中的难点及其应对
(1) 双方相互了解 社会工作者和服务对象相互介绍，加深认识。 (2) 工作目标拟定 向服务对象介绍工作目标，以求共同努力。	(1) 环境布置：选择舒适的室内环境，温暖的色调，确保服务对象平静接受个案介入。 (2) 破冰技巧：通过绘画方式使服务对象降低戒备心。	难点：如何使服务对象愿意接受社会工作。 应对：社会工作者需要多方了解服务对象兴趣爱好和习惯，进行针对性切入。

(二) 预估与发展关系

1. 预估

收集资料			分析与统整	预估中的难点及其应对
服务对象遇到的问题	服务对象的需求	服务对象的资源	服务对象的社会生态系统图	难点：服务对象的祖辈观念陈旧难以改变。 应对：寻找服务对象的母亲，使母亲承担起照顾服务对象日后生活的责任。

续表

收集资料			分析与统整	预估中的难点及其应对
(1)微观层面 ①身体心理问题； ②环境适应问题。 (2)中观层面 ①与事实监护人关系问题； ②与法定监护人关系问题； (3)宏观层面问题 ①社区适应障碍； ②学校适应障碍。	(1)个人需求 ①提升自我情绪管理的需求； ②改善认知行为的需求； ③提高人际沟通能力的需求； ④确定人生目标的需求。 (2)家庭需求 ①改善家庭教育方式需求； ②讲解 ADHD 及应对技巧需求； ③帮助服务对象找母亲，化解服务对象对父母情绪的需求； ④提升亲子关系需求。	(1)非正式资源：家庭、亲戚、朋友、邻居。 (2)正式资源：社会工作者、社区居委会、学校、残疾人联合会。	详见下图	见上页

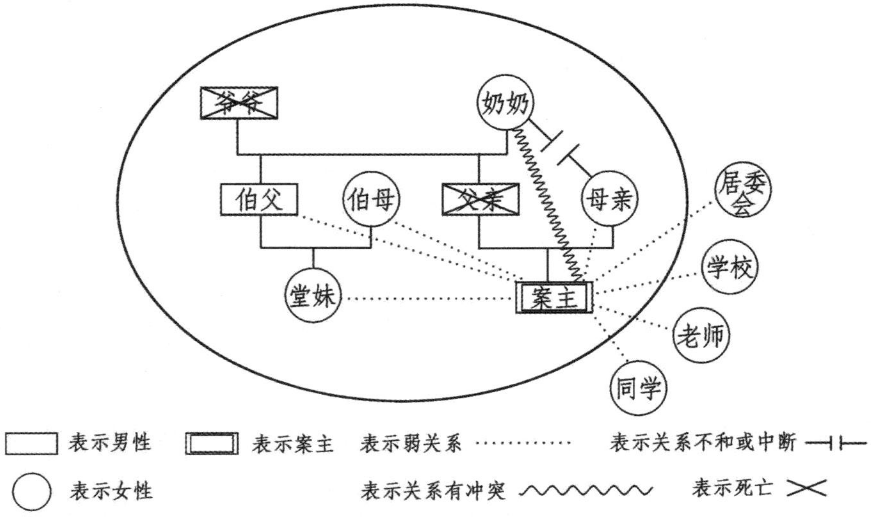

服务对象社会生态系统图

2. 发展关系

发展关系的过程	应用的方法和技巧	发展关系中的难点及其应对
(1) 初建期。了解服务对象的性格，从旁观察服务对象的状态。 (2) 形成期。服务对象意识到自己的不良行为，增强服务对象改善的行为。 (3) 巩固期。服务对象作出改变，社会工作者支持与鼓励，不断强化服务对象行为。	(1) 支持性技巧：尊重、接纳、专注、倾听。 (2) 引领性技巧：同理心、对焦。 (3) 影响性技巧：自我披露、建议、对质。	难点：沟通难度。服务对象性格孤僻、少言寡语。 应对：应用工具性手法介入，例如绘画、沙盘。

（三）制订计划

1. 社会工作者和服务对象在制订计划中的关系

（1）治疗者与被治疗者的关系。社会工作者为服务对象提供直接辅导，帮助服务对象解决目前困境，社会工作者属于治疗者的角色。

（2）支持者、指导者与被支持者、被指导者的关系。社会工作者对服务对象提供辅导过程中给予鼓励，陪伴服务对象渡过难关，肯定服务对象的改变，社会工作者是支持者、指导者的角色。

2. 个案工作服务计划

目标		个案的服务模式及方法	服务对象需要有的努力或行动	社会工作者链接的资源
直接目标	(1) 改变认知 改善服务对象不合理认知，提升服务对象沟通能力。	(1) 危机介入疗法① ①改善服务对象与家人紧张关系，减少服务对象离家出走次数。	(1)认知上。多表达自己的内心想法；懂得与人沟通交流的合理方式。	链接社会资源包括： (1) 行政资源：街道居委会、学校。

① 翟进 著《个案社会工作》，北京：社会科学文献出版社，2001。

续表

目标		个案的服务模式及方法	服务对象需要有的努力或行动	社会工作者链接的资源
直接目标	(2) 改善情绪。社会工作者直接疏导服务对象情绪。 (3) 注入希望。给服务对象输入希望，提供支持帮助服务对象度过危机。	②改善服务对象与老师的紧张关系，减少服务对象逃学次数。 (2) 认知行为疗法① ①改善服务对象不合理认知； ②与服务对象共同规划职业方向，树立人生目标，提供资源渠道帮助服务对象。 (3) 理性情绪疗法② ①疏导服务对象负面情绪，减少服务对象情绪失控的情况； ②消除其攻击性行为； ③培养乐观感。	(2)情感上。埋怨减少，服务对象学习控制情绪的方法。 (3)意志上。学习面对生活中出现的事情。 (4)行为上。离家出走和逃学次数减少。	(2) 专业资源：督导、医务人员、心理治疗师。
间接目标	(1) 改善生态系统。 (2) 协调和链接各种服务资源与系统。	生态系统理论③ ①微观系统。父亲－母亲－孩子组成的系统，其和谐与否会影响孩子的一生。服务对象缺失这部分，需要帮助重塑。 ②中观系统。校园对于学生属小型社会，适应校园环境与同龄人的相处是非常重要的。 ③宏观系统。社区和国家政府层面。在法规与政策的框架下，帮助服务对象利用相关优惠政策。	(1)情感上。减少服务对象对母亲的负面情绪。 (2)行为上。服务对象接纳母亲，愿意尝试与母亲独处。	

① （美国）贝克（Judith S. Beck）著，王若菡 编，罗路 译《认知疗法基础与应用（第2版）》，北京联合出版公司，2016。

② 阿尔伯特·艾利斯（Albert Ellis），黛比·约菲·艾利斯（Debbie Joffe Ellis）著，郭本周 编，郭建，叶建国，郭本禹 译《理性情绪行为疗法》，重庆大学出版社，2015。

③ 蔡晓明，蔡博峰 著，《生态系统的理论和实践》，北京：化学工业出版社，2012。

续表

目标		个案的服务模式及方法	服务对象需要有的努力或行动	社会工作者链接的资源
最终目标	(1)优势视角 了解服务对象兴趣爱好、技能特长(如绘画),分析就业形势,通过自己的优势帮助规划。 (2)注入希望 与服务对象探讨职业理想,学习一技之长,将来能适应社会。	工具分析法:运用 SWOT 法分析职业生涯规划:工作者与服务对象分析就业形势,考虑服务对象的优势,评估服务对象力所能及的职业。	(1)认知上。服务对象了解自己的优缺点,了解目前社会就业的形势。 (2)行为上。学会将人生目标需要付出的努力细化到每一天的学习和工作里。	

(四)实施计划

实施计划的过程	应用的服务模式、方法和技巧	实施计划中的难点及其应对
第一阶段:“危机发生”阶段,其过程为: (1)快速识别问题。服务对象在学校宣言跳楼、放火,其原因是服务对象与别人没有得到有效沟通,感觉自己没有得到被谅解,导致多次出现情绪失控。 (2)快速精准介入。社会工作者及时介入,疏导服务对象激动不安情绪,使服务对象冷静下来。	(1)服务模式。采用危机处理模式。① (2)方法:面谈法、情绪安抚法。 (3)技巧:支持性技巧。	难点:沟通难度。服务对象语言表达非常迟缓,语言表达能力弱。 应对:社会工作者运用尊重、接纳态度,不断鼓励服务对象尽量表达。

① 翟进 著《个案社会工作》,北京:社会科学文献出版社,2001。

续表

实施计划的过程	应用的服务模式、方法和技巧	实施计划中的难点及其应对
第二阶段：“危机应对”阶段，其过程为： (1) 从专业角度发现问题。社会工作者在与服务对象建立关系过程中，发现服务对象性格内向、沉默寡言、神情游离、注意力不集中。 (2) 社会工作者与服务对象建立良好关系，在服务对象心情平静后，与服务对象制订认知行为治疗与情绪控制能力辅导计划，提升服务对象的表达能力。	(1) 服务模式：危机处理模式。 (2) 方法：面谈法、沙盘法、共同游戏法。 (3) 技巧：支持性技巧；影响性技巧。	难点：与服务对象建立良好关系，但其不愿深入表达自己的内心世界。 应对：应用工具性手法介入，例如：沙盘、绘画。
第三阶段：“危机解决”阶段，其过程为： (1) 改变服务对象对事件的认知； (2) 引导服务对象认识自身问题，青少年生理、心理变化，有独立自主的个性，使服务对象明白与朋辈交往中需要注意的行为及方式和方法； (3) 改善服务对象的行为偏差； (4) 改善服务对象的家庭结构关系； (5) 改善服务对象的家庭环境； (6) 改善服务对象的学校环境。	(1) 服务模式：危机处理模式。 (2) 方法：面谈法、角色扮演法、共同游戏法、行为训练法。 (3) 技巧：支持性技巧；影响性技巧；引领性技巧。	难点：在辅导期间，服务对象与家人发生矛盾。 应对：及时疏导情绪，有必要时进行隔离谈话。
第四阶段：“危机解决后的恢复”阶段，其过程为： (1) 建立兴趣爱好； (2) 恢复自尊； (3) 培养自主能力； (4) 职业生涯初步规划。社会工作者与服务对象讨论发展及升学择学目标。	(1) 服务模式：危机处理模式。 (2) 方法：面谈法、角色扮演法、共同游戏法、行为训练法。 (3) 技巧：支持性技巧；影响性技巧；引领性技巧。	难点：服务对象自信心不足，认为自己没有优点。 应对：社会工作者及时鼓励并发掘服务对象优点。

（五）评估与结案

1. 评估

评估的内容	服务成效
情绪控制	从原来的每周情绪失控减少到每月 1 次
打架行为改善	从原来每天打架减少到每月 1 次
离家出走行为改善	从原来的离家出走多发减少到每月 1 次
逃学行为改善	从原来的逃学行为较多减少到每月 0 次

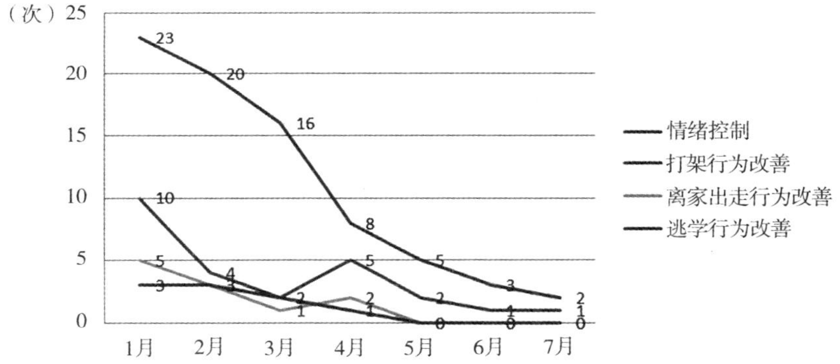

基线测量分析图

2. 结案

结案标准	结案的过程	应用的方法	结案中的难点及其应对
（1）认知改善； （2）情绪改善； （3）行为改善。	（1）总结工作。与服务对象回顾整个服务过程。 （2）巩固已有改变。增强服务对象已经改善的认知、情绪和行为。与服务对象、服务对象家人和班主任，给予改变的肯定。 （3）解除工作关系。处理离别情绪，做好结案准备。 （4）做好结案记录。	（1）基线测量评估； （2）满意度调查。	难点：处理服务对象的离别情绪。 应对方法：循序渐减，逐渐减少与服务对象沟通的次数，从 1 周 1 次减到 1 月 1 次，再到半年 1 次。

三、总结与反思

（一）收获

1. 专业方面的收获

（1）在专业价值观和伦理方面的收获：在本案例中，“相信人能改变”“无条件接纳”“非评判”和“尊重多样性”的社会工作价值观得到了良好呈现，使得社会工作者的专业价值观更为巩固，认识更为提高。

（2）在介入方法和技巧方面的收获：在本案例中，采用了危机介入模式对服务对象进行干预。在沟通上，运用了支持性技巧、引领性技巧和影响性技巧，特别是专门运用了职业生涯目标确定法，让服务对象在人生目标的指引下，逐渐克服自身不足，面向美好未来。

2. 个人方面的收获

（1）知识方面的收获。因服务对象诊断为注意力缺失过动症（ADHD）和智力残疾四级，社会工作者在结案前期需要了解ADHD儿童的症状和智力残疾群体的心理发展，有效帮助社会工作者在与服务对象建立关系中起到同理、接纳。

（2）技能方面的收获。在服务中，除了专业技能之外，社会工作者还掌握了专业之外的技能，比如绘画技能和运用沙盘的技能。

（二）经验与创新

1. 个案服务中用到的过往工作经验或方法

（1）游戏治疗。社会工作者在以往对自闭症服务对象的社会工作介入中，曾经运用游戏治疗改善服务对象的兴趣，提高了服务对象的依从性。

（2）行为治疗。在以往对自闭症服务对象的社会工作介入中，曾经运用行为治疗改善服务对象的行为，更好地融入了社会。

（3）角色扮演。在以往对家庭服务案例的介入时，运用角色扮演对病态家庭结构的家庭成员进行干预，取得了良好的效果。

2. 个案服务中的创新

（1）理念创新。本案例中，以“有效介入”作为基本理念，并非完全采用书本上的标准化程序，而是采用了具体问题具体分析的理念，将传统社会工作理论作为工具而非束缚自己的条框。个案服务中的服务对象为特殊儿童，由于服务对象成长过程中，没有得到有效的治疗和训练，服务对象需要接受系统化的特殊儿童教育。社会工作者也介入了相关特殊儿童训练。

（2）方法创新。社会工作者通过多方面搜集资料，深入分析服务对象的需求，运用多种技巧与服务对象建立了良好的专业关系。辅导期间，社会工作者充分考虑服务对象的身心发展特征，采取游戏辅导和角色扮演的方式，使得服务对象可以积极地表达自己，并将辅导中习得的社交技巧运用到生活当中，服务对象在行为、社交、情绪方面都有了明显的改善。

3. 个案服务对行业工作的贡献及价值

（1）对社会工作行业实务的贡献。比如，当学生出现情绪障碍没有得到社会工作者的及时介入时，将会产生反社会行为危害社会。社会工作者介入危机降低了学生自杀可能性，也可以有效避免学生毕业步入社会后做出不良行为。

（2）对社会工作专业教育的贡献。本案例的总结，将会为社会工作专业教育增添更多实际经验，有利于本土社会工作方法的积累和理论水平提高。

（三）专业反思

1. 个案服务中印象最深刻的是什么

（1）最深刻印象之一：服务对象的危机，对于社会工作者也是一场危机。服务对象因情绪失控而宣称跳楼、纵火，社会工作者的危机介入，有效地避免了悲剧发生。

（2）最深刻印象之二：面对危机，必须用平静来应对。在深入了解服务对象情况后，社会工作者对服务对象采取情绪安抚和行为治疗，给服务对象注入希望。重建服务对象的自信自尊，培养服务对象适应校园生活的能力，帮助服务对象实现了改变。

2. 个案服务中有哪些印象深刻的情绪感受

（1）焦虑和担忧。在建立关系之初，服务对象不愿接触人，不愿表达自己的想法，有严重的自我封闭倾向。

（2）成就感。经过耐心的介入，服务对象意识到自己的问题，并尝试自我控制，学会原谅他人，重新看待周围的人与事。社会工作者深刻感受到服务对象的改变，收获了成就感。

3. 个案服务中有哪些与专业服务有关的新发现

（1）社会工作者在与服务对象建立关系过程中，可以运用多种理论模式，利用多元化方法介入，而不是故步自封于某一种理论。我们要将社会工作理论作为社会工作实务的工具，而不能成为我们实务中的障碍。

（2）对于系统论的新发现。在本案例服务中发现，微观、中观和宏观各个系统都需要介入。在介入过程中，会发现多个系统之间的相互影响。社会工作者采取多管齐下的方法，从不同的系统入手，对服务对象本人采用了认知行为和危机介入治疗，对所在的病态家庭采用结构式家庭治疗，对服务对象的学习环境也进行介入，以增强服务对象的权能，减少无力感。最后，服务对象祖母的教育方式方法改变了，加上服务对象母亲的及时出现，让服务对象更加积极地面对生活，面对未来。

4. 在未来的服务中，将如何运用专业收获开展服务

（1）社会工作价值观需要在本土化实践中验证和升华。在未来的服务中，社会工作者将进一步践行社会工作价值观，并积极使之本土化和本地化。

（2）方法是为目标服务的，没有一成不变的最优方案，只能尽可能地完善方案。在未来服务中，社会工作者根据个案的情况制订的行动方案，需要根据服务对象的个性化问题针对性地作出适当的调整。

四、督导评语

（一）社会工作者在个案服务中价值理念的践行

在本案例中，社会工作者践行了如下的价值理念：

1. “无条件接纳”“非评判”和“尊重多样性”。在世俗的社会关系中，一个人要赢得别人的尊重，通常需要一定的条件，比如，对于学生而言，如果一个同学品学兼优，遵守纪律，就会得到教师的认同和同学们的尊重。这种尊重在社会工作者看来，是“有条件的尊重”。社会工作者对服务对象的尊重，是无条件的。案例中，服务对象父亲早逝，母亲不知在何处，祖母年事已高，身体不好，服务对象存在身心问题，读书成绩差强人意，品德也无法达到正规学校的要求，因此，普通人很难尊重这样一个

似乎没什么希望的人。但是，社会工作者却以饱满的工作热情，以“无条件接纳”“非评判”和“尊重多样性”来对待服务对象，这是本案例能够顺利开展并收到良好效果的基本条件。

2. 相信人能改变。本案例中，服务对象存在着与常人差异较大的各种问题。在校内，服务对象常常情绪失控，扬言要在学校纵火、跳楼，曾经殴打同学，甚至与老师发生冲突，到学校饭堂举刀威胁老师，严重影响学校教学秩序。在校外，有同学曾见其放学后故意把脚伸进行驶的公交车前方，企图伤害自己的身体，影响了社会秩序。这种情况在一般人看来，会觉得服务对象是毫无希望的，会用“不可救药”“未来会进监狱”甚至污名化的语句将其标签化。但是，在社会工作者看来，他们相信任何人都能改变。对于本案例中的服务对象，社会工作者以极大的专业耐心，通过专业的方法帮助服务对象，最终实现了服务对象的改变。

（二）社会工作者在个案服务中的专业能力

本案例中体现的专业能力，其中最为突出的能力体现在：

1. 面对危机的灵活机动应对的能力。在案例的“危机发生”阶段，服务对象面临严重危机，这种危机处理不好，将会酿成悲剧性结局。因此必须快速有效地妥善处理，任何源自书本的方法和技巧在此都未必是有效的。社会工作者需要快速识别问题，快速精准介入，快速介入对服务对象行为、认识、情绪等问题进行干预，在危机介入中解决服务对象因情绪失控扬言跳楼、纵火等降低服务对象自杀倾向。

2. 针对服务对象诸如希望和增能的能力。在案例中，社会工作者面对看起来无希望的现实，用点燃希望的方法。面对危机，必须用平静来应对。社会工作者在深入了解服务对象情况后，不断强化服务对象得以改善的行为，并对服务对象输入希望。再重建服务对象的自信自尊，使服务对象培养自主能力。最后，服务对象的改变得到社会工作者和老师的认同。

（三）社会工作者在个案服务中突出的表现

在本案例中，社会工作者在个案服务中突出的表现为：

1. 善于创新。在本案例中，创新体现为理念创新和方法创新。本案例中，并非完全采用书本上的标准化程序，而是采用了具体问题具体分析的理念。在方法上，社会工作者通过多方面搜集资料，深入分析服务对象的需求，运用多种技巧与服务对象建立了良好的专业关系。辅导期间，社会工作者充分考虑服务对象的身心发展特征，采取游戏辅导和角色扮演的方式，使得服务对象可以积极地表达自己，并将辅导中习得的社交技巧运用到生活当中，最终使得服务对象在行为、社交、情绪方面都有了明显的改善。

2. 善于发现。社会工作的理论多种多样，但究竟要使用哪一种理论，却是见仁见智的。本案例中，社会工作者善于在实践中发现问题，没有按图索骥，墨守成规。比如，社会工作者在与服务对象建立关系过程中，运用多种理论模式，利用多元化方法介入。他们还发现，微观、中观和宏观并非一成不变的，同时各个系统都需要介入。除了针对个人系统外，案例采取了多管齐下的方法，从不同的系统入手，在家庭处理中采用结构式家庭治疗，使得服务对象积极面对生活、积极面对未来，母亲的出现令服务对象获得了安稳、安全、舒心的环境。

（四）社会工作者在个案服务中有待提升的方面

1. 在专业方面，社会工作者的社会工作专业理论素养需要提升。一个专业水平纯熟的社会工作者，能够对社会工作专业理论深度理解，并能游刃有余地与实际结合。理论是保证社会工作实务认识高度的基石。在这一点上，社会工作者需要继续努力。

2. 在个人方面，社会工作者需要扩充自己的综合知识面。社会工作者的知识，是保证服务奏效的坚强后盾。比如，在本案例中，服务对象被诊断为注意力缺失过动症（ADHD）和智力残疾四级，为了保证服务有效，需要跟心理咨询师和医务人员进行跨专业合作，社会工作者需要对该疾病的症状有一般性的了解。

第四章 “成长天空”
——社会工作者介入街头青少年群组案例

作者：罗小娟 陈立 揭坤焰 督导：黄光星①

一、案例介绍

青年地带D街站以群组解组方法，采取分级处理和各个击破的策略，引导青少年脱离自主群组，建立正向的人际关系网络。通过社会工作者将近两年的努力，涉及高利贷的H群组临近解散。

（一）服务缘起

共青团广州市委员会于2008年开始在海珠区试点青年地带项目，早期的青年地带项目以一般青少年服务为主。至2015年，青年地带项目在广州全面铺开，有超过30个站点。全面铺开后，青年地带项目的定位也更为明确，青年地带项目的正式名称为“预防青少年犯罪工作站”。2016年，启智社工机构中标青年地带D站点的项目购买，项目经费为50万元，配备5名社会工作者。项目的服务范围为广州市P区的D片区（P区一半街镇）。

（二）服务社区的基本情况

服务片区在社区类型上，属城乡接合部，多加工制造业，且房租便宜，吸引大量来穗人员，其中以受教育程度低的体力劳动者居多。城市扩张过程中，征地拆迁产生大量暴发户，滋生非法消费需求。人口密集、流动性大、区域面积广等因素，导致该区域社会问题突出，犯罪多发。

区域内青少年阅读、运动等公共空间不足，网吧、酒吧、娱乐场所密集（部分场所违规对青少年开放），青少年常聚集在无监管的场所（奶茶

---

① 罗小娟、陈立、揭坤焰、黄光星，广州市天河区启智社会工作服务中心，广州，510000。

店、网吧、街头、公园），容易接触不良社会青年，滋生事端。

部分来穗人员教育程度低，教育子女的能力不足，且工作时间长，对子女缺乏管教，对子女的学业亦关注较少。不少来穗人员子女在初中阶段或初中毕业后辍学。

（三）服务对象基本情况

青年地带D站在2016年5月至12月，总计67次外展或夜展，逐渐摸查到D片区三个青少年自主群组：[①] H群组（涉高利贷，20人）、W群组（以游戏集结，15人）、L青少年群组（以轮滑集结）。这些青少年群组成员主要为附近几所民办学校在校学生和一些非在校无正当职业青少年，群组成员首领已满18岁，其余成员多为14～16岁青少年，这些青少年大多为非本市户籍。

二、服务的过程

（一）建立关系

2016年下半年站点社会工作者在开展夜展的过程中认识到此群组，但是没有建立专业的关系。在2017年上半年，通过小乐（女）初三毕业后和该群组认识，站点先通过和女生建立好关系，逐步与小乐及其朋友建立关系，随后设计一系列服务吸引他们，最终发现群组人员越来越多，且个别成员又加入别的群组。

（二）预估

社会工作者在接触群组及建立关系的过程中，多次与督导及同事进行集体研讨，对群组成员及其关系结构进行分析（见下图）。

---

① 根据香港曾庆命先生的群组定义，自主群组（Autonomous Group）存在自然环境中，涉及边缘犯罪活动，结构松散及小型，成员居于相邻或同一区域，相互认识及相互牵引。

1. H 群组成员关系图

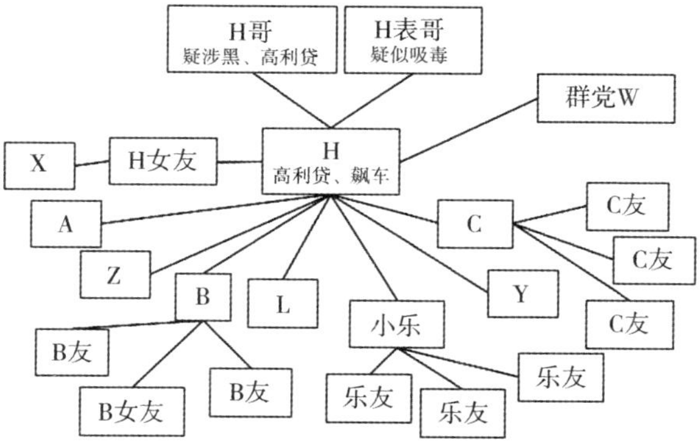

H 群组成员关系图

2. 群组成员

（1）领袖

H 群组以 H 为首，18 岁，据成员讲述家中有钱，无业好几年，靠放高利贷为生。群组里所有人都怕他，社会工作者猜测是因其哥哥。暂时没有 H 哥哥确实情况，疑似黑帮和高利贷头目。人物 B 为群组二把手。

（2）一般成员

本群组中，除了为首的两人，其他群组成员多为随从者，其中有 5 人为在校学生，其他人为“两需”青少年（即年龄在 6 ~ 25 岁，无合理原因不上学、无职业、需要就业帮扶或入学帮助的青少年）。本群组成员多数自小在本区域长大和读书，对社区环境比较熟悉，且和家人一起生活，年龄集中在 14 ~ 16 周岁。

3. H 群组行为及文化

社会工作者了解到该群组内部文化主要为：白天睡觉、晚上出来夜生活。群组有深夜飙车、混迹酒吧、打群架、持刀具、放高利贷等高危行为。聚集地为街头（“秋名山”）、奶茶店、酒吧。在群组男女关系上，多人是同房间混居、发生性行为，且有 14 岁以下女生。部分成员有文身。

三、制订服务计划

（一）分级介入策略

经督导研讨，站点按照危险及违法犯罪程度，将群组成员分为三个等级。对三个等级的群组成员制定不同的工作策略。具体如下：

1. 中高危机

已经处在违法犯罪边缘。如群组首要人物 H，已经在进行放高利贷行为，并成功发展下线。背后有堂哥等成人，社会工作者预计有可能进行更严重的违法或犯罪行为。经社会工作者评估，H 提防心理较强，社会工作者难以开展长期个案服务，但需要与其建立关系，了解更多群组信息，在合适的情况下，进一步开展专业服务。

2. 中度危机

群组中层管理及各成员，已经是 H 发展的下线放高利贷者。社会工作者可以尝试与 A、B、C 等人接触并建立关系，协助服务对象树立正确的认知，认识到放高利贷的违法行为及对自己的危害，引导他们的正向改变。

3. 中低危机

在群组中为随从者，如 Y、小乐、Z 等人，不良行为较为轻微，主要为在群组中寻找寄托，主要参与群组聚会、飙车、抽烟，部分成员为在读学生。中低危机群组成员是社会工作者重点跟进对象。

（二）服务目标

1. 总体目标

帮助青少年脱离群组关系，强化与正向关系网络的联结。

2. 分目标

个人：帮助群组成员提升法律法规意识，预防成员违法行为发生；进行青春期教育，帮助成员特别是女生性教育，提升自我保护能力。

家庭：帮助青少年改善家庭关系。

社区：为群组成员搭建正向社交平台。

四、服务实施过程

（一）关系建立期

社会工作者在 2016 年下半年了解到 D 街的“飙车党”，在青少年群体中较有威望，社会工作者通过夜展了解到群组文化主要飙车、混酒吧等，当时已和群组成员小乐有初步的认识，让他们知道了社会工作者的存在。

在夜展的过程中，刚开始成员不愿意搭理社会工作者的主动搭讪。站点转变策略，降低外展的“目的性”，初期外展只是和他们混个脸儿熟，并不过多刻意地获取他们私人的信息和资料，以降低他们的防御心理。同时在他们经常出现的广场和公园，站点进行摆摊宣传，增加他们对站点的好奇感。

（二）初步关系期

2017 年 5 –7 月，社会工作者与第一个成员小乐建立关系，社会工作者通过关心及提供其所需要的建议，获得其信任。接着，社会工作者邀请其作为志愿者协助站点宣传工作。小乐邀请其朋友共同参与到站点宣传工作中，逐步介绍更多的群组成员认识社会工作者。站点通过新颖有趣的桌游和他们感兴趣的活动，吸引群组成员来到站点。进入站点后，站点根据社会工作者不同的性格特征和擅长点，安排其跟进特定的群组成员，以“朋友”的身份和群组成员相处。跟进过程最重要的是尊重他们的观点和看法，使得他们在站点感受到被尊重、接纳、理解。在此过程中，站点收集、了解各个成员的背景关系和资料。

（三）社交关系期

2017 年 6 至 7 月期间，鉴于多数群组成员离家出走，资金不足，对饮食的需求大，以及青少年喜欢聚餐的特征，社会工作者开展“社工伴你行”美食聚会活动，见到群组的大部分成员。活动前，站点全体社会工作者讨论准备工作，进行分工，每个社会工作者主要负责 3 ~5 名青少年；活动中，负责社会工作者和自己需要跟进的成员坐在一起，和他们“玩在一起”，以便后续跟进辅导。通过此次活动，社会工作者了解到群组领袖 H，以及成员聚集的原因，并评估各个组员的问题和需要。活动后站点社会工作者与督导协商，制订群组服务计划，并针对组员具体情况计划采用逐个击破的方式进行辅导。

活动后，社会工作者亦添加了各自跟进的群组成员的微信，一方面能更细致了解群组成员动态；另一方面，能巩固与群组成员的信任关系。由于群组成员晚上才出来活动，站点因此也调整上班时间，周六日开放到晚上 10 点，以便让站点成为他们的“落脚点”。

（四）专业关系期

1. 个案服务

2017 年 6 至 12 月，逐个对群组成员提供个案辅导服务，促进服务对象改变。以下列举三个成功结案案例。

服务对象 Z 曾因打架被抓进看守所，跟进过程中，社会工作者得知其要为朋友出气，买了水果刀计划和别人打架，社会工作者对其跟进的主要工作是：①及时处理 Z 持有管制刀具的行为，从服务对象手中收回长达 35 厘米的刀具。②鼓励服务对象回归家庭。服务对象借助家庭资源，已经成功就业。

服务对象 B 欠高利贷已达 10 万元，跟进过程中社会工作者的工作是：①给予服务对象高利贷危机事件合理建议；②引导服务对象及其女朋友的就业意识。服务对象目前已经有稳定工作，减少与群组成员的接触，不再从事高利贷违法行为。

服务对象 Y 是群组的从属者，且有被男性成员侵犯的危险。在和督导进行个案会议后，社会工作者主要的做法是：①引导服务对象提升自我保护意识（飙车安全和性教育）；②巩固服务对象在学校中收获的新的人际关系和学习状况；③协助服务对象分析参与群组的利与弊。目前服务对象已经成功脱离群组，并在校积极参与自己喜欢的舞蹈活动。

2. 在小组中成长

通过小组，强化服务对象的个人自尊感和抗逆力，协助他们树立正面的生活模式和文化。站点开展的小组及成效如下：

（1）“美食 DIY——人际关系提升小组”组员中有 6 人是群组成员，通过青少年喜欢的形式，社会工作者逐步与群组成员建立关系，渗透一些处理冲突的技巧；

（2）“性别女 · 爱好已”青春期小组，帮助 4 名群组女生学习自我保护；

（3）就业“零距离”能力提升小组，帮助 6 名青少年（含 2 名群组成员）树立正确的就业意识、链接就业资源，搭建就业平台；

（4）“彩虹绘画”自我成长小组，通过小组协助 2 名群组成员提升自我成长，用一般青少年带动服务对象的正向改变。

五、服务主要成效

自2016年5月开展夜展行动摸查到群组服务对象，到2018年1月，社会工作者开展群组青少年服务有1年8个月的时间。其间，站点共接触到H群组成员21人，开展个案跟进13人，结案4人，6名群组成员脱离群组。服务成效总结如下：

1. 服务对象个人的正向改变

4个已结个案均有了很大的个人改变，Z和B实现就业，Y脱离群组，回到学校正常人际关系；T有进修提升目标。其他未结案的群组成员部分也在往好的方向转变。

2. 群组成员家庭关系得到改善

Y、L、C、B四个个案的家庭关系明显得到改善。经过社会工作者介入，在父母的支持下，送Y去艺校学习舞蹈；L由离家出走转变为在家与父母共同生活；C亦回家居住，其父母懂得协调C和其弟弟的关系；服务对象B与父母缓和关系，并在父母的支持下还清高利贷。

3. 群组关系开始瓦解，青少年社交环境得到改善

社会工作者介入该群组，帮助13名成员脱离群组，目前该群组活动频率已大大降低，几近解散。一些成员选择在青年地带站点聚集聊天或参加站点活动，违法犯罪风险大大降低。青年地带站点成为区域内群组成员建立正向关系网络的平台。

六、总结反思

（一）个人收获

在团委和众多合作单位的大力支持下，我们共帮助了13名像小乐一样的群组青少年，帮助他们度过迷茫的青春期，帮助他们的父母重启对孩子的信心。在未来人生路上，更好地扶持同行。

与小乐及她的群组开展的解组工作，长达两年的时间。这么长的一个时间，社会工作者也常常会陷入迷思，到底我们的服务有没有起到作用？到底我们的坚持值不值得？事实证明，小乐和她的朋友们现在是越来越好。如果

没有社会工作者的帮助，他们很可能会辍学，到酒吧/夜场当服务生，更有甚者，沦为相关利益集团的挣钱工具。社会工作者的每一分坚持，每一分努力，小乐看得到，她的父母看得到，他们才会作出积极正向的改变。

社会工作者也始终相信，人可以改变，每个人都有尊严和价值，都应该得到尊重。如果我们面临如小乐一般的突发困境，不知我们自身会如何处理，服务对象所处环境的“非自愿性”，是对他们的挑战，也是一个新的转机。社会工作者的坚持、陪伴与辅导，重启他们的个体能量，重建家庭的支持网络，加强社会支持。

相信生命的强大。但愿每一个人都像星星一样安详而从容地不断沿着既定的目标走完自己的路程。这段话送给我们的青少年们，也送给我们的社会工作者。

（二）专业反思

1. 主动发掘、降低目的感

降低外展的“目的感”，初期只是和他们混熟面孔，社会工作者外展会提前报备派出所警官，如果发生突发事件也会进行紧急处理。

2. 朋友促改变

以“朋友”的身份和群组成员相处。跟进过程最重要的是尊重他们的观点和看法，使得他们在站点感受到被尊重、接纳、理解。树立榜样，给予支持。

3. 和他们“玩在一起”

和他们玩在一起，过程中评估各个组员的问题和需要，制订群组服务计划，针对组员情况采取逐个击破的方式进行辅导。

4. 他们的“落脚点”

由于群组成员晚上才出来活动，站点因此也调整上班时间，周六日开放到晚上10点，以便让站点成为他们的“落脚点”。引导青少年从奶茶店、酒吧、夜场的落脚点，转移到正向的社会工作者站为落脚点，提供专业服务，丰富他们的晚间生活。

5. 寻找突破，解组服务

针对每一位青少年，①引导他们提升自我保护意识（飙车安全和性教育）；②巩固他们在学校/社区中收获新的正向的人际关系；③协助他们分析参与群组的利与弊；④引导他们回归家庭，重视家人感受和重启家庭支持网络。

6. 社会工作者的力量是有限的，需要与多部门的联动合作

正是多部门的合作，社会工作者才更有底气接触这些青少年，有底气协助他们解决问题。感谢以下部门为街头青少年做的努力。

①课程资源：社会工作者链接亲子教育工作坊给小乐的妈妈，提升妈妈亲职教育能力。同时，社会工作者给予小乐妈妈情绪支持和心理支持，帮助妈妈缓解心理压力，正视现状，以提升其自身和家庭成员能力（小乐和小乐的哥哥）。

②劳动社会保障中心培训/就业资源/街镇团工委：帮助小乐和群组成员链接就业培训，提升就业能力，通过街镇团工委链接就学资源。小乐最终回归校园。

③街镇派出所：针对青少年打架情况，警官给予青少年口头教育，并交由社会工作者提供后续跟踪辅导。

④公安/检察院相关资源：通过链接公安/检察院相关案例资源，给到小乐他们以警示，引导正向改变。

⑤公安/派出所：街镇派出所针对酒店/宾馆进行整治，对未成年人没有身份证或多人混住进行检查。

⑥交警/治安大队：加强对青少年深夜飙摩托车行为进行整治，通过开展相关活动，引导青少年重视飙车的危害，从而进行安全行车。

⑦公安/治安大队：针对未成年人进入夜场进行检查，并督促相关方进行整改。

七、督导评语

该群组服务是广州市天河区启智社会工作服务中心青年地带 D 站在街头青少年服务领域的一次大胆尝试。在服务前期，社会工作者能够借鉴香港的夜展工作模式，在站点建站初期即与社区内的边缘青少年建立了较好的关系，并能够根据不同群组成员的不同特点为群组每名成员制订专门的跟进计划。在服务的跟进过程中，社会工作者要综合运用各种专业手法，在群组成员完善社会支持网络、改善偏差行为、脱离不良朋友关系、改善家庭关系等方面取得了较大的成效。望社会工作者继续努力，探索更多预防青少年犯罪工作模式。

第五章 “路难行，但你并不孤单”

——涉案未成年人的社工介入

作者：张慧欣 胡湘钰 督导：黄嘉欣[①]

一、案例介绍

（一）服务缘起

服务对象在一次与朋友外出吃夜宵时，因与另一桌的客人发生口角并发生了肢体冲突，服务对象不小心用刀刺伤了其中一个人的腹部，导致对方轻伤；而在伤人之后，服务对象以为只是小事情所以没有理会，与朋友立即离开了现场，也没有告诉父母，而在事后三个月被逮捕，就此成为一名涉案青少年。在被逮捕询问的过程中，服务对象因拒绝提供父母的联系方式但考虑到服务对象未成年的情况，相关司法机关部门联系社会工作者担任合适成年人，更好完成讯问流程。

（二）服务对象的基本信息

姓名（化名）	阿风	年龄	16 岁
性别	男	职业	暂无
受教育程度	中学	婚姻状况	未婚
兴趣、爱好	玩网络游戏、打桌球、打篮球	家庭情况	核心家庭
服务对象的来源	司法机关部门转介	服务对象的类型	涉案未成年人
服务对象求助的意愿	被动、非自愿	服务对象对社会工作的认知程度	认知度较低

① 张慧欣、胡湘钰、黄嘉欣，广州市青宫社会工作服务中心，广州，510650。

（三）个案描述

1. 服务对象个人系统

（1）身体情况

服务对象身体健康情况良好，身形正常，四肢活动能力较好；服务对象智力正常，暂时没有发现有严重疾病以及家族遗传病。

（2）心理情况

服务对象是一名自信心不足的男生，对文化课学习并不擅长的他一直在校处于学业成就感低的状态，且缺乏其他展现自我的机会和平台，并会因个人的不良行为经常受到学校老师、家庭的负面评价。

（3）不良行为情况

服务对象在初二时逐渐出现沉迷网络游戏的情况，每天都会上网玩游戏至凌晨三四点，严重影响日常的学习、生活；随后，服务对象通过朋友结识了不少不良社会青年，逐渐出现逃学、夜不归宿的情况，并逐渐恶化成为辍学打工、外出租房居住等。

2. 服务对象家庭系统

（1）家庭类型

服务对象的家庭属于核心家庭，家庭成员主要包括服务对象的父母、未婚的哥哥和未婚的姐姐。

（2）家庭关系

服务对象的家庭管教模式是放任型的教养方式，对服务对象的个别不良行为会用讲道理的方式进行引导，但一旦引导无效，服务对象的父母也不会采取和尝试更有效的方式，更多是逃避、放任不管。服务对象家庭存在较为明显的父母角色问题，服务对象的父母性格均较为内向、缺乏权威意识、社交能力相对弱，这一情况对服务对象不良行为产生和恶化也有较大的影响。

服务对象与父亲的沟通相对较多，但服务对象及其父亲都属于较少主动表达自己想法的性格类型，彼此之间的有效正面沟通并不多，服务对象父亲对服务对象的了解并不太多。

服务对象的母亲是上“两班倒”的工作，上班时间较长，与服务对象之间的沟通互动时间较少。

服务对象的哥哥和姐姐都在读大学并寄宿，服务对象与他们的关系较为和谐，但因为哥哥姐姐均寄宿的原因，服务对象与他们沟通互动较少。

（3）家庭经济情况

服务对象的父母均有稳定的工作，收入相对稳定；但由于服务对象的哥哥姐姐需要就读大学，学费及日常支出较大，有一定的经济压力。

3. 服务对象的社会系统

（1）学校系统

①服务对象就读期间的学习成绩不理想

在小学就读期间，服务对象需要在广州与清远两地不断转学，缺乏良好稳定的小学教育；而在中学期间，需要服务对象稳定在广州学校就读，但鉴于服务对象对文化课的学习并不感兴趣，一直处于学业成就感低的状态，同时在学校缺乏展现自我的良好机会与平台，服务对象逐渐出现沉迷网络的情况。

②服务对象在校缺乏良好的支持网络

在小学期间，由于服务对象反复转学，与同学之间很难建立良好的互动关系，朋辈支持网络不足；在中学期间，由于服务对象的学习成绩不理想且有扰乱班级管理的不良行为出现，学校老师与服务对象之间缺乏良好的正面沟通互动。

（2）朋辈系统

服务对象与初中同学的互动相对较为频密，较少与小学同学沟通互动。

鉴于服务对象家庭居住的地域社情较为复杂，服务对象认识到家庭附近同为租房居住的其他社会青年，并会与之一同去网吧、酒吧，甚至逃学。

（3）工作系统

服务对象在初二时辍学打工，在朋友的介绍下从事一些销售型的工作。服务对象与工友之间的关系较好，经常一同外出互动玩耍。

二、个案工作服务的过程与专业关系

（一）接案与建立关系

1. 接案

	接案的过程	应用的方法和技巧	接案中的难点及其应对
初次接触	社会工作者是以合适成年人的角色初次接触服务对象。在初次接触期间，服务对象对社会工作者有一定的抗拒和戒备心，而社会工作者以一个真切的微笑和问候打破沉默，并通过展示提前准备好的社会工作站过往开展过的服务剪影，促使服务对象了解社会工作者，化解服务对象对社会工作者这个“神秘人物”的猜疑和不安，降低服务对象的抗拒，更好建立关系。	主动地自我介绍：社会工作者在与服务对象初次接触的时候，运用可视化的材料主动介绍自己，一方面能化解服务对象对社会工作者身份的疑惑；另一方面，主动介绍也能让对方感受到社会工作者对其的真诚，更好促使服务对象接受相关服务。	服务对象容易将社会工作者的身份误解成是司法系统的“帮手”，强化服务对象对社会工作者的抗拒。 服务对象是在侦查讯问的过程中接触到社会工作者，这一接触的时间和方式容易让服务对象误以为社会工作者是司法机关单位的“帮手”进而更不愿意与社会工作者沟通互动，加大关系建立和接案的难度。对此，社会工作者首先以可视化的资料引导服务对象了解社会工作者的性质；其次，社会工作者充分关注与关心服务对象的情绪状况和感受，让其感受到社会工作者对
接案	社会工作者在担任合适成年人服务的过程中，一方面，陪伴服务对象更好完成相应的侦查讯问行政流程，维护服务对象的合法权益。在提讯的过程中，服务对象起初是抗拒、不愿表达的。他还陷于当时被捕时的焦虑、彷徨之中，担心自己会说多错多。对此，社会工作者通过与公安协商，争取到与服务对象单独见面沟通的机会，社会工作者善用这些沟通机会提高服务对象对侦查讯问行政流程的了解度，降低服务对象的焦虑感，提高服务对象对提讯流程的配合度。	（1）向服务对象表达愿意协助的态度：社会工作者愿意协助的态度是接案成功的关键，存在较多服务对象是从社会工作者的态度中感受到关切而增强其改变的决心与动力。	

续表

	接案的过程	应用的方法和技巧	接案中的难点及其应对
接案	另一方面，社会工作者借这个沟通机会更全面了解服务对象，并表示愿意陪伴服务对象更好度过这个特殊时期，确立专业关系。经由社会工作者的沟通引导，服务对象逐渐愿意如实分享整个事件发生的经过，服务对象高度的配合有利于整个提讯的开展。	（2）以实际行动给予服务对象支持：在接案的过程中，社会工作者是以合适成年人服务切实维护服务对象的权益，并为迷茫、担心中的服务对象提供实际行动的支持，这一行动式的支持能给予对方更强烈的感受，更有利于专业关系的建立。	他的关心与真诚；最后，社会工作者在实际的合适成年人服务中维护服务对象的合法权益、陪伴服务对象走出焦虑、迷茫。通过以上的做法更好降低服务对象的抗拒感，顺利建立关系。

2. 建立关系

建立关系的过程	应用的方法和技巧	建立关系的难点及其应对
在服务对象被拘留在看守所的四个月期间，社会工作者运用合适成年人服务的机会与之保持定期的见面沟通，关心服务对象所中生活及情绪状态，及时调适服务对象负面情绪，协助其解决面临的困难等。经过四个月的定期沟通互动，服务对象与社会工作者之间的信任关系得以明显的强化。	公平对待、非标签化的技巧：在与服务对象接触的过程中，社会工作者并没有特意围绕服务对象的涉案身份进行讨论，更多的是围绕如何更好面对接下来的司法流程以及关心服务对象在看守所的生活进行沟通，让服务对象感受到社会工作者对其的尊重和关心。	服务对象产生一种社会工作者是局外人的感觉，难以进一步巩固和强化信任关系。 社会工作者一方面运用合适成年人的身份定期与服务对象接触，给予对方及时的支持与充分的关心；另一方面，社会工作者在与对方沟通的过程中并非一味给予心理和情绪上的支持，也会尝试结合服务对象的担心和忧虑给予实际的支持，如尝试与服务对象的父母沟通，强化服务对象的家庭支持等，让服务对象真切感受到社会工作者与之同行。

（二）预估

1. 服务对象的问题界定与分析

（1）问题界定

一方面，服务对象现时为涉案未成年人，因涉嫌故意伤害罪被抓捕归案，面临司法待诉的困境，个人的生涯发展面临较大的危机。

另一方面，服务对象缺乏良好的家庭支持网络，服务对象的父母忙于工作，与服务对象的沟通互动不足，与此同时，服务对象的父母缺乏良好的亲子管教方式，家庭的沟通互动模式出现问题，家庭功能不能正常发挥作用。

（2）问题分析

①服务对象自身的原因

服务对象的法律认知度低、法治意识薄弱：服务对象对目前的相关法律非常不了解，在发生伤人行为的时候并没有意识到自己的行为已经是违法行为，并在作出伤人违法行为的时候无知地采取逃逸等方式应对。

服务对象的生涯规划状况不理想，未来抱负感低：服务对象不善于文化课的学习，在学校长期处于学业成就感低的状态且缺乏良好的自我展现的机会，服务对象对自己的未来缺乏良好的规划，处于迷茫中的服务对象易受外界不良影响而做出越轨甚至是违法行为。

②家庭层面的原因

服务对象的父母一方面忙于工作，与服务对象的沟通互动不足，另一方面，服务对象的父亲缺乏良好的家庭管教能力，对服务对象出现的不良行为不但无法较好引导转化，反而以简单、粗暴的方式（如说教、打骂等）进一步激化服务对象不良行为的恶化。

2. 服务对象的社会系统互动及资源情况

（1）服务对象的社会生态系统图

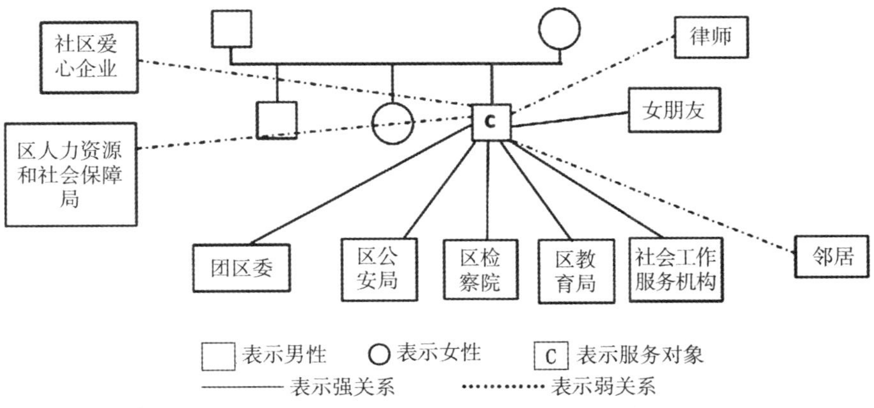

（2）服务对象的资源情况

正式资源		非正式资源
社会系统	专业系统	
团区委 区公安局 区检察院 区教育局 区人力资源和社会保障局 社区爱心企业	社会工作者 律师	父母 邻居 兄弟姐妹 女朋友

3. 相关介入理论

（1）差别结合论

差别结合论指出，青少年通过与不同社群进行直接或间接的联系和互动，会接触到不同的行为、价值观及规范，而这些接触会随着其频度、时间的长短、优先顺序、强度及恒久性等影响青少年参与偏差行为的倾向。青少年在接触不同社群时所受到的影响可以分为两个层面：其一是行为互动层面，意指青少年与他人联系及互动之下，所接触到的行为；其二是规范层面，意指青少年与他人联系及互动之下，所接触到的不同社会规范及价值观。

（2）社会控制理论

社会控制理论又被称为“社会键理论”或“社会联系理论”。该理论主要从“社会控制”角度解释犯罪现象，与传统意义讨论人们犯罪的原因不同，其主要是讨论人为什么不犯罪。

赫希提出，所有人都有潜在的犯罪倾向，有些人不犯罪的原因在于社会对其的约束和控制，即当个体与父母、同伴、学校、工作场所及社区的关系稳健和强烈时，个体就会顾虑关系的存在并计算犯罪行为的成本，从而避免犯罪行为的产生；然而，当个体与社会关系薄弱时，就会不计成本地实施犯罪行为。因此，导致犯罪行为实际上是个人社会关系的减弱或破裂，个人受到的社会约束以及自我约束是抑制其犯罪的动力因素。赫希认为控制个体不犯罪的社会键主要包括“依附”“抱负”“参与”及“信念”四种。

其中“依附”主要是指个体与他人，特别是与家庭、学校、同侪、社区之间的情感联结，“抱负”意指将个人时间与精力投入传统目标的追求和对未来成功的期盼度，“参与”是指对社会传统活动的参加，而参加程度的不同直接影响青少年的行为方式，“信念”是指对传统价值观念和道德法制观念的态度或接受意愿。“社会键”的四个方面既相互分离，又相互影响。

在本个案服务跟进的过程中，社会工作者首先强化服务对象对不良朋辈影响犯罪的辨别意识，提高其识别不良朋辈能力，弱化其与不良朋辈之间的负面依附；其次，社会工作者加强与服务对象的家庭沟通互动，优化服务对象的家庭沟通互动模式，增强其与家庭之间的正面依附力；再次，社会工作者邀请服务对象参与志愿服务，增加服务对象对于传统活动的参与度，重建服务对象与社区之间的正面互动；最后，社会工作者通过生涯辅导服务，改善服务对象的职业生涯规划状况，提升服务对象对未来的抱负感。

（三）制订计划

1. 社会工作者和服务对象在制订计划中的关系

社会工作者和服务对象在计划制订的过程中的关系是从“专家—服务接受者”转变为“协同共商的合作者”。

起初，社会工作者以合适成年人的身份与服务对象接触并提供相应的维护权益的服务，在这个过程中，服务对象并没有参与到服务计划的制订，更多是社会工作者结合合适成年人服务的专业角度提供相应服务。

随之，在完成一些司法流程较为强硬要求的工作环节之后，社会工作者与服务对象在制订计划中的关系有极大的变化。在计划制订的过程中，社会工作者是立足服务对象的实际情况与需求，并全面了解服务对象对介入服务的看法与建议的前提下，通过与服务对象及其家庭共商，共同制订相应的介入计划，增加服务对象对计划制订的参与度，减少服务对象对服务介入的未知与不安，更好促使服务计划的有序高效推进。

2. 个案工作服务计划

（1）服务目标

一方面，通过与公检法司等系统的联动合作，维护服务对象在案件司法流程中的合法权益，协助其更好度过特殊时期；另一方面，优化服务对象的家庭沟通互动模式，强化家庭功能，增强服务对象与家庭的正面依附力，同时，改善服务对象的生涯规划状况，提升服务对象的未来抱负感，修正不良行为，预防再次犯罪。

（2）服务模式及服务策略

①针对服务对象个人层面：

A. 结合案件的司法流程，为服务对象提供合适成年人、社会调查服务、观护帮教等嵌入式社会工作专业服务，协助服务对象更好度过案件司法期。

B. 提供生涯辅导服务，增强服务对象的生涯规划意识，提升服务对象的生涯规划的能力，改善其生涯规划状况，更好修正不良行为、正面成长。

②针对服务对象家庭层面：

运用家庭结构疗法，将整个家庭作为服务对象介入，提升服务对象父母的亲职教育能力，优化家庭的沟通互动模式，完善和强化服务对象的家庭功能。

（3）服务对象需要的努力和行动

①服务对象个人

一方面，服务对象需严格遵守相关的司法程序的要求，定期完成相关的司法机关的任务要求，保持良好的行为表现；另一方面，服务对象需要与社会工作者保持定期的沟通，为修正不良行为、改善生涯规划状况作出实际的行动和改变。

②服务对象的家庭

一方面，服务对象的父母需要与社会工作者保持定期的沟通互动，共同引导、协助服务对象完成相关的司法机关的任务要求；另一方面，服务对象父母愿意为了服务对象的正面改变而在行为上作出正面的转变，例如学习相应的亲职教育的方法技巧、改变以往的沟通方式等。

（4）社会工作者链接的资源

①优化个人生涯规划状况的资源

一方面，社会工作者结合服务对象期望提升个人学历的需求，与区教育局沟通协作，为服务对象提供一个良好且具包容性的学校学习条件，为提升服务对象的就业竞争力做好准备；另一方面，社会工作者加强与区人力资源和社会保障局联动为服务对象提供相应的人力资源层面的服务，如相关的职业技能培训和就业资讯，加强服务对象对现时职业社会的了解，更好进行职业生涯规划，优化个人的生涯规划状况。

②亲职教育专家资源

联动青年文化宫等组织，链接相应的亲职教育专家，提升服务对象父母的亲职教育能力。

③社区爱心企业资源

结合服务对象的需要按需精准地链接相应的企业资源，为服务对象提供职业培训以及实习岗位，改善服务对象闲散的状态，更好地修正不良行为。

④社区参与、展现自我的平台搭建

社会工作者结合服务对象需要完成的司法机关单位的任务要求以及服务对象个人的兴趣爱好，以社会工作服务站为基点，搭建一个社区参与的平台，让服务对象有机会参与更多志愿服务，强化服务对象个人的社区参与度，同时也能展现个人特征，增强自信心和效能感。

⑤法律专家资源

结合服务对象父母对法律知识认知度较低、担心服务对象涉案后的情况，社会工作者链接法律援助中心的律师专家资源，引导服务对象父母更全面、理性了解现时服务对象的情况，缓解担心、焦虑等负面情绪。

（四）实施计划

1. 修正服务对象的违法行为，强化服务对象的个人法治意识

社会工作者以社会调查服务为切入点，在全面分析服务对象的情况和犯罪原因的同时，引导服务对象正视自身的不良行为，提高其修正不良行为的动力。

在开展社会调查服务的起初，服务对象对社会工作者的态度有明显的改变，他逐渐显现出逃避社会工作者、长期逗留在家不外出的情况，社会工作者与其沟通互动出现一定的困难。就此，社会工作者约见服务对象的父亲，一方面了解服务对象的近况以及行为转变的原因，另一方面社会工作者也通过本次面谈沟通更进一步了解服务对象的家庭系统，开展家庭层面的调查。在与服务对象父亲的沟通中，社会工作者了解到服务对象对社会调查存在一定的误解，认为社会工作者在协助检察院收集自己的不良表现和情况。对此，社会工作者及时运用线上的社交软件向服务对象澄清社会调查的相关情况，也引导服务对象意识到社会调查对其的重要性，在澄清说明之后，服务对象能较好接受社会调查，并积极配合社会工作者，整个社会调查服务能较好推进。

社会工作者在开展社会调查服务以及后续的观护帮教服务的过程中，

链接相关法治教育的活动资源，邀请服务对象参与，旨在通过在活动参与体验的过程中进一步强化服务对象的法治意识，修正自身违法行为。服务对象起初只是愿意参加简单的法院参观的活动，慢慢地，他逐渐愿意参加更多更深入的主题小组和主题工作坊，愿意更多地与其他活动参加者沟通互动，服务参与度和投入度有明显增加，在服务期间均没有出现相应的不良行为。

2. 优化服务对象的职业生涯规划状况，改变闲散状态成功就业

社会工作者善用观护帮教的服务机会，以一份服务对象从来没有接触过的生涯规划测试问卷打开了他对自身进行规划之路。通过测试问卷，服务对象能具体清晰看到自己所属的职业兴趣、职业价值观、职业性格等，服务对象表示这是十几年来第一次那么清晰全面认识自己。社会工作者在引导服务对象全面认识自己之后，联动区人力资源和社会保障局及劳动人才市场等相关资源，促使服务对象对现时职业社会情况有全面的认识，尤其对适合自己的行业进行深入的了解。在引导服务对象“知己知彼”之后，社会工作者通过组织家庭会议、单独面谈等方式协助服务对象制订职业生涯计划，并结合服务对象的需要链接到人力资源和社会保障局以及社区的爱心企业为其提供相应的职业培训以及实习岗位，极大地改变服务对象闲散危机状态，增强服务对象的未来正面抱负感。

3. 改善服务对象家庭的沟通互动模式，增强家庭支持，强化家庭功能

在开展社会调查与观护帮教服务的过程中，社会工作者注重与服务对象的家庭系统沟通互动，以改善服务对象的家庭结构为服务对象营造一个正面良好的家庭氛围进而更好地推动服务对象的正面转变。

一方面，社会工作者以社会调查服务为切入点，全面了解服务对象的家庭系统，并与服务对象的家庭建立良好的合作关系。在这个过程中，社会工作者通过动机式晤谈的方法引导服务对象的父母意识到家庭环境对服务对象正面转变的重要性，推动服务对象的父母作出行动上的改变。在社会工作者的引导下，服务对象的父母逐渐愿意了解更多关于家庭管教的资料，从起初的咨询了解逐渐发展成为愿意参加一些亲职教育的讲座。

另一方面，社会工作者通过定期的沟通互动引导服务对象的父母更了解现时服务对象的想法和生涯规划，并鼓励服务对象父母更好支持和鼓励服务对象，促使其更好转变和成长。经过两次家庭会议和亲子沟通，服务

对象与父母之间的沟通互动明显增加，服务对象更愿意与父母分享自己的看法，而服务对象的父亲也主动陪伴和运用自身资源为服务对象寻求更多工作机会。

（五）评估与结案

1. 评估

评估的内容	应用的方法	服务成效
（1）服务对象的不良行为得以修正	观察法、自评法、访谈法	（1）社会工作者观察层面 服务对象在社会调查服务及观护帮教服务期间均没有再次出现违法的行为，服务对象与之前结识的不良社会青年断绝了来往；与此同时，服务对象较为主动积极参与志愿服务，整体的社区正面参与度有明显提升。 （2）服务对象自评层面 服务对象表示现在已经回到家中居住，并从事酒店服务员的工作，不再与之前的朋友联系，现在还会玩网络游戏但能较好控制自己，不会影响正常的工作。 （3）服务对象父母访谈层面 服务对象已经搬回到家中居住，已经没有出现晚上去酒吧等现象，也没有与之前的社会青年联系。
（2）服务对象的职业生涯状况得以优化		（1）社会工作者观察层面 服务对象现时较为明确自己的职业发展，主动结合职业发展需要报读了成人高考班，并愿意了解相关的职业社会情况，现时顺利就业。 （2）服务对象自评层面 服务对象表示自己现时有一定的职业规划，与之前得过且过的工作会有很大的不同，觉得现时的目标性会更强一些。 （3）服务对象父亲访谈层面 服务对象现时与父亲同一个工作地点，其父亲表示服务对象能准时上班，改变以前不稳定的工作状态，整体工作表现良好。

续表

评估的内容	应用的方法	服务成效
(3) 家庭沟通互动模式得以改善	观察法、自评法、访谈法	(1) 社会工作者观察层面 服务对象现时与父母的沟通频次有所增加，沟通情况有所改善；服务对象愿意与父母分享自己的想法，而父母也不仅仅采用打骂或说教等单一的方式进行管教，会以实际行动给予服务对象支持，如陪同服务对象一同找工作等。 (2) 服务对象自评层面 服务对象表示以前父母只会讲道理或用暴力方式解决问题，很少会了解自己真正的想法，自己也不愿意与父母沟通；但现在会感觉到父母比以前更支持自己，不只是啰唆讲道理，自己与父母相处的时间也有所增加，每天吃晚饭时会一起聊天。 (3) 服务对象父母访谈层面 服务对象的父母表示现在与服务对象相处沟通的时间有所增加，从以前的一周见不到几次到现在能每天一起吃饭聊天，现在会更了解服务对象的内心想法；同时，意识到单靠讲道理是很难让孩子改变的，实际的行动和陪伴更重要。

2. 结案

结案的标准	结案的过程	应用的方法
(1) 服务对象没有出现违法行为，过往的不良行为有明显改善； (2) 服务对象的闲散危机状态得以改变； (3) 服务对象与父母之间保持良好的沟通互动。	社会工作者运用结案面谈的方式明确告知服务对象关于结案的安排，并在结案面谈前通过电话联系的方式与服务对象的父母提前进行沟通，综合评估后作出结案的安排。 在结案面谈的过程中，社会工作者一方面与服务对象共同回顾整个个案服务的历程，在过程中重点引导服务对象分享自己的感受和正面的转变以及转变的原因，以此强化服务对象已经掌握的方法技巧，巩固服务对象的正面改变。另一方面，社会工作者向服务对象说明解释现时个案服务的结案安排，并适当处理对方对于结案的担心、焦虑的离别情绪；同时，社会工作者也邀请服务对象成为社工站的恒常志愿者，定期参与志愿服务。在社会工作者的引导下，服务对象能较好理解与接受结案的安排，也表示愿意成为站点的恒常志愿者。最后，社会工作者也祝福服务对象在往后能持续不断进步，并表示会一直支持服务对象，本个案顺利结案。	(1) 增强服务对象自主性的方法：社会工作者在接近个案结案的阶段，更多是链接资源和提供机会让服务对象更好通过自己的努力保持和强化已有的正面改变，并在接触的过程中不断提醒服务对象的自立性，给予服务对象足够的心理支持和自信心。 (2) 正式的结案环节：社会工作者采用正式的结案环节，让服务对象有一个正式的机会分享感受和总结自身的进步，同时，也以正式的结案环节让服务对象感受到社会工作者对其进步的肯定，增强其面对往后生活和挑战的信心。

三、总结与反思

（一）收获

1. 社会工作的专业性并不仅仅表现于外在的用词专业

社会工作是一个“做人”的工作，社会工作者有可能面对各种不同性格、不同背景的人，作为一名专业的社会工作者，专业的用词并不是体现专业性的唯一方式，而能因应不同性格、不同文化背景的人运用不同且合适的措辞表达自己、拉近与对方的距离恰恰也是体现社会工作者专业性的方式之一。

正如本个案的服务对象，他是一名结交社会不良青年、“泡”酒吧的青少年，如果社会工作者在与之沟通的时候只会使用正式语言则会很难与之建立关系，社会工作者需要学会运用对方的言辞与对方进行沟通，才能更好更快与之建立关系；能以“非专业”的言辞正确传达专业的意思并让对方明白才能充分体现社会工作者的专业性。

2. 坚定社会工作价值观，确保服务对象得到最适切的服务

相信要做到价值中立是非常难的，每个人都有自己的价值观，社会工作者也不例外，尤其是在面对一些特别的服务对象的时候，如涉案的未成年人、有强奸/猥亵等犯罪的人，社会工作者也非常容易出现主观性提前对服务对象进行评价和判断。接纳和尊重是社会工作非常重要的价值观之一，在面对不同的服务对象的某些行为的时候，社会工作者并不是要强迫自己认同对方；作为一名专业的社会工作者，我们需要做的是尊重对方，理解对方在作出某些行为的时候是有其内在的原因的，一旦出现难以接纳服务对象的某些行为进而产生强烈的抗拒情绪的时候，社会工作者需要明确、坚定地进行服务调整（如服务转介等），以此确保服务对象得以尊重和公平对待。

（二）经验与创新

1. 个案服务中的创新

有机结合生涯规划辅导与家庭结构治疗，全面增强涉案未成年人的保护因子。

社会工作者结合本个案因生涯规划状况差以及家庭管教无效而引发一系列的问题出现和恶化的情况，将生涯规划辅导及家庭结构治疗融合运用，一方面，引导涉案未成年人掌握相应的能力与资源优化自身的规划，强化涉案未成年自身的正面抱负感，促使涉案未成年人能更好参与传统社会活动，增强涉案未成年人的社会参与度；另一方面，社会工作者通过介入服务改善涉案未成年人家庭的沟通互动方式和提升其父母的亲职教育能力，全面强化家庭系统的功能，增强涉案未成年人与原生家庭之间的正面依附。通过一系列的介入服务，涉案未成年人的个人社会关系有明显强化，个人受到的社会约束以及自我约束得以增强，涉案行为得以正面转化、再犯罪可能性明显下降。

2. 个案服务对行业工作的贡献及价值

（1）形成涉案未成年人个案介入的顺畅流程机制——涉案未成年人社会工作个案介入“1－2－3”模式：

“1”就是一个核心的服务理念。即未成年人的合法权益应该得到特殊、优先的保护，处于刑事诉讼中的未成年人的权益和成长同样需要得到社会的关注，社会工作者通过为处于诉讼阶段的未成年人提供教育和帮助，可以有效预防其再次犯罪。

“2”就是两个服务模式。一个是社会工作介入未成年人侦查及检察工作模式，另一个是社会工作介入未成年人审判及执行工作模式。

“3”就是社会工作者在未成年人检察和审判过程中所开展的三项服务，分别是社会调查服务、涉案未成年人观护帮教服务、合适成年人服务。其中，社会调查服务是指有专业资质的社会工作者在接受司法机关的委托后，围绕涉嫌犯罪的未成年人的生活环境、成长背景、犯罪原因、犯罪前后的表现及回归社会的支持条件等一系列要素而展开的调查工作。社会调查的目的有二，一是结合社会调查结论，司法人员能够更加科学、规范地适用法律；二是通过社会调查可以找到帮教涉案未成年人的内容和线索，以使随后的帮教工作更具针对性。涉嫌犯罪未成年人帮教服务是指在前期社会调查的基础上，社会工作者以社会学、心理学等学科知识和社会工作专业方法围绕涉嫌犯罪人而开展的，旨在提升其自我认知、改善其不良行为习惯、调整其社会支持网络的专业服务活动。合适成年人服务是指公安机关、检察院、法院讯问、询问和审判未成年犯罪嫌疑人、被告人，在其法定代理人无法通知、不能到场或者是共同犯罪人时，社会工作者到

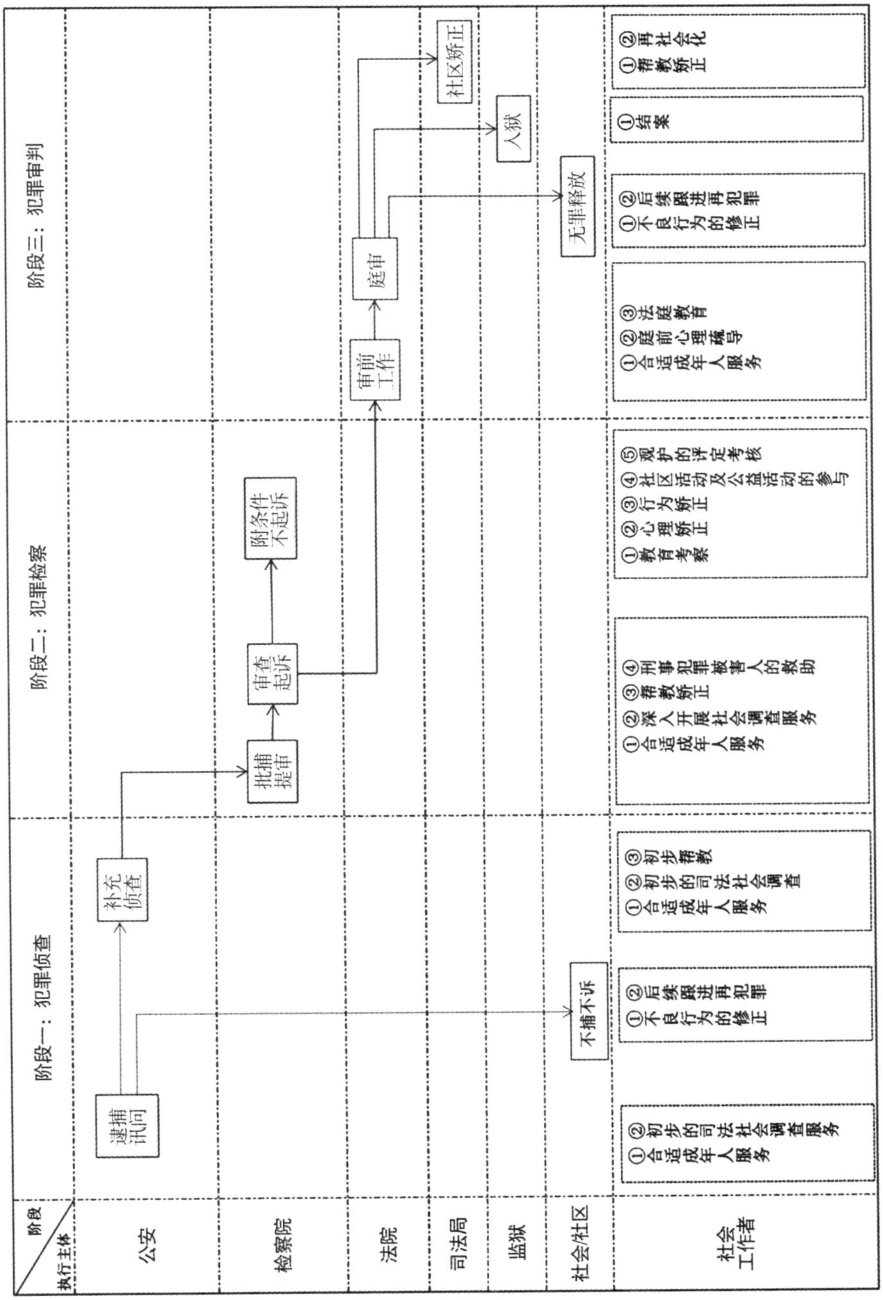

涉案未成年人个案介入的流程机制图

场维护未成年犯罪嫌疑人、被告人的合法权益，并履行监督、沟通、抚慰、教育等职责。

面对涉案未成年人，社会工作者以合适成年人服务为切入点，与公检法司系统形成紧密的合作关系，共建涉案青少年个案介入的服务流程机制，社会工作者在涉案案件司法流程中提供嵌入式的服务。一方面，协助涉案未成年人和家庭清晰了解目前所处的司法流程阶段和整个司法流程，减少涉案未成年人和家庭因不熟悉司法流程产生的不安和焦虑等负面情绪，促使整个司法流程的顺利开展；另一方面，及时及早为涉案未成年人提供心理辅导、行为修正、正面价值观重建等方面的矫正预防服务，预防青少年再次违法犯罪。

（2）形成跨专业的包裹式个案服务体系

一方面，在开展涉案未成年人的个案服务的过程中，社会工作者运用个案管理的服务思维开展个案服务，结合服务对象所需，联动相关的资源方共建服务资源网，并针对服务对象的需要，运用各个资源方的优势提供多元、全方位的服务，更好满足服务对象的需求，协助服务对象应对困难与挑战。

另一方面，社会工作者与公检法司系统共建互补式的个案介入服务模式，公检法司系统处理涉案案件的手法更偏向为“硬性”的手法，而社会工作者更倾向运用“软性”的服务介入手法；在针对涉案未成年人的个案服务时，公检法司系统的“硬性”成分能较好改变服务对象接受社会工作服务的不可控性，而社会工作服务的“软性”成分也能较好增强公检法司系统服务的人性化、更关注到涉案未成年人心理及价值观层面的疏导和引导工作，提升整个涉案未成年人个案服务的有效性及高效性。

（三）专业反思

1. 缺乏有力的社会支持系统，需协同社会多方力量加以强化

涉案未成年人的观护帮教工作是全社会的共同责任，涉及民政、教育、妇联、共青团、社区、志愿者等，社会观护帮教工作在人力、物力上需要较大的投入，社会观护帮教基地需要有力的社会支持才能得以较好的运行，但是目前缺乏社会支持系统，导致部分地区的司法系统对观护帮教工作的参与积极性不高，影响了社会观护帮教工作的社会效果。对此，需要加强整合优势资源，形成一个有效衔接、各司其职、高效运转的机制；

一是搭建检校帮教平台，与市职业教育学校沟通协作，建立观护基地，为符合学校录取条件的涉案未成年人提供学习机会；二是搭建检企帮教平台，与具有帮教条件的企业达成帮教协议，为符合就业条件的涉案未成年人进行岗位培训，提供就业机会；三是搭建检社帮教平台，与共青团、妇联、关工委等部门联系，会签“涉案未成年人帮教考察小组工作方案”，成立涉案未成年人帮教考察小组。

2. 缺乏有效的沟通机制，需加强沟通以维护未成年人合法权益

在对涉案未成年人帮教过程中，会出现个别学校一旦得知学生涉嫌犯罪了，就会开除、劝退、停课，这对涉案未成年人的观护帮教工作而言无疑是个障碍性因素。对此，社会工作者需要在服务的过程中，加强检察机关和学校、教育局等部门的沟通，对于侵害未成年人利益的相关行为通过有效的形式保护未成年人合法权益，为涉案未成年人的正面转化和再社会化创造友好正面的社会氛围。

3. 缺乏相关的统一立法，需制定专规为观护帮教工作提供法律依据

涉案未成年人观护帮教制度尚在试点和探索阶段，关于涉案未成年人的社会观护帮教工作没有现成的、明确的法律依据，存在各地的试点和探索模式不一致、职能定位不同、机构设置差异、人员配备、标准不同等现象，有关社会观护的地方立法也不一致，有些地方甚至没有规范性文件而仅有合作协议。对此，需要结合实际情况，制定相应的涉案未成年人观护帮教法规，为涉案未成年人的社会观护提供明确的法律依据；完善与涉案未成年人观护帮教制度相配套的程序设计，包括决定程序、审批程序、交付观护程序、解除观护程序以及撤销观护程序。

四、督导评语

（一）社会工作者在个案服务中价值理念的践行

社会工作者尊重每一个人的独特价值和尊严，并不因服务对象的“涉案”身份而对其区别对待。在个案辅导过程中，社会工作者将服务对象看作是一个与自己有平等价值的人，是有潜力改变且有能动性的个体，充分相信服务对象自身所具有的优势，将其视为合作伙伴，确立与服务对象平等的专业工作关系。

（二）社会工作者在个案服务中的专业能力

本案服务对象最初是非自愿接受服务的服务对象，面对非自愿服务对象，建立关系是尤为重要且关键的一步。会谈本应选择一个安全、温馨、舒适的场所，帮助服务对象在放松的状态下说明事实，但本案中初次见面是在看守所的审讯间，不可避免产生严肃、紧张和不安的情绪。社会工作者在初次接触的接案阶段，巧妙地争取到与服务对象单独面谈的机会，运用尊重、真诚的技巧及接纳、非评判的原则与服务对象建立起良好关系。

在完成一些司法流程较为强硬要求的工作环节之后，社会工作者与服务对象在制订计划中的关系从“专家—服务接受者”转变为“协同共商的合作者”，增加服务对象对计划制订的参与度，更好地促使服务计划的有序高效推进。

（三）社会工作者在个案服务中突出的表现

社会工作者在服务对象前期面对司法流程时给予充分的支持和协助，有效减轻了服务对象因不了解司法程序而出现的不安和抗拒，也让服务对象对社会工作者的信任感在心里生根发芽，为后续的跟进辅导作了铺垫。

社会工作者运用个案管理的服务思维，结合服务对象所需，联动相关的资源方跨专业地建立服务资源网，针对服务对象的需要，运用各个资源方的优势提供多元、全方位的服务，协助服务对象应对困难与挑战。

（四）社会工作者在个案服务中有待提升的方面

推动社会工作倡议，以小见大来发现议题，也需要有人对议题感兴趣才能引发社会关注。没有人关注的议题，难以落实推动。社会工作者想要推动社会倡议，建议从“广度”与“深度”两个方面来考虑如何能让社会关注涉案青少年群体对社会的影响。

第四篇

青少年社会融入和社会参与服务

第一章 “助力同行”

——隐蔽青少年回归社会

作者：陈佩瑶 杨时河 督导：邱晓艺[①]

一、案例介绍

服务对象小学时父母离异，一直与母亲共同生活。据母亲描述，服务对象从小学到初中都是性格比较阳光的青少年，经历了初三考试过后以及受到家庭环境的影响，辍学在家，尽管考取了重点高中，但不愿意再参与学习。

服务对象辍学三年把自己关在家中，很少与外界接触，并沉迷于网络世界中。在三年期间，服务对象逐渐出现抑郁倾向、社交障碍，这些精神上、生理上、心理上的变化慢慢地阻碍其社会化发展，逐渐出现了休息时间颠倒、饮食不规律、不想与人交谈等现象。服务对象自己感到很痛苦，但不知道该如何去做，十分迷茫，想改变又不愿意行动，还容易受到外界环境影响自身的改变动机。因此，现时只打算先得过且过，对于以后的人生发展规划，自己毫无方向和目标。

随着时间流逝，服务对象的社会功能逐渐退化，并患上了躁郁症（已经确诊）。服务对象母亲因此更加焦虑，着急向社会工作者反映情况，期望能够介入儿子的问题，帮助服务对象重新融入社会。

社会工作者上门与服务对象接触，服务对象不理不睬，出现抗拒心理。社会工作者开始时先结合服务对象的兴趣爱好建立话题，与服务对象建立关系，探索其需求；过程中运用动机式面谈技巧，与其分析现时遇到的困难处境以及未来的愿景，共同制定拓展社交支持网络、逐步回归社会的目标。该个案中，社会工作者以个案活动形式开展服务，摆脱过往单一的个案面谈形式，为其匹配合适的同辈社交、社区志愿者服务，搭建融入

---

① 陈佩瑶、杨时河、邱晓艺，广州市中大社工服务中心，广州，510000。

社会的平台；帮助服务对象提升能力感以及逐步回归社会的动机。

（一）服务缘起

服务对象母亲到社会工作服务站向社会工作者求助，表示儿子已经辍学三年，待在家沉迷于网络世界中，基本已经与现实脱离，朋友很少，平时做事缺乏信心，遇到困难就退缩。服务对象母亲担心儿子再这样脱离社会，会影响到他的就业及未来发展，忧心忡忡，自己已经多次求助不同的社会工作服务站，但是随着家庭搬迁，服务未能持续，成效不显著。现时全家搬至辖区内，并且将会居住较长时间，希望社会工作者能够帮助儿子走出困境。

根据母亲所描述的信息，服务对象因在三年期间常年在家中并沉迷于网络，较少接触社会，情绪波动比较大，已经确诊患有了躁郁症。社会工作者认为服务对象存在潜在的风险，需上门与之接触及作进一步的评估。经过接触，社会工作者了解到服务对象对沉迷网络游戏有自己的看法，具有一定的自制力，玩游戏时会比较理性对待，会避免自己深度陷入游戏之中，对于那些“圈钱”的游戏，也不会投入太多。因此，经社会工作者初步评估发现，服务对象有自己的想法与能力，也会约束自己的行为，逻辑思路以及表达能力比较清晰，学习能力较快，主要是由于较长时间缺乏社交，导致社交能力不强，自信心不足，对社交出现恐惧，而服务对象希望改变但却不愿意行动。

（二）服务对象的基本信息

姓名（化名）	小六	年龄	20 岁
性别	男	职业	无
受教育程度	初中	婚姻状况	未婚
兴趣、爱好	网络游戏	家庭情况	单亲家庭
服务对象的来源	重要他人求助	服务对象的类型	青少年
服务对象求助的意愿	增强自信心，拓展社交网络，逐步恢复社会功能	服务对象对社会工作的认知程度	之前接触过其他社会工作服务站的社会工作者，对社会工作者的工作是比较熟悉的

（三）个案描述

1. 家庭情况：服务对象从小学开始便在单亲家庭中成长，基本上由母亲独自带大。母亲的文化程度比较高，是中文系毕业，曾在研究院工作。受母亲爱看书习惯的影响，服务对象也比较喜欢阅读一些历史书籍以及关注政坛上的新闻。同时，服务对象的外婆有焦虑症，母亲也曾被诊断为抑郁症，这个环境对服务对象的心理成长有较大的影响。服务对象自从高中辍学后，其间偶尔会有与初中同学的聚会，其余大部分的时间都待在家里面，平时会以阅读贴吧、看政治时事新闻、打游戏为主。

2. 健康情况：服务对象长期在家，经常会出现饮食不稳定、休息时间紊乱的情况；服务对象被诊断患有躁郁，现在用药治疗。

3. 成长经历：根据母亲表述，服务对象过去是一个很阳光的男孩，但是自从中考过后就出现了不愿意上课的情况。当时母亲曾找了服务对象的好朋友帮忙劝说，但没有任何效果。自此便一直处于辍学的状态了。

4. 优势及资源情况：服务对象的母亲动机较强，会比较配合社会工作者开展服务；服务对象对中国历史以及第二次世界大战时期的宏、微观世界史都有自己独特的理解，虽然平常在家都有玩游戏，表示说有部分游戏是为了想了解历史而接触的。在接触众多游戏当中，服务对象对每款游戏会有自己独特的见解，分析某些游戏金钱投入的利与弊，表现出有自制力，并不会过分投入其中。总体上服务对象是一个比较有自我见解的人。服务对象思考问题的逻辑清晰、表达清晰，学习能力较强，因此在学习玩游戏方面容易能够把握相应规律。

二、个案工作服务的过程与专业关系

（一）接案与建立关系

1. 接案

服务对象的母亲到社会工作服务站求助，根据母亲所描述的信息，社会工作者认为服务对象存在潜在的风险，需上门与之接触及作进一步的评估。由于服务对象不愿意到社会工作服务站见面，存在抗拒心理，因此社会工作者上门探访接触，了解服务对象的兴趣爱好，通过手游等兴趣为切入点的形式，与服务对象逐渐建立关系。经过了将近10次探访，服务对象才逐渐接受社会工作者，愿意交谈更多关于自己的事情。

在对服务对象需求评估后，社会工作者发现服务对象对现时的状态并不满意，并且很羡慕自己身边朋友的成长，能够读大学，但是自己却在家中沉迷网络。服务对象在言语间流露出自己是希望能够改变现状的，但是一直没有办法和勇气去改变。因此，社会工作者运用动机式面谈技巧，调动服务对象的动机，在有动机的基础上让服务对象作出承诺，也就是订立实施的目标，从而强化服务对象对自己改变的动机和承诺，促进计划的实施。

阶段	接案的过程	应用的方法和技巧	接案中的难点及其应对
探访	主要通过上门探访与服务对象建立联系。	上门探访，着重倾听、同理和尊重。	服务对象会较少主动提到自己的咨询，抗拒和防御心理较重，可能是源于之前也有接触到其他社会工作服务站的社会工作者，产生刻板印象。切忌操之过急。
联系	通过结合服务对象的兴趣爱好，更好地与服务对象建立关系。	以兴趣为切入点，找到共同话题。	以兴趣为切入点后，发现服务对象的优势，找到服务对象改变的动机。
收集信息	评估服务对象的家庭环境、动机、优势、身体状况等情况。	充分收集信息，并进行梳理，就相应情况与机构的督导、个案管理人员进行商讨。	个案的情况比较复杂，而且也有涉及精神康复方面的情况，因此也需要提前了解这一部分的信息，例如躁郁症的症状，并就这一情况与相应的社区资源进行对接。
确定需求	明确服务对象的需求，与服务对象一起确定个案的目标。	运用目标SMART原则；结合动机式面谈技术引导服务对象正视自己有改变动机的事实，调动服务对象作出改变的决心。	将动机转化为决心。服务对象重新融入社会，需要很大的勇气，在这个过程中会面临比较多的挫折，服务对象可能会出现退缩的行为。因此，社会工作者在这个阶段也需要注意多使用同理、鼓励、尊重自决等技巧，帮助服务对象慢慢过渡。

2. 建立关系

建立关系的过程	应用的方法和技巧	建立关系中的难点及其应对
前期结合大概10次左右的上门探访，建立联系。	尊重、同理、自决的原则。	难点：服务对象缺乏主动性。 应对方法：社会工作者会采取主动去调动服务对象的积极性，并且尝试与服务对象建立定期的面谈。
在上门探访的过程中，与服务对象一起沟通网络游戏、桌游等方面的内容。	借助兴趣点，在游戏中倾谈，让服务对象会比较容易在轻松的环境中说出自己的心声。	难点：服务对象回应简单，难以获得关键信息、开展后续话题等。 应对方法：主要使用一些开放式的对话，不要使用封闭式的对话，例如“有没有、好不好”等，封闭式提问方式会容易使谈话提前结束。

（二）预估与发展关系

1. 预估

收集资料			分析与统整	预估中的难点及其应对
服务对象遇到的问题	服务对象的需求	服务对象的资源	服务对象的社会生态系统图。	1. 缺乏主动性，因此比较难以收集服务对象的想法及资料。 应对方法：社会工作者会采取主动去调动服务对象的积极性，并且尝试与服务对象建立定期的面谈；多采用开放式面谈提问；多尊重服务对象。 2. 涉及精神康复层面。 应对方法：社会工作者必要时可以链接相应的资源帮助服务对象进行康复训练。
服务对象已经辍学三年，在家沉迷于网络世界中，基本已经与现实脱节；现实朋友很少，平时做事缺乏自信心，遇到困难的事情就退缩；与社会的接触逐渐减少。	1. 从服务对象的优势出发，结合服务对象的兴趣爱好，引导服务对象参与个案活动的动机。 2. 在个案活动中增加服务对象的社交技巧，帮助服务对象应对再社会化的恐慌情绪。 3. 帮助服务对象拓展社交支持网络，提升其融入社会的能力与自信。	1. 服务对象与母亲同住，从小基本是由母亲一人独自带大，母亲学历较高，收入较高，经济基础较好。 2. 服务对象的爷爷、奶奶也比较疼爱服务对象。 3. 服务对象现时有自己期望改变的状态。	详见下图。	

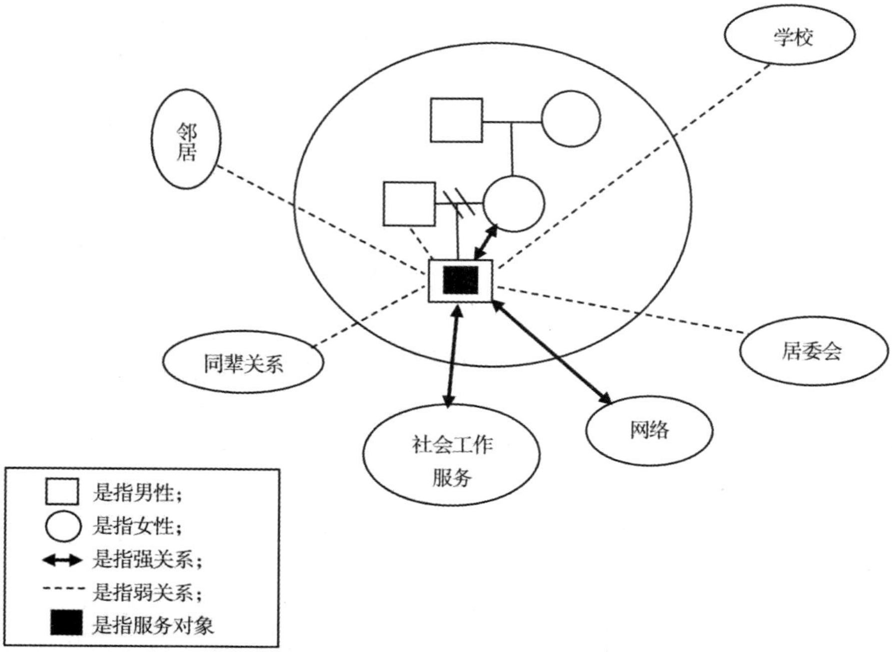

服务对象的社会生态系统图

2. 发展关系

发展关系的过程	应用的方法和技巧	发展关系中的难点及其应对
1. 结合服务对象的兴趣，与服务对象一起沟通手游、桌游等方面的内容。	结合兴趣，在游戏中倾谈，尊重服务对象的意愿及特点。	难点：服务对象缺乏主动性以及不愿意透露自己的想法。 应对方法：社会工作者会采取主动去调动服务对象的积极性，并且尝试与服务对象建立定期的面谈。
2. 与服务对象一起分析现状，了解服务对象期望的生活状态，增强他改变生活的动机及坚持的决心。	结合动机式面谈进行访谈。	

（三）制订计划

1. 社会工作者和服务对象在制订计划中的关系

社会工作者和服务对象在制订计划中的关系主要是社会工作者指引服务对象进行思考的关系，通过与服务对象进行面谈，了解他对现时生活的期望，调动其目标，引导其思考如何改变并作出承诺；指引服务对象接下来会怎么走，要怎么走，怎么实施计划，等等。

2. 个案工作服务计划

个案工作服务计划表

<table>
<tr><th colspan="2">目标</th><th>个案的服务模式及方法</th><th>服务对象需要有的努力或行动</th><th>社会工作者链接的资源</th></tr>
<tr><td rowspan="3">直接目标</td><td>1. 通过服务对象参与社区活动，协助服务对象认识不少于3个新朋友，并在认识朋友一个月内，主动提议不少于两次聚会，从而走出家门拓展朋辈支持网络，达到回归社会的目的。</td><td rowspan="3">个案主要采取人本治疗模式，人本治疗的基本假设在于：①
1. 人生观，要相信人性本善，个人的潜能无限，有自我实现的权利。
2. 需要有自我的概念，要相信，只有你自己才是你的真正主人，只有你自己才能改变你自己的行为。
3. 服务对象问题的真正解决不是依靠社会工作者，而是依靠服务对象自身，只要服务对象能够打破内心深处的自我防御机制，增加自我了解，强化自我表达，最终接纳自我，服务对象的问题自然就会迎刃而解。</td><td rowspan="3">服务对象需要积极尝试。社会工作者需要找到机会和动机，与服务对象一起尝试。服务对象需要理性认识刚踏入社会遇到的情况与现象。</td><td rowspan="3">链接不同的青少年服务、打造参与志愿者服务的渠道。</td></tr>
<tr><td>2. 协助服务对象认识自身3个或3个以上的优势，增强服务对象的自信心和自我认同感。</td></tr>
<tr><td>3. 能主动参与不少于10次社区志愿者活动，增强服务对象的自我效能感和社区归属感。</td></tr>
</table>

① 《社会工作实务手册》，朱眉华、文军主编，社会科学文献出版社，2006.2，p154 – p156。

（四）实施计划

实施计划的过程	应用的服务模式、方法和技巧	实施计划中的难点及其应对
阶段一：服务介入和实施	增加与服务对象的见面次数（一周一次）、扩大与服务对象交谈的话题范围（每次交谈的话题有两个以上）、增加在互联网上与服务对象的交谈频率；主要从服务对象兴趣入手，让服务对象针对游戏表达自己的想法，社会工作者给予支持与回应，根据服务对象感兴趣的事，社会工作者会找话题与服务对象一起探讨。	难点：社会工作者和服务对象之间建立关系。 应对技巧： ①使用澄清技巧，特别需要注意向服务对象澄清社会工作者的角色、服务目的和目标。 ②了解服务对象的兴趣爱好，和服务对象建立恒常联系的渠道，增加接触次数来推动专业关系的建立。
阶段二：更进一步服务介入和实施	与服务对象约定在社区进行互动两次以上；社会工作者与服务对象发展至一定程度的关系，尝试约见服务对象在户外进行活动，如来社会工作者服务站，邀请其尝试参与志愿者活动，相约一起打篮球、看电影等，以此增加服务对象的社区参与，突破活动范围的限制。	难点：服务对象的安全感低，戒备心理强，参与社区活动的动机弱。 应对技巧： ①在服务前期，社会工作者可作为服务对象的“同行者”，多和服务对象一同去参与活动。一方面能够在活动过程中观察服务对象行为变化，另一方面能够提升服务对象的安全感，增加服务对象参与外界活动的次数。 ②在面谈过程中，可通过动机式面谈去调动服务对象的动机，如与服务对象回顾订立的目标，评估现时目标的进展，从而调动案主参与动机；需要多采取同理等技巧，给予服务对象鼓励、肯定及支持。
阶段三：制订新目标和新工作计划	评估服务对象在介入后的成效。根据建立关系的程度，社会工作者所了解到的情况，结合服务对象表述需求，询问督导建议，制订新的跟进计划。	难点：这类型服务对象需要跟进的时间较长，服务需求会随其增加参与外界活动后而发生变化，因此，需要及时根据服务对象的变化调整服务目标及计划。 应对技巧： ①社会工作者需要注意定期对服务对象的情况进行评估。 ②需要及时和服务督导进行沟通，除了获得服务技巧方面的支持外，还要提高评估的效度。

（五）评估与结案

1. 评估

评估的内容	应用的方法	服务成效（服务目标的达成情况、服务对象发生的具体改变）	评估中的难点及其应对
加强社会支持网络，协助服务对象认识不少于3个新朋友，并在认识朋友一个月内，主动提议不少于两次聚会	现场观察 刻度评估	通过青年聚会，服务对象认识了2名新朋友，对于与陌生人交流的自信心，由0分提升至2分。	面谈过程中，服务对象还是不大主动，社会工作者多次陪伴服务对象一起参与社区活动，但是社交的技巧还需要进一步提升。
协助服务对象认识不少于3个优势	现场观察 复述性评估	服务对象在接受个案活动后，认为自己能够开始分担母亲的部分家务，不要过分依赖母亲。 服务对象自己在参与服务后也有了比较大的变化，自己以前从来都不会想要怎么去参与活动或接触朋辈群体，现在则是能够主动参与活动，愿意接触其他朋辈群体。	服务对象在面谈过程中还是比较少会主观表达自己的感受，因此需要在面谈中多引导其说出自己的想法并转化相应达成的方法。
能主动参与不少于10次社区志愿者活动	现场观察	运用个案活动形式，提供服务参与平台，服务对象敢于参与社会工作服务站的志愿服务，并在当年的志愿者时数累计至53.3小时；服务对象表示自己也想不到会日积月累做了这么多志愿服务，给予其很大的满足感与成就感。	服务对象起初不太愿意参与社区活动，但经过社会工作者辅导，对志愿服务产生兴趣，社会工作者提供参与机会与平台，促使其改变。

2. 结案

结案的标准	结案的过程	应用的方法	结案中的难点及其应对
目标完全达到	经过一段时间的辅导，本个案的个案计划已经取得了一定的成效，社会工作者邀请服务对象前来社会工作服务站进行回顾。 社会工作者与服务对象回顾服务过程，重点关注在服务中的成长，巩固经验。 服务对象表示，自己一年以来，对于外出的想法会比以前强烈，所以也接受了社会工作者的邀请，参与了不少的社区活动，包括了前来做志愿者（前台值班以及读报），参与青年聚会玩《三国杀》等，这是前两年不会去做的事情。	主要采用刻度问句，作为个案的前后测评估。 让服务对象进行复述性评估，对现时的状态进行复述性评估。 在面谈的过程中需要更多的肯定以及同理支持。	目标完成，可以就下一个计划及情况进行服务设计及开展，再进一步提升服务对象的能力。

个案结束，与服务对象进行服务回顾，并且对服务进行刻度评分。

3. 跟进个案

跟进情况	应用的方法与技巧
后期定期保持每个月进行探访。 定期邀请服务对象参与志愿者及青少年服务。 关注服务对象母亲的情况变化，因为母亲是服务对象的家庭系统重要组成部分，她的情绪状态也很影响服务对象的成长。	探访及为其链接康复训练服务。 在人际关系技巧方面，可以尝试再结合体验式学习来开展相应的服务计划。

三、总结与反思

（一）收获

1. 专业方面的收获

（1）与服务对象建立关系，建议社会工作者可以从服务对象的兴趣爱好、擅长的事情着手，面谈的形式是多样的，通过服务对象的兴趣，能够更好地拉近与服务对象的距离。

（2）面对有抗拒心理的服务对象，社会工作者要注意不能操之过急，在建立关系的层面上需要多花心思，要多注意尊重、聆听、同理心的技巧，避免操之过急产生反效果。

（3）面谈的过程中需要注意谈话技巧，注意动机式面谈的提问技巧方法，调动服务对象动机并与其制定目标，促使他们定下承诺，并在实施计划的过程中要肯定及鼓励服务对象的变化。

2. 个人方面的收获

（1）在开展个案的过程中注意从个人系统、家庭系统、社区系统三个层面去分析，分析到服务对象的现时状态的形成主要与其成长经历、家庭系统、朋辈关系有关。

（2）面对精神康复方面有特殊情况的服务对象，需要考虑是否需要链接外界的康复资源去共同开展服务。

（二）经验与创新

1. 个案服务中用到的过往工作经验或方法

主要结合动机式面谈技术去开展服务，特别针对低改变动机的服务对象，动机式面谈都会有较大的指引作用。

着重对家庭系统的分析，充分调动家庭成员对服务对象改变的积极性。

2. 个案服务中的创新

个案“活动”的方法，就是摆脱过往单一的面谈形式。个案“活动”是指针对个案目标的实现而设定的相关的活动，目的是为了在实际情境中促使服务对象的反思，同时也能为社会工作者提供情境观察，更进一步了解服务对象。该个案中，根据服务对象的个别化需求以及个体化的特点，结合社区志愿服务、同辈群体社交服务这两种个案“活动”，并就参与后的情况作出个案面谈进行经验总结，从而在真实的情境中让服务对象得到更多的体验及反思。

3. 个案服务对行业工作的贡献及价值

对单亲家庭环境下成长的子女行为变化会有一定的研究作用。

对隐蔽性青少年开展个案，可以主要结合动机式面谈的技巧，能够促进青少年挖掘到自己的优势以及期望，为无目标性的服务对象制定目标，增强其改变的动机；同时鼓励他们作出承诺，并在计划中对服务对象进行监督，保障计划的成效。

（三）专业反思

1. 个案服务中印象最深刻的是什么

服务对象主动性不强，抗拒，回应冷淡，令社会工作者有时候无言以对。但是经过接触，逐步得到服务对象的信任，建立专业服务关系，形成目标与计划，并且最终促使服务对象的改变。

2. 个案服务中有哪些印象深刻的情绪感受

无奈与担心。前期会就服务对象抗拒而感到无奈。因服务对象是社区康复阶段，但是其表现还是不稳定，在过程中会担心服务对象的生活情况。

3. 个案服务中有哪些与专业服务有关的新发现

针对非自愿的青少年服务对象，前期接触可能要花费较多时间来建立关系，特别是从服务对象的兴趣切入，让服务对象能够在心理舒适的范围内进行互动。这个过程中需要社会工作者的耐心，同时，相信青少年的优势与能力有助于解决其问题。人是很难改变的，但是人是会改变的，坚持下来服务必定有成效。

4. 在未来的服务中，将如何运用专业收获开展服务

社会工作者要懂得充分利用资源以及分析环境资源优势，从系统视角开展个案服务，同时除了面谈之外，还可以多运用个案活动的形式开展服务，促进青少年服务对象的体验与反思；另外，社会工作者在此过程中，同行与陪伴的角色是比较重要的，让服务对象感受到是有人陪伴他一起处理，而不是他一个人经历，这一部分会有利于调动服务对象的动力。

四、督导评语

（一）社会工作者在个案服务中价值理念的践行

社会工作者能够陪同服务对象一起去参与活动，帮助服务对象去分析问题，发掘服务对象在这个过程中的优势与能力，始终是秉持着以人为本、相信每一个人都是有能者的价值理念。

（二）社会工作者在个案服务中的专业能力

社会工作者从服务对象的能力出发，弱化将服务对象病态化看待，通

过链接志愿者服务、青少年服务的平台，帮助服务对象拓展支持网络，提升服务对象的能力感，促进服务对象有进一步接触社会的动机。

（三）社会工作者在个案服务中突出的表现

社会工作者与服务对象在建立关系阶段下了比较大的功夫，在建立关系之后，社会工作者逐渐转为了“引导者”的角色，在面谈过程中给予服务对象更多的尊重、鼓励、引导，逐步弱化了“教育者”的角色，这一点是比较好的。

（四）社会工作者在个案服务中有待提升的方面

需要更好地对服务对象的家庭系统进行分析，由于其母亲患有抑郁症，从个案记录来看，母亲对服务对象的行为有较大的影响，适当时，也需要就服务对象母亲的情况进行介入，把他们分开进行辅导。

第二章　牢记时代使命，书写青春华章

——以高校志愿者组织参与社区公益服务为例

作者：刘王力　周小妹　督导：梁国勇　徐楚钧①

一、项目背景介绍

（一）项目的缘起

1. 政策背景

党的十九大报告通篇充满了青春的气息，极大地凝聚了青年，对巩固和扩大党执政的青年群众基础具有决定性意义。中国特色社会主义进入新时代，意味着中国青年也进入了新时代。时代的精神就是青年的精神，当代青年不同的人生际遇和机缘使他们对民主、法治、公平、权利等方面有着全新的理解和更为迫切的需求，青年的这些新变化与“中国特色社会主义进入新时代”的判断有着高度的内在一致性，同时也给共青团和青年工作带来新挑战、新机遇。学习宣传贯彻党的十九大精神，必须牢牢把握习近平新时代中国特色社会主义思想这一主线。习近平新时代中国特色社会主义思想是马克思主义中国化的最新理论成果，是我们党必须长期坚持的指导思想，是站在理想信念这个制高点上实现思想上精神上引领青年的关键所在。开创新时代青年工作新局面，应发扬“党有号召、团有行动”的优良传统，坚持以习近平新时代中国特色社会主义思想为指导，把动员广大青年不忘初心跟党走、奋勇建功新时代作为时代主题。②

《中长期青年发展规划（2016—2025 年）》中亦提出了“党管青年”的原则和“党和国家事业要发展，青年首先要发展”的理念，相应提出实

---

① 刘王力、周小妹、梁国勇、徐楚钧，广州市北斗星社会工作服务中心，广州，510000。

② 倪邦文．用党的十九大精神推动新时代青年工作新发展［J］．中国青年社会科学，2018，37（01）：1－7.

现好维护好发展好青年的10项核心权益和10个重点工程。[①]

2. 项目背景

近年来，随着政府职能的转变和基层社会结构的转型，参与社区志愿服务的社会组织不再局限于准政府部门发起和推动，越来越多的高校志愿者和企业志愿者，深入社区，提供志愿服务。

本项目所处的社区是高校资源丰富的单位型社区，大学生有参与志愿服务的意愿，他们期望通过参与社区公益服务获得个人的成长。

社会工作者所在社会工作服务站共有786名志愿者登记。其中，高校志愿者427人，居民志愿者238人，企业单位志愿者121人。登记在册的志愿者队伍共24支，包括居民自治组织5支，高校志愿者队伍19支。高校志愿者年轻、有活力，有较多特长，学习能力强。然而，虽然大学生志愿者组织服务社区的自主性增强，但存在以下两方面的问题：一是志愿服务呈现“嵌入式”特征，即无法识别和融入社区真实需求，与社区居民存在区隔；二是所提供的服务碎片化，组织性和针对性不强。志愿行动呈现“两化”的倾向[②]：一种是“活动化倾向”，即只有到了举办大型活动的时候才去组织志愿者队伍，当活动结束后，又完全解散组织起来的志愿者队伍；另一种是“节日化”倾向，即只有到了志愿者日或传统节日来临时才开展志愿行动，而在日常生活中，则看不到志愿行动。

基于上述缘由，故社会工作者与团队开展此项目，旨在提升大学生志愿者组织化的社区参与。

（二）项目简介

根据社会工作者和团队多年的实践，我们探索了一套完整的志愿者组织/志愿者骨干的服务路径，具体见下图：

基于该路径，本项目拟以其中两支高校志愿者组织为目标对象，分设“黄玫瑰支援”计划、“创益报刊”计划、“大手牵小手”计划等三个子项目，旨在协助高校志愿者组织更好地参与社区公益服务，回馈社区，共同推进社区发展。

---

① 《中共中央国务院印发〈中长期青年发展规划（2016—2025年）〉》，载《人民日报》，2017年4月14日。

② 陈伟东，吴岚波．困境与治理：社区志愿服务持续化运作机制研究［J］．河南大学学报（社会科学版），2018，58（05）：42－50.

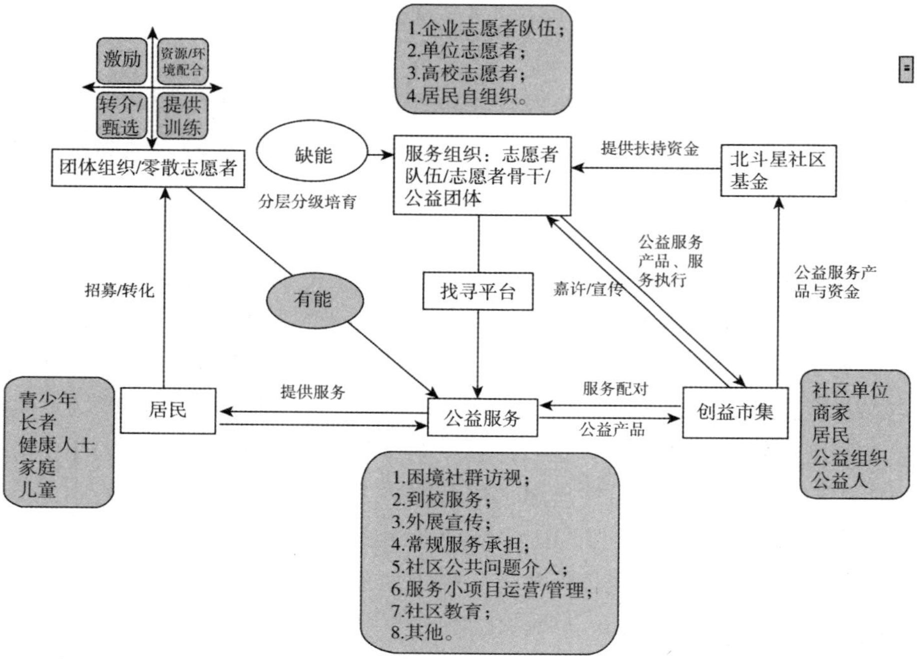

志愿者服务参与路径图

一是“黄玫瑰支援”计划。即通过组建以大学生志愿者为主的调研小组和宣传小组的方式，为所在社区的环卫工人营造一个更好的就餐空间。

二是“创益报刊”计划。即联动社区内有能力的大学生志愿者、社区居民等，组织开展创益报刊编辑小组，挖掘社区公益事件，倡导公益精神、公益行动，营造社区公益氛围。

三是“大手牵小手”计划。即为大学生志愿者组织搭建志愿服务的平台，培力大学生志愿者团队策划服务，帮助 YH 中学的学生改善沟通技巧，发现中学生的个人内在和外在优势及资源的能力，借助大学生与中学生群体之间的思维碰撞和互动，促进其相互成长。

二、预估

（一）预估服务对象

服务对象预估情况一览表

收集资料			分析与统整	预估中的难点及其应对
服务对象遇到的问题	服务对象的需求	资源及资源障碍	服务对象的社会生态系统图 1. 微观系统：青少年本身是一个不断成长的群体，年轻、有活力，用优势视角引导青少年关注其自身及周边的优势，发掘青少年自身及周边的资源，搭建社区平台发挥青少年的能力。 2. 中观系统：从青少年成长的阶段来说，该阶段为发展朋辈关系，故在中观中更多的是需要促进朋辈之间互动，发挥朋辈支援的作用，从而最终达到促进青少年成长。 3. 宏观系统：人在情境中，青少年生活在社区中，结合其志愿服务的意愿，搭建志愿服务平台，促进青少年自身的成长。	1. 难点：大学生志愿者组织服务能力参差不齐。 应对方式：（1）协助团队制订服务计划、流程及套表，方便志愿服务时使用；（2）分层分类对服务对象进行培育，如针对所有人的通识性培训，针对不同层次人员的培训督导，如志愿者骨干的服务梳理培育等。 2. 难点：团队的流动性高，服务持续性差。 应对方式：（1）定期协助队伍进行资料统整，经验总结；（2）及时召开队员交接会议等；（3）尽量保持团队骨干成员的稳定性。
1. 志愿服务呈现“嵌入式”特征，即无法识别和融入社区真实需求，与社区居民存在区隔。 2. 所提供的服务碎片化，组织性和针对性不强。志愿行动呈现“两化”的倾向①：一是“活动化倾向”，另一种是“节日化”倾向。	提高大学生志愿者组织化的社区参与。	资源： 1. 人力资源充沛。 2. 参与性较高。 3. 时间固定，可以定期开展服务 资源障碍： 1. 团队服务经验少； 2. 团队缺乏服务策划的能力； 3. 团队有一定的流动性。		

① 陈伟东，吴岚波．困境与治理：社区志愿服务持续化运作机制研究［J］．河南大学学报（社会科学版），2018，58（05）：42－50.

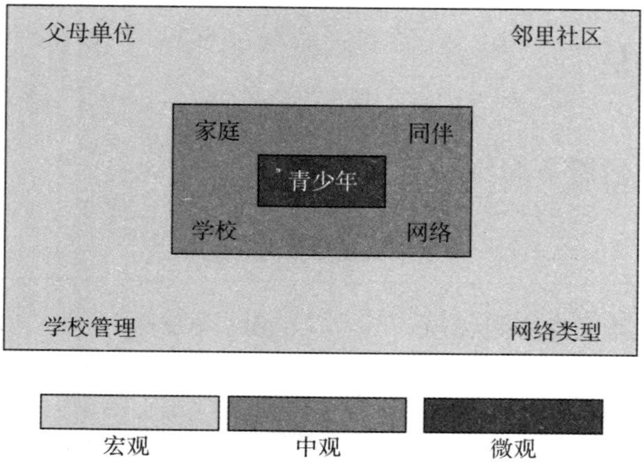

服务对象的社会生态系统图

（二）预估项目

项目的各类资源	开展项目的阻碍
1. 人力：（1）所在地区高校众多，大学生资源多，志愿者组织服务意识和行动力强；（2）重要持份者（购买方及学校）非常重视大学生志愿者的培育和志愿行动，为项目的可持续性运作提供了良好的外部支持；（3）项目配备专业督导，有较好的内部专业服务支持；（4）社区诉求明晰，易出成效。 2. 物力、资金：项目有专项资金支持，另外合作学校因应相应服务有部分的物资或者经费补充。	大学生志愿者组织人员流动性的问题比较棘手，往后可考虑以本地大学生志愿者 + 居民志愿者的形式组建团队。

三、制订项目服务计划

1. 计划书名称

牢记时代使命，书写青春华章

——以高校志愿者组织参与社区公益项目为例

2. 设计理念

以党的十八大和十八届三中、四中、五中全会精神为指导，以创新社会治理为牵引，以服务居民为重点，以居民自治为核心，以激发社会组织活力为目标，通过重点培育、优先发展社区社会组织，大力弘扬邻里守望、互帮互助的中华优秀传统文化，充分发挥社区社会组织在基层社会治理服务中的重要作用，推动社区社会组织走上制度化、规范化、常态化发展轨道。

参与式理念，强调增加人们选择和建立人的能力的机会。社区参与是一个行动过程，通过这一过程，受益者或受益团体影响发展项目的方向和进程，包括增加与收入有关的福利、个人成长、自力更生，或者其他他们认为有价值的方面。[①]

3. 理论支持

社会资本与社区能力。社会资本是相对于经济资本和人力资本的概念，它是指社会主体（包括个人、群体、社会甚至国家）间紧密联系的状态及其特征，其表现形式有社会网络、规范、信任、权威、行动的共识以及社会道德等方面。社会资本存在于社会结构之中，是无形的，它通过人与人之间的合作进而提高社会的效率和社会整合度。社会资本是人与人之间的联系，存在于人际关系的结构之中。社会资本与物质资本、人力资本一样，这种个人与组织的他人之间的联系可以给他个人带来未来的收益。

社区里的人力资本，是机构资源和社会资本间互动产生的，并带有杠杆作用的力量，可供社区作为解决集体问题和改善整体的社区福祉。该过程是可以通过非正规的历程和有组织性的行动实现的。

社区能力建设可以定义为：能够加强人们和社区群体的技巧和能力，鼓励人们和社区群体采取有效行动，在自己的社区发展中成为主导力量的一系列活动、资源和支持。包括：

（1）发展技能：为个体和群体提供学习和训练的机会，通过网络和互相的支持，去发展个体或群体的技能、知识和自信。

（2）发展（组织）架构：发展社区群体、社区利益代表和网络的组织架构和力量。

（3）发展支持：发展实际的有效的支持去保证技能和架构的发展。

社区能力建设的理念和原则包括上面提到的“社会资本”和“社区

① 戚成庭，徐晓鹏，时允昌．“参与式发展规划”理念的解读与反思［J］．齐齐哈尔大学学报（哲学社会科学版），2012（01）：59－61.

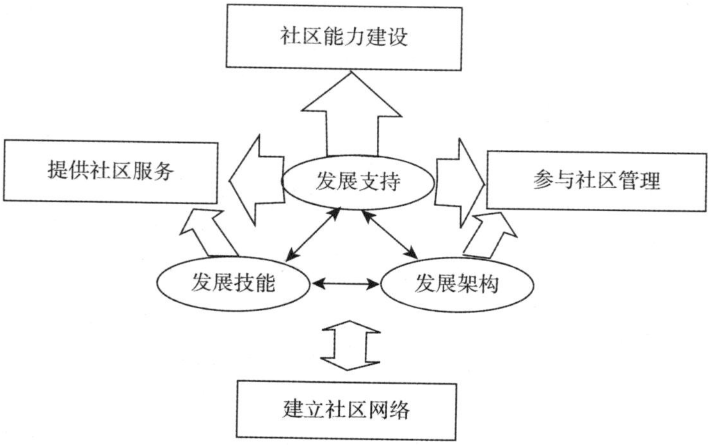

社区能力建设框架图

能力”。社区能力建设能够加强人们和社区群体的技巧和能力，鼓励人们和社区群体采取有效行动，获取有效资源，在自己的社区发展中成为主导力量的一系列活动、资源和支持。

我们相信通过社区组织的孵化培育、社区资源的整合与运用、参与社区事务平台的搭建等策略，能够让青少年积累参与社区建设与发展的能力与技巧，成为建设社区的力量，共同建成一个有能力的社区。

4. 项目目标

（1）总目标

培育大学生志愿者组织，搭建志愿服务平台，提升大学生志愿者组织化的社区参与。

（2）分目标

分目标 1：至少培育 2 支大学生志愿者组织；

分目标 2：每支大学生志愿者组织能参与至少 1 个社区公益项目。

5. 项目具体服务计划表

项目主题	开展时间	参与人员及人数	项目目标	主要内容	服务形式	所需资源	可能遇到的难点及解决预案
队伍组建	9～10月	5～10人	组建大学生志愿者队伍（积极动员团员），达成服务共识	开展队伍见面会，筛选队伍，达成服务共识，形成队伍	活动，骨干面谈	队伍名单、队伍骨干名单	难点：提前招募的有服务意愿的队伍较少或太多。 解决预案：说明会上有队伍的具体要求以及队伍的培育方面，双方衡量找出最合适的队伍，进行合作。
队伍培育	10月	3～5人	协助队伍完成服务计划	与队伍主要骨干成员计划服务讨论	一对一沟通、面谈、项目共识会	服务梳理工具	1. 难点：团队成员时间较难集中培训。 解决预案：综合各方面因素找出最合适时间进行集体活动，结合个别化的培育活动开展。 2. 难点：队伍成员服务能力差别大。 解决预案：对于服务流程及机制分层分类，部分服务适合现场指导开展则无须能力及意愿要求；选择较高意愿者进行深入培育；另外对于意愿不高能力弱的部分成员进行单独面谈，评估是否继续适合在队员中以及后续培育方案。
	10月	3～5人	协助队伍形成队伍内部沟通管理机制	与队伍主要骨干成员计划服务讨论	线上线下沟通会议	服务梳理工具	
	10月	3～5人	协助队伍形成队伍服务套表	与队伍主要骨干成员讨论服务的计划	线上线下沟通会议	服务梳理工具	
	10月～次年6月	15～20人	协助队伍答疑解惑，提升队伍服务能力	总结当次服务成效，了解服务过程中的疑难点，并讨论如何解决	活动总结分享会议	场地、参与人员资源	
	9月～次年6月	3～5人	协助解困，提升队员服务能力	疑惑解困，能力提升	一对一辅导跟踪	人力资源	

续表

项目主题	开展时间	参与人员及人数	项目目标	主要内容	服务形式	所需资源	可能遇到的难点及解决预案
队伍培育	10月、12月、4月、5月	全部队员	协助队伍成员学习服务需求调研、策划、宣传、筹资、报刊运作等技能	能力提升	培训	人力资源、场地	见上页
	11月、12月、4月、6月	全部队员	协助队伍进行阶段性经验总结	阶段性总结活动	团建及总结活动	人力资源、场地、物资	
	06月	全部队员	嘉许本年度服务汇总较为优秀成员	嘉许本年度服务汇总较为优秀成员	嘉许活动	人力资源、场地、奖状物资等	
队伍服务平台（“黄玫瑰支援”计划、“创益报刊”计划、“大手牵小手”计划）	10~12月（每周1次）4~6月（每周1次）	15~20人	协助大学生志愿者组织开展具体的服务计划	“黄玫瑰支援”计划：大学生志愿者组织参与环卫工人就餐空间问题调研、筹资（成功与腾讯99公益合作）、传播等 “创益报刊”计划：大学生志愿者组织参与创益论坛（了解社区群体和治理诉求）、社区公益事件采访、征集以及排版出刊等	小组、活动、工作坊及会议等	人力资源、场地及物资资源	难点：组织成员能力参差不齐。 解决预案：所有服务开始前进行培训，并与队伍达成监测协议，定时进行监测，实地指导执行。

续表

项目主题	开展时间	参与人员及人数	项目目标	主要内容	服务形式	所需资源	可能遇到的难点及解决预案
队伍服务平台“黄玫瑰支援”计划、“创益报刊”计划、“大手牵小手”计划）	10～12月（每周1次）4～6月（每周1次）	15～20人	协助大学生志愿者组织开展具体的服务计划	“大手牵小手”计划：大学生志愿者组织协助中学生提高人际沟通能力，改善其朋辈关系	小组、活动、工作坊及会议等	人力资源、场地及物资资源	难点：组织成员能力参差不齐。 解决预案：所有服务开始前进行培训，并与队伍达成监测协议，定时进行监测，实地指导执行。

6. 项目评估

采用成效评估法进行评估：运用相关方访谈法（服务提供方、服务对象以及合作方）评估项目目标是否达成，服务对象的参与程度以及服务的可持续等。

四、实施项目服务计划

（一）开展项目服务

开展项目服务的过程	项目服务的方式及方法	开展项目服务中的难点及其应对
队伍组建	共识会议，一对一辅导	难点：组织成员参与能力参差不齐。 应对：1. 对于服务流程及机制分层分类，部分服务适合现场指导开展则无须能力及意愿要求；选择较高意愿者进行深入培育；2. 另外对于意愿不高能力弱的部分成员进行单独面谈，评估是否继续适合在队员中以及后续培育方案；3. 优先培育队伍的管理人员，降低沟通成本。
队伍培育	开展培训、团建、表彰及一对一辅导	

续表

开展项目服务的过程	项目服务的方式及方法	开展项目服务中的难点及其应对
服务平台	1. “黄玫瑰支援”计划：通过小组、活动、工作坊以及会议等形式，大学生志愿者组织参与环卫工人就餐空间问题调研、筹资（成功与腾讯 99 公益合作）与传播等。 2. 创益报刊计划：大学生志愿者组织参与创益论坛（了解社区群体和治理诉求）、社区公益事件采访、征集以及排版出刊等。 3. 大手牵小手计划：通过小组、活动、工作坊等形式，大学生志愿者组织协助中学生提高人际沟通能力，改善其朋辈关系。	见上页

（二）结束项目服务

结束项目服务的标准	结束项目服务的方式及方法	结束项目服务中的难点及其应对
项目目标达成	方式方法：依照预定时间结束服务，评估目标的达成情况。	难点：团队成员存在一定的流动性问题。 应对方式：1. 定期召开服务总结会与及时的工作交接；2. 尝试培育本地大学生志愿者 + 居民志愿者的组织，尽量保证稳定性。

五、评估

（一）评估的内容及方法

采用成效评估法进行评估：运用相关方访谈法（服务提供方、服务对象以及合作方）评估项目目标是否达成，服务对象的参与程度以及服务的可持续等。

（二）项目服务的成效

1. 项目服务成效

（1）项目成功培育了3支大学生志愿者组织，且形成固定的培育路径、沟通机制以及队伍服务方向等；

（2）项目为培育的大学生志愿者提供了精准性较高的3个社区公益项目，这3个公益项目运作至今，且可持续性较好。

2. 具体子计划的服务成效

（1）“黄玫瑰支援”计划：①大学生志愿者组织能自行设计及开展需求调研、环卫工人就餐空间营造具体活动。②与腾讯99公益合作，并为该计划筹得将近2000元的服务资金，筹资能力得以提升。③为该计划设计了多款传播海报、单张等，使得该项目的社会影响力得到扩大。

（2）“创益报刊”计划：①动员本地资源，并有效推动大学生志愿者组织参与创益报刊项目推行，截至目前，共发行4期创益报刊，为推广社区公益行动出一份力。②建立沟通机制。微信平台和定期会议不仅可以促进对话，更能改善青少年与社区居民之间的融合。

（3）“大手牵小手”计划：①目前形成主题班会、朋辈支援及功课辅导两支队伍，形成队伍的服务路径。②在大学生志愿者组织的带动下，7名中学生青少年由服务对象到志愿者的身份转变，并稳定参与志愿者服务。③扩大中心及社会工作者的服务范围和服务影响度，学校方转介了2名个案给社会工作者，提高居民对中心社区青少年服务的关注。

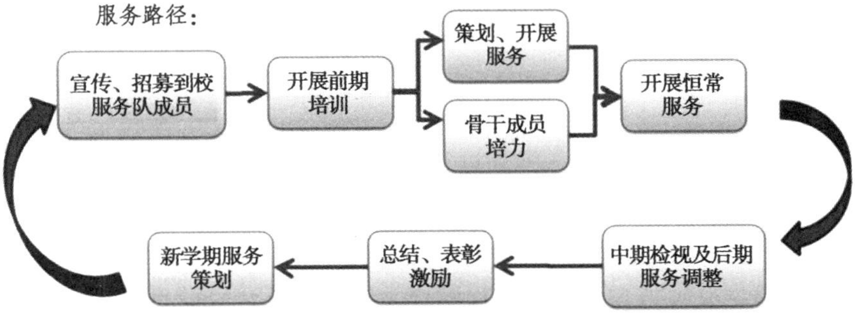

到校服务路径图

六、总结与反思

（一）收获

1. 专业方面的收获

①习得社会工作项目方式的特性，并尝试进行服务项目的设置：社会工作服务项目需要有明确的目标，时间有相对性，有一系列相关的活动以及需要各种资源来协助项目的开展，不再是单独以个案、小组及活动的三种基础手法进行服务，而在同一主题下设置服务，便于统整服务成效，推动同一目标的达成。在本次的项目中社会工作者在一年的工作内规划到校服务的内容，结合到校服务队的培育设计了一系列的服务，促进青少年群体间的朋辈支持、互动，推动青少年成长。

②在服务设计思维方面，习得不同项目设计的方式：社会工作者在本项目中既有直接服务的角色，如组织团员队伍见面会，给志愿者骨干提供一对一的督导等；也有非直接服务的角色，推动志愿者开展服务，监测服务的进度等；服务的成效不只来源于社会工作者的服务也得益于团员队伍的服务开展，促进志愿者与服务对象之间的互动，以社会学习的榜样作用来达成最终的成果体现。

③明确服务项目设计逻辑性的重要性：在项目中，从项目的需求挖掘、分析到目标设定、计划设计、过程执行，再到项目的结项，每个阶段都很重要，如项目需求与计划之间的逻辑关系断层，计划无法对应需求进行设计，则会导致目标无法达成，项目的成效无法彰显；故在项目的每个阶段需要对应，依照项目的逻辑性来进行开展。

2. 个人方面的收获

①服务视野的拓宽：尝试运用新的服务工作手法进行服务的设计以及检测，从微观的服务中解脱出来，有更多的社会工作者角色工作的尝试，如服务监测等，尝试从中观、宏观的视角开展服务，如尝试整合社会工作手法，从社会工作项目的角度进行服务的设计。

②专业服务技能以及沟通技巧的提升：在服务开展的过程中因项目的需要自学以及从督导处习得项目设计方面的知识技巧，提高了专业服务技能。由于社会工作者的服务内容以及角色的不同，故需要与直接进行服务

的团员队伍进行沟通，与合作方协调、达成合作共识等，沟通技巧也在其中有较大的提升。

（二）经验与创新

1. 项目服务中用到的过往工作经验或方法

①服务过程对于志愿者队伍的培育中有组织共识会、团建活动等，对于有个别需求的志愿者会开展一对一服务，这些均是社会工作者的三大工作手法之一；

②过程中针对服务对象开展的服务，社会工作者寻求团员队伍的合作开展，这体现了社会工作者非直接服务的角色；

③服务设计方面，社会工作者依照社会工作服务流程原则匹配对象的需求进行服务的设计；采取优势视角促进志愿者队伍能力的发挥，协助服务对象的问题缓解。

2. 项目服务中的创新

①形成外部“嵌入”与志愿服务组织自我运行相结合的模式。社会工作者为大学生志愿者组织输入服务技术和平台，此为“外生力量”；大学生志愿者组织自身能力不断提高，进而自务化运作，此为“内生力量”。

②树立团员的先锋作用，即充分培育团员队伍开展志愿者服务，以高校的志愿者给普通中学生树立榜样作用，协助初中生青少年解决人际、学业压力等问题。

3. 项目服务对行业工作的贡献及价值

①一是打破了大学生志愿者碎片化的传统参与格局，通过组织化的参与让大学生志愿者把“个体的我”与“组织的我”统一起来，避免角色冲突；二是通过组织化的参与，让大学生志愿者围绕所在志愿组织转，社区志愿者围绕精准的社区公益项目转，公益项目围绕社区的不同资源转，这样既保证了大学生志愿者组织的公益性，又保证了志愿行动与资源的衔接。

②项目紧贴高校社区的属性，在志愿者组织/志愿者骨干培育方面形成了值得复制或者借鉴的路径。

（三）专业反思

1. 项目服务中印象最深刻的是什么

项目服务中印象最深刻的是协助团队成员进行朋辈支援及功课辅导表

彰活动中志愿者与服务对象的表现。活动开展之前，团队的成员详细地设计其中的各个环节，并与社会工作者讨论活动流程的可行性；当确定了流程后，在倒数第二次的朋辈支援及功课辅导后与服务对象沟通，并确定了筹备小组，详细地进行分工，分为主持人组、表演组、游戏组等不同的组别进行筹备；活动当天，服务开展得较为顺利，但其中主持人还是有些羞涩以及怯场，志愿者临场应变进行了协助，最终活动顺利完成。活动过程中最让社会工作者惊讶的是志愿者与服务对象之间对于服务的认真程度以及双方之间的默契合作，这说明通过了一年的服务，双方的互动程度有所加深，也能相互影响。

2. 项目服务中有哪些印象深刻的情绪感受

服务的过程中深刻地体会到朋辈之间影响的力量强大，虽然过程中社会工作者花了很多的时间精力在队伍培育上，每次的队伍会议或者培训活动均需要花费较多时间与队伍进行时间、内容的协商，但看到队伍能够正常开展服务，队员带领服务能力有所提升，服务对象的课业问题等有所改善，感觉社会工作者服务很值得。

3. 项目服务中有哪些与专业服务有关的新发现

后续可进一步与高校团委进行合作，进一步探索“社会工作者 + 团工 + 义工”的服务模式，更好地发挥团员在广大青少年中的先锋作用，具体可见下图：

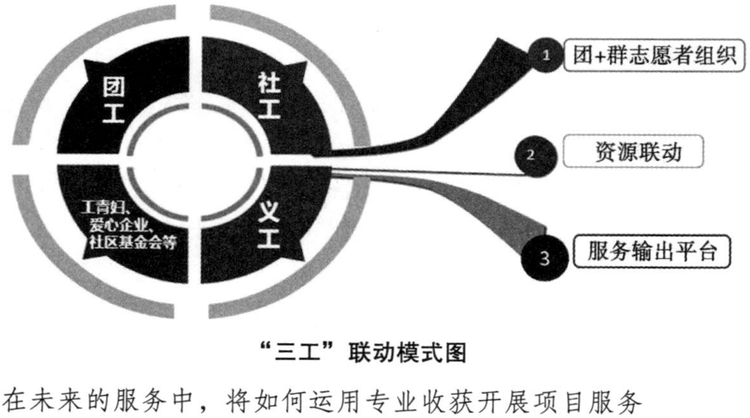

“三工”联动模式图

4. 在未来的服务中，将如何运用专业收获开展项目服务

①继续以社会工作项目的方式开展到校服务，对于项目的时间、服务对象设计队形的目标，后续将服务内容具体化，在服务的过程中更多地链接资源进行服务的开展，包括财力、人力、物力等。尤其以合作方为主，

发挥其主导优势，促进青少年自身的成长。

②服务设计思维方面，在社区需求的基础上，搭建社区志愿服务平台，匹配设计相应的服务，让青少年有机会进行社区参与。

③服务进行了一年，有些服务需求可能会转变，也可能会有新的需求，需要在进行原有服务的基础上进行服务需求的分析，从而进行服务目标及计划的设置，深化服务；另外也需要总结团员队伍的服务，协助团队进行新一年度队伍的调整。

七、督导评语

（一）社会工作者在项目服务中价值理念的践行

社会工作服务项目的设计到执行都需要遵循社会工作价值理念。

本案例从服务需求、服务设计、服务执行等方面充分体现及实践着社会工作价值理念。

首先，服务以人为本。社会工作价值观强调关爱每一个服务对象，回应每一位服务对象的需求。组织高校志愿者组织参与社区公益服务本身就很有针对性地回应了高校志愿者参与公益，实现自我价值的需求。

其次，服务注重人的成长。社会工作者应该帮助服务对象不断发掘自身的潜能，使服务对象有意识、有能力去改变自己，获得成长。另外，社会工作者还要不断为服务对象寻找和链接各种资源，为服务对象的改变和成长提供外部支持。服务非常重视青少年志愿团队的培育工作，包括前期培训及骨干成员培训，不断发掘青少年的潜能，让他们达到参与社区公益服务的能力。

（二）社会工作者在项目服务中的专业能力

社会工作是一门专业，在项目服务中，社会工作者需要体现专业能力。

首先，此服务中充分体现了社会工作者的理论把握能力。服务中运用了社区资本与社区能力建设理论。把社区高校志愿者组织作为社区重要资本，同时通过能力建设、能力提升的路径，实现社区参与。

其次，此服务充分体现社会工作者的资源链接能力。社会工作者联合团工、志愿者、工青妇组织、社区企业、社区基金会参与到社区公益服务中，形成合力，共同推动社区建设。

最后，此服务充分体现社会工作者的项目设计能力。从项目的需求调研，目标设定，理念、理论的结合，服务策略，服务内容，服务成效等方面逻辑性非常强且可操作。

（三）社会工作者在项目服务中突出的表现

首先，此服务项目的主题及内容设计非常棒。第一，结合党的十九大时代背景，不忘初心，牢记时代使命，充分发挥青少年志愿者的作用，服务社群。第二，青年兴则国兴，青年强则国强。项目选取了青少年志愿组织参与社区公益的角度切入，培养青年一代。

其次，社会工作者在项目服务中发挥着服务提供者、资源链接者、服务统筹者等角色。社会工作者角色清晰。

最后，社会工作者采用了“大社区”概念设计此项服务。服务不局限在某个点上，是从社区整个面上出发，了解社区需求、社区特点，发掘社区资本，联动社区各部分资源，共同参与。

（四）社会工作者在项目服务中有待提升的方面

首先，在专业服务上，社会工作者在服务开展过程中多关注个案服务对象的参与情况并作及时沟通。

其次，此项服务充分体现了多方联动参与，创新性社区治理模式，具有非常好的推广意识，希望社会工作者在开展此项服务过程中不断进行经验总结，探索服务模式，对服务经验进行推广宣传。

第三章　创新载体，促进参与

——青少年社区电台播报小组

作者：李小燕　督导：曹艳敏[①]

一、案例介绍

社会工作者以电台播报为载体作为介入点，将社区文化与青少年参与相结合，开展“on the way”青少年社区电台播报小组，一方面为青少年提供志愿服务和参与社区的平台，让组员通过了解并播报辖区内历史文化故事，提升社区参与意识，共同营造社区关爱氛围；另一方面通过学习播报相关知识和正面赞扬、识别自动化思维等技巧，促进青少年自我觉察和提升能力，从而增强其自我效能感。

（一）服务缘起

广州建城之初就有北京路，根据史料和专家考证，北京路周边聚集了千年御苑、千年船台、千年古道、千年水闸、千年古寺等5个千年以上、极具历史文化价值的文物古迹，成为中外游客游览广州必到之地。短短的一条北京路，浓缩了广州城千年发展史。然而，随着经济的发展，历史的变迁，曾经的上百家书院也只剩下如今的寥寥数间，很多地方只剩下残垣断壁，不复当年的辉煌。甚至有些在书院旁边住了几十年的人，都说不出书院的来历和故事，甚至不知道那里曾经是个书院，可见历史文化的传承和保护刻不容缓。

广州市北京街社会工作服务站成立于2011年2月，是广州市建设首批20家社区综合服务中心的试点单位，以政府购买社会工作服务方式，由中大社工服务中心承办，多年来，为社区居民提供全方位、专业化的贴心优质社会工作服务，致力于提升居民的效能感、乐观感、支持感和归属感，

---

① 李小燕、曹艳敏，广州市中大社工服务中心，广州，510000。

以促进个人的发展，强化家庭功能，推动居民参与社区事务，共同打造互助参与型的社区。多年来，北京街社工服务站针对辖区内青少年需求提供专业服务，受到青少年的认可与肯定。

根据北京街道办事处提供的数据，辖区内户籍青少年人数超过3000人。而社会工作服务站对辖区内青少年所做的需求调研结果显示，有83%的青少年表示有意愿参与社区的志愿者服务，但是，也有较多的青少年认为社区活动没意思，希望能够参加一些创新有趣、富有挑战的活动。因此，将青少年对于新鲜事物的偏爱，与社区文化传承和保护工作相结合，以创新的工作模式吸引青少年的参与，实属一举两得的做法。

基于以上背景，社会工作者从需求出发设计了青少年社区电台播报小组，利用公众号平台进行社区电台的筹建，邀请青少年模拟电台DJ的角色，通过讲故事的方式，进行北京街社区历史文化的宣传和推广，倡导广大的青少年都能关注文化、了解文化、保护文化。

（二）服务对象的基本信息

人数	7
年龄段	12～15岁
性别组成	2男5女
受教育程度	初中
兴趣爱好	运动、听音乐、桌游等新奇有趣的活动
类型	小组
来源	社区招募、学校招募
对社会工作者的认知度	日常有参与社会工作者的驻校服务；主动报名并到社工站参与服务；对社会工作者认知度较高

二、小组工作服务的过程

（一）招募和预估

1. 招募

招募过程	应用的方法与技巧
1. 设计活动招募宣传单。与学校老师、社区居委会人员、过往的服务对象联系，派发或转发相应的活动招募宣传单 2. 筛选组员时，社会工作者通过与组员交谈，初步了解组员参加小组的目的和期望、本身的性格、语言表达能力、粤语发音的准确度等，从中筛选出合适的组员来参加小组	在社区派发纸质版宣传单、在过往的服务对象微信群中转发电子版活动宣传单、在学校中进行驻校宣传

2. 预估

服务对象遇到的问题	服务对象的需求	资源
服务时间跨度较大，对青少年持续参与小组的动力有所影响	青少年喜欢参与新颖有趣的活动，重视体验，愿意增进社区参与	邀请到广州电视台记者作为志愿者老师，教授组员基本的播音技巧，保障组员学习播音技巧的专业性

（二）设计服务计划

小组活动计划书

1. 计划书名称

“on the way” 青少年社区电台播报小组

2. 设计理念

本小组作为“Teen 使有爱计划”的一部分，旨在为青少年提供社区参与的平台，鼓励青少年关注社区的传统文化特色，促进青少年积极参与及贡献社会，培养青少年正确的社会价值观，运用自我效能感理论和积极青少年发展观（PYD）为理论，培养青少年主导完成电台录音和推送。在这个过程中让青少年觉知和认识到自己的能力，提高其自我效能感。同时，将青少年视为一种资源进行培育，而不是作为问题去管理，须为其提供社区参与的平台和机会，并最终实现服务他人、关爱社区的目标。小组中运用贝克认知理论为操作理论，指导小组的开展，具体操作如下：社会工作者首先与组员分析自身优劣势及完成电台播报所需要的能力，邀请志愿者老师教授电台播报知识并进行任务练习，然后让组员通过亲身体验了解自己的潜力，改变对自身能力的认知，并尝试完成任务，提升其自我效能感。

3. 理论支持

（1）自我效能感理论

是指个体对自己能够成功完成某项工作的信念和感受，这种感受是个体在操作行为之前就产生的。在班杜拉看来，影响行为的决定性因素是期待，并且它也是行为和知识的中介。班杜拉把期待分为效能期待和结果期待。所谓的效能期待是指个人自信地认为能够顺利地进行某种行为并产生期待的结果，而结果期待是指个人预测到某种行为将会产生的可能结果。班杜拉认为，这种效能期待会影响个人在进行某种活动时的努力程度和面对困难时的忍耐力，即个人的这种效能期待越强，在活动中将作出更大程度的努力。班杜拉把这种效能期待称为自我效能感。①

（2）积极青少年发展观

积极取向的青少年发展观关注青少年的能力与优势。持积极青少年发展观（Positive Youth Development Perspective，PYD）的当代发展心理学强调青少年自身所具备的健康发展的潜力，主张应把青少年作为一种资源去培育，而不是作为问题去管理（Damon，2004；Roth & Brooks - Gunn，2003）。②

（3）贝克认知理论

贝克认知理论认为，认知产生了情绪及行为，异常的认知产生了异常的情绪及行为。认知是情感和行为的中介，情感问题和行为问题与歪曲的认知有关。人们早期经验形成的“功能失调性假设”或称为图式，决定着人们对事物的评价，成为支配人们行为的准则，而不为人们所察觉，即存在于潜意识中。③

4. 活动目标

（1）总目标：通过学习电台播报知识并实践，提高青少年的自我效能

---

① 易靓．自我效能感理论综述［J］．佳木斯职业学院学报，2017，（09）：218.

② 常淑敏，张文新．人类积极发展的资源模型——积极青少年发展研究的一个重要取向和领域［J］．心理科学进展，2013，Vol.21，No. 1：86.

③ https：//baike. so. com/doc/7693291 - 7967386. html.

感，形成社区文化电台播报志愿者队伍，推广社区文化。

（2）分目标：① 小组结束后，60% 组员的自我效能感得到提升；②小组结束后，60% 组员认知到自身一种能力得到了提高；③ 小组结束后，能够形成一支稳定的电台播报志愿者队伍，在宣传推广社区文化方面有较强的促进作用。

5. 运用的小组工作模式

本小组采用发展性小组模式，该模式强调以人的发展为核心，关注人的社会功能的提升，关注的焦点在于小组组员的社会功能而不是有关生理和病理方面的因素，重视的是组员个人潜力的发掘与发挥而不是治疗性辅导。该模式的假设前提为人有潜力做到自我意识、自我评价和自我实现；能够意识到他人的价值、评价他人，并与他人形成互动；能够意识到小组的情境，评估小组的情境，并在小组中采取行动。

6. 参与成员及人数（包括社会工作者及成员情况）：

预期参加人数	共 6 ~ 10 人
实际参加人数	共 7 人
总服务人次	共 43 人次
实际志愿者人数	共 2 人
社会工作者人数	共 1 人

7. 小组具体活动计划表

（1）第一节

活动时间及地点	活动目标	主要活动内容	所需物资	可能遇到的难点及其应对
5 月 20 日 15:00 – 16:30，北京街社工服务站	相互认识，组员了解小组内容和目标，建立合理期望，协助组员完成自身能力的认识以及对电台的了解。	1. 热身游戏——“拍 7”； 2. 热身游戏进阶版——“拍 4 和 7”； 3. 小组说明——相互认识、小组说明、商定小组约定； 4. 组员分享自己完成电台播报的优势和还需提高的能力； 5. 组员分享对电台的认识，收听社会工作者准备好的电台，增加对电台的了解； 6. 小组总结与分享； 7. 小组前测。	白板、白板笔、卡纸、彩笔、照片、历史建筑资料	难点：组员对于游戏规则较难理解。应对：社会工作者与组员共同进行游戏示范，使组员更易于理解游戏规则。

（2）第二节

活动时间及地点	活动目标	主要活动内容	所需物资	可能遇到的难点及其应对
6月3日 15:00－16:30， 北京街社工服务站	组员学习如何读新闻和纠正懒音，社会工作者及志愿者进行鼓励，协助组员获得愉悦体验。	1. 回顾上节小组内容，介绍志愿者老师，志愿者分享录音经验及完整电台录音包含的内容和注意事项； 2. 组员学习如何读新闻； 3. 组员学习如何纠正懒音； 4. 组员练习本节小组教授的内容，志愿者老师进行指导纠正，给予鼓励； 5. 小组总结与分享。	白板、白板笔、投影、音箱、电脑、投射笔	难点：组员没有专门学习过粤语的发音，本节小组的内容可能引起组员的不适应。 应对：结合志愿者老师的讲解以及“粤语发音词典”来让组员了解正确的粤语发音，纠正组员的发音习惯。

（3）第三节

活动时间及地点	活动目标	主要活动内容	所需物资	可能遇到的难点及其应对
6月10日 15:00－16:30 北京街社工服务站	组员学习音乐与音效的运用和Adobe Audition处理软件，通过社会工作者、志愿者及其他组员的鼓励觉知到自己的能力。	1. 回顾上节小组内容； 2. 学习音乐与音效的运用；学习Adobe Audition处理软件； 3. 组员练习志愿者老师教授的内容，志愿者老师进行指导纠正，给予鼓励； 4. 组员轮流讲出其他组员在本节小组中表现好的地方； 5. 小组总结与分享。	白板、白板笔、投影、音箱、电脑	难点：青少年不习惯和不善于在众人面前自我表达，因此在第四节（组员轮流讲出其他组员在本节小组中表现好的地方）中可能会冷场。 应对：若组员不愿意说，社会工作者可先总结个别组员的表现进行示范，邀请平时较活跃的组员先分享。

（4）第四节

活动时间及地点	活动目标	主要活动内容	所需物资	可能遇到的难点及其应对
6月17日 15:00－16:30 北京街社工服务站	组员认识播音设备、学会操作和进行即场反应练习，学习正面赞扬技巧并运用。	1. 回顾上节小组内容； 2. 组员认识播音设备并学习操作； 3. 组员进行即场反应练习，共分三轮： 第一轮：组员随机抽取一种方式来读新闻； 第二轮：组员进行即场练习； 第三轮：组员进行即兴情景表演； 4. 小组总结与分享。	播音设备（电容麦、调音台、音频线、麦架等）、投影、投射笔、音响、白板、白板笔、音箱、电脑	难点：组员对于播音设备较好奇和兴奋，练习时相互争抢，占用了其他环节的时间。 应对：社会工作者先说明每个人都有尝试和练习的机会，并让组员自行协商顺序，必要时重申小组约定。

（5）第五节

活动时间及地点	活动目标	主要活动内容	所需物资	可能遇到的难点及其应对
6月24日 15:00－16:30 北京街社工服务站	组员学习稿件编辑与策划，运用和巩固正面赞扬技巧。	1. 回顾上节小组内容； 2. 组员学习稿件编辑与策划。志愿者老师先通过提问引导组员思考：①“如果你是一个电台听众，你想听的内容是什么”；②“什么能够令你继续听下去”，然后总结稿件的编辑技巧； 3. 组员练习本节小组教授的内容：社会工作者给出指定内容的稿件，组员练习修改，志愿者老师点评； 4. 组员运用正面赞扬技巧对其他组员进行赞扬； 5. 小组总结与分享。	播音设备（电容麦、调音台、音频线、麦架等）、电脑、投影、投射笔、音箱	难点：组员分享想听的内容时会单纯考虑自己的喜好，忽略了社区文化的主题。 应对：社会工作者视情况给出特定的主题。比如，“假设今天要介绍许广平故居，你会希望了解哪些内容？”

（6）第六节

活动时间及地点	活动目标	主要活动内容	所需物资	可能遇到的难点及其应对
7月1日 15:00－16:30 北京街社工服务站	组员学习如何采访，体会有赞扬与没有赞扬的区别，识别自动化思维。	1. 回顾上节小组内容； 2. 组员学习如何采访； 3. 组员分组进行采访练习； 4. 组员运用正面赞扬技巧对其他组员进行赞扬； 5. 组员了解和识别自动化思维； 6. 小组总结与分享。	电脑、投影、音箱、资料	难点：组员对于自动化思维较难识别。 应对：社会工作者先准备相关介绍“自动化思维”的资料，让组员有初步的认识，接着通过情景资料进行练习，加深印象。

（7）第七节

活动时间及地点	活动目标	主要活动内容	所需物资	可能遇到的难点及其应对
7月8日 15:00－16:30 北京街社工服务站	组员进行任务练习，回顾已学习到的内容并实践，体会自动化思维给认知带来的阻碍。	1. 回顾前几节小组学习过的内容； 2. 组员进行实践：采访＋录音＋编辑——组员以“你最喜爱的明星”为主题进行分组采访，并进行试录音和编辑； 3. 组员对于实践作品进行讨论，志愿者老师点评，给出建议； 4. 组员通过案例与情景演示等，体会自动化思维带来的认知阻碍； 5. 小组总结与分享。	电脑、投影、音箱、播音设备、白板、白板笔	难点：本节小组内容需要组员对于前几次小组的内容有较好的掌握，尤其是“编辑”。 应对：必要时，邀请志愿者再次重申使用软件编辑的要点。

（8）第八节

活动时间及地点	活动目标	主要活动内容	所需物资	可能遇到的难点及其应对
7月15日 15:00－16:30 北京街社工服务站	回顾和总结小组，巩固小组经验，协助组员再次认识自身能力，强化已提升的能力。	1. 回顾上节小组内容； 2. 组员进行实践练习：录音＋编辑＋推送； 3. 后续电台播报时间及分工安排讨论：包括电台的名称、录音的频率、录音的内容、每个人的分工等； 4. 组员分享自己播报电台的优势，觉知已提升的能力； 5. 小组总结与分享； 6. 小组后测。	白板、白板笔、电脑、投影、测量表、音箱	难点：根据社会工作者以往服务青少年的经验，开学后的课程时间不确定，因此电台录音频率可能会受影响。 应对：社会工作者引导每个组员说出自己能够参与的时间，排好时间表进行公布，让全部组员知悉；同时与组员保持小组后的联系。

8. 所需资源

项目	内容
人力资源	1名社会工作者；1名广州电视台的主持人志愿者
物力资源	白板、白板笔、卡纸、彩笔、照片、历史建筑资料、音箱、投影、前后测问卷、播音设备（电容麦、调音台、音频线、麦架等）
财力资源	社会工作者服务站提供志愿者餐费补贴每节50元

9. 活动评估

（1）前后测量表评估：邀请组员在小组第一节和最后一节填写《一般自我效能感》量表，以组员前后测的分数对比作为小组成效的评估手段，分数增加代表组员“效能感提升”，分数减少代表组员“效能感降低”。

（2）参与性评估及复述性评估：通过社会工作者和志愿者老师现场的观察以及组员的分享，与小组前期对比，测量组员电台播报能力的提高/降低。

（三）实施服务计划

1. 小组初期（形成期）

主要工作内容	应用的方法及技巧	遇到的难点及其应对
关系建构与小组规范化。组员、社会工作者之间相互认识，建立关系；制定小组约定，促进小组规范化。	沟通与互动技巧、小组讨论技巧	难点；组员对于小组的期待有所差异。 应对方法：社会工作者将与组员更进一步说明小组目标，达成共识。

2. 小组中期（转折期）

主要工作内容	应用的方法及技巧	遇到的难点及其应对
了解组员的能力和知识，志愿者老师带领组员进行粤语发音的纠正和练习播音腔。	沟通与互动技巧，尤其是其中的示范引领技巧。比如，志愿者老师通过常见懒音说明及纠正、粤语绕口令、根据组员的特点播报不同风格的新闻等方式，让组员改变平时错误的发音方式，了解读新闻的技巧。	难点：志愿者老师教授的内容较难，组员理解起来有困难。 应对方法：社会工作者与志愿者老师一起制定小组教授内容并完全熟悉，与志愿者老师讨论教授方式，调整内容以符合组员的能力与特点。

3. 小组后期（成熟期）

主要工作内容	应用的方法及技巧	遇到的难点及其应对
组员学习稿件编辑和采访技巧，了解和运用音频剪辑软件，尝试实践。	沟通与互动技巧、小组讨论技巧 进入小组后期，可适当提高难度。为了让组员提前熟悉北京街的历史及之后要播报的故事，社会工作者收集了北京街的部分历史建筑的介绍稿件，让组员根据志愿者教的技巧和自己的理解进行删减和进行普通话与粤语间的语言习惯转换，并轮流试录音，进行初次播报实践。在此过程中，组员发现除了粤语的发音问题外，其实播报没有自己想象中那么难，对于之后电台播报的信心也增强了。	难点：志愿者老师有突发状况缺席小组部分环节。 应对方法：社会工作者与志愿者老师一起制定小组教授内容并完全熟悉，若志愿者临时缺席则由社会工作者教授该节小组内容。

4. 小组末期（结束期）

主要工作内容	应用的方法及技巧	遇到的难点及其应对
组员进行实践，讨论电台的名称及后续分工。	小组讨论技巧 小组进入后期，主要目标是强化组员在小组过程中习得的能力和技巧，此任务主要通过分组实践的方式完成。社会工作者将组员分成 2 个小组，每个小组均需完成“采访→稿件编辑→录音→剪辑和添加音效”整个流程的完整实践。在这个过程中，社会工作者观察发现，组员都能够将在小组中学习到的知识进行运用，并相互讨论和提醒，实践作品也得到了志愿者老师的肯定，进一步加强了组员完成后续电台播报的信心。	难点：关于小组结束后，考虑到学校课程安排，组员后续参与电台的时间较难确定。 应对方法：社会工作者在小组结束后与组员保持密切联系，收集其合适参与的时间，制定时间表，以错开组员的课程与作业时间。

（四）评估

评估的内容	应用的方法	服务成效	评估中的难点及其应对
1. 小组结束后，60% 组员的效能感得到提升。	前后测问卷评估	经过前后测量表的统计，100% 的组员在参加完小组后，“一般自我效能感”的分数提高了 2 分以上。	难点：此量表虽然有较高的信度和效度，但是部分表述与小组内容的关联性并不完全契合。 应对：在测量前，社会工作者对量表进行详细解说，并带领组员一同完成前后测。
2. 小组结束后，60% 组员认知到自身一种能力得到了提高。	参与性评估 复述性评估	通过社会工作者和志愿者老师现场的观察以及组员的分享，与小组前期对比，100% 组员至少提升了一种关于电台播报的能力。	难点：要评估的内容都是组员的个别性变化，且较难量化。 应对：社会工作者及时记录每个组员的分享，并在每节小组结束后与志愿者讨论和总结组员的情况。

续表

评估的内容	应用的方法	服务成效	评估中的难点及其应对
3. 小组结束后，能够形成一支稳定的电台播报志愿者队伍，在宣传推广社区文化方面有较强的推动作用。	成效体现	已经形成一支电台播报志愿者队伍，制作出电台成品，并且对下一期的电台小组作出了规划；并定了日后将会在每个月出2期文化保护的电台播报，并通过微信的形式进行推广。电台播报志愿者队伍根据自身的不同特长和优势，分成播音、剪辑、推送、宣传等不同分工，一共完成了“北京街历史”“许广平故居”“庐江书院”等5期录音，在北京街社工站的微信公众号进行推送的同时，也在场馆中进行滚动播放。	难点：电台以微信的形式进行推广，从收听人数上较难评估社区居民的参与度。 应对：计划在微信公众号上进行互动，让社区居民通过留言的形式参与。

三、总结与反思

（一）收获

1. 专业方面的收获

① 服务与理论方面的结合应用。主要在于自我效能感理论方面与服务上的结合运用，促进自己在开展小组的时候注意目标的达到情况评估，以及在小组的设计方面尽量做到环环相扣。

② 清晰界定志愿者与社会工作者在小组中的角色。志愿者在小组中主要是担任知识的传授者，而社会工作者在小组中主要是担任组织者、协调者、服务转化者的角色。清晰定位，更好地与志愿者分工开展小组。

2. 个人方面的收获

① 自我挑战。本次小组尝试了创新的电台播音模式，受到了青少年的喜爱。这种形式真正实施的过程需要对软件有较多的认识，有一些是需要在专业志愿者的支持下方可完成，因此，在开展这个小组的过程中也是对

自我的挑战。

② 拓展青少年在社区参与层面的新途径。加强了自己创新的动力，日后将会在服务中探索更多的青少年服务创新路径。

（二）经验与创新

1. 小组工作中用到的过往工作经验或方法

开展小组的过程中主要采用发展性小组工作模式，结合自我效能感理论、认知治疗理论、PYD 理论开展小组工作。

社会工作者在这个过程中主要担任资源链接者、组织者的角色，寻找专业的广州电视台主持志愿者资源，为服务对象提供专业的服务知识，弥补社会工作者在这一个层面上的知识缺失。

2. 小组工作中的创新

（1）小组设计理念上的创新。

小组关注到社区文化被忽视的现状，将青少年对于新鲜事物的喜爱，与社区文化传承和保护工作相结合，以创新的工作模式吸引青少年的参与。

（2）小组开展载体上的创新。

利用公众号平台进行社区电台的筹建，以电台为载体能够较好地吸引青少年的关注以及为青少年提供一个展示自我的平台。

3. 小组工作对行业工作的贡献及价值

（1）能够结合本社区的特色，让浓厚的历史文化得以重新被认识。

小组能够结合社区浓厚的历史文化背景，邀请青少年模拟电台 DJ 的角色，通过讲故事的形式，进行社区历史文化的宣传和推广，倡导广大的青少年都能关注文化、了解文化、保护文化。

（2）区别于传统模式，创新志愿服务形式，给予同行在青少年志愿服务形式上有更多的思考和尝试。

很多同行都在努力推动青少年参与在社区志愿服务当中，但是有青少年来筹建社区电台并运营的形式还是比较少的。本次小组的经验相信能够促使包括社会工作者在内的同行们在探索适合青少年的志愿服务形式上有进一步的思考，希望能够促进青少年的参与，提高积极性，将志愿服务开展下去，惠及越来越多的人。

（三）专业反思

1. 小组工作中印象最深刻的是什么

社区电台小组是以历史文化的传承和保护为切入点的，对于青少年来说，在主题上未必有吸引力，而到最后小组能够顺利开展，青少年能够坚持下来，社会工作者认为与载体是有很大关系的，以电台播报为载体的形式对于青少来说充满了新鲜感，引起了他们莫大的兴趣。因此，要开展以青少年为主体的志愿服务，形式和载体很重要，是青少年能够积极并持续参与的关键因素。

2. 小组工作中有哪些印象深刻的情绪感受

组员参与的动力令自己特别感动。开展青少年服务，青少年的持续参与一向是一个难题。而本次青少年组员的持续参与，促使社会工作者能够更有动力开展工作，并且与组员一起策划第二期、第三期的服务，除了组员自我效能感增强外，社会工作者的自我效能感也得到了增强。

3. 小组工作中有哪些与专业服务有关的新发现

小组载体创新的重要性。以电台播报为载体的形式，能够较好地吸引青少年的关注，为青少年提供一个展示自我的平台。

社会工作者视角和观念改变的重要性。在过往做青少年服务的时候，社会工作者都习惯以问题视角去看待青少年的问题，工作重点也放在处理和解决问题上。本小组将青少年看作一种积极的待开发的资源，给予青少年充足的自由发挥空间，发掘青少年优势，取得明显的效果。

4. 在未来的服务中，将如何运用专业收获开展小组工作

（1）社会工作者将会继续推动青少年参与社区服务中，思考不同的服务主题，并且创新服务载体，探索青少年参与社区志愿服务的新形式。

（2）社会工作者将会继续以“自我效能理论”和“积极青少年发展观”为指导开展小组工作，旨在促进小组成员个体的自我了解以及自我发展，最终推动小组成员达到自我的最大发展。

四、督导评语

（一）社会工作者在小组工作中价值理念的践行

社会工作者秉持着以人为本、相信每一个人都是有能者的价值理念，

尊重青少年的需求与特点开展小组工作。同时，社会工作者通过创新小组载体，与社区文化相结合，提高组员的能力感，符合青少年群体特点。

（二）社会工作者在小组工作中的专业能力

在小组开始之前，社会工作者制定标准对组员进行评估与筛选，从中筛选出合适的组员来参加小组。小组初期能够重视与青少年关系建立的重要性，制定小组约定促进小组规范化。小组中期能够开始促进核心技能的学习，协调组员间的沟通。后期阶段能够提升小组内容难度，同时关注组员的自我觉察，促进组员能力成长。小组结束时能够巩固与强化组员关于电台播报的知识与技能，并且制订小组结束后参与日常电台播报的规划。总体而言，社会工作者担任了资源链接者、组织者的角色，能够较好地区分志愿者与社会工作者之间的角色，注重前后测、复述性评估、参与性评估等多种方法的结合，重视组员在小组中的成效测评。

（三）社会工作者在小组工作中突出的表现

1. 社会工作者能够及时跟进组员的情况，并且做好相应的风险管理。

2. 社会工作者在设计小组时能够结合多种评估方式，如前后测、参与性评估、复述性评估等，衡量组员参加小组后的转变，重视小组成效测评。

（四）社会工作者在小组工作中有待提升的方面

该小组可分为能力提升阶段和实践阶段，社会工作者后续需要侧重于对组员实践的持续跟进，以更好地促进队伍的持续发展，并且在扩大服务影响力以及推动其他社区居民参与方面需要更多的探索。

第四章 “TEEN同行”
——青少年共建共融友爱社区小组

作者：何雯静 李诗韵 督导：徐楚钧[①]

一、案例背景介绍

J中学属于TY街辖区内的学校，只有初中部，校风较为包容开放，注重青少年德育发展，经常组织青少年开展课外活动。J中学的老师对社会工作者的认可度较高，与TY街家庭综合服务中心（下文简称家综）建立长期合作关系，社会工作者为学校提供班会、个案辅导等服务。

（一）服务缘起

J中学有一名心智障碍者——患有自闭症的青少年，同校的青少年都不知道应该如何与其相处。同时，TY街的心智障碍者（主要为唐氏综合征、自闭症、脑瘫的儿童和青少年）在社区内也遭受到不同程度的歧视。

因此，社会工作者与J中学合作开展社区参与主题的服务，联动多方资源为J中学青少年提供一个社区参与的平台，通过小组增加他们对心智障碍者的特点了解，学会与他们友好相处，并向社区居民推广社区共融信息，倡导建立友爱的社区氛围。

① 何雯静、李诗韵、徐楚钧，广州市北斗星社会工作服务中心，广州，510000。

（二）服务对象的基本信息

人数	20 人
年龄段	12～16 岁
性别组成	6 名男性，14 名女性
受教育程度	初中
类型	积极青少年
来源	校内招募
对社会工作的认知度	曾经参与社会工作者开展的学校宣传活动、主题班会等服务，对社会工作有一定的认识

二、小组工作服务的过程

（一）招募和预估

1. 招募

招募过程	应用的方法与技巧
（1）招募方式：开展宣传招募活动，青少年自由报名；班主任协助宣传，鼓励和推荐青少年参与。 （2）甄选标准：有志愿服务经验者优先；能够全程参与小组者优先。 （3）小组前个别面谈：由学校提供场地，社会工作者对报名者进行面试。	（1）招募组员的方法和技巧：第一，社会工作者在 J 中学开展大型宣传招募活动，通过摊位游戏吸引青少年参与和了解小组相关信息；第二，社会工作者对部分青少年较为熟悉，通过对他们进行个别宣传，发挥朋辈的影响，口口相传，让更多青少年了解到本小组；第三，让班主任鼓励和推荐符合的青少年参与。 （2）确定组员的方法和技巧：第一，社会工作者按照本小组的类型、内容、要求等确定甄选标准；第二，社会工作者通过个别面谈了解报名者参与原因及对小组的期望。同时，帮助报名者了解本小组的意义、具体程序等。

2. 预估

服务对象遇到的问题	服务对象的需求	资源
J中学青少年热心社区服务，希望参与社区服务，从中提升自我能力，提升对社区的了解，但无参与途径。 J中学中有一名心智障碍者——患有自闭症的青少年，同校的青少年不知道应该如何与其相处。	青少年需要获得参与社区服务的途径。 青少年需要增加对心智障碍者的相关知识的了解，以及学会与他们友好相处的技巧。	社会工作者应联动多方资源，构建友善的社区环境，强化青少年正式与非正式的社会参与机会，使青少年能更好地融入社区生活，以此促进青少年健康地成长。 需要的资源：场地、道具材料、残康领域社会工作者、心智障碍者及家属支持等。

（二）设计服务计划

小组活动计划书

1. 计划书名称

“TEEN同行”青少年共建共融友爱社区小组

2. 设计理念

社会工作者设计该小组活动，通过让服务对象向残康领域的社会工作者学习心智障碍者的基础知识、与心智障碍者的家人交流相处经验、与心智障碍者进行游戏互动、调查所在社区居民对心智障碍者的接纳情况等方式，多方面了解社区特殊群体，提高对该类群体的关注和关爱；并通过向社区居民推广社区共融信息的方式，让服务对象进行社区参与，一起倡导建立友爱的社区氛围。

3. 理论支持

青少年增能策略

依据美国教育家Michele Borba的自尊五感理论，建立自尊感的元素包括以下5点：安全感、独特感、联系感、能力感、方向感。本小组通过多种形式，提升青少年联系感及能力感，促使其增能①。增强能力感。服务对象的能力感指对自己能够完成的事情感到自豪，并有成功感。本次活动在社区调查、推广社区共融信息的过程中，让服务对象感受到自己的力

---

① 何洁云．小组工作程序计划簿［M］．香港理工大学应用社会科学系出版．2001初版．13－14.

量，增强自我效能感。

4. 活动目标

（1）总目标

服务对象能够提升与社区心智障碍者相处的能力，通过社区宣传倡导，建立共融友爱的社区氛围，从而更好地发挥关爱社区特殊群体的功能。

（2）分目标

分目标一：服务对象能够增加对社区心智障碍者的认识（特点、相处技巧）；

分目标二：服务对象能够参与推广社区共融信息，倡导建立友爱的社区氛围。

5. 运用的小组工作模式

本小组运用社会目标模式，社会目标模式注重的是社会责任，强调培养公民的社会责任、社会参与和社会行动。社会目标模式的实施原则如下：第一，致力培养并提升小组组员的社会意识和社会责任；第二，致力发展小组组员的自我发展能力、社会参与和社会行动能力；第三，致力通过小组领袖的培养，培育有利于社区各个方面发展所需的领袖人物；第四，致力小组工作目标与社区发展目标的一致性。

6. 参与成员及人数

（1）社会工作者：青少年领域社会工作者 2 名，残康领域社会工作者 2 名。

（2）服务对象：J 中学青少年 20 名。

7. 小组具体活动计划表

活动单元	活动时间及地点	活动目标	主要活动内容	所需物资	可能遇到的难点及其应对
第 1 次	10 月 26 日，16:00－16:50；J 中学报告厅	服务对象互相认识，订立小组约定	第一，介绍活动目的和安排； 第二，互相认识游戏：进化论； 第三，订立小组契约。	多媒体设备、PPT、白板笔、白板	困难点：服务对象对小组目标不清晰，对小组产生不恰当的期待。 应对方式：社会工作者澄清目标。

续表

活动单元	活动时间及地点	活动目标	主要活动内容	所需物资	可能遇到的难点及其应对
第2次	10月26日，17:10－18:00；J中学报告厅	服务对象学习心智障碍者的基本特点	第一，介绍心智障碍者的基础知识； 第二，服务对象轮流分享学习感受； 第三，布置家庭作业：在网上查找关于心智障碍者的新闻、文章、电影等，写一段简短的介绍。	多媒体设备、PPT、白板笔、白板	困难点：基础知识小课堂内容较多，时间比较紧张，服务对象可能会走神。 应对方式：社会工作者在基础知识小课堂环节要有重点地讲解，注意与服务对象保持互动。
第3次	11月2日，12:30－14:00；J中学报告厅	服务对象通过与心智障碍者的家人交流相处经验，学会与心智障碍者的相处技巧	第一，回顾上次活动内容，并进行家庭作业随机提问； 第二，介绍心智障碍者家人，以及应对心智障碍者的基本技巧； 第三，服务对象通过拼拼图游戏完成与心智障碍者家人的分组； 第四，心智障碍者家人与服务对象进行家庭故事分享； 第五，填写参与收获和感受卡片，每个组派1～2名服务对象代表分享参与感受。	多媒体设备、PPT、拼图纸、白板笔、白板、小卡片、圆珠笔	困难点：互动少，分享环节发言少。 应对方式：社会工作者运用感受卡片小道具引导分享。
第4次	11月8日，16:30－18:00；J中学报告厅	调查所在社区居民对心智障碍者的接纳情况	第一，介绍社区调查的技巧、目标、问卷内容； 第二，服务对象现场模拟社区调查访问； 第三，通过随机分组，分成4人一组进行社区调查访问，并完成调查结果数据统计； 第四，服务对象分享参与感受。	多媒体设备、PPT、白板笔、白板、白纸、访谈提纲、圆珠笔	困难点：部分服务对象因为害羞等原因不积极参与社区调查访问。 应对方式：社会工作者邀请曾经参与社区调查的服务对象演示，激发服务对象的参与积极性。

续表

活动单元	活动时间及地点	活动目标	主要活动内容	所需物资	可能遇到的难点及其应对
第5次	11月19日，14:00－15:30；J中学架空层	服务对象通过与心智障碍者及其家人共同完成游戏任务，学习与心智障碍者相处	第一，介绍与心智障碍者接触的注意事项；说明活动流程，并与服务对象提前熟习所有互动游戏； 第二，心智障碍者到场后，社会工作者说明活动目的、流程、遵守的规则； 第三，互相认识游戏：按数字排队； 第四，互动游戏：几个朋友在一起、松鼠搬家； 第五，服务对象分享参与感受，以及前几次学到的知识的应用情况。	扩音器、糖果、数字纸	困难点：部分服务对象不积极参与互动游戏。 应对方式：社会工作者了解不积极参与互动游戏的原因，从旁协助引导，创造良好的互动氛围；同时安排和鼓励小组中较为积极的服务对象主动带动不积极参与的服务对象。
第6次	11月19日，16:00－17:30；J中学实验室	服务对象通过与心智障碍者及其家人共同完成美食任务，进一步学习与心智障碍者交往	第一，说明活动目的、流程、遵守的规则； 第二，通过随机分组，把服务对象和心智障碍者家庭分成几组进行美食制作（水果拼盘、三明治）； 第三，服务对象分享参与感受，以及前几次学到的知识的应用情况。	扩音器、蔬菜、水果、面包、午餐肉、一次性餐具	困难点：服务对象在活动中发生身体损伤。 应对方式：①预防——活动前，社会工作者会进行注意事项说明，以及约定在活动过程中应该遵守的事情；发掘小组领袖协助带领小组；②处理——若出现小损伤，社会工作者可用随身携带的小药箱进行及时处理，再告知服务对象及其家人做好后期护理。

续表

活动单元	活动时间及地点	活动目标	主要活动内容	所需物资	可能遇到的难点及其应对
第7次	12月6日，16:30－17:30；J中学报告厅	服务对象分享和总结与心智障碍者相处和交往的经验	第一，社会工作者与服务对象回顾第五、六次小组内容，包括活动流程、游戏内容、活动照片； 第二，社会工作者公开表扬参与第五、六次小组的服务对象，并说明他们在活动中表现好的地方； 第三，参与第五、六次小组的服务对象分享各自收获与感受，其他未参与的服务对象可提出自己的疑问，并由参与的服务对象回答； 第四，社会工作者与服务对象一同总结与心智障碍者相处和交往的经验。	多媒体设备、PPT、白板笔、白板	困难点：服务对象分享不够深入或者提问少。 应对方式：社会工作者准备过往活动情景图片或者文字激发未参与服务对象的好奇，协助参与的服务对象进行回忆，引导服务对象进行深入分享。
第8次	1月12日，9:00－12:00；J社区	服务对象向社区居民推广社区共融信息，倡导建立友爱的社区氛围	第一，说明本节小组活动流程；分组安排服务对象工作； 第二，社会工作者与服务对象搬运物资到社区指定位置，并完成各个摊位布置； 第三，服务对象按照摊位任务完成社区宣传倡导：摊位宣传介绍、摊位游戏体验、外出宣传集赞； 第四，服务对象进行参与情况和感受分享，社会工作者进行小组整体情况总结。	圆珠笔、横幅、帐篷、照片墙、作品展架、桌子、平板拖车、游戏道具、小礼品、宣传单张	困难点：遇上恶劣天气，影响活动开展。 应对方式：社会工作者提前留意天气情况，并与学校和社区场地负责人做好沟通工作：活动当天如若下雨，但不会威胁到服务对象人身安全，又不会影响活动效果，可以继续安排外出活动；如若下大雨，不能外出，则调整开展时间。

8. 所需资源

项目	内容	备注
人力资源	(1) 青少年领域社会工作者带领小组开展，与学校、社区等合作方进行沟通； (2) 残康领域社会工作者提供心智障碍者相关知识讲解，与心智障碍者及其家人进行沟通； (3) 学校负责老师与学校领导、各班班主任、学校场室管理员、学生进行沟通； (4) 心智障碍者及其家庭协助小组开展，以及协助购买美食任务材料。	无
物力资源	(1) 学校提供场地、多媒体设备、白板、拖车、帐篷、桌椅等硬件物资； (2) 社区提供宣传摊位场地； (3) 家综提供游戏道具等物资。	无
财力资源	(1) 学校提供宣传资料印刷，实报实销； (2) 家综提供游戏道具制作、美食任务材料购买，实报实销。	无

9. 活动评估

社会工作者自评：每节活动后，把活动的计划、执行、操作过程中的观察、感受写成单节小组记录，分析小组目的达成情况，服务对象的参与和改变情况。

服务对象自评：社会工作者每一节都设计有服务对象分享环节，评估他们的参与感受和改善情况；并在小组最后让服务对象填写自评及满意度反馈表来评估小组效能。

工作组会议评估：小组设有协助者，协助者同时是观察员角色，每节小组后，工作组成员（主持员、观察员）就本次小组开展情况和服务对象情况，发表意见。

督导评估：督导根据社会工作者撰写的单节小组记录表中的过程记录、服务对象表现、社会工作者反思，以及总结报告中的成效情况给予意见。

（三）实施服务计划

1. 小组初期（形成期）

主要工作内容	应用的方法及技巧	遇到的难点及其应对
主要是小组的第一、二节活动内容，包括：澄清活动目的、订立小组约定、介绍心智障碍者的基础知识、服务对象分享参与感受，彼此倾听对方的想法，增强共同感和参与感。	运用小组沟通互动技巧。社会工作者注重与服务对象的互动，引导服务对象之间互相解答疑惑。社会工作者给予服务对象及时的肯定与鼓励，提升他们的自信和参与感。	遇到的难点：服务对象相互不熟悉，处于观望状态，分享、互动比较拘束。 应对的方法：社会工作者通过自我披露、设计有趣游戏等方式，创造轻松气氛，鼓励和引导服务对象参与和表达。

2. 小组中期（转折期）

主要工作内容	应用的方法及技巧	遇到的难点及其应对
主要是小组的第三、四节活动内容，包括：心智障碍者家人进行家庭故事分享、心智障碍者家人与服务对象分享参与收获和感受、服务对象分组进行社区调查访问，以及调查数据统计。	（1）社会工作者通过回顾小组规范和小组内容，与服务对象达成共同学习的共识，营造开放和包容的小组氛围。 （2）社会工作者通过游戏的方式消除心智障碍者家人与服务对象的陌生感，为他们分享环节做好铺垫。 （3）社会工作者运用角色扮演的方法进行社区调研的学习模拟，鼓励组员去解决即将面对的恐惧和焦虑，同时增强服务对象之间的信任感和认同感。 （4）社会工作者通过分组分工完成任务的方式，引导服务对象进行团队的自我管理和决策。	遇到的难点：在小组交流分享以及分组分工环节，因为服务对象需要表达的内容较多，或者讨论较长时间，导致环节时间超时，影响小组进程；同时，服务对象有时候希望更真实地表达自己不同的意见和分歧，可能会出现攻击性语言去批评或指责他人。 应对方式：社会工作者适当控制小组进程，提醒服务对象时间，以及引导服务对象围绕环节目标进行讨论，避免跑题；面对冲突，社会工作者引导服务对象了解冲突背后的价值观差异，明确服务对象均为小组目标而发声，并且重申小组约定，以更合适的方式去表达。

3. 小组后期（成熟期）

主要工作内容	应用的方法及技巧	遇到的难点及其应对
主要是小组的第五、六、七节活动内容，包括：服务对象熟习与心智障碍者接触的技巧以及注意事项、服务对象与心智障碍者共同参与互动游戏，把认知转变为行动、服务对象总结前几节所学知识。	（1）社会工作者引导服务对象推荐其中一名服务对象作为代表，安排分组任务，社会工作者逐步退至“旁观协助者”。 （2）社会工作者协助和鼓励服务对象进一步地自我表露，为自己能够完成的事情感到自豪；同时，引导他们通过他人的反馈来反省自己，促使服务对象之间更多的接纳和认同。 （3）对于小组中的突发状况，如个别服务对象的异常行为和特殊变化，社会工作者给予关注和必要的专业辅导。	遇到的难点：在服务对象与心智障碍者的互动游戏尾声中，其中一名心智障碍者（男）抓住一名服务对象（女）的手不放，并称其为“老婆”，导致该名服务对象当场哭泣。 应对方式：社会工作者把两人分开，安抚服务对象情绪，让协助者将他们分别带离小组，进行相应个别辅导；社会工作者及时与其他组员分析该情况发生的原因，避免他们产生误会，造成对心智障碍者的歧视，或影响参与积极性；在服务经验总结环节中，对本情况进行讨论，总结处理方法。

4. 小组末期（结束期）

主要工作内容	应用的方法及技巧	遇到的难点及其应对
主要是小组的第八节活动内容，包括：服务对象向社区居民推广社区共融信息、社会工作者进行小组整体情况总结，处理服务对象的离别情绪。	（1）社会工作者细心观察服务对象在活动过程中的表现，及时反映他们做得好的地方以及应用到的方法技能，树立他们的信心，让服务对象更为积极自主地思考和处理活动中出现的问题，而不是单靠社会工作者或者小组领袖去解决问题。 （2）社会工作者鼓励服务对象在日常生活中运用小组中获得的成长经验：邀请他们加入家综志愿者队伍，可继续参与和策划相关的社区共融活动，并成为残康领域心智障碍者服务的配对志愿者。 （3）摘要与强化技巧。社会工作者与服务对象归纳小组全过程中的进步，引导他们将经验转化到日后日常生活中。 （4）离别情绪辅导技巧。社会工作者引导服务对象认识到小组的结束是成为永远的朋友的开始，日后还要常联系，继续相互支持、相互鼓励。	遇到的难点：在宣传活动时，服务对象邀请社区居民参与活动，因多次被居民拒绝，有服务对象出现沮丧情绪。 应对方式：社会工作者鼓励负责同一摊位的服务对象互助共勉，商量对策。对个别应对得好的服务对象表示肯定，让其向其他服务对象分享自己的处理方式。

（四）评估

评估的内容	应用的方法	服务成效（服务目标的达成情况、小组成员发生的具体改变）	评估中的难点及其应对
分目标一：服务对象能够增加对社区心智障碍者的认识（特点、相处技巧）。 分目标二：服务对象能够参与推广社区共融信息，倡导建立友爱的社区氛围。	方法一：社会工作者观察。 方法二：服务对象自评表。	分目标一、二均达成。 （1）根据社会工作者观察：服务对象在第一、二、三次小组认真学习心智障碍者的相关知识，并能正确回答社会工作者提问的相关问题；在第四、五、六次小组运用学到的知识进行社区调查、与心智障碍者互动；并在第七次小组把相关知识和经验进行总结，在第八次小组完成推广活动。从组前的小组面谈时对心智障碍者知识基本无认识，到最后能向其他社区居民介绍心智障碍者的相关知识，推广共融信息。 （2）根据服务对象的自评：服务对象对于自己掌握心智障碍者的相关知识的评分均为中上；并且大部分服务对象表示愿意成为家综志愿者，继续参与和策划之后的社区共融活动。	社会工作者没有设计专门的前后测量表。 应对方式：小组中，社会工作者注意观察服务对象情况，注重服务对象感受分享和经验总结，以及观察员的及时反馈，以上均能更好地辅助社会工作者去评估服务对象的改变。

三、总结与反思

（一）收获

1. 专业方面的收获

这次小组创建多方合作的平台：第一是家综、学校、社区的合作；第二是家综青少年领域与残康领域的跨领域合作。同时本小组造就了多方互利共赢：第一，家综及社会工作者获得了学校的信任、社区的支持、心智障碍者及其家庭的肯定、青少年的喜爱，更好地推进群体服务和社区服务的发展；第二，学校获得了青少年及其家长肯定，树立了学校好口碑；第三，青少年建立正面形象，更好地发挥其关爱社区能力；第四，心智障碍者能够多与同龄人交流，获得社区的认识和理解，从而更好地融入社会；第五，营造共融友爱氛围，减少社区矛盾，给居民提供更为安心和谐的生活环境。

2. 个人方面的收获

这次小组社会工作者需要联动不同的资源，前期的准备和活动后的总结反思比现场开展小组服务所花费的时间和精力更多，提升了促进多方合作的组织策划能力。

（二）经验与创新

1. 小组工作中用到的过往工作经验或方法

社会工作者从2015年开始与J中学合作开展社区参与主题的服务。第一年的主题是让青少年发现自己生活的社区的资源以及存在环境的问题，第二年的主题是让青少年关注自己生活的社区特殊群体。虽然小组主题不同，但是小组同为社区参与服务，社会工作者熟悉校方沟通方式和知晓其可提供支持，了解学生基本情况，对本次小组的策划和设计有重要参考价值。

2. 小组工作中的创新

小组是跨领域的合作，青少年领域和残康领域的社会工作者合作开展小组，青少年领域开展的是培育青少年关爱心智障碍者，残康领域开展心智障碍者人际交往小组，像是平行小组的模式，青少年和心智障碍者互为对方的互动实践对象。

3. 小组工作对行业工作的贡献及价值

本次小组的独特之处，社会工作者认为对青少年社会融入和社会参与的服务有借鉴价值：青少年的特性之一是他们容易受群体影响，社会工作者在小组中进行正面引导，注重小组中的团队力量能够给青少年个体更好的鼓励和支持，促使其积极参与。在小组过程中，社会工作者的角色由主导者慢慢向协助者、同行者转变，主要职责变为给服务对象营造一个融洽、安全的氛围，为服务对象创造互动表达的平台；青少年服务对象的角色也在改变，由接受服务者逐步转变成为心智障碍者及社区居民提供服务的服务提供者，这更好地体现了社会工作者的“授人以鱼，不如授人以渔”的助人自助的观念。

（三）专业反思

1. 小组工作中印象最深刻的是什么

社会工作者从服务对象的分享中，了解到他们会有紧张、沮丧、开心、恐惧、悲伤、感动等情绪，但“开心”是最多被提及的词语。这让社会工作者深刻感受到：运用语言、游戏、分享、体验等形式去营造轻松、安全的小组气氛的重要性。

2. 小组工作中有哪些印象深刻的情绪感受

在第三节小组中，心智障碍者家人与服务对象进行心智障碍者家庭故事分享后，他们所填写的参与收获与感受，感动了在场的所有人，让社会工作者觉得服务是非常有意义的。

服务对象留言：“对于心智障碍者不要用异样的目光去看他们，有的心智障碍者是很敏感的，我们需要给他们更多的耐心和包容。”心智障碍者家人留言：“这是一群充满朝气和爱心的学生。跟学生的交流弥补了我心中小小的遗憾，因为我的孩子一直在特殊学校上课。”

3. 小组工作中有哪些与专业服务有关的新发现

小组设计时，社会工作者没有对服务对象性别比例有过多的想法，但在服务对象与心智障碍者互动时，才发现除了一般的人际相处技巧、心智障碍者相处技巧，其实两性相处礼仪和技巧也需要放到小组知识技能学习中。

4. 在未来的服务中，将如何运用专业收获开展小组工作

第一，社会工作者会继续寻找更多的社区资源，尝试更多的跨领域的合作，为青少年搭建更多社区参与平台。

第二，对于参与本小组的服务对象的延续服务，开展青少年志愿者策划社区共融服务小组。

四、督导评语

（一）社会工作者在小组工作中价值理念的践行

本次小组是一个很好的跨领域合作尝试，社会工作者在本小组中实践“增能”“共融”的概念。增能理论相信，人类具有无限的潜力以及巨大的成长空间，对于青少年来说如此，对于心智障碍者来说同样如此。潜能无限这个信念，支撑社会工作者尽可能地去发挥青少年的潜能，使其正向积极地成长和发展；支撑社会工作者去协助心智障碍者，使其更好地融入社会。

（二）社会工作者在小组工作中的专业能力

小组期初期，社会工作者能够根据青少年的特点，通过游戏的方式，拉近与服务对象的距离；运用生动的形式去讲解概念规范，让服务对象容易理解接受。

小组期中期，社会工作者非常注重服务对象之间的讨论、分享和互动。当服务对象在讨论和分享中出现紧张、使用攻击性语言去批评或指责他人等状况，社会工作者能恰当运用认真倾听、积极回应、澄清主题、限制话题、组员间间接影响等技巧确保小组顺利进行。

小组期后期，社会工作者通过情景模拟形式让组员亲身体验实践，使他们更好地投入小组中，鼓励组员去解决即将面对的恐惧和焦虑。

小组期结束期，社会工作者注重小组的延续性，鼓励服务对象加入家综志愿者队伍，提升小组效能的同时减少服务对象的离别情绪。

（三）社会工作者在小组工作中突出的表现

社会工作者恰当处理第六节中的突发情况，不仅与协助者及时处理了两位当事人情绪，也进行了小组内处理，让其他组员了解唐宝宝针对喜爱的人会有亲密的动作，而没有让此事令组员对于心智障碍者产生抗拒。同时，在后期的小组中针对该情况进行总结，促使组员进行反思。

（四）社会工作者在小组工作中有待提升的方面

社会工作者在小组动力上可以再做多一些，例如在第四节小组中，服务对象说出在社区调查访问遇到拒绝时候的感受很重要，社会工作者可以更多地引导服务对象说出支持其坚持完成社区调查访问的同伴力量，并对同伴进行赞扬，这也是在小组团体中服务对象需要感受的团队的支持力。

第五章 “益路童行”

——促进社区青少年社会融入

作者：肖艺 督导：帅霞 刘晓萍①

一、案例介绍

（一）服务缘起

水果湖街茶港社区位于湖北省武汉市，居民以省直机关公务人员及科研院所等高知家属群体为主。茶港社区青少年普遍家庭条件优越，家长相当注重孩子的教育问题，善于发现孩子的潜能及优势，并对这些优势进行培养和发扬。因此，茶港社区青少年一方面普遍兴趣爱好广泛，并对新知识有相当程度的渴求与好奇；另一方面，面对众多优秀的同辈群体，这些孩子也存在一定程度的压力。

然而，爱玩是儿童、青少年的天性，尤其是参与社区青少年服务的大多是小学低年级阶段的学生，这一阶段是从幼儿阶段过渡到小学中高年级阶段的关键时期，也是青少年规则意识、学习习惯、文明习惯、与人交往等方面培养学习的关键时期。

茶港社区率先引进第三方社会组织专业服务，结合青少年成长阶段往往被喻为“暴风期”，形容他们个性反叛、不服从、不受控制、任性、爱制造问题的情况。从发展的角度正确理解青少年面临生理、心理以及学业等各种不同转变所产生出来的正常反应。故此，社会工作者注重对青少年成长有重要影响的支持系统，如家庭、学校、社区三方携手协作，缔造一个健康的成长环境给予青少年，尊重他们的独特性，给予他们正面的经验和指导，增强他们抵御逆境和困难的能力。

---

① 肖艺、刘晓萍，武汉爱心天使社会工作服务中心，武汉，430000；帅霞，湖北省武汉市水果湖街茶港社区，武汉，430000。

（二）服务对象基本情况

人数	50 人
年龄段	7 ~ 12 岁
性别组成	男女均等
受教育程度	小学
兴趣爱好	多样化
类型	学龄阶段青少年
来源	宣传招募
对社会工作的认知度	普遍较高

（三）服务社区的基本情况

1. 社区环境及其资源

水果湖街茶港社区位于湖北省委、省政府所在地，与水果湖、东湖相邻，社区内植被物种丰富，环境优美，素有“绿色明珠”之称。茶港社区始建于2002年，占地面积0.76平方千米，常住人口7008户，21000余人。社区党总支共有直管党员308人，下设5个支部，建有党员群众服务中心1000平方米。社区以“智慧茶港 精准服务”的服务理念，在社区党建引领下，为社区居民提供优质、高效的服务。茶港社区在全体社区工作者的共同努力下，曾获得市文明示范社区、市计划生育示范社区、市充分就业社区等荣誉称号。

2. 社区青少年的基本情况

社区内大部分青少年都能够独立完成基本的生活自理，但是仍有部分青少年规范遵守的意识相对需要进一步学习，行为习惯的养成需要社区、社会等环境的进一步引导和培养。

二、 社区工作服务的过程

（一）建立关系

建立关系的过程	应用的方法和技巧	建立关系中的难点及其应对
一是介绍自己。初次接触，社会工作者首先向服务对象及服务对象家庭主动介绍自己，介绍社会工作，让服务对象明白自己即将享受的服务。 二是说明服务的目的。向服务对象及家长说明服务的目的，明确社会工作专业服务的价值。 三要简明扼要，具体化。明确服务目的、目标，有计划地进行，开展专业服务。	主要是社区组织技巧。社会工作者与社区青少年及家长通过家长会或开班仪式的方式建立专业的关系。在家长会或开班仪式上社会工作者首先邀请该社区的书记对社区购买专业服务进行简要说明和阐述，让青少年及家长对社会工作者有一个初步的了解；其次，社会工作者将采用体验式参与的方法，通过开展含有社会工作元素的活动，让青少年和家长感受到社会工作专业活动与其他活动的不同，增强青少年及家长对社会工作者的信任和期待。从而为建立良好的专业关系奠定基础。	在初期建立关系阶段，社区青少年及其家长对社会工作者的期待和工作并不明确，会认为社会工作者是志愿者或者老师。这个阶段社会工作者重点是向家长和青少年介绍自己，介绍社会工作者的工作以及项目的目的目标等，让家长和青少年对社会工作者有合理的期待。

（二）预估

1. 社区青少年遇到的问题及分析

在该案例中，社区青少年主要面对的问题是放学后无人看管、作业无人辅导的问题。原因在于在该社区中，社区居民家庭大多为双职工家庭，小学生下午放学时间普遍较早与家长下班时间不一致。送去课外辅导班或者兴趣班有接送问题，给家长造成额外的负担。因此，在周一到周五下午放学后至家长下班这段时间里，青少年需要一个安全、有保障、有利于学习的环境。

2. 社区青少年的需求及分析

社会工作者通过一线服务摸底了解到，辖区内的儿童有以下需求：

一是父母忙于工作，儿童课余时间疏于照管。

辖区内相当一部分儿童出现课余时间疏于照管的情况，出现这些情况的原因主要有两个方面：一是父母忙于工作，没时间管教子女，孩子存在居家安全隐患以及人身安全隐患；二是儿童不懂得如何充实课余生活，缺少有效的指导。

二是辖区内的儿童社会生活能力不强。

儿童社会适应能力指的是儿童与他人相处，进行共同活动的人际关系以及个人独立处理日常生活事件等方面的能力，其中包括生活自理能力、规范遵守、自我保护等方面。

此外，社会工作者在服务过程中发现，大部分儿童都能够独立完成基本的生活自理，但是规范遵守的意识和自我保护的能力较弱，产生这一问题的原因有两点：一是父母缺乏“正面管教”的知识，在儿童的教育方面主要以“严厉”或“娇纵”居多；二是缺乏渠道了解相关的知识。

社会工作者希望通过“益路童行”促进社区青少年社会融入①，改善辖区内儿童疏于照管的情况，丰富他们的课余生活，提升儿童的社会生活能力，促进亲子教育，为儿童提供一个健康的成长环境。

3. 社区动力及资源

社区动力	社区资源
社区领导和工作人员对于社会工作的认识和社会工作者的信任，对社会工作者的工作起到了很大的推动作用。	社区内重点小学水果湖一小以及众多退休干部等具有一定文化水平的知识群体。

（三）制订服务计划

社区工作活动计划书

1. 计划书名称

武昌区水果湖街“益路童行”促进社区青少年社会融入服务项目

2. 设计理念

对于现在的城市居民来说，良好的社区环境能够带给人轻松愉悦的心情，对居民的生活起到积极的影响作用，提高了居民新时代的生活幸福

① “益路童行”谐音“一路同行”，旨在为社区青少年、儿童提供有益的、陪伴式专业服务。

感。同时，为了缓解社区双职工子女放学后与父母下班时间差的时间里无人陪伴、课业无人辅导的现状，同时也为了提升儿童的社会生活能力，促进亲子教育，为儿童提供一个健康的成长环境，从而更好地促进青少年对于社区的归属感，树立小主人公意识。社会工作者在茶港社区开展“益路童行”社会工作专业服务。

3. 理论支持

一是行为或学习理论。①

行为主义强调学习起于人与环境的互动，通过与环境的互动，儿童学习不同的行为模式。举例来说，儿童模仿他人处事的能力，也以模仿而习得结交朋友与应对压力的方式。长期下来，儿童可能被制约成对特定的情境有特定的回应，但这些回应可能是适当或不适当的。直到儿童接触了其他的反应、情境与环境，他才会知道什么反应是适当的。

二是心理社会理论。②

心理学家埃里克森（E. Erikson）把“心理社会”与“危机”的概念结合起来，扩充了弗洛伊德发展模式中的一项原则，通过运用社会与文化模式而贯穿整个生命历程。

在儿童早期，如果父母允许儿童去做他们力所能及的事情，则儿童会感觉到自己的能力得到肯定并逐渐树立自信心，养成自主的性格；反之，如果父母过分溺爱、保护，事事包办，儿童则容易形成缺乏自信的人格，久而久之，就会使依赖性长期得以保持并使儿童变得羞怯和待人处事没有信心。

在儿童中期，如果父母/老师对儿童提出的问题耐心听取并给予回答，对儿童的思考和建议作出积极的肯定和适当的鼓励，儿童的积极性和主动创造性就会被激发出来并可得到加强；相反，如果父母/老师对儿童的问题感到厌烦，或者常常以禁止或讥讽的方式处理儿童的建议与思考，那么，儿童就容易发展出拘谨、被动或内疚的人格。因此，这个阶段个体发展的任务就是克服内疚感、罪恶感，发展起积极、主动的创造性。

在儿童晚期，如果父母/老师给予大力帮助和指导，积极鼓励儿童勤

---

① http：//www. china. com. cn/education/2010 - 07/27/content _ 20580782. htm.（教育中国/社会工作者考试辅导：儿童社会工作心理理论）。

② http：//www. china. com. cn/education/2010 - 07/27/content _ 20580782. htm.（教育中国/社会工作者考试辅导：儿童社会工作心理理论）。

奋学习和参与学习上的各种竞争，并对儿童的各种努力予以充分肯定，就会为儿童今后的勤奋工作奠定基础并促进儿童形成积极向上和奋发进取的人格；反之，如果父母/老师对儿童教育不当，或者儿童在生活中屡遭挫折，或者儿童的努力成果经常受到父母、老师及其他成年人的漠视，或者儿童的行为受到成年人过多的责难等。这些情况则不可避免地会使儿童自视矮人一截，进而逐渐形成自卑的人格。

三是社会系统理论①。

社区是许多具有重要功能的子系统组成的整体。社区作为一个社会系统不同于一种组织，社区的所有子系统并不是由一个中心权利机构统一组织，相互协调以取得共同的目标。

4. 活动目标

首先，缓解双职工子女放学后无人陪伴，课业无人辅导的现状。

其次，提高社区青少年的社会生活能力，促进亲子教育，为青少年营造一个健康的成长环境，促进社区青少年良好的社会融合。

5. 社区工作模式②

社区发展模式是指通过调动社区居民的参与、互助合作，再加上上级政府和外界机构组织的协助和支持，动员社区内外资源，解决社区问题，满足居民需求的一种工作模式。该模式强调的是居民的参与和合作沟通，注重居民在参与社区发展过程的个人能力、公共意识和社区归属感的培养，而不仅仅是社区物质环境的建设。

6. 社区具体活动计划表

活动主题	活动时间及地点	参与成员及人数	活动目标	主要活动内容	活动形式	所需资源	可能遇到的难点及解决预案
素质教育	时间：2018年9月当月每周一次 地点：社区青少年空间	社区青少年	能掌握基本人际交往的技巧，变自我为团体，提升社区青少年的抗逆力。	针对服务对象人际交往、团队意识、抗逆力等方面开展服务活动。	游戏、讲座	社区室内、外环境	活动开展需要各方支持，做好充分的沟通

① 徐永祥主编：《社区工作》，高等教育出版社，2004 年。

② 同上。

续表

活动主题	活动时间及地点	参与成员及人数	活动目标	主要活动内容	活动形式	所需资源	可能遇到的难点及解决预案
亲子加油站	时间：2018年5月、6月、10月、11月、12月 地点：社区青少年空间、社区	社区青少年及家庭	通过人文、健康、运动等方式，倡导家庭陪伴、良性互动，构建良好的社区环境。	“我和妈妈有个约会”“夫妻关系与孩子成长家庭教育沙龙活动”“‘会发声的照片’亲子故事分享会”“小天才成长记”“科学育儿座谈会”。	讲座、活动	社区室内、外环境	家长时间协调问题，选取家长较为集中的时间，开展活动
儿童安全	时间：2018年7月 地点：社区青少年空间	社区青少年	让服务对象了解潜在危险的存在，具有自我保护意识，学会用有效的方法进行自我保护。	“对校园欺凌 say no”，“红灯停绿灯行”交通安全讲座，“身体红绿灯”做自己身体的小卫士，“救在身边”应急救护宣传活动，做“安全知识小达人”。	讲座、活动	社区室内、外环境	活动开展需要的各方支持，做好充分的沟通
社会融合	时间：2018年4月、2019年1月、2月 地点：社区青少年空间	社区青少年	让服务对象了解情绪产生的原因，更好地驾驭情绪、表达情绪，做自己情绪的小主人。同时，衣物捐赠活动也让服务对象感受奉献友爱的志愿精神，传承互帮互助的传统美德。	志愿者领袖成长日记、萌娃小摊主，“吆”你来购物、手绘家园亲子环保活动、“衣路有你，衣往情深”闲置物回收活动、“情绪魔法师”情绪管理活动、“职业万花筒”之职业初体验。	活动	社区室内、外环境	活动开展需要的各方支持，做好充分的沟通

7. 活动评估

该案例的活动评估采用问卷调查的方式，对参加活动的青少年和家长进行活动反馈调查。

（四）实施服务计划

1. 开展服务

开展服务的过程	应用的方法与技巧	开展服务中的难点及其应对
在该案例的实务开展中，社会工作者每天对社区青少年进行日常的托管服务。并根据日常托管中观察和发现的问题设计主题活动，通过专业理论的支持和主题活动的开展，促进社区青少年良好的社会融入和社区参与。	在该案例中，社会工作者针对托管青少年不同的需求综合采用社区社会工作、青少年社会工作、个案工作、小组工作等多个专业社会工作方法与技巧为青少年开展专业服务。 例如，在开展一期主题活动时，社会工作者需要积极发现、挖掘、协调调动社区内各方面资源，推动社区居民的参与，强化社区资源的整合利用。同时，在活动中，社会工作者也会观察每一位参与青少年的反应和状态，并根据青少年的反应适时调整活动的节奏。针对必要突出的问题将进一步采取个案工作的方法进行跟进辅导。	项目开始初期，托管学员还没有完全明确规则和相应的规章制度，导致初期纪律方面需要更多的把控。社会工作者通过互动、对答、奖励的方式强化青少年的规则意识。

2. 结束服务

结束服务的标准（或指标）	应用的方法与技巧	结束服务中的难点及其应对
通过专业服务的开展，使接受服务的社区青少年在素质教育、亲子关系、安全意识以及社会融合等方面有较大的提高。并能够保持已有的收获，更好地适应社会生活。	一、社会工作者采用问卷调查法、访谈法等收集接受服务的青少年和家长的反馈和意见。 二、采用第三方评估的方式，对社会工作者的专业服务进行客观的结果评估。	接受服务的青少年年龄不同，每个青少年的认知能力和接受能力也存在差异。因此在结束服务时，社会工作者将重点做好与家庭的沟通，确保青少年在结束专业服务之后仍然能够保持良好的生活状态。

（五）评估

1. 评估的内容及方法

项目采取定性评估的方法，用文字表达评估的结果。项目评估方通过电话访谈、观察、文件档案整理分析等来评价社会工作者的服务成效。

具体内容包括如下：通过素质教育系列活动，如绿动茶港垃圾分类活动、文明交往活动以及手工制作活动等，促进服务对象的全面发展，让服务对象在活动的过程中学会与他人相处、掌握基本的人际交往技巧，提升抗逆力；通过儿童安全主题教育系列活动，如青少年护眼常识、安全知识小达人、反对校园欺凌安全教育讲座等，让服务对象了解潜在危险的存在，具有自我保护意识，学会用有效的方法进行自我保护，从而提升儿童的受伤害情况；通过社会融合系列活动，如“情绪魔法师”“衣往情深”等，让服务对象了解情绪产生的原因，更好地驾驭情绪、表达情绪，做自己情绪的小主人。同时，衣物捐赠活动也让服务对象感受奉献友爱的志愿精神，传承互帮互助的传统美德。

2. 服务的成效

该项目实施以来，最大限度地缓解了茶港社区及周边双职工子女、困难家庭子女放学后无人陪伴、课业无人辅导的现状。学生放学后来到社区托管班，社会工作者负责组织辅导服务对象课业，纠正不良的写作业习惯及坐姿等。让服务对象在放学至回家的这段时间有个安全、良好的学习环境。

其次，在课外活动方面。社会工作者依据项目目标内容，结合服务对象情况，合理安排策划不同的主题活动，以此来提升儿童的社会生活能力，促进亲子教育，为儿童提供一个友好的社区环境。

3. 评估中遇到的难点及其应对

该项目采用定性评估的方式，没有预先的前期预测和后期测试，评估的对象为接受专业服务的青少年家长以及服务的购买方茶港社区，评估方为第三方评估，保障评估结果的客观性是需要认真斟酌的问题。

社会工作者在接到评估通知以后，梳理出接受服务的青少年名单及联系方式，提供给评估方，同时向青少年家庭通知，告知其评估事宜，配合评估方对社会工作者的工作成效进行评估。

三、总结与反思

（一）收获

1. 专业方面的收获

服务模式的提炼。该案例项目由一名专业社会工作者进行主导，家长志愿者进行日常托管协助，寒暑假期间由团委派出大学生志愿者进行实习协助。由此形成一个涵盖专业社会工作者 + 家长志愿者 + 大学生志愿者的服务团队。团队中的每位成员根据自己不同的背景、经历，提出关于托管班不同的针对性的建议。由此，使得“益路童行”促进社区青少年社会融入服务项目能够更加多元化发展，能够为社区青少年提供更加优质、专业、有效的服务。

2. 个人方面的收获

专业服务的认可。在托管班中，有个别特别调皮的学员，写作业时会故意给其他人捣乱，不能安静地坐在位子上，上蹿下跳。对于此类学员，社会工作者一方面进行重点的关注，避免打扰其他的同学。同时采用优势视角的工作策略，肯定学员的优点和长处，并鼓励其完善不足的一面。另一方面，积极与家长沟通。相互配合，共同促进学员的健康发展。最后，社会工作者根据学员情况制定奖励机制，促使学员养成相互学习、自觉学习的良好习惯。社会工作者的专业服务也得到了学员和家长的认可和好评。

（二）经验与创新

1. 社区工作中用到的过往工作经验或方法

整合链接大学生志愿者资源，增强社区青少年安全保障。

2. 社区工作中的创新

发动社区居民志愿者，增强社区居民对参与价值的荣誉感，提升社区居民的参与意愿。

3. 社区工作对行业的贡献及其价值

通过项目专业社会工作服务的开展，向公众普及、传递社会工作的专业理念和职业素养。从而提升公众对于社会工作的认知和理解，提升社会工作者的价值感和使命感，从而发挥更大的功能和作用。

（三）专业反思

1. 社区工作中印象最深刻的是什么

该案例中，印象最深刻的是青少年与社会工作者之间的情感变化，从最初的质疑、拒绝到服务后期对社会工作者的依赖、不舍，传递着人与人之间的美好和温暖。

2. 社区工作中有哪些印象深刻的情绪感受

该案例中，社会工作者在服务社区青少年的过程中，能够感受到孩子那种天真烂漫的纯真，看到孩子们天性美好善良的一面。

3. 社区工作中有哪些与专业服务有关的新发现

该案例中服务对象为社区青少年，通过开展社区青少年的服务工作为切入口，可以综合调动社区其他老年群体、志愿群体等不同板块的工作开展。将社区工作、社区环境进行综合调解和调动。

4. 在未来服务中，将如何运用专业收获开展社区工作

在未来的服务中，社会工作者首先应本着“授人以渔而不是授人以鱼”的工作态度，不仅是服务的提供者，更重要的是助人自助者，社会工作者的角色定位就决定了工作思路和方向；其次，儿童青少年是家庭的中心和希望，通过青少年服务平台，凝聚社区家庭，影响社区居民，最终营造良好的社区氛围。提高居民参与社区事务的程度，最终实现居民自治。

四、督导评语

（一）社会工作在社区工作中价值理念的践行

社会工作者在社区工作中充分遵照社会工作价值理念，接纳、尊重每位接受服务的青少年。对于个别偏差行为青少年以及不良学习习惯方面的青少年，能够运用社会工作专业视角，采用相应的方法理论及个案工作的模式对其进行帮助，促进青少年更好地适应社区环境，更好地与社会相融合。

（二）社会工作在社区工作中的专业能力

在该案例中的社会工作者具有一定的社会工作实践经验，对于青少年

阶段的问题特点能够准确地把握，并运用专业的理论手法开展专业工作。同时，社会工作者能够积极调动社区内外资源，发掘社区内可利用的优势，最大限度地实现居民自我管理、自我治理、自我帮扶。

（三）社会工作在社区工作中突出的表现

社会工作者的介入不仅缓解了社区青少年放学后无人看管、课业无人辅导的现状，同时增加了社区居民参与社区互动的动力，促进了社区居民的参与，改善社区人文关系。

（四）社会工作在社区工作中有待提升的方面

社会工作者在社区工作中还应更多地了解社区历史和背景，充分把握社区需求以及社区居民的特征，从而更加有针对性地、有计划地制定工作进度表，将社会工作与社区工作更加有机地结合。

第六章 钟村文化钟村寻

——本土文化资源在人际交往小组中的运用

作者：陈丽影　督导：林绍裘①

一、案例介绍

在钟村辖区内，有18万多的人口，其中来穗人员约13万，占辖区总人口的70%，这些来穗人员中大部分为外来务工者。据社会工作者了解，大部分的来穗务工人员子女都是随迁子女，跟随着父母一起来到钟村生活和学习。由于本地文化以及随迁子女的家乡文化差异，刚到钟村的随迁子女未必能够融入钟村的生活，即使对于已经跟随父母在钟村生活了一段时间的随迁子女对本地的文化、本地人以及本地的生活习性也不太了解。同时，对于土生土长的钟村人来说，由于缺乏交流的途径，因此本地居民对来穗务工人员的情况也不了解，在交流或互动上缺乏跟本地人相处时的那种亲切感。

（一）服务缘起

1. 来穗人员子女有适应本地生活的需要，包括对本地的文化、与本地居民的沟通交流，以便更好地融入本地的生活。

2. 根据社会工作者前期调查发现，钟村大部分在校学生存在着人际交往的需要，初中阶段的学生在学校里有较多的机会与朋辈相处，但在课余时间较少机会与朋辈群体接触，除了偶有机会接触同龄的亲戚、邻居或好朋友以外。在校青少年与同龄群体以外的其他群体交流机会少，主要原因是在校青少年缺乏途径与社区里不同群体接触。

3. 钟村是一个拥有传统文化的地方，但随着社会的发展，知道或了解钟村文化的人越来越少，来穗人员了解钟村文化的机会较本地居民少，钟村文化在社会发展过程中渐被年轻一辈遗忘。而钟村传统文化中包含着钟

---

① 陈丽影、林绍裘，广州市番禺区正阳社会工作服务中心，广州，511495。

村先贤对文化的追求、讲究及对细节的一丝不苟、坚持等体现人类智慧的结晶，凝聚着钟村人的伦理观、道德观、艺术观、文化观，时刻影响着后人的价值观。

根据青少年在课余时间的人际交往的需要、来穗务工人员子女适应本地的需要，结合钟村本土丰富的历史文化资源，社会工作者组织开展“钟村文化钟村寻”青少年人际交往小组，运用本地丰富的资源促进来穗青少年与本地青少年、青少年与本地居民之间的互动交流，增进对本土文化的了解，满足青少年的适应及成长的需要。

（二）服务对象的基本信息

人数	15 人
年龄段	12 ~ 15 岁，就读初一至初三的青少年
性别组成	男生 3 名，女生 12 名
受教育程度	初中
兴趣爱好	玩手游、看漫画、看书、户外活动
类型	本地青少年 9 名，来穗人员务工子女 6 名
来源	钟村辖区内
对社会工作者的认知程度	有的组员曾参加社会工作者开展的服务，有的组员在其他组员的带动下参与此小组

二、小组工作服务的过程

（一）招募和预估

1. 招募

招募过程	应用的方法与技巧
（1）通过学校派发夏令营的宣传单，在夏令营招募中统一招募； （2）通过社工站的网上平台宣传与招募； （3）通过社工站的宣传活动宣传及招募。	（1）与学校沟通时，需要学校了解夏令营的情况、学校需协助的方面，以便合作，通过学校进行宣传。 （2）在招募时，考虑居民报名的便利性，把小组相应的信息清晰说明，以便居民了解后再报名，有助小组招募到合适的组员参与。

2. 预估

服务对象遇到的问题	服务对象的需求	资源
部分组员为来穗务工人员子女，对本土文化、生活习俗不熟悉，与本地居民缺乏交流，互不理解，容易出现隔阂与不同意见。	有了解本土文化，更好地适应本地生活，融入社区的需要。	1. 本地丰富的文化资源，如龙狮文化、祠堂文化等。 2. 本地居民对本土文化有一定的认识。
在校青少年在暑假在家时间较多，缺乏与他人交往机会，以致常在家看电视或玩手机或电脑，甚至沉迷网络。	在校青少年假期有增加更多有益身心健康的活动、提升人际交往能力的需要。	社会工作服务站通过开展暑期夏令营吸引青少年参与。

（二）设计服务计划

小组活动计划书

1. 计划书名称

“钟村文化钟村寻”钟村文化小组

2. 设计理念

（1）根据青少年的发展规律，青少年存在着人际交往的需要。初中阶段的青少年在学校里有较多的机会与朋辈相处，但在课余时间除了偶有机会与同龄的亲戚、邻居或好朋友接触，较少机会与同辈群体接触。同时在校青少年较少有机会接触社区内不同群体，原因是在校青少年缺乏途径与社区里的不同群体接触。根据社会工作者前期调查发现，钟村辖区的在校青少年对非同龄群体交往自信的自评分为6.63分，比与同龄群体交往的评分低了1.11分，55.91%受访者表示与非同龄人“没有共同话题”、38.58%受访者表示“接触机会少”及32.28%受访者表示“与对方不熟悉，害怕与对方接触”，这些因素影响着在校青少年与非同龄人的交往。

（2）大部分的来穗务工人员子女是随迁子女，跟随父母来钟村生活和学习。由于本地文化与随迁子女的家乡文化差异，刚到钟村的随迁子女未能够融入钟村的生活，即使跟随父母在钟村生活了一段时间的随迁子女对本地的文化、本地人以及本地的生活习性也不太了解。同样，对土生土长的钟村人来说，由于缺乏交流的途径，本地居民对来穗务工人员的情况不了解，在交流或互动上缺乏跟本地人相处时的那种亲切感。

（3）钟村是一个拥有传统文化的地方，龙狮文化、祠堂文化、钟村方言等在本地居民中深入民心。钟村传统文化中包含着钟村先贤对文化的追求、讲究以及坚持等。传统文化充满着人类的智慧结晶，凝聚着过往钟村人的伦理观、道德观、艺术观、文化观，时刻影响着后人的价值观。

随着钟村的发展及来穗人员的增加，年轻一代及来穗人员对钟村文化的了解不多。文化差异或认同感不高影响着来穗人员对本土生活的适应。根据文化的传续功能，人由生物人转变为社会人的过程，或者说个人社会化的过程，实际上就是个不断学习和运用文化的过程。

“钟村文化钟村寻”钟村文化小组，通过利用在钟村生活较久的居民耳熟能详的“钟村文化”为切入点，拉近组员与本地居民的距离，通过共同话题——钟村文化，链接组员与本地居民的联系，在学习钟村文化的同时，提升组员的人际交往能力、促进社会化的过程。

3. 理论支持

结合班杜拉的社会学习理论，以钟村文化为切入点，小组通过设计不同的任务，促进组员之间的交流，及促进组员与本地居民的交流，在交流的过程中增加组员与不同群体的人际互动，从而增加人际交往的成功经验，提升人际交往的自我效能感。

4. 活动目标

（1）总目标

通过小组促进组员对钟村本地文化的认识，在完成任务的过程中促进其与社区里的不同群体的交流，增加其人际交往的成功经验，从而提升人际交往的自我效能感。

（2）分目标

A. 80% 组员能新增知道 3 个或以上钟村传统文化的内容。

B. 75% 组员促进了人际交往的自我效能感。

5. 运用的小组工作模式

这个小组运用小组发展模式，在本小组中，组员通过相互交流、共同执行任务及组员与本地居民交流以了解钟村文化，恢复组员因缺乏途径而较少与非同龄人交往的人际交往功能，从而减少因人际交往需要未能及时满足而影响社会功能的情况。在此过程中，依据学习理论中的交互决定论，社会工作者设定小组组员共同商量决定、分享的环节，帮助组员通过观察和模仿他人的人际交往行为获得改变，从而形成新的人际交往方式，增加个人的适应性行为，提升组员人际交往的自我效能感，促进其社会交往功能的发展，充分运用积极参与原则，调动组员的主观能动性，达到在社会参与的服务过程中融入社会。

6. 参与成员及人数

（1）组员情况

本小组有15名组员参加，男生3名，女生12名，男女比例为1∶4。组员的年龄在12～15岁，其中来穗务工人员子女6名，本地青少年9名。有的本地的青少年组员能从家人、邻居了解本土的传统文化知识，对本土传统问题有一定了解，有的来穗务工人员子女组员虽在本地居住了一段时间，但对本土传统文化并不了解。

（2）社会工作者情况

本小组的负责社会工作者是一位在本辖区工作了5年、有4年青少年服务经验的社会工作者，对本辖区的情况比较了解熟悉。

（3）志愿者情况

小组有若干环节需志愿者协助带领组员外出了解本地的传统文化，因此小组招募了2名本地居民协助，一名为大一学生，组织能力及带领能力强，在学校有担任社团职务的经验；另一名为资深的长者志愿者，有丰富的志愿服务经验，在本地出生及生活，对本地文化十分了解。

7. 小组具体活动计划表

第一节小组主题：我眼中的钟村

活动时间及地点	活动目标	主要活动内容	所需物资	可能遇到的难点及应对
7月20日 9：00－10：30 社区社工站	1. 组员相互认识； 2. 了解并澄清组员期望； 3. 增加组员对钟村文化概况认识。	1. 派发并回收前测问卷； 2. 询问组员参与本小组的原因； 3. 破冰及分组游戏“找同类”； 4. 以热身游戏分组作为此小组进行过程中的分组； 5. 进行游戏二“钟村文化展示馆”，并带出小组的目的； 6. 社会工作者介绍小组流程，告知组员关于本小组的奖励机制以及个别组员的奖励机制； 7. 制定小组规则； 8. 回顾本节内容并预告下节内容； 9. 布置家庭作业。	笔、前测问卷、游戏道具	预计困难： 在游戏“钟村文化展示馆”环节，组员的关注点可能放在游戏过程，未能体会游戏真正的目的。 应对： 社会工作者在带领分享的过程中注重对组员关于游戏目的的分享。

第二节小组主题：盏鬼“钟村话”

活动时间及地点	活动目标	主要活动内容	所需物资	可能遇到的难点及应对
7月27日 9：00－10：30 社区社工站及附近的公园	1. 了解钟村本地特色的语言； 2. 让组员了解钟村语言的背后代表的意义； 3. 促进组员与社区居民进行交流。	1. 社会工作者回顾上节小组内容，并让组员分享家庭作业； 2. 社会工作者介绍钟村方言； 3. 每组由一名社会工作者带队，每组需根据社会工作者设定的任务，在规定时间内完成； 4. 任务完成后，每组利用十分钟商量展示自己组所抽取到的歌谣或钟村语句的形式并呈现； 5. 展示后，组员相互评选展示好的一组； 6. 社会工作者带领分享； 7. 回顾此节小组内容； 8. 社会工作者预告下节内容：参观谢村龙狮队，组员可以先自行了解相关的钟村文化。	积分榜、任务纸、签到表、笔	预计困难： 组员在邀请居民完成任务时可能会有胆怯的情况，以致任务难以完成，或有挫败感。 应对： 社会工作者向组员介绍邀请居民共同完成任务的技巧，提升组员完成任务的成功率。在分享过程中淡化组员因未能完成任务的挫败感，并与其分析未能完成任务的原因，总结方法，帮助其应对日后同类情况。

第三节小组主题：钟村闹市访“醒狮”

活动时间及地点	活动目标	主要活动内容	所需物资	可能遇到的难点及应对
8月3日 9：00－10：30 龙狮国术会	1. 了解钟村的龙狮文化； 2 明白龙狮文化背后的意义。	1. 带队到钟村的一支舞狮队训练地参观。 2. 邀请醒狮队队长介绍钟村的龙狮文化； 3. 问答环节：组员根据自己的了解及队长介绍内容发问； 4. 分两组体验舞龙狮； 5. 体验过程中每组需要根据任务卡上的任务，向龙狮队队员了解相应的知识； 6. 社会工作者总结本节内容，布置家庭作业，预告下节小组内容。	签到表、积分榜	预计困难： 参观现场环境较嘈杂，有醒狮、锣鼓表演，组员可能因关注表演而忘记提问。 应对： 社会工作者现场提醒组员在观看表演时记得完成任务。

第四节小组主题：钟村祠堂初接触

活动时间及地点	活动目标	主要活动内容	所需物资	可能遇到的难点及应对
8月10日 9：00－10：30 社区社工站	1. 了解谢村的祠堂文化； 2. 反思钟村祠堂的象征及对其的启发。	1. 社会工作者带领组员回顾上节内容，并让组员分享家庭作业； 2. 社会工作者结合组员的作业，向组员详细介绍龙狮文化及其背后的意义； 3. 组员观看介绍祠堂的视频，并根据视频内容进行抢答； 4. 根据视频所介绍的祠堂内容，结合钟村祠堂的大概情况，向组员简单介绍钟村祠堂的大概情况，并带领组员讨论祠堂文化存在的意义； 5. 社会工作者预告下一节小组内容。	签到表、积分榜	预计困难： 组员未能回忆起上节小组收集的龙狮文化信息。 应对： 在讨论开始前，社会工作者带领回顾上节小组的内容及过程，唤起组员的记忆。把上节小组回收的任务纸发派给组员，以便组员讨论。

第五节小组主题：钟村暴走寻祠堂

活动时间及地点	活动目标	主要活动内容	所需物资	可能遇到的难点及应对
8月10日 9：00－10：30 社区社工站及社工站附近的村落	1. 了解谢村的祠堂文化； 2. 体会祠堂文化背后的意义。	1. 社会工作者带领组员回顾上节小组内容。 2. 社会工作者讲解任务，并让组员合作完成任务。 3. 任务完成后，每组对所收集到的资料进行整理、讨论展示方式并展示，最后组员投票。 4. 社会工作者带领分享并总结。 5. 提前告知下节小组为小组的最后一节，让组员有离别的心理准备。	信封、大白纸、大头笔、贴纸、积分榜	预计困难： 组员在完成任务时没能根据要求完成任务。 应对： 提前培训志愿者，明确其职责与义务，并鼓励志愿者在带组完成任务过程中多鼓励组员相互协助、大胆尝试；志愿者需提前了解任务，以保证任务按要求完成。

第六节小组主题：钟村文化面面观

活动时间及地点	活动目标	主要活动内容	所需物资	可能遇到的难点及应对
8月17日 9：00－10：30 社区社工站	1. 组员一同寻找钟村文化背后的意义，总结钟村本地人、本地生活的特性。 2. 回顾与钟村人打交道的过程中有趣经验、寻找有效的沟通方法。	1. 进行热身游戏：钟村游，游钟村。 2. 进行游戏二：导游带你游钟村。 3. 之后，社会工作者带领大家一起讨论每个钟村文化背后所代表的意义。 4. 每组派发便笺纸，组员回顾在完成任务的过程中，所用到的人际交往技巧，并写在便笺纸上；随后，以抢答的方式进行回答，回答正确的，即可将便笺纸贴在钟村文化之树之外空白的地方，所在的组即可获得一枚印花。 5. 社会工作者总结这个小组的内容。 6. 让组员填写后测问卷以及参加者意见表。 7. 统计积分榜成绩，为每组颁发相应的证书及纪念品。 8. 合照留念。 9. 招募闭幕式“钟村传统文化”游戏摊位主持人员，以志愿者的身份参与闭幕式摊位环节，展示小组成果。	快乐伞、笔、积分榜、证书、纪念品、后测问卷、参加者意见表、横幅	预计困难： 本节小组的游戏是社会工作者基于团队游戏，结合小组内容进行修改的，游戏效果可能并不理想。 应对： 小组开始前可先试做游戏，搜集游戏修改的建议，以确保游戏能带出本节小组的目的。

8. 所需资源

项目	内容	备注
人力资源	1名社会工作者、1名实习生及2名志愿者	
物力资源	快乐伞、大白纸、笔、名片卡、横幅、纪念品、证书、信封、贴纸等	
财力资源	购买小组物资的资金	本小组资金链接了区慈善会提供的经费

9. 活动评估

本小组采取过程评估与成效评估相结合的方式进行：

服务目标	评估方法	评估指标	评估时间
80%组员新增知道3个或以上钟村传统文化的内容。	问卷法、前后测	1. 向组员派发问卷，80%的受调查组员能写出3个或以上的钟村文化的内容； 2. 向组员进行前后测，80%组员对钟村文化认识的后测成绩比前测成绩有所提升。	小组第一节和最后一节
75%组员促进了人际交往的自我效能感。	问卷法、前后测	1. 向组员派发问卷，75%的受调查组员表示在小组中认识了4个新朋友。 2. 向组员派发问卷，75%的受调查组员表示在完成任务的过程中主动与居民进行交流。 3. 向组员进行前后测，75%组员表示在人际交往的技巧、态度以及行为的后测成绩比前测成绩有所提升。	小组第一节和最后一节

（三）实施服务计划

1. 小组初期（形成期）

主要工作内容	应用的方法及技巧	遇到的难点及其应对
1. 通过热身游戏“找同类”，促进组员之间找共同话题，拉近组员之间的距离，缓解因首次见面的陌生感。 2. 通过游戏“钟村文化展示馆”帮助组员订立小组契约，发展小组规范，以帮助组员学习相互尊重与接纳，有助形成一个开放包容的小组氛围，促进组员的表达。	1. 通过游戏提升组员参与小组的积极性。 2. 聆听与修正小组过程。在小组中的分组环节，有的组员抗拒跟不熟悉的组员一组，面对这种情况，社会工作者聆听组员的诉求及原因，在不影响小组进程及目标的情况下与组员沟通，与组员商量修正分组规则，有助培养组员归属感，增加参与积极性。	预计困难： 组员过于被动，刚开始时气氛安静，组员被动，不愿意发言。 应对： 社会工作者在邀请组员自我介绍或分享时，以组员最愿意分享的内容入手，鼓励组员参与分享，尊重每个组员分享的意愿。

2. 小组中期（转折期）

主要工作内容	应用的方法及技巧	遇到的难点及其应对
1. 以小组为单位完成既定的任务，促进组员间的互动与合作，建立组员间的亲密感； 2. 通过分享促进组员将小组的关注点放在人际交往的技巧运用与经验总结、钟村文化探寻，而非小组任务完成的结果，有助于协调组员间的关系。	1. 建立“榜样”促使组员对榜样行为的学习。每节小组通过组员互评及当场公布结果，强化对所有组员及其行为的榜样作用，促进组员以榜样行为为参照物改善自身的行为，作出行为的改变。 2. 焦点回归法。对于分歧较大或冲突较激烈的环节，帮助组员澄清冲突的本质，特别是冲突背后的价值观差异，运用焦点回归法，将问题抛给组员商量解决。 3. 调动社区资源的技巧。在这一时期，社会工作者调动了社区的资源，如志愿者、本地的龙狮队伍等。	预计困难： 小组间因存在相互竞争，易引起冲突或权力控制。 应对： 在分享环节引导组员关注互动过程而非任务完成的结果。 促使组员学会欣赏其他组做得好的地方，每次分享后说出其他组做得好的地方，促进小组间的相互欣赏、发现对方长处，营造友好的小组氛围。

3. 小组后期（成熟期）

主要工作内容	应用的方法及技巧	遇到的难点及其应对
1. 通过合作、讨论、投票等方式促进小组形成理想的沟通方式，促进小组良好互动； 2. 设置任务完成的环节，鼓励组员运用前几节小组学到的人际交往知识完成小组任务，获得更多关于钟村文化的新知识。强化组员在人际交往中的成功经验。	1. 影响性技巧。提供合作性的目标，促进组员围绕目标互动，共同合作、共享信息，促进有效的小组沟通，维持小组良好互动。 2. 鼓励与支持。这阶段组员间的包容度更高，能相互支持、自由交流。因此社会工作者鼓励组员，特别是少发言的组员多分享，让其他组员了解甚至认同该组员，有助于提升组员的信心。 3. 调动社区资源的技巧。在这一时期，社会工作者继续调动了社区的资源，如祠堂、志愿者等。	预计困难： 小组中积极发言的组员会掌控话语权，以致其他组员缺乏发言机会而保持沉默。 应对： 在每次分享中社会工作者主动邀请沉默的组员发言，或由积极发言的组员邀请其他组员发言，以让每位组员有分享的机会。

4. 小组末期（结束期）

主要工作内容	应用的方法及技巧	遇到的难点及其应对
1. 带领组员回顾小组的过程，以强化组员了解到的本土文化知识、人际交往知识及技巧，强化其成功经验。 2. 鼓励组员分享对其他组员的看法，主要是赞赏其他组员值得借鉴的地方，鼓励组员间学会相互欣赏。 3. 通过分享发言及填写问卷的方式了解小组成效。	1. 尊重及聆听。社会工作者认真聆听组员的分享，尊重组员的看法，非批判。 2. 观察及小组介入技巧。观察组员在最后一节的表现，若组员出现反对小组解散或焦虑的行为，社会工作者及时介入，并向组员澄清，即使小组结束了，仍可在组群里交流。	预计困难： 组员出现逃避小组结束的现实，最后一节小组出席率较低。 应对： 鼓励组员勇于面对小组的结束，并预告小组最后一节有总结及表彰环节，鼓励组员参与，以让组员在小组的努力获得自己、其他组员及社会工作者的肯定。

小组活动过程记录

活动主题（时间）	活动过程记录	应用的方法及技巧	小组成员的反应	社会工作者的感受及想法
我眼中的钟村 7月19日	有的组员自觉说出所知的钟村文化，有的组员认为钟村的某些特别建筑可代表钟村文化。组员愿意在小组中畅所欲言。分组后，小组的氛围有了明显的改变，组员互动增多，大家开始主动发言。	1. 聆听与接纳； 2. 共同协商。	在分组时，组员的分歧较大，社会工作者听取组员的意见后，在不影响小组目标与进程的前提下，与组员商量后找到大家可以接受的方法，在原来分组的基础上进行微调。经过调整后组员间的互动增多，组员参与度提高了。	分组协调是在小组计划之外发生的事，但经过巧妙处理后，既让小组营造了一种民主、开放、包容的氛围，也对小组进程的转变起着催化作用。
盏鬼“钟村话” 7月27日	了解钟村语言后，社会工作者安排了组员到户外完成任务，组员间的互动增加，大部分组员通过讨论、分工的方法完成任务。完成任务时组员需邀请居民协助完成任务，因此这个环节促进了组员与钟村居民的互动。	1. 信息提供； 2. 鼓励与支持。	个别组员不懂粤语，在介绍钟村特色语言及完成任务时有难度。因此社会工作者鼓励组员间相互翻译、介绍，促进组员间的互动。本地的组员乐意向不懂粤语的组员介绍或翻译，在此过程中组员间会相互交流各自家乡的方言，气氛融洽。	家乡语言有助于拉近组员间的关系。同时组员以团体的形式参与，有助于在极短的时间内拉近组员间的关系。

续表

活动主题（时间）	活动过程记录	应用的方法及技巧	小组成员的反应	社会工作者的感受及想法
钟村闹市访“醒狮” 8月1日	小组气氛格外活跃，组员对龙狮基地的设备很感兴趣，除了认真聆听李教练的讲解，也会主动向李教练提出与龙狮相关的问题。	1. 鼓励与支持； 2. 示范。	1. 组员通过醒狮介绍、现场的表演、体验及任务完成环节，加深了对龙狮文化及其背后意义的了解。 2. 大部分的组员都能对狮队的领队及队员提问，完成任务，增加了人际交往的成功经验，人际交往能力得到提升。	组员通过合作分工，带着任务参观，小组始终围绕本节主题开展。
钟村祠堂初接触 8月10日	在分组讨论中，有两个组进行了分工及讨论，选出了代表汇报。另外两组的讨论不多，分工不明确，只选出了代表后，由代表自己思考问题。 在投票环节组员乐意投给票数较低的一组。	1. 总结和反映； 2. 鼓励和引导。	1. 组员能介绍所负责访问的龙狮文化，有的组员能说出背后的意义； 2. 每个小组都可总结出不少于两点人际交往技巧； 3. 组员在抢答环节能说出答案，对祠堂文化有初步了解； 4. 缺席上节小组的组员能根据自己的理解发表对龙狮文化的看法。	小组间的互动多，呈现良性竞争。组员愿意投票给票数落后的一组，这是让社会工作者意料之外的地方，这也说明小组渐渐进入成熟期。
钟村暴走寻祠堂 8月15日	组员合作分工，通过询问本地居民了解本地祠堂的历史、建筑及功能。组员互动频繁，设法完成任务，在分享的环节，每组都是所有组员出来介绍，体现小组的团结与凝聚。	1. 同理心； 2. 澄清。	1. 大部分组员完成这节规定的任务； 2. 全组组员站出来介绍，组员参与度高，团队氛围好； 3. 每组能说出这次参观祠堂的收获，突出祠堂文化背后的意义； 4. 所有小组总结克服困难的方法，包括与居民交流的态度，以提升任务完成的成功率等。	社会工作者发现组员在完成任务的过程中虽遇到挫折，但社会工作者以他们的经历进行澄清、引导及鼓励，有助于组员在挫败中学习，获得成长与收获。

续表

活动主题（时间）	活动过程记录	应用的方法及技巧	小组成员的反应	社会工作者的感受及想法
钟村文化面面观 8月18日	以竞赛形式进行，在抢答、游戏中小组氛围活跃，也体现良性竞争。组员在这样的氛围里既玩得很开心，也有收获。	1. 自我流露； 2. 总结。	1. 大部分组员说出小组需介绍的钟村文化； 2. 组员都能说出至少一点钟村文化背后的意义或者传承下去的方法； 3. 组员能说出在小组中学到及使用的人际交往技巧或方法； 4. 讨论环节中组员能回忆起在任务执行时的有趣经历，愿意为自己小组付出，归属感强烈，互动良好。	小组在实施时充分听取及尊重组员的意见，内容安排较计划作了较多改动，吸取了组员的建议后调整，因此组员对小组的参与度及积极性高。

（四）评估

评估的内容	应用的方法	服务成效（服务目标的达成情况，小组成员发生的具体改变）	评估中的难点及其应对
通过观察记录及分享，组员能通过合作、与本地居民交流完成任务，从而了解组员促进人际交往的自我效能感的目标达成情况。	1. 运用结构性观察的方法进行观察； 2. 通过分享环节，运用结构性访谈的方法访谈。	1. 社会工作者安排了户外任务，需组员合作、与居民交流完成。从回收的任务纸、带组社会工作者的观察及反馈，约80%组员能通过讨论、分工与合作，与居民完成设定的任务。 2. 在每次任务完成后，社会工作者通过分享访问组员用到的技巧以了解人际交往情况，协助组员总结有助完成任务的人际沟通方法、技巧，约75%组员能说出并总结用到的人际沟通方法技巧。	难点： 该评估属过程评估及质性评估，难以客观评估具体成效。 应对： 在评估过程中，评估资料从协助的社会工作者那里收集，以确保收到的信息更客观。

续表

评估的内容	应用的方法	服务成效（服务目标的达成情况，小组成员发生的具体改变）	评估中的难点及其应对
目标一：80%组员新增知道3个或以上钟村传统文化的内容。	向组员进行前后问卷测试。	1. 在回收的问卷中，100%的参加者表示新增知道3个或以上钟村传统文化内容，根据他们填写的问答题统计，85.8%的组员能写出3个或以上的钟村传统文化内容。 2. 在进行的前后测，根据回收8套完整的前后测问卷，经对比分析后，对于“新增知道钟村传统文化的内容”这一目标，有5（62.5%）名组员的后测成绩比前测高，1名组员不变，2名组员有所下降。	难点： 组员在问卷的主观题内容答非所问。 应对： 在派发问卷时，社会工作者向组员说明问题的内容，以确保组员填写的答案与题目相符。
目标二：75%组员促进了人际交往的自我效能感。	运用前后测评估方法。	1. 在回收问卷中，100%受调查组员认识了3个或以上的好朋友，其中64.9%组员表示认识4个或以上的新朋友。此外，93%组员表示在完成任务的过程中主动与居民交流。 2. 根据回收8套有效的前后测问卷，经过对比分析，对于“促进了人际交往的自我效能感”这一目标，有4名组员（50%）在技巧、行为以及态度上后测比前测成绩高，3名组员前后测成绩不变，1名的后测低于前测成绩。结合以上的测评结果，取三者的平均百分比，约81%组员促进了人际交往的自我效能感。	难点： 组员在问卷的主观题内容答非所问。 应对： 在派发问卷时，社会工作者向组员说明问题的内容，以确保组员填写的答案与题目相符。

三、总结与反思

（一）收获

1. 专业方面的收获

重新思考小组应如何结合组员参与积极性进行设计。以往的小组一般通过需求分析，根据服务对象的需求进行设计，在小组设计过程中社会工作者只能根据需求及社会工作者经验设计小组环节，这可能出现社会工作者设计的小组对组员来说，参与的积极性不高。如果在小组第一节加入与组员商量小组开展环节的设计，如本小组在第一节增加与组员沟通的环节，通过这个环节社会工作者更加明白组员希望以什么样的方式了解钟村文化的内容，让组员参与到小组环节的安排，让组员对小组有更强的归属感，更有助于小组目标的达成。

2. 个人方面的收获

在搜集、梳理及整理资料的过程中，对中国传统文化尤其钟村本土文化有了更深的认识，在促进组员认识本土文化的同时自己因此增加了对本土文化的了解。

（二）经验与创新

1. 小组中用到过往工作经验或方法

根据过往的经验，社会工作者发现青少年对户外活动及竞赛形式感兴趣，因此为了提高小组的趣味性及组员参与的积极性，整个小组用了竞赛的形式进行，将成绩在积分榜上标注出来，每节小组进行公示，一方面强化小组中表现较好的组员的“榜样”作用，另一方面有助组员了解自己小组的形势。

此外，为促进小组的良性竞争，每节小组结束后，都有互评环节，在小组竞争的同时鼓励组员学会发掘、欣赏其他组员的优点，有助于小组营造友好竞争的氛围。

2. 小组工作中的创新

结合社区优势，以资源为本的视角，充分运用社区资源开展小组。比如，本土传统文化浓厚、本地土生土长的居民对本土文化的认识丰富，借助本地丰富的历史文化资源及本土志愿者资源开展小组，让小组的内容显得丰富，小组的形式更多样，传统文化更形象地立现于组员的眼前。

3. 小组工作对行业工作的贡献及价值

小组的主题贴近青少年的人际交往需要，小组开展的形式结合本土的特点以及青少年的特点，有较强的参考或借鉴作用。

（三）专业反思

1. 小组工作中印象最深刻的是什么

小组组员参与度高，积极性强，组员对小组的归属感强。虽然小组以竞争的形式进行，但组员不计较结果，且懂得照顾处于弱势地位的小组，在互评时愿意把手中的票投给票数低的一组，这是让社会工作者印象最深刻的地方。

2. 小组工作中有哪些印象深刻的情绪感受

组员愿意主动分担社会工作者的工作，如每节小组开始前或结束后，组员愿意承担布置和收拾场地的工作，让社会工作者觉得组员对小组有归属感与认同感而感到高兴。

3. 小组工作中有哪些与专业服务有关的新发现

（1）恰当地接纳组员的意见或建议，有助于提升组员对小组的归属感与认同。

（2）良性的竞争有助于促进小组营造积极、友好的互动氛围，加快小组的进程。

4. 在未来的服务中，将如何运用专业收获开展小组工作

（1）借鉴本小组的新发现，在日后开展同类型的小组可以借鉴同样的形式开展。

（2）在小组设计时充分分析及运用本土的资源优势，结合本土的资源优势开展小组，可起到“事半功倍”的作用。

四、督导评语

（一）社会工作者在小组工作中价值理念的践行

社会工作者确信组员的参与会给青少年带来成长，相信他们的能力，给他们充权赋能，鼓励参与和讨论。通过合作、参与和反思，社会工作者给予组员成长和发展的空间，培养他们对小组的归属感，以及对小区的融入和认同，彰显了小组工作“朋辈影响、共同成长”的理念。

（二）社会工作者在小组工作中的专业能力

社会工作者在小组工作的过程中能呈现自己的专业能力，在小组的不同阶段，扮演组织者、引导者、使能者的角色，以认识文化为载体，让不同背景的组员合作、交流和共融。社会工作者掌握本地的资源和需求，也展示他为小组的规范和组员可能的情况作出预估，从而应对。在不同的小

组阶段，运用了合适的微技巧去引导组员，恰当地处理社会工作者和组员在小组动力视角下的不同责任和角色。

（三）社会工作者在小组工作中突出的表现

社会工作者恰当地运用了钟村的特色和本地的资源，结合了本地和外来青少年的学习、成长和共融。在分析需求、活动设计、运用志愿者，以及介入和处理小组进程都有突出的表现。特别是可以给组员就分组安排提出意见，激活了组员的参与。社会工作者细致地描述小组历程、观察入微、反思清晰，把小组的运作活现出来。

（四）社会工作者在小组工作中有待提升的方面

在小组任务发展的同时，相信社会工作者对个别组员的参与及行为反应是有介入的，但未见详述，是可以进一步说明的。再者，社会工作者该有运用大量解说（debriefing）的技巧，也可以在此多一些分享。社会工作者与助手以及志愿者的分工亦可描述多一点。

第七章　以青春的名义探索生命故事

——五山街青少年参与社区志愿服务案例

作者：莫雪霞　陈颖茵　周若茵　督导：陈衍　刘王力[①]

一、项目背景介绍

（一）项目的缘起

五山街建于1953年，由白云区五山镇改称而成。“五山”名来源有两种说法：一说所在地被五个山头环绕，中间形成盆地山塘，人们喻为“五马饮泉”，因地形得名“五山”；另一说此地多山，以“五山”泛指多山而得名。五山辖区由13个社区居委会构成，辖区内高校林立，单位众多，且人力、组织资源丰富；社区居民文化水平较高。

在前两年青少年服务中，五山街社工站和社区内三所中学建立良好的合作关系，根据学校的特色开展不同类型的到校服务，拓宽了服务对象的覆盖面，在服务的过程中了解到校方关注学生综合能力的发展，鼓励学生参与社区的志愿服务。在过往服务中，社会工作者在社区开展以培育青少年社会实践能力为目的的志愿服务，开展了到校志愿者服务队服务、中学生探访队、志愿者团建、中学生参加社会实践等服务，积累了一定的中学生、大学生志愿者。

在年度服务需求调研和社会工作者日常服务的了解中，收集到青少年有参与社区实践的服务需求，并期望在参与社区实践过程中提升自身的实践。此外在辖区内资源众多，有较多的退休教师等干部，他们拥有丰富的人生经验，并乐意向他人分享自己的故事，在匹配两者需求情况下，设计“以青春的名义探索生命故事”项目。

---

① 莫雪霞、陈颖茵、周若茵、陈衍、刘王力，广州市北斗星社会工作服务中心，广州，510000。

（二）项目简介

“以青春的名义探索生命故事”项目类型为青少年社会融入和社会参与服务。结合本辖区社区地缘优势，联动校方、关工委、离退休资源方参与。通过搭建起青少年参与探索生命故事项目的平台，组织青少年对社区有影响力的人士进行采访，在采访过程中提升青少年的能力；同时整理社区有影响力人士的故事集，以生命影响生命，在社区传播正能量，激励青少年的成长。

二、预估

（一）预估服务对象

表1　服务对象预估情况一览表

收集资料			分析与统整	预估中的难点及其应对
服务对象遇到的问题 1. 缺乏社区参与的志愿者岗位及平台。 2. 个人参与社区志愿服务的能力不足。	服务对象的需求 1. 搭建青少年社区参与的平台，提供青少年参与社区服务的岗位。 2. 提升其社区参与的能力，促进其参与社区服务。	资源及其资源障碍 1. 辖区内拥有多所学校，青少年志愿者资源丰富。 2. 青少年群体拥有活力、创造力与无限的想法。	服务对象的社会生态系统图，见下图	难点：青少年对项目内容的认识不足，能力不足，导致服务的成效低。 应对：前期加强青少年对项目的认识，并开展相应能力提升的培训。在过程中，增加社会工作者进行协助。

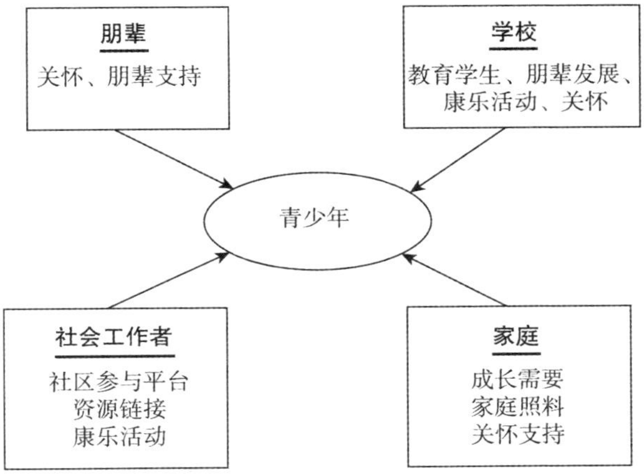

服务对象的社会生态系统图

（二）预估项目

项目的各类资源	开展项目的阻碍
1. 辖区因学校较多的优势，青少年志愿者资源丰富，可参与项目的推行中； 2. 社区资源优势，辖区中有较多的退休教师等干部，他们拥有丰富的人生经验，并乐意向他人分享自己的故事； 3. 与辖区内中学有良好的合作关系，校方关注学生的综合能力发展，支持青少年参与社区实践。	项目中执行需要协调联动各个资源方，对社会工作者的沟通与协调能力要求较高。

三、制订项目服务计划

项目服务计划书

1. 计划书名称

以青春的名义探索生命故事

2. 设计理念

社会工作者相信每个青少年具有无限的潜力，且有自我探索、自我实现、自我完善的能力，社会工作者应该协助其最大化地激发自己的潜能，实现自我。因此，社会工作者期望通过“以青春的名义探索生命故事”项目，提升青少年的社区参与与实践的能力，并引导其探索生命意义，在过程中有所收获与成长。

3. 理论支持

（1）优势视角理论。优势视角认为每个人、群体、组织和社区都有其内在的能力，包括天赋、知识、社会支持和资源，只要存在适当的条件就可以发挥其优势。在生命故事项目中，通过优势视角，社会工作者整合青少年的社区资源，为青少年搭建生命故事的社区参与平台，探索并利用青少年自身的潜能与优势，在过程中提升青少年个人能力，促进青少年的社区参与。

（2）罗杰斯认为人类有一种天生的“自我实现”的动机，即一个人发展、扩充和成熟的内驱力，它是一个人最大限度地实现自身各种潜能的趋向。生命故事项目依托于小组工作，通过组织带领青少年探访社区里正向的、有故事的社区居民，探索生命故事，促进青少年个人能力的提升，协助青少年实现自我。在探访社区居民、制作生命故事的过程中，社会工作者重视青少年自身能力的发展，尊重每位青少年对生命故事的看法和感受，坚信其有能力根据探访了解到的信息编撰“生命故事”文章，并有能力发展自己、改变自己、完善自己。

4. 项目目标

（1）总目标

通过搭建青少年生命故事项目的社区参与平台，促进青少年的正向发展，营造正能量社区。

（2）分目标

A. 通过开展小组活动，青少年的探访能力及团队协作能力有所提升；

B. 通过聆听社区有影响力人士的生命故事，增强青少年对生命价值的认识；

C. 产出 10 篇生命故事系列文章，能够在社区持续传播正能量。

表2 项目具体服务计划表

项目主题	开展时间	参与人员及人数	项目目标	主要内容	服务形式	所需资源	可能遇到的难点及解决预案
前期筹备	2017.09–2017.10	/	完成项目方案撰写	与督导、项目主管等沟通，规划项目的服务、撰写项目的方案。	沟通会议	/	暂无
		/	完成与各资源方的沟通	1. 与合作的学校进行服务洽谈； 2. 根据制定的要求筛选正向的、有故事的社区居民； 3. 社会工作者上门开展探访工作，与目标群体沟通服务开展的内容，得到服务对象的理解和支持。	沟通会议、探访	/	难点：对社区有影响力人士名单的筛选。 解决预案：联系社区居委、走访居民等多种方式，了解社区有影响力人士，并引导其参与到项目中。
以青春的名义探索生命故事	2017.10–2017.12	中学生 8~12 名	提升青少年探访能力及团队协作能力，增强青少年对生命价值的认识	通过与校方沟通，在学校招募中学生并开展“以青春的名义探索生命故事”小组活动。过程中通过培训提升青少年的探访技能，并带领青少年开展社区探访工作，完成生命故事文章的撰写及对生命故事项目进行总结。	小组	校方支持、小组场地	难点：青少年对项目内容的认识不足，缺乏与社区居民面谈技巧，以及收集到的信息较为零散，导致服务的成效低。 解决方案：前期加强青少年对项目的认识，并开展探访面谈的培训。在过程中，增加协助人员协助青少年进行面谈。
项目执行阶段	2018.03–2018.05			在第一期小组的基础上，总结经验与不足，开展第二期小组，进一步提升青少年的探访技能，带领青少年开展社区探访工作，完成生命故事文章的撰写及对生命故事项目的总结。	小组		

续表

项目主题	开展时间	参与人员及人数	项目目标	主要内容	服务形式	所需资源	可能遇到的难点及解决预案
项目执行阶段	2018.04–2018.07	大学生志愿者8~12名	提升青少年探访能力及团队协作能力，增强青少年对生命价值的认识	在社区内招募大学生志愿者，进行项目介绍及相关探访技巧的培训活动，形成社区内探访恒常服务，让大学生分组对社区有影响力人士进行探访，聆听其生命故事，并撰写成文章。	志愿者培训、社区恒常服务	场地	难点：大学生志愿者由于学业任务繁重，且学校社团活动较多，故而大学生志愿者在参与社区探访的时间较难集中，在分组社区探访的时间较为分散。 解决方案：提前对大学生可参与探访的时间进行统计，根据时间进行分组探访，形成具体社区探访安排表。
项目总结阶段	2017.12–2018.09	/	产出10篇生命故事系列文章，能够在社区持续传播正能量	社会工作者把小组产出的成品进行报刊内容的整理、出版；将所有生命故事文章进行整合，排版，制作成生命故事册子，供社区居民翻阅。	报纸刊登、制作成册	人力、财力	暂无
项目检视阶段	2018.10	/	检视服务	收集青少年、学校、社区居民等各方的反馈，对项目进行经验的总结。	访谈、沟通会议	/	暂无

5. 项目评估

（1）监测项目的进度，对人力、资金投入情况进行监测；

（2）采用访谈法、观察法等方式，了解参与者的改变、收获；

（3）该项目在社区的影响。

四、实施项目服务计划

1. 开展项目服务

开展项目服务的过程		项目服务的方式及方法	开展项目服务中的难点及其应对
项目筹备期	项目开展需求评估	通过文献查阅法、访谈法等方式，了解青少年参与志愿服务的需求；通过访谈法了解学校对青少年参与社区志愿服务的看法。	暂无
	探索生命故事项目介入方案设计	根据调研的结果，以志愿服务岗位为平台。设计生命故事项目的志愿服务岗位，促使青少年在志愿服务的过程中探索自我能力，同时在服务过程中，促使社区有影响力人士的故事对青少年产生正向的影响。	难点：中学生参与志愿服务的时间较少,对项目产生影响。 应对：与中学学校老师沟通，借用学校课程中的第三课堂，开展中学生志愿服务方案。
	联动相关的资源（中学、老师、中学生、大学生、社区有影响力人士等资源方参与）	走访社区内的资源方： （1）对于学校资源方，了解其参与该项目的意愿，洽谈合作计划和学校可以提供的资源； （2）对于社区有影响力人士，向其说明该项目的意义，对青少年、社区产生的影响。	难点：对社区有影响力人士名单的收集。 应对：联系社区内单位、关工委推荐有影响力的社区人士。
项目介入期	第一期生命故事计划（参与对象：初中生）	（1）在学校招募中学生参与生命故事计划； （2）向中学生说明参与该计划的目的、意义等； （3）对中学生开展采访前的培训工作，模拟采访的过程； （4）组织中学生对社区有影响力人士进行采访，并编写生命故事； （5）组织中学生分享本次计划的收获。	难点：中学生在采访过程中语言的生硬、晦涩难懂。 应对：在第一次采访时对其进行培训，并结合第一次采访的经历，改进再次采访的表达。

续表

开展项目服务的过程		项目服务的方式及方法	开展项目服务中的难点及其应对
项目介入期	第二期生命故事计划（参与对象：中学生）	（1）总结上一期小组服务的经验，并探索第二期的小组的创新与规划； （2）在学校招募中学生参与生命故事计划； （3）向中学生说明参与该计划的目的、意义等； （4）对中学生开展采访前的培训工作，模拟采访的过程； （5）组织中学生对社区有影响力人士进行采访，并编写生命故事； （6）组织中学生分享本次计划的收获。	暂无
	第三期生命故事计划（参与对象：大学生）	（1）在社区招募大学生参与生命故事计划； （2）向大学生说明参与该计划的目的、意义等； （3）对大学生开展采访前的培训工作，模拟采访的过程； （4）组织大学生对社区有影响力人士进行采访，并编写生命故事； （5）组织大学生分享本次计划的收获。	暂无
	在三期服务中，联动社区资源方参与	（1）联动学校参与，与学校洽谈服务的合作，说明该项目的意义和对青少年的影响； （2）联动社区资源参与，如关工委、离退休处等，挖掘社区有影响力人士，成为该项目的被访问对象。	难点：在挖掘社区有影响力人士方面会存在困难。 应对：需要对社区有影响力人士进行定义，如对社区有影响或有过人之处的人；另外需要向社区有影响力人士表达项目的意义和目的，促使其参与。

2. 结束项目服务

结束项目服务的标准	结束项目服务的方式及方法	结束项目服务中的难点及其应对
每期计划的结束标准，完成设定的目标。	（1）分别对中学生、大学生群体回顾服务的历程，分享生命故事计划对其的收获； （2）整理该期计划产出的故事集； （3）收集其他相关方（老师、社区有影响力人士）的反馈意见。	难点：对青少年收获的评估难以衡量。 应对：本项目采用访谈方法，访谈青少年个人、老师对其变化进行了解、衡量；建议下次可以在个人成长方面订立维度，结合量表等量法的数据进行基线测量的评定。

五、评估

（一）评估的内容及方法

评估方法	评估内容	评估指标
项目评估	1. 评估项目的进度。 2. 投入的资源。	是否按照项目的计划开展；资源的投放比例。
调查法	1. 生命故事项目对青少年个人成长的影响。 2. 青少年个人能力的提升。	80% 青少年个人的能力得到提升。
实践法	产出的生命故事成品并再扩大影响力。	1. 产出 10 篇生命故事的文章。 2. 至少开展 1 次成果宣传展。

（二）项目服务的成效

服务目标的达成情况：通过项目的设计，搭建起青少年探索生命故事的志愿服务岗位，约 30 名青少年参与项目的过程；在项目进行的过程中，提升青少年个人的能力，并通过生命故事成品的推广，促使生命故事在社区传播正能量。

在青少年个体成长层面，无论是中学生、大学生群体，在参与实践过程中，锻炼了自我并提升其个人的能力。在参与的过程中，每人有不同的分工角色，不同的角色岗位需要完成不同的任务，在完成既定任务中锻炼其个人的能力；在朋辈的层面，每期服务过程设计中，3～4 组青少年与一个社区能人进行结对探访，团队的形式能使青少年认识到合作的意义和学习团队成员的优势。

在社区层面，通过整理出的故事集，在社区影响更多的人士，传播社区人士先进事迹，在社区传递正能量。另外，搭建生命故事志愿服务的平台，促使青少年参与社区的实践，该模式可以循环使用，不断改进。

（三）评估中遇到的难点及其应对

难点：对青少年收获的评估、衡量。

应对：本项目采用访谈方法，访谈青少年个人、老师对其变化进行了解与衡量；后续相关的服务上可以在青少年个人成长方面订立维度，结合量表等量法的数据进行基线测量的评定。

六、总结与反思

（一）收获

1. 专业方面的收获

本项目社会工作者联动社区青少年、社区有影响力人士等参与项目过程中，社区青少年不断进行项目的实践与探讨，充分挖掘并发挥自己的优势与潜能，探索生命故事的意义，逐步进行自我人生的探索；另一方面社区有影响力人士进一步在过程中分享自己的生命故事，促进其对自己的生命整合。故本项目在优势视角、叙事治疗的服务理论引导下开展实务工作，坚持社会工作理论与实务相结合，并运用到实务工作中，提升了项目的服务质量，同时也提升了社会工作者专业服务的能力。

2. 个人方面的收获

青少年方面有以下的收获：通过参与项目中，增加其自身实践的机会与经验，锻炼其自身社区参与的能力；青少年参与过程中，一方面，通过与其他的参与方相互讨论、相互配合等，促进同辈群体之间的沟通互动；另一方面，青少年通过与社区有影响力人士的互动，青少年更加了解与关注社区有影响力人士的情况。通过聆听社区居民的生命故事，青少年增加其对生命阶段的认识，更加懂得生命的意义，部分青少年逐渐清晰自己生命的目标。

社区有影响力人士的收获：通过社区有影响力人士向青少年分享自身的生命故事，更加关注到青少年的想法，促进其对自身生命历程的整合。

项目负责社会工作者的收获：一方面，社会工作者在项目推行过程中扮演着重要的角色，联动多方的资源投入项目中，在资源运用与资源方沟通上得到锻炼；另一方面，社会工作者在带领过程中坚信青少年自身有潜能，并在过程中有较多正向的引导，增加了社会工作者对服务技巧的运用。同时，社会工作者亦作为社区有影响力人士生命故事的聆听者，促进了社会工作者个人对自我角色、生命历程的整理与思考。

（二）经验与创新

1. 项目服务中用到的过往工作经验或方法

在项目的策划与筹备阶段，主要借鉴社会工作服务站曾组织开展的社区中学生志愿者结对探访社区长者的服务，该服务形式主要是社区青少年与社区长者进行一一匹配，进行日常化的探访服务；给予社区长者进行关怀与慰问。

2. 项目服务中的创新

项目是基于之前社区中学生志愿者探访社区长者的服务，通过搭建青少年社区参与的平台，回应社区青少年社区参与的服务需求。通过引导社区青少年发挥自身的优势与潜能，投入到探索与挖掘社区有影响力人士的生命故事中，促进青少年探索生命的意义。同时，亦期望通过社区有影响力人士的积极的、正向的生命故事来激励青少年，以生命影响生命。

3. 项目服务对行业工作的贡献及价值

“以青春的名义探索生命故事”项目服务对行业工作的贡献及价值主要在于服务模式的可持续性与可复制性：（1）服务模式可持续性体现在服务主体仍是青少年本身，而在探索的生命故事里可划分不同主题，如探索“人生阶梯”“人生之最”“生命中的酸甜苦辣”等主题；（2）服务模式可复制性可以将本项目内容复制在其他的社区人群服务中，如亲子志愿者服务中。

（三）专业反思

1. 项目服务中印象最深刻的是什么

首先，在项目执行过程中印象深刻的是在青少年与社区有影响力人士的参与及投入，青少年在过程中积极与小组内部成员进行互动与沟通，充分发挥各自的优势与潜能进行分工合作，并且形成较强的凝聚力。其次，社区有影响力人士对项目十分支持，除个体参与项目过程中，同时亦将本项目的服务内容分享给社区更多的有影响力人士，引导其参与项目服务过程中。

2. 项目服务中有哪些印象深刻的情绪感受

青少年在总结与分享过程中，对自己的投入有较为满意的评价，且积极分享自己对于项目实践中的真实收获，表现出较为开心与满足的情绪感受。

3. 项目服务中有哪些与专业服务有关的新发现

总结本项目的服务经验，认为本项目的服务模式可以持续发展，引导青少年对人生阶段、生命意义等进行探索；本项目服务模式可延伸到其他的人群服务。

4. 在未来的服务中，将如何运用专业收获开展项目服务

首先，在后续的相关的青少年项目服务中，可以进一步总结“以青春的名义探索生命故事”项目中的服务经验，可开展延续性项目，进一步引导社区青少年探索更多人生之最、生命意义等主题的服务，协助青少年探索生命意义；其次，在开展相关的青少年服务中，可进一步思考与评估青少年群体中生态环境系统，并积极联动青少年群体生态系统中多种资源参与并投入青少年服务中；最后，社会工作者在服务开展中需要坚定信念，相信每一位青少年均有自己的优势与潜能，并在参与服务过程中能挖掘与发挥自身的优势与潜能，不断进行自我探索、自我发展、自我完善。

七、督导评语

（一）社会工作者在项目服务中价值理念的践行

社会工作者在项目服务中认真践行社会工作价值理念，相信每一个青少年都有潜能，其潜能可得到激发；通过社会工作者在项目服务中的引导和推动，青少年运用团队形式，发挥个人的优势，完成社区有影响力人士的探访，并完成生命故事文章的撰写。

（二）社会工作者在项目服务中的专业能力

以青春的名义探索生命故事项目的内容设计能契合地缘优势以及青少年成长的特点，凸显社会工作者在项目设计和开展服务过程中的专业能力。

（三）社会工作者在项目服务中突出的表现

项目的设计有较多的资源方的投入，社会工作者在开展服务的时候会结合社区资源的优势，有针对性地选取对应的资源，如会选取关工委资源作为青少年的对象，充分发挥其资源优势，如会和学校合作开展，推行生命故事项目的执行。由此看到社会工作者在郭晨高中调动到社区的资源方参与。

（四）社会工作者在项目服务中有待提升的方面

社会工作者有很多的资源投入，并且有很多正向的引导，而且组员的参与感都比较足，社会工作者可以总结该模式的经验，探索成为持续性服务。

第八章 “我爱我家”

——流动儿童城市融入家庭个案服务

作者：赵文娟 督导：马连平[①]

一、案例介绍

服务对象出生于2008年，籍贯安徽。2014年7月，他和家人就到云谷社区希望来吧咨询来吧报名事项，但因来吧名额已满，未能到来吧，直至2015年才进入来吧。服务对象父母于2012年离异，和奶奶、父亲一起生活。2015年服务对象父亲和继母生活在一起，2016年给服务对象添了一个弟弟。服务对象和父亲、继母关系疏离，服务对象不敢向父亲、继母表达自己的想法；服务对象的生活起居由爷爷奶奶照顾，但爷爷奶奶需要兼顾工作、生活，导致服务对象经常暴饮暴食，身上衣服明显偏小；爷爷奶奶也不识字，不能辅导服务对象写作业，服务对象作业经常不能完成，学校老师多次联系家长；服务对象母亲在苏州打工，考虑服务对象继母的感受，服务对象很少有和母亲电话交流和共处的时间，但母亲会用给零花钱的方式弥补母子联系的缺失，导致服务对象养成大手大脚用零花钱的习惯，也存在向奶奶隐瞒真实情况以获取更多的零花钱的行为。

（一）服务对象的基本信息

姓名（化名）	小豪	年龄	10岁
性别	男	职业	学生
受教育程度	小学	婚姻状况	未婚
兴趣爱好	玩手机游戏	家庭状况	重组家庭
服务对象的来源	主动求助		

① 赵文娟、马连平，南京市爱心传递社会工作服务中心，南京，210000。

（二）个案描述

1. 服务对象的个人情况：服务对象是10岁男孩，在流动儿童高达65%的小学上学，学习成绩一般，学校作业完成情况较差，喜欢玩手机游戏。

2. 与同学的互动情况：和同龄人交往较多，但是在和朋辈群体产生分歧时倾向选择逃避或者肢体冲突两种处理方式。

3. 与老师的互动情况：因为作业无法按时完成，所以被老师留堂情况较多，且家长沟通能力欠缺，服务对象奶奶和老师还曾发生过正面冲突。

4. 家庭情况：处于再婚家庭中，奶奶照顾生活起居，服务对象父亲、继母对服务对象学习生活不闻不问，并且服务对象父亲和继母育有一子；服务对象母亲在苏州打工，并重组家庭育有一子，对服务对象关注较少。

5. 各方期望：服务对象对自己的未来没有概念，只想现在每一天可以尽情玩耍；服务对象奶奶和母亲希望服务对象能每天写完作业、听话；服务对象父亲只负责服务对象的学费，只希望服务对象不要打扰自己的工作生活。

二、个案工作服务的过程与专业关系

（一）接案与建立专业关系

1. 接案

	接案的过程	应用的方法和技巧	接案中的难点及应对
初步接触	服务对象和奶奶主动前来咨询。	专注的聆听，表达对服务对象的关切、关注隐藏在话语后面的情绪和潜台词。	服务对象奶奶使用安徽方言社会工作者难以听懂、无法保证信息准确性；通过重述自己获取的信息保障信息准确性。
接案	社会工作者评估属于自己能力范围内的个案后，进行深入了解和双方权利与义务的澄清。	简明扼要、具体化，帮助服务对象准确了解自己的问题及会谈目的。	服务对象及奶奶发散性思维、不聚焦；社会工作者简明扼要概括。

2. 建立关系

建立关系的过程	应用的方法和技巧	建立关系中的难点及应对
服务对象和奶奶陈述处境和需求，社会工作者倾听、积极回应。	表达同理心和无条件的接纳；避免将服务对象定义为“问题人”。	服务对象无法讲清楚自己面临的需求、服务对象奶奶不会说普通话，不利于沟通、建立关系；社会工作者通过同理心等激发服务对象陈述；同时重述、澄清明确话语含义。

（二）预估

服务对象家庭关系混乱，服务对象在父母离婚后跟着父亲生活，服务对象与母亲之间关系疏离，服务对象父亲只为服务对象支付学费，对服务对象的学习生活漠不关心；服务对象母亲在苏州打工对服务对象也关心不足；服务对象爷爷奶奶不识字，没有辅导服务对象学习的能力，服务对象爷爷奶奶联合对抗服务对象继母；服务对象继母对服务对象的生活、学习也不关心，由于父亲、继母功能的缺失，爷爷奶奶能力不足和母亲的缺位导致服务对象存在爱撒谎，不能及时完成作业等不良行为。

1. 个人层面

（1）偏差行为凸显

生活、学习缺乏父亲、母亲的监督，爷爷奶奶的能力有限，以及爷爷奶奶等成员与服务对象缺乏沟通，导致服务对象存在偏差行为。如平时用钱没有规划，服务对象母亲会给服务对象零花钱，服务对象隐瞒并向爷爷奶奶索取零花钱；由于爷爷奶奶不识字，爸爸、继母也不管，所以服务对象经常告诉爷爷奶奶自己作业完成了，实际并没有完成，服务对象奶奶也因此多次被学校老师约谈；服务对象还存在不遵守交通规则、随意破坏公共设施等行为。

（2）情绪管理方面

服务对象和家庭成员之间没有学校学习生活以及日常生活事件的交流，没有表达情感、宣泄情绪的渠道，服务对象在和朋辈群体游戏过程中发生矛盾时，服务对象倾向于表达愤怒后一个人独自跑到卫生间生闷气或者直接通过武力解决；不会和别人沟通解决问题，也没有和别人沟通解决问题的欲望。

(3) 生活照顾

服务对象生活是由爷爷奶奶照顾，在吃的方面比较纵容，服务对象暴饮暴食、贪吃冰品，导致经常流鼻血；同时因为家里爷爷奶奶、父亲都在工作，服务对象早餐通常是在外面解决，饮食安全无法保障。

(4) 心理健康方面

服务对象家庭成员对服务对象关心较少，导致服务对象产生“我们家没有人管我”的认知，服务对象的情感需求无法得到满足；其次因为服务对象在家庭中家长关心度较低，导致服务对象在与成人相处的过程中，习惯于“讨好”成年人的想法、行为，忽视自己的感受、意见，不利于产生正确的自我认同感。

2. 家庭层面

(1) 家庭文化观念方面

服务对象爷爷在工地打工，奶奶做保洁，父亲是快递员，继母在家带自己生的孩子，一家人租住在南京；服务对象母亲在苏州纺织厂打工，家庭成员文化程度较低。服务对象家庭属于工薪阶层，家庭成员之间吵架频繁，甚至连一顿饭吃什么都能成为家庭成员吵架的导火索。由于家庭成员受教育程度不高，导致家庭成员缺乏文明规范意识，服务对象家庭不认为随意破坏、占有公共物品是不合理的，曾经教服务对象怎么非合理开共享单车的锁。

(2) 家庭成员角色功能缺失

服务对象父亲对服务对象的学习生活漠不关心，在学校老师联系时以自己工作忙为由挂断电话，对服务对象的学习、生活缺乏正向引导，更加没有成长陪伴。服务对象生活在南京，母亲在苏州打工，母亲只是偶尔通过电话联系孩子，也不会较多关心服务对象的学习和生活。

3. 服务对象需求分析

(1) 偏差行为纠正

服务对象需要纠正偏差行为，需要协助服务对象厘清自己的行为及继续发展下去的后果，了解清楚这些行为背后的目的，才能更有效地协助服务对象纠正行为。

(2) 情感满足的需求

服务对象通过手机游戏和玩具可以迅速融入朋辈群体中，但因为缺乏情绪和行为控制能力，与朋辈群体极易发生冲突。没有亲情陪伴，服务对象的情绪得不到家长的关注，情绪无法宣泄；思念亲生母亲却无法靠近，对父亲和继母更多的是畏惧；与爷爷奶奶除了聊聊吃喝，无法交流自己的喜怒哀乐。服务对象的情感需求得不到满足，也导致孩子越来越不敢表达自己的想法，自我认同感越来越低，习惯于屈从所处环境中的“强者”。因此，服务对象需要得到家人及同学老师的关注、关心。

（3）生活照顾的需求

服务对象的生活照顾者需要提升生活照顾能力。服务对象的“吃喝穿住”都是跟着爷爷奶奶，爷爷奶奶的精力有限，服务对象经常穿着偏小的衣服上学校；夏天时跟着爷爷奶奶在没有空调的房间睡觉经常夜里因为炎热而失眠；同时爷爷奶奶因为要打工，经常是给服务对象零花钱，让服务对象在外面解决早餐，服务对象却拿着钱去买垃圾食品或者冰品，导致自己经常性流鼻血。

4. 服务对象的资源

（1）服务对象头脑聪明、学习能力强；

（2）服务对象父亲支付服务对象的学费，服务对象基本的生活可以得到保障；

（3）服务对象爷爷奶奶对服务对象关注度高；

（4）服务对象母亲会给服务对象经济补助，仍比较关心服务对象。

5. 家庭结构图

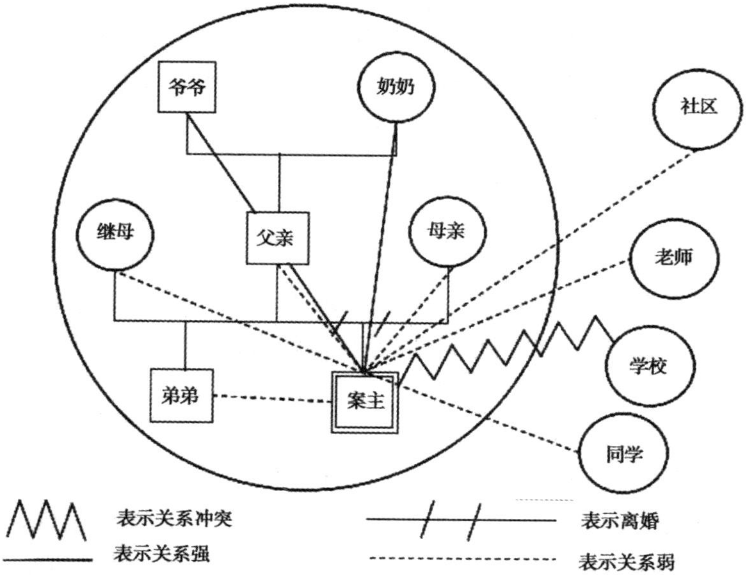

（三）制订计划

1. 服务目标

（1）家庭照顾者方面：提高家庭照顾者的生活照顾能力，使服务对象的衣食住得到合理管理。

（2）服务对象个人方面：提升服务对象的情绪管理能力和人际交往能力，引导服务对象学会沟通，合理处理不良情绪。

（3）亲子关系方面：增加服务对象与家长交流频次，一周至少三次，改善亲子关系。

（4）家校关系方面：增强服务对象的家长与老师之间互相沟通，共同协作，使服务对象撒谎、作业拖延等偏差行为得到有效改善。

2. 个案服务模式

本案例采用心理社会治疗模式，综合运用直接技巧和间接技巧，分析过去的压力、现在的压力和问题处理过程中的压力对服务对象的影响，促进服务对象解决心理困扰、学会合理控制并宣泄自己的情绪；协助服务对象与他人之间建立良好、有效的沟通；改善服务对象生态系统环境，促进服务对象行为改善。

3. 服务对象需要有的努力与行动

（1）周一至周五按时参加四点半课堂；

（2）参加专业情绪管理和行为管理小组；

（3）尝试主动与父亲、继母和母亲沟通、交流；

（4）在家人和社会工作者协助下努力改善偏差行为；

（5）及时、如实向社会工作者反馈近期状况。

（四）实施计划

1. 建立专业关系

社会工作者通过和服务对象会谈了解服务对象在日常生活中和家庭成员互动情况，服务对象自我披露引出话题，了解服务对象平时的游戏方式，了解服务对象的消费观、价值观和自我期望，和服务对象建立专业关系。

2. 深入了解，评估需求

社会工作者和服务对象家长、朋辈群体交流，观察服务对象在和朋辈群体游戏过程中的行为表现，全面了解服务对象生活习惯、情感、价值观和人际交往等信息，并挖掘服务对象自身的优势。

在这一阶段社会工作者对服务对象的优势分析如下：

服务对象自身优势：

（1）认知：自身持有乐观态度、对待事情持有开放态度；

（2）情感：自身愿意主动亲近妈妈、继母等家庭成员；

（3）人际：性格开朗、外向，为人大方，融入朋辈群体快。

服务对象环境资源：

（1）服务对象父亲支付学费费用，对服务对象并非完全不管不顾；

（2）服务对象母亲对服务对象比较关心，只是因为距离较远以及和原来家庭的矛盾，不便于介入服务对象学习生活；

（3）服务对象爷爷奶奶对服务对象比较关心，只是自身文化、精力有限。

3. 介入服务对象家庭，改善服务对象的家庭环境

社会工作者分别和服务对象的母亲、父亲、继母、爷爷奶奶进行单独会谈。在会谈中，社会工作者发现服务对象母亲比较关心服务对象的生活，会不定期给服务对象零花钱，但是因为不知道怎么和服务对象沟通、感觉自己对孩子不重要，以及与服务对象父亲、继母的矛盾导致服务对象母亲不愿意参与到服务对象的学习、行为管理中，社会工作者将服务对象倾诉的自己对母亲的思念告诉服务对象母亲。服务对象父亲从事快递员工作早出晚归，多次强调自己工作太忙，没时间、精力管；服务对象继母表示自己有孩子要带、服务对象跟自己不亲，自己没有必要管。服务对象爷爷奶奶文化程度低，面对服务对象作业不能完成只会采用简单粗暴的打骂方式，服务对象老师也曾因为服务对象不能完成作业警告服务对象，服务对象奶奶也因此和学校老师产生矛盾；同时服务对象奶奶的自身观念也没有意识到服务对象撬砸共享单车是不合理行为，反而认为自家只是占便宜。

对此，社会工作者针对不同家庭成员提出如下建议：

服务对象母亲申请加入服务对象学校家长群，关注服务对象家庭作业，并借助和服务对象交流作业的机会和服务对象多沟通，既确保服务对象每天能够完成家庭作业，也能增加情感沟通，让服务对象感受到来自母亲的关心，满足情感需求。服务对象父亲工作量繁重，建议在为数不多的

假期中可以和服务对象一起逛逛超市、商场，增加父子的相处机会，让孩子意识到自己的父亲并不是完全不关心自己。

对服务对象奶奶进行观念引导，告知她随意损害、侵占公共资源是一种违法行为，同时服务对象未满12岁骑车是不安全的，并通过列举相关事故，引起服务对象奶奶重视，从而进一步约束服务对象不合理使用共享单车的行为。

同时鼓励服务对象多和家长沟通，比如可以在母亲节活动中将康乃馨送给继母，服务对象一开始表示拒绝，并说："继母不喜欢我，她不会要的!"社会工作者鼓励服务对象多进行尝试，看是否会有改变。

4. 资源链接：课业辅导、小组融入

服务对象经常不写作业，被学校老师多次找家长；后进入来吧学习，社会工作者询问服务对象家庭作业，服务对象会选择隐瞒部分作业，所以在课业服务介入初期，服务对象作业完成情况波动较大；在服务中期，社会工作者每周一至周五通过服务对象母亲的作业反馈，安排志愿者督促服务对象按时完成作业，逐步改善服务对象作业拖沓，服务对象家长、社会工作者和志愿者联动，从根源断绝服务对象欺瞒作业完成的机会。

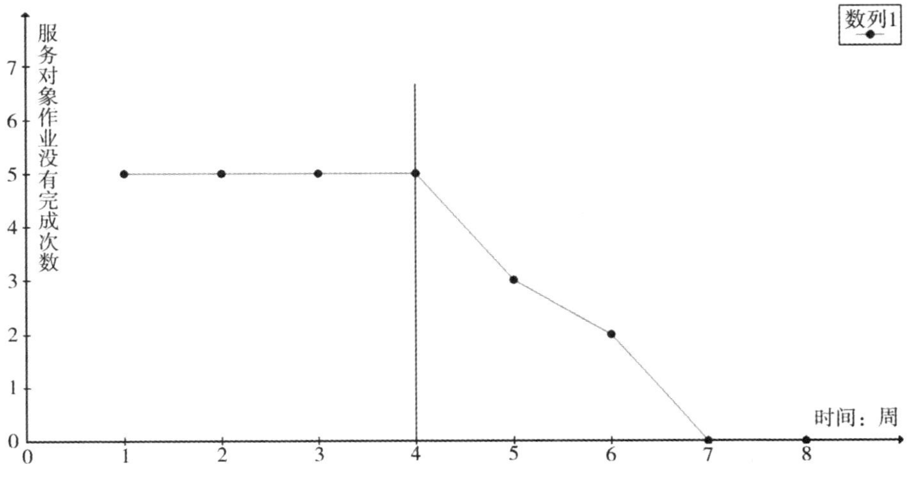

基线期和介入期对比图

上图为基线期和介入期的对比图，在社会工作者没有介入的基线期，服务对象每天都不能完成作业；社会工作者介入初期没有和家长形成良好的协作，因此服务对象每周有2～3次作业没有完成的情况；在第7、8周社会工作者和服务对象家长形成良好的信息沟通，服务对象的作业没有完成的情况为零，每天都能在志愿者的协助下及时完成作业。

同时社会工作者协助服务对象参加“情绪管理小组和行为管理小组”等服务，通过角色扮演、小组游戏等方式鼓励服务对象表达自己的观点，同时学会倾听他人想法，促进服务对象学会合理地与人沟通解决问题，消除非理性情绪宣泄方式。

5. 持续跟进，巩固成效

社会工作者介入后，服务对象的自觉性增强，作业完成情况明显改善，学校老师也给予积极的肯定，在保证学校学习的前提下，学校老师还将服务对象选入合唱团，鼓励服务对象展示自己的风采。社会工作者在常规的个案会谈和小组工作之余，还给服务对象及其家庭成员提供亲子活动平台，让家庭成员在游戏、合作中改善关系，也满足服务对象对亲情的需求，服务对象日记中也开始频繁出现和父亲在一起的快乐时光。

（五）评估与结案

1. 评估

社会工作者评估个案服务目标达成：

在社会工作者进行一些知识普及后，服务对象奶奶开始严格管理服务对象的饮食起居，禁止服务对象多食冰品，并作出如果发现吃冰品就取消零花钱的约定，服务对象流鼻血情况明显减少；同时服务对象继母和母亲也会及时给服务对象添置衣物，服务对象衣食得到合理安排。

小组游戏的融入、社会工作者的倾听和亲子关系的改善，让服务对象开始学会表达自己的观点，在和朋辈产生分歧时会慢慢地解释、讨论；不良情绪出现时会向家长或者社会工作者诉说，直接逃避、避免交流的情况很少发生。

服务对象每个星期会和母亲打三四次电话，交流频率明显提高，服务对象父亲和继母也会在空闲时带服务对象逛超市或者在广场嬉戏，服务对象亲子时光增多，情感需求得到有效满足。

社会工作者、服务对象家长和志愿者的联动，促进服务对象作业完成情况明显改善，同时小组工作中的一些安全教育让服务对象知道没有满 12 周岁骑自行车是不合理的，擅自占用公共财物是不被允许的行为，服务对象骑小黄车的行为没有再出现，偏差行为得到纠正。

2. 结案

（1）结案原因

社会工作者评估个案服务目标达成，且服务对象家庭环境改善、生态系统优化，服务对象认为自己离开社会工作者后有能力面对以后的生活。

（2）结案方法

社会工作者提前告知服务对象个案服务即将结案，处理离别情绪，帮助服务对象梳理自己的优势，鼓励服务对象，让服务对象相信自己可以有效处理结案后面对的问题。

三、专业反思

服务对象家庭成员关系复杂，案例所涉及的人员并不处于同一城市，社会工作者综合考虑服务对象家庭成员的工作性质、工作时间特点让服务对象家庭成员全部参与到服务对象的改变中来，本案例优先选择纠正服务对象的偏差行为和满足情感需要，对服务对象和继母之间的关系改善介入不足，社会工作者将持续做好跟踪工作，促进服务对象健康成长。

四、督导评语

（一）社会工作在社区工作中价值理念的践行

总体来说，本案例还是比较成功的，很多方面体现了社会工作者的良苦用心。通过案例介绍、个案工作服务过程与专业关系、专业反思、督导评估四个部分有序地阐述了接案、预估、制订计划、实施计划、评估与结案的过程，逻辑结构和思路比较清晰。

（二）社会工作在社区工作中的专业能力

案例的介绍比较完整，详细地介绍了服务对象的情况以及社会工作者在其中所进行的干预等，主要干预服务对象的非理性信念和社会支持网络，帮助思路也比较清晰。同时通过小组、个案等多元方式介入开展帮助，又综合了多项专业的社会工作或心理学治疗的技巧，让整个案例过程中社会工作者的专业性体现得淋漓尽致。

（三）社会工作在社区工作中突出的表现

案例所涉及的人员并不处于同一城市，社会工作者综合考虑服务对象家庭成员的工作性质、工作时间特点让服务对象家庭成员全部参与到服务对象的改变中来。本案例优先选择纠正服务对象的偏差行为和满足情感需要，通过生态系统理论作为主线，围绕家庭生态系统开展各项工作，达到了预期的目标。

（四）社会工作在社区工作中有待提升的方面

本案例的不足之处在于社会工作者对服务对象在学校方面的问题帮助较少，社会工作者在学校、服务对象间的作用不明显，这可能也跟社会工作者进校园的困难较多有一定联系，在后期持续的个案跟踪过程中，可以侧重做一些工作。

第九章 “会说话的老房子之韵味三堂”

——青少年沙井盖彩绘小组

作者：张健君　督导：曾展希①

一、案例介绍

2018年7月2日－7月10日，市桥街东西片社会工作服务站于三堂社区开展了一个主题为“会说话的老房子之韵味三堂”沙井盖彩绘小组，共有46人次的青少年参与到五节的小组活动中。社会工作者旨在为青少年提供自我发展与自我展示平台，并且加强青少年对社区参与的积极性，以正面鼓励及肯定的方式激发青少年传播正能量。

小组通过游戏体验、社区走访、头脑风暴、现场绘制等形式进行，在得到三堂社区居委会、专长志愿者以及热心居民的支持下，参与小组的青少年在三堂社区绘制了6个独特的沙井盖。6个沙井盖分别是“印象三堂表情包”“官帽小猪佩奇”“遥望老房子的星空”“老房子连环画”等，原创沙井盖均体现了三堂老房子的建筑特色，同时青少年也向大家发出了爱护老房子的呼吁，每个沙井盖都展现出青少年独特的青春气息，同时被赋予关注社区的象征意义。社会工作者通过这个小组活动，激发青少年社区参与的热情，倡导居民关注老城区文化。

小组活动得到了广大居民的好评，附近的小孩子被地上的沙井盖吸引，在上面跳舞嬉戏，路过的居民称赞这样的美化社区十分有特色，参与活动的青少年家长肯定活动促进了青少年的成长。此外，活动的推文阅读量超过800人次，取得了良好的社区宣传效应。

（一）服务缘起

三堂社区是市桥城区内典型的老城区，老年人口集中，而且具有岭南

---

① 张健君、曾展希，广州市番禺区普爱社会工作服务社，广州，511400。

特色的镬耳屋等旧建筑。随着时间的推移，老城中的旧建筑逐渐被遗忘，城区改造，新旧交替，美好的事物需要得到传承。

活动前期，社会工作者在社区向辖区内三所中学的青少年进行调研，结果显示辖区内青少年对社区归属感高，同时具备绘画、歌唱、舞蹈等方面的才能。社会工作者结合社区内现有的文化资源以及青少年的需求，带领青少年走进市桥老城区之一三堂社区，了解老城建筑以及故事，通过彩绘沙井盖的形式让更多的人了解青少年眼中的老城区。

社会工作者希望借助活动，为青少年提供自我展示的平台，协助青少年在社区中展现才能，鼓励青少年发挥自身力量参与到传承社区文化当中，实现自我价值。

（二）服务对象的基本信息

人数	10 人
年龄段	14 ~ 18 周岁
性别组成	男女 比例 2：8
受教育程度	初中、高中
兴趣爱好	绘画、动漫
类型	一般青少年
来源	2018 年结束中考、高考的青少年
对社会工作的认知度	参与者在读期间均参与过中心的服务

二、小组工作服务的过程

（一）招募和预估

1. 招募

招募过程	应用的方法与技巧
活动通过以下途径招募 ①通过街展宣传招募； ②通过网络平台宣传招募； ③在社区中张贴宣传单； ④致电目标群体邀请参加。	社区宣传，网络宣传，电访接触

2. 预估

服务对象遇到的问题	服务对象的需求	资源
合作方不支持活动的开展	青少年希望在社区中提升自我价值感	1. 财力资源：绘制沙井盖的工具、颜料以及青少年的纪念品等由三堂社区居委会购买提供。 2. 人力资源：专业志愿者美术老师、三堂社区居委会工作人员。

（二）设计服务计划

小组活动计划书

1. 计划书名称

“会说话的老房子之韵味三堂”沙井盖彩绘小组

2. 设计理念

青少年在社区中存在实现自我价值的需求，同时青少年具有不同的特长以及爱好，如绘画、舞蹈等。老城区中的旧建筑文化随着岁月的变迁逐渐被大家遗忘，社会工作者结合青少年的需求以及特长，通过彩绘沙井盖的形式，鼓励青少年在社区中发声表达自己对老城文化的看法，在社区中实现自我价值。

3. 理论支持

赋权可以被理解为一条连线上的多层次结构（Lee，2001；Rocha，1997），连线的一端关注个体能力建设，来解决社会地位与种族方面的压迫，这可以通过发展应对能力，对生活采取积极态度，与家庭、团体和社区建立集体关系以及批判地理解社会政治环境等途径来解决。连线的另一端发生在家庭、组织与社区层面，关注社区改变目标是创造一种关于集体福利的意识，并提供相互支持来影响改变，从而扩展能改进社区生活质量的网络。以相信青少年的能力为基础，赋权青少年，关注社区文化氛围，发挥青少年的能力，促使更多居民关注老旧社区文化。[①]

社区参与是指社区成员尤其是居民以不同方式参与社区公共事务和公共生活的行为和过程。社区服务社区治理的基础，是社区治理功能发挥的

① 吴伟．赋权理论视角下的青年社会参与研究［J］．泰山学院学报，2016，38（4）：116.

首要任务；社区参与是社区治理功能发挥的动力来源，是社会治理的精髓。社区参与的主体是多重的，居民是社区参与的最主要的主体，社区参与的主体是各类社区成员，居民参与也是一个含义宽泛的概念，居民参与既可以是对社区事务和社区活动的参与，也可以是对国家或地区政治、经济、文化生活的参与。青少年作为社区中的参与群体之一，有权利参与到社区文化传承当中。①

4. 活动目标

（1）总目标

提升青少年自我价值感，在社区中释放潜能。

（2）分目标

青少年在社区内完成6个沙井盖的彩绘；

青少年的才能得到展示，75%以上的青少年从中获得成就感；

青少年通过推文/朋友圈发布活动成果，扩大社区文化的知晓度，微信推送超过100人次的阅读量。

5. 运用的小组工作模式

互动模式，小组注重过程中的互动参与，促使组员能力的发挥及个人成长。

6. 参与成员及人数

社会工作者：2名

服务对象：2名高考毕业生，8名中考毕业生

合作单位：社区居委会1名工作人员

志愿者：社区中美术机构2名美术老师

现场居民：6名

① 钱靖．青少年社区参与的社会工作介入探索——以呼和浩特市D社区为例［D］．内蒙古师范大学，2017.

7. 小组具体活动计划表

活动单元（8～10次）	活动时间及地点	活动目标	主要活动内容	所需物资	可能遇到的难点及其应对
小组建立	2018年7月2日西片社工服务站	1. 小组成员相互认识； 2. 订立小组约定和目标。	1. 通过破冰游戏“乌龟乌鸦”促使组员相互认识； 2. 了解及澄清组员期望； 3. 通过头脑风暴、PPT等形式协助组员了解小组的内容、形式、意义； 4. 制定小组目标、契约。	电脑、工作纸、笔	小组动力的产生：协助组员理解彩绘沙井盖以及传承社区文化以及实现自身价值之间的关联，激发组员的使命感以及责任感，促进小组动力的产生。
老城初体会	2018年7月3日三堂社区	1. 走访老城区； 2. 对彩绘沙井盖有初步的设想。	1. 由此熟悉社区的青少年带领小组成员走访三堂老城区，实地了解社区文化； 2. 激发组员对彩绘沙井盖设计的想法； 3. 认领沙井盖，协助组员将想法具体化。	笔、画纸	组员创意的发挥：社会工作者对组员的想法不设限，主要要求涉及老城文化以及传达正能量，充分发挥组员的创意，尊重他们的想法。
沙井盖圆碌碌①	2018年7月3日西片社工服务站	1. 沙井盖定稿； 2. 彩绘沙井盖的注意事项。	1. 组员完成沙井盖定稿介绍自己的想法； 2. 社会工作者讲解彩绘沙井盖的注意事项。	画具、画纸	难以定稿：通过头脑风暴的形式激发组员产生联想，丰富作品初稿。
沙井盖圆碌碌②	2018年7月4日三堂社区	完成沙井盖的绘制。	1. 邀请志愿者协助颜色的调配； 2. 协调社区资源，协助组员完成沙井盖的绘制。	画具、颜料	绘制过程中遇到技术困难：协调专业志愿者资源，给予组员实际绘制的支持。
小组回顾以及分享	2018年7月10日西片社工服务站	1. 小组回顾； 2. 评估活动成效。	1. 小组的回顾； 2. 评估目标达成情况； 3. 组员分享。	电脑、工作纸	组员不知道如何分享：社会工作者结合组员的反馈分别从知识层面、情感层面、自我收获层面进行对活动的反馈以及反思。

8. 所需资源

项目	内容	备注
人力资源	社会工作者2名，社区居委会工作人员1名，专业志愿者2名，社区居民6名	社区居委工作人员协调场地、物资。
物力资源	场地的协调、绘制的地点选定	/
财力资源	画具、画笔、颜料、小礼品等价值约700元	物资得到了社区居委会的支持赞助。

9. 活动评估

评估项	评估方式	评估指标
1. 活动满意情况	问卷	组员满意度平均分在3分以上
2. 沙井盖完成量	观察	组员完成6个沙井盖的彩绘
3. 青少年成就感	问卷	75%青少年活动获得成就感
4. 活动知晓度	数据（推文/网络）统计	推文/朋友圈阅读量、组员的宣传量达到100（含）人次以上

（三）实施服务计划

1. 小组初期（形成期）

主要工作内容	应用的方法及技巧	遇到的难点及其应对
1. 关系建立； 2. 活动了解； 3. 社区走访； 4. 绘制沙井盖初稿。	1. 小组的沟通与互动技巧、小组讨论技巧。 2. 关系建立：通过破冰游戏互动，组员比较快地相互认识，建立了一定的关系。 3. “头脑风暴”：通过头脑风暴的方式结合PPT讲解、现场解答等的环节促进组员了解活动、制定目标。 4. 社区走访：通过社区走访，让组员实地考察，实地感受社区中的特色建筑，为创作带来更多的灵感。	难点：组员中途退出。应对：社会工作者向退出的组员解释活动的初衷以及要求，在沟通完成之后，尊重退出组员的想法以及决定，并向其他组员说明情况。

2. 小组中期（转折期）

主要工作内容	应用的方法及技巧	遇到的难点及其应对
完成沙井盖绘制初稿	肯定以及赞美	难点：个别组员不愿意分享或者怯场。 应对：向组员强调尊重当下组员的想法。调整组员分享次序；适当地复述以及归纳，让组员感受到自己被聆听以及被关注；鼓励以及肯定组员分享的勇气。

3. 小组后期（成熟期）

主要工作内容	应用的方法及技巧	遇到的难点及其应对
组员在社区中完成沙井盖的绘制	1. 尊重与肯定：在绘制的过程中，充分尊重组员的想法； 2. 资源链接：主要链接社区居委会、专业美术志愿者的资源，社区居委会主要提供场地、物资的支持；志愿者主要提供人力以及专业美术指导。	难点：个别组员预设的画面因地面情况无法绘制出来，出现焦急情绪。 应对：安抚情绪，对其想法的创意进行肯定，利用志愿者资源，协助组员了解客观存在的局限，鼓励组员根据现状进行调整。

4. 小组末期（结束期）

主要工作内容	应用的方法及技巧	遇到的难点及其应对
1. 对文化传承的宣传； 2. 整个小组的回顾以及总结。	1. 影响性技巧：结合青少年的特色激发青少年的竞争意识，引导青少年宣传自身的作品。 2. 回顾和分享：通过倒叙的形式引导组员回顾小组历程，引导组员分别从知识层面、情感层面、自我收获层面进行应对，鼓励组员分享感受、表达看法，组员进行小结。	难点：组员缺席。 应对：了解组员缺席的理由，尊重其选择，反思缺席现象背后的原因。

（四）评估

评估的内容	应用的方法	评估中的难点及其应对
1. 沙井盖完成量	观察法：现场一共绘制了 6 个沙井盖，分别是“印象三堂表情包”“官帽小猪佩奇”“遥望老房子的星空”“老房子连环画”等。	暂无

续表

评估的内容	应用的方法	评估中的难点及其应对
2. 成就感	问卷调查：根据回收的4份反馈表中统计数据显示，100%青少年表示获得成就感，平均分是4.5分，与评估指标“组员满意度平均分在3分以上”相符合。	除了问卷调查，社会工作者需要关注组员的表达以及表现。
3. 服务效果知晓度	数据统计、访谈反馈：从微信后台数据中显示，截至2018年7月10日，根据微信推文及QQ，浏览人次达800人次以上，超预期达成。此外，有相关的组织通过推送了解到三堂老城区后，与社会工作者联系，希望能深入社区做调研工作，进一步探讨老城区的魅力。	暂无

三、总结与反思

（一）收获

1. 专业方面的收获

首先，赋权在青少年社会工作中的运用。

社会工作者运用“赋权”理论，赋予青少年包括自由表达、发现问题、发声倡议等权力，协助青少年感受社区，发现社区现状。在社区中发挥自身特长，利用彩绘沙井盖的形式表达对社区文化传承以及维护的看法。在这个过程中，社会工作者充分相信青少年有发现社区问题、在社区中发声的能力。社会工作者需要做好充分的准备，其中包括了解社区中青少年的特性、老城区的建筑文化以及现状、评估整合社区资源对青少年发声平台的支持力度，关键是赋予青少年权力的同时给予他们足够的信心，利用优势视角等角度鼓励青少年看到自身的优势，使赋权更具“底气”。

其次，社区参与在青少年社会工作中的运用。

社会工作者发挥青少年的特长并鼓励青少年参与社区文化传承当中。一方面青少年作为社区一分子，主动参与社区的事务当中，关心社区事务；另一方面青少年充分发挥自身的特长以及优势，在社区中展示自己的能力，实现自身价值；此外，青少年利用自身的影响力，带动和吸引更多的人关注到社区中的热点事件，在社区中传递正能量。社区参与需要因地制宜，环环相扣，社会工作者需要结合社区中人群的特点以及社区特色，充分调动社区力量，产生积极影响以及良性互动。

2. 个人方面的收获

第一，前期沟通工作的必要性。

沟通工作贯穿于整个服务过程，特别是前期准备阶段，社会工作者需要与不同的群体沟通协调，其中包括服务对象、合作方、上级、协助的同事等。面对不同的群体，沟通工作除了需要掌握一定的沟通技巧外，更要因人而异，如与服务对象沟通，提前了解服务对象的需求，使活动目标更加精准；与合作方沟通，以互惠互利为原则，促使资源整合；与上级沟通，有清晰活动的逻辑，争取得到支持；与协助的同事沟通需要有清晰活动的内容以及分工。前期的沟通不仅是为了活动顺利开展，更是社区资源整合的过程。

第二，相信青少年的能力。

在过程中充分相信青少年有能力，相信青少年的潜能，在这个过程中，社会工作者充分了解青少年的特性，不被过往生活经验过多地影响活动设计当中。鼓励青少年在社区中发挥自己的特长、表达自己的观点，搭建包容自由的平台，青少年会给社区创造很多意想不到的惊喜。

（二）经验与创新

1. 小组工作中用到的过往工作经验或方法

一是招募方式的多样性以及精准招募。

锁定目标人群招募会使活动吸引更多的服务对象。在前期“撒网捕鱼”街展式宣传的效果一般，于是社会工作者调整策略，从目标人群主要兴趣以及目标人群的身边人入手，社会工作者致电对绘画感兴趣的青少年、有意向参与社区实践的青少年，以及积极让孩子参与社区实践的家长，随后活动报名人数爆满。社会工作者在招募方面需要考虑全面，除了宣传方式的多样性之外，同样需要针对目标人群进行有效招募，提高效率。面对如此招募火爆的情况，社会工作者明确参加及筛选标准，从两方面考虑，一方面服务对象是否符合报名条件，另一方面是关于公平的定义以及标准。

二是社会工作者以及志愿者带活动的区别。

活动中，协助的专长志愿者有绘制沙井盖的经验，专长志愿者认为绘制沙井盖是他们起稿，由青少年上色，以便更快捷地完成更多的沙井盖，志愿者侧重结果，完成沙井盖的绘制；社会工作者侧重过程，赋予青少年权利、更多的自由空间去成长。社会工作者本身要理解以及尊重差异，同时需要通过沟通技巧或者是亲身体验协助服务对象理解差异。志愿者作为社区中的重要力量，社会工作者需要根据志愿者的特色进行引导，营造更好的社区氛围。

2. 小组工作中的创新

通过青少年喜闻乐见的方式与传统文化相结合。社区中的旧建筑面临损坏甚至拆除的现状，新旧交替，这意味着原有的老城特色会逐渐被取缔。居民眼中的“老破烂”如何获得热衷新事物的青少年的关注和重视，这对社会工作者是一个考验。首先，社会工作者要对社区传统文化做充分的了解以及前期资料搜集；其次，在设计服务的过程中，要结合青少年喜欢新事物的特点，过程中除了突出好玩之外需要结合青少年的潜在需求，如青少年期望自我价值在社区中实现；最后，激发青少年的创意，引导青少年体验传统文化的乐趣，把传统文化结合青少年的特征，促使社区文化更加具有活力。

（三）专业反思

1. 小组工作中印象最深刻的是什么

青少年的创意以及他们在社区中的发声。青少年在充分了解社区特色后，创造了很多独特的惊喜，除展示自己的才能外，更能挖掘到社区文化更深层次的意义，把传统与创新结合，为社区增添了亮丽的风景线。此外，青少年的创意不仅得到社区的认同，还得到外界的关注，有相关的组织通过网络了解到老城区后，与社会工作者联系，希望能深入社区做调研工作，探讨老城区的魅力。

2. 小组工作中有哪些印象深刻的情绪感受

社会工作者与服务对象的关系建立。在小组中期，有组员由于没有参加第一节的小组，对小组的形式、设置并未充分了解，认为小组只是单纯地绘制沙井盖，前期的了解设计以及后期的宣传都是没有意义的，不愿意执行和履行对小组的约定，情绪比较激动，态度强硬。社会工作者与其沟通过后，尊重该名青少年的意愿退出小组，也在沟通中重申了态度和立场。社会工作者对前后期的沟通进行了反思，一方面情绪是具有带动性和传染性的，需要理性安抚组员情绪同时需要处理自己的情绪。另一方面在与服务对象建立关系的时候，社会工作者往往用“讨好型”的姿态和服务对象沟通，一定程度上使得专业关系不平等，服务对象甚至会因此不尊重社会工作者。社会工作者与服务对象是平等的，在关系建立中相互尊重是前提，同时需要注意沟通的方式和方法，注意角色的平衡和调整。

四、督导评语

（一）社会工作者在小组工作中价值理念的践行

判断社会工作者的价值观理念，重点在于社会工作者在实践过程中如何看待服务过程中的人和事物，在这个小组服务过程中，社会工作者始终坚信青少年身上的正能量、老社区有可取之处，无论对人和社区的看法都感受到社会工作者对人价值和尊严的尊重，将人和社区的和谐发展贯穿整个小组。这正是社会工作价值观在中国本土化过程中的重要体现——追求社会和谐发展。

（二）社会工作者在小组工作中的专业能力

在社会工作者的小组过程中是充满挑战的，包括前期组员因期望原因离开小组，中期组员的冲突与焦虑的情绪等。在小组前期社会工作者发挥引导的角色，让组员朝着小组预期的目标前进。小组中期发挥支持者、促成者的角色让组员发挥能力解决小组中的困难，促进小组进一步发展。在小组结束期小组日趋成熟，小组目标即将达成导致小组动力下降，社会工作者重新回到小组中心位置，给予鼓励及灌输希望，引导组员进一步巩固现有成效。社会工作者在小组各阶段恰当地扮演不同角色，促进小组持续发展，社会工作者实务技巧扎实。

（三）社会工作者在小组工作中突出的表现

社会工作者用发展取向而非问题取向看待青少年和社区，小组在实施和执行过程中，社会工作者始终强调青少年及社区资源的参与，运用青少年的正能量激发社区的活力，浓厚的老城区氛围又进一步激发青少年参与的热情，社会工作者将青少年的发展和社区发展有机结合，形成良好的互助互动关系。小组让青少年个人价值得到实现的同时社区的氛围也得到改善，实现人和社区双赢。

（四）社会工作者在小组工作中有待提升的方面

小组结束后青少年自身的发展取得明显成效，但对社区影响而言覆盖面和影响力有限。发挥青少年参与社区建设的模式值得借鉴推广，但是如何进一步提升社区影响力则有待改善。

小组报名阶段有很多组员报名参加小组，有意向参加小组的组员也是社区中宝贵的资源，社会工作者应该思考如何发挥该部分青少年的力量，避免社区资源错配甚至浪费。

第五篇

青少年身心健康促进服务

第一章　谁能理解我?
——“问题”青少年的个案介入

作者：张均辉　督导：许永霞[①]

一、案例介绍

2018年6月28日－11月30日，机构收到北京市朝阳区某学校的推荐，为一名13岁的男性中学生进行个案工作服务。社会工作者经过对服务对象德育主任、班主任、父母及其本人的访谈之后，尝试与服务对象商讨、制订服务计划，以稳定服务对象情绪，协调其亲子关系为目标，通过个案会谈、课业辅导、户外活动等多种形式的服务，开展个案工作。经过5个多月的服务，服务对象的情绪保持了相对的稳定，尤其在9月升入初一之后，服务对象的班级融入情况良好，没有出现情绪波动的情况，与班主任和老师相处较融洽，亲子关系提升，服务对象的问题得到了明显的改善。

（一）服务缘起

2018年，北京华益社会工作促进中心为了帮助学生顺利融入学校、班级，解决学生个人学习与生活困难，创新德育工作的新渠道，促进学校、家庭的“合育”成效，促进学校社会工作的发展，机构以学生为核心，联动学校与家庭开展学校个案工作项目。

该服务对象因为情绪不稳定、多次离家出走、社交技能不足等问题，被北京市朝阳区某学校推荐给本社会工作服务机构，希望机构对该服务对象进行帮助。

---

① 张均辉、许永霞，北京华益社会工作促进中心，北京，100020。

（二）服务对象的基本信息

姓名（化名）	小喆	年龄	13岁
性别	男	职业	初中生
兴趣、爱好	摄影、动漫	家庭情况	父母分居，父母关系紧张
服务对象的来源	学校老师向机构推荐	服务对象的类型	非自愿型
服务对象求助的意愿	有意愿，但不强烈	服务对象对社会工作者的认知程度	不了解社会工作及其工作内容

（三）个案描述

1. 服务对象信息

（1）生理方面

服务对象曾经被诊断为感统失调、脑电波有些异常，智商无异常；因为服药特别伤肾，服用一段时间后就停止使用了。服务对象身体质量指数（BMI，国际上常用的衡量人体肥胖程度和是否健康的重要标准）超标，体重超重，平时运动量较小。

（2）情绪、情感方面

服务对象上小学时，受到一些同学的嘲笑，他内心变得敏感，听不得批评，情感表达能力、情绪控制和调节能力较弱，情绪表达方式比较极端，会比较强烈地反抗家长，或者与一些老师对着干。

（3）行为表现

服务对象有厌学行为，对老师、家长提出的学习建议，会用撕书、争吵等方式，不服从他们的管教。在上课时，服务对象容易注意力不集中，会通过在纸上或者试卷上写满“SB，TMD”骂人的方式发泄情绪。听到有人说他不爱听的话时，就会出现反抗行为，只愿意听表扬、顺耳的话语。服务对象曾经多次离家出走，但都没有到过太远的地方，当天便能被找到。服务对象曾经几次谈到自杀，在朋友圈和作文里面也出现过死亡的话题；还曾经和老师谈起死亡的办法，如摸电门、跳楼等。

（4）学习情况

服务对象不能积极参与课堂学习，也不能按时完成作业，家庭作业需要家长和老师好好跟进才能够完成。在学业成绩上，英语能够及格，语文在及格的边缘，数学很难及格；不能通过考试，只能事后补考，而且不能认真补考。平时缺勤和迟到的情况很少，也没有被停学或者被处分的情况。

（5）朋辈关系

服务对象平时不太合群，喜欢围在同学旁边看同学们开展的活动，但是自己不参与；如果有同学主动邀请他参与，也能够加入集体活动中。服务对象在班里有个别的普通朋友，基本上没有知心朋友。

（6）兴趣与长处

服务对象善良、友爱，在班里不欺负、不伤害同学，有时还在运动会上写诗鼓励同学。愿意与他人分享，曾经把从瑞士带回来的巧克力分给同学吃。做事负责任，比如在升旗仪式上负责播放音乐，很认真。平时喜欢谈防空、警报方面的话题，喜欢美好的人和事物；擅长摄影。

2. 家庭环境

（1）家庭及其成员基本情况

服务对象生活在核心家庭，家庭成员有父亲、母亲及服务对象；父亲的职业是医生、母亲是护士，父亲患有肺部疾病，母亲患有颈椎病。家庭经济条件总体较好。

（2）家庭互动情况

2018 年，服务对象的父母由于性格不合分居，服务对象主要同父亲居住在一起，有时候也会跟母亲住。平时，父母因为工作较忙，与服务对象没有太多交流。服务对象有时会对抗父亲，比如父亲让其背诵课文，服务对象会将手机摔在地上。服务对象还出现过多次离家出走的情况。父母之间打电话时，通常不会当着服务对象的面进行交流。个案服务之前，其父母对孩子的转变不抱有希望。

3. 学校情况

学校班主任、任课教师比较关心服务对象，尽量会正向引导、积极鼓励服务对象，避免其出现过度情绪化的情况。

二、个案工作服务的过程与专业关系

（一）接案与建立关系

1. 接案

	接案的过程	应用的方法和技巧	接案中的难点及其应对
初步接触	2018 年 7 月 11 日，社会工作者邀请服务对象一家人进行第一次个案会谈。 1. 简单向服务对象一家介绍自己及专长； 2. 简要了解服务对象及其家庭的基本信息、遇到的问题及需求； 3. 说明本次个案服务的目的、基本过程和保密原则； 4. 和服务对象及家人确认其需要后续的专业服务。	主要运用支持性会谈技巧，通过言语和非言语方式，做到对服务对象及家人的专注、倾听和鼓励。	难点：社会工作者联系服务对象的家长，并与家长建立关系。 应对：社会工作者与服务对象的家长进行联系，说明社会工作者的服务目的，消除家长的疑虑，并邀请家长带领服务对象与社会工作者进行会谈。
接案	1. 较具体了解服务对象面临的问题及需求，即面临学业压力、情绪管理的困扰、亲子关系问题； 2. 了解并澄清服务对象对个案服务的希望； 3. 和服务对象达成初步的口头服务协议； 4. 从服务对象想提升的语文开始，对其进行课业辅导，并了解其在语文作文中所表达的悲观情绪及原因。	在会谈的过程中，运用引领性技巧，通过澄清服务对象的问题，聚焦其谈话的范围，进一步了解服务对象的想法。	难点：与服务对象建立良好的关系，打破服务对象的戒备心。 应对：社会工作者在初步接触后，了解到服务对象的兴趣爱好，通过与服务对象聊动漫、找到共同话题的方式，逐步建立与服务对象的关系。

2. 建立关系

建立关系的过程	应用的方法和技巧	建立关系中的难点及其应对
1. 社会工作者了解到服务对象的兴趣爱好，通过与服务对象聊其喜欢的动漫、找到共同的话题，逐步建立与服务对象的关系。 2. 在对服务对象进行语文课业辅导时，当其出现良好的学习态度时，社会工作者对其进行鼓励与表扬，以进一步建立良好的关系。	运用支持性、引领性和影响性技巧，倾听服务对象介绍其兴趣爱好、学习情况。在建立关系的过程中运用影响性技巧，向服务对象自我披露，介绍社会工作者的经验。	难点：通过会谈，了解服务对象关于自己及其自我评价的真实想法。 应对：在会谈过程中，社会工作者充分表达了对服务对象的接纳，接纳其兴趣爱好和缺点等。在聊到他人对服务对象喜欢二次元不理解时，社会工作者通过自我表露表示理解。

（二）预估与发展关系

预估

收集资料			预估中的难点及其应对
服务对象遇到的问题	服务对象的需求	服务对象的资源	难点：分析服务对象的需求。 应对：在接案阶段注重与服务对象建立关系；预估阶段充分收集服务对象的信息，在良好的信任关系中，了解服务对象的真实想法，确保信息的真实性与有效性。
1. 情绪控制能力差，遇到让自己不满意的事情会突然发脾气。 2. 学习和生活态度有消极状况，在学习、生活中谈及自杀和死亡。 3. 学习动力不足，学习成绩偏低。	1. 加强亲子沟通，调整亲子关系； 2. 增强情绪控制的能力； 3. 改善学习态度与状态。	1. 父母对服务对象的关注和照顾； 2. 班主任的关心与帮助。	

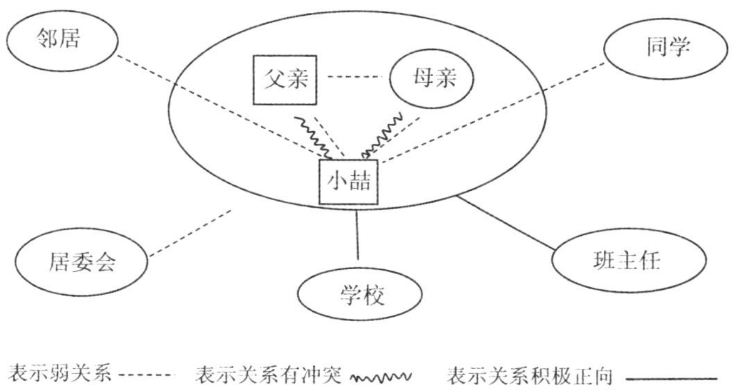

服务对象的社会生态系统图

（三）制订计划

1. 社会工作者和服务对象在制订计划中的关系

社会工作者在制订计划前，与服务对象共同商议，了解服务对象主要的困惑和想要解决的问题，之后双方一起协商制订服务计划。

2. 个案工作服务计划

个案工作服务计划表

第一，总目标与分目标

总目标： 通过个案工作、小组工作以及社区工作等专业方法，使得服务对象具有正向积极的生活态度，并在亲子关系上有所改善。 分目标： 1. 增强服务对象的情绪控制能力，帮助其学会管理自己的情绪； 2. 促使服务对象具有积极的学习和生活态度； 3. 帮助服务对象改善亲子关系，增进同学关系。

第二，阶段性目标和服务策略

1. 第一阶段：2018 年 6 月 1 日 –2018 年 6 月 30 日，接案与建立关系，在此基础上，充分收集服务对象社会生态的信息并予以梳理，完成预估并注意与服务对象及其家长建立良好的专业关系。 2. 第二阶段：2018 年 7 月 1 日 –2018 年 8 月 31 日，与服务对象一起商讨、确定具体的服务目标和计划。在个案服务上，一是在暑期，以提供课业辅导为契机，一方面进一步建立关系，另一方面促使服务对象培养积极的学习态度、掌握多样的学习方法。二是针对服务对象及其家庭需求，运用其个人和家庭的优势进行认知行为模式的个案服务。三是征得服务对象及其家长的同意，邀请服务对象参与提升自信心、管理情绪的小组活动。四是对整个家庭进行个案服务，促成家庭成员真诚、有效的对话与交流，促进其相互理解、相互接纳，同时为家长提供具体情境的家庭教育指导服务，使其学会用建设性的方式进行亲子沟通和教育。五是链接心理咨询资源，协助家长调适婚姻关系，促进有效的夫妻互动。 3. 第三阶段：2018 年 9 月 1 日 –2018 年 10 月 30 日，通过家庭和学校访视，对服务对象进行跟进性评估，针对其改变的情况，及时调整个案服务。 4. 第四阶段：2018 年 11 月，根据个案服务的目标实现情况，准备结案。

（四）实施计划

根据服务计划和对现实情况的不断评估，实施服务计划。

1. 第一阶段：2018 年 6 月 1 日 –2018 年 6 月 30 日，接案与建立关系，在此基础上，通过与服务对象会谈、家庭访视和学校访视，充分收集服务对象社会生态的信息并进行梳理、分析。在此过程中，秉持社会工作的价值理念，运用支持性的技巧等，特别注意与服务对象及其家长建立良好的专业关系。

2. 第二阶段：2018 年 7 月 1 日 –2018 年 9 月 30 日，在较充分预估的基础上，与服务对象一起商讨、确定具体的服务目标和计划。然后，与服务对象及其家庭一起，实施服务计划。

（1）在暑期，社会工作者以提供语文课业辅导为契机，一方面与服务对象及其家庭建立关系，另一方面帮助服务对象逐渐形成积极的学习态度、掌握学习方法。

（2）通过找到服务对象的兴趣、爱好，营造轻松、惬意的交流环境和氛围，如在公园散步等，引导服务对象关注正向、有趣的事情，促进其逐渐形成积极的生活态度。

（3）针对服务对象及其家庭需求，运用其个人和家庭的优势与资源，开展认知行为模式的个案服务。

（4）征得服务对象及其家长的同意，邀请服务对象参与提升自信心、管理情绪的小组活动。另外，在与班级老师达成共识后，社会工作者在服务对象所在班级开展班级团建活动，促进同学及服务对象彼此熟悉和班级融入，增强班级凝聚力，增进服务对象与班级同学的关系。

（5）运用萨提亚家庭治疗的方法，对整个家庭提供个案服务，促成家庭成员真诚、有效的对话与交流，促进其相互理解、相互接纳，同时为家长提供具体情境的家庭教育指导服务，使其学会用建设性的方式进行亲子沟通和教育。

（6）评估家庭存在的问题及需求，链接心理咨询资源，协助家长调适婚姻关系，促进有效的夫妻互动。

3. 第三阶段：2018 年 9 月 30 日 –2018 年 10 月 30 日，通过家庭和学校访视，对服务对象进行跟进性评估，针对其改变的情况，及时调整个案服务的内容和方式。如 2018 年 10 月 12 日，社会工作者与服务对象在学校会谈，了解服务对象的近况，了解到服务对象与家人的关系有了改善，班级融入情况良好。社会工作者鼓励服务对象坚持积极的学习态度，尝试规划自己的未来。社会工作者还与服务对象的班主任沟通，了解到服务对象的学习状态明显好转，学习态度比较认真，情绪较稳定，与其他老师和同学相处良好。2018 年 11 月 6 日，社会工作者与服务对象的父亲沟通，了解服务对象的家庭关系情况，其与家人的关系缓和许多。

（五）评估与结案

1. 评估

评估的内容	应用的方法	服务成效	评估中的难点及其应对
服务对象的亲子关系、同学关系、情绪状况、学习态度及学业成绩。	运用访谈和问卷等方式，进行过程和效果评估。 1. 过程评估由督导针对社会工作者的服务过程，通过督导访谈，进行专业服务过程、能力的评估； 2. 效果评估通过个案评估表，由社会工作者对服务对象进行效果评估。另外，社会工作者通过访谈服务对象的班主任、家长，对服务进行成效评估。	服务的总目标和分目标基本实现： 1. 增强服务对象的情绪控制能力，帮助其学会管理情绪； 2. 促使服务对象具有积极的学习和生活态度； 3. 帮助服务对象改善亲子关系，增进同学关系。	难点：如何评估亲子关系的改善与学习状态的改善程度。 应对：除了观察服务对象在亲子关系和学习态度等方面的行为表现之外，访谈其家长和班主任，了解服务对象在服务目标上的改善情况。

2. 结案

结案的标准	结案的过程	应用的方法	结案中的难点及其应对
服务对象和社会工作者共同确定的目标已经达成，服务对象及其家人觉得可以结案。	1. 社会工作者在后两次的个案服务中，促进服务对象巩固其已有的积极改变； 2. 与服务对象探讨未来可能遇到的困难及应对办法； 3. 关注到即将结束个案时服务对象的情绪并予以处理； 4. 2018 年 11 月 19 日，社会工作者结束个案服务，并鼓励服务对象在今后积极进取。	社会工作者运用个案会谈的技巧，支持、引导与鼓励服务对象提升自信，增强其行动力。	难点：如何在个案服务结束后，使得服务对象保持行动力。 应对：社会工作者带领服务对象回顾其几个月来发生的转变，让服务对象感知到自己通过努力可以有积极的改变，同时鼓励并欣赏服务对象继续改变的意愿和行动的能力。

三、总结与反思

（一）收获

1. 专业方面的收获

通过开展个案服务，锻炼了自己的个案服务能力与技巧，从不知道如何与学校、家长更好地沟通，如何与服务对象建立良好的关系，到能够更加主动、有能力地与服务对象及其家长建立关系，较系统地进行个案预估。在个案实践中增强了个案工作的专业技能，并体验到了整体个案服务的过程，对个案服务有了整体性、体验性的认识。

2. 个人方面的收获

通过个案服务，理解了服务对象在不同角色中面临的不同困境，更加深刻地理解了服务对象的难处。在服务过程中，锻炼了自己的沟通能力，可以更加主动、有效地和服务对象及其家长、学校、老师进行沟通。

（二）经验与创新

1. 个案服务中用到的过往工作经验或方法

在以往服务中，探访家庭或者学校时会用到观察法，在本次个案服务中又加以运用。该方法的使用，对于收集资料和评估服务的成效很有帮助，而且本次对观察法的运用更加熟练、系统。

2. 个案服务中的创新

社会工作者在开展个案服务的过程中，除了一对一的个案会谈之外，对服务对象的社会生态系统，进行有效的影响也是十分重要的。当社会工作者发现服务对象即将进入初一学习，班级的归属感是其重要的需求时，就尝试着和服务对象的班主任及学校进行沟通，想通过班级的团队建设活动，一是促进同学彼此之间的熟悉和团队建设，二是帮助服务对象逐渐融入新的班集体。在实际的个案服务中，这一具有创新性的服务形式，基本实现了上述两个服务目的，同时也增强了社会工作者和服务对象的信任关系。

3. 个案服务对行业工作的贡献及价值

本案例是“创新德育工作模式，‘家—校—社’合育‘个别生’”项目中的一个案例。该项目通过学校推荐偏差行为学生，机构接案并提供专业服务。项目突破学校的“壁垒”，以第三方的形式介入到学校的德育工作中，机构积极联系家庭，针对服务对象及其家庭面临的问题及其需求，通过个案会谈、小组活动、班级团建、户外活动、链接心理咨询资源等多样化的形式，为像服务对象这样面临现实困难的青少年提供帮助与服务。项目的开展缓解了学校和教师工作的压力，促进了学校与家庭的沟通。同时，也为学校社会工作的实践与发展积累了实践经验。

（三）专业反思

1. 个案服务中印象最深刻的是什么

案例中服务对象喜欢二次元文化，而二次元文化中有很多异性的夸张图片，这些却不被同学和老师认可，因此服务对象得不到同学的理解，班级融入不理想。当服务对象向社会工作者谈到二次元文化时，社会工作者表示理解与支持，并以社会工作者的朋友为例，和服务对象交流起二次元文化。在交流时，服务对象开心的表情让社会工作者印象深刻，服务对象找到了可以倾诉交流的对象，双方的关系也因此更近一步。

2. 个案服务中有哪些印象深刻的情绪感受

在与服务对象建立信任关系之后，服务对象和社会工作者谈论自己的兴趣爱好、学习情况与家庭情况，话题越来越深入，这些令社会工作者信心大增，而且明显提升了自我效能感和成就感。当服务对象谈及家庭成员的关系并询问社会工作者该如何解决时，社会工作者的焦虑感油然而生，一方面是因为感受到服务的责任重大，另一方面是因为缺少家庭个案服务的经验。同时，社会工作者也在积极地链接资源，以帮助服务对象解决这一现实性的问题。

3. 个案服务中有哪些与专业服务有关的新发现

对于不同年龄阶段的服务对象，服务的方式、方法有很大的不同。针对小学阶段的服务对象，一是要注重建立平等、信任的关系，二是要根据小学阶段服务对象的特点，逐渐降低其将社会工作者视为“权威”的认知。尤其在初次见面时，需要澄清社会工作者的角色，在建立关系的过程中，让服务对象感受到放松、关怀、亲和、友善。而中学生阶段的服务对象，因为其自我意识的发展，独立性和成人感增强，相对而言，在尊重、平等的氛围中较易建立起关系，但要建立相对信任的关系，还需要进一步践行社会工作的价值观。另外，班级团建活动的设计，也要根据不同阶段服务对象的特点和需求设计。

4. 在未来的服务中，将如何运用专业收获开展服务

在未来的个案服务中，社会工作者将深化运用专业知识与技巧，将社会工作的价值观有效融入服务过程中。根据个别化原则，在总结经验的基础上，对个案服务进一步优化。

四、督导评语

（一）社会工作者在个案服务中价值理念的践行

在服务开始阶段，面对老师和家长的反馈，社会工作者并没有对服务对象产生偏见，而是展示出了充分的尊重与接纳，并没有把老师和家长口中的标签强加在服务对象身上。在与服务对象日益加深的交谈后，社会工作者意识到服务对象遇到的问题主要是因为家庭关系及其互动产生的。经过多次会谈后，社会工作者与服务对象一起确认了服务的目标，并制订了适合服务对象的服务计划，践行了个案服务中的个别化原则。

（二）社会工作者在个案服务中的专业能力

社会工作者在个案会谈中，表现出良好的个案工作能力，无论是在预估的会谈中，还是辅导性的会谈中，社会工作者都认真准备，较明确会谈的目标，并且做到学以致用。

社会工作者在与家长、学校老师的沟通过程中，充分尊重服务对象的家长、老师。同时，对服务对象父亲的教育心态表示理解，对老师的教学管理能力予以肯定。在服务对象同意的情况下，通过向其家长和老师介绍服务对象现阶段的身心发展特点和一些想法，获得家长、老师的理解；在此基础上，对家长和老师的教育提出一些可行性建议。

（三）社会工作者在个案服务中突出的表现

个案服务过程中，社会工作者比较突出的表现是在建立专业关系方面。社会工作者总是在收集服务对象的信息之后，认真了解服务对象的兴趣爱好，找到和其共同的爱好，找到建立专业关系的突破口。社会工作者

真诚、接纳的态度能够拉近与服务对象的距离，增强了社会工作者的亲近感。

（四）社会工作者在个案服务中有待提升的方面

在个案会谈中，社会工作者缺乏强有力的引导，面对服务对象的非理性信念，对质做得尚不够充分。面对个性较强、思维敏捷的服务对象，社会工作者及时、有效的回应做得不够。因此，社会工作者个案会谈的影响性技巧还有待提升。另外，根据实际情况和服务对象的需求，社会工作者需要尽量合理安排服务频率，并加强各项服务活动的协调能力。

第二章　我是哥哥，也需要爱

——全面二孩政策下的青少年个案服务

作者：刘美一　尹春茜　周诗妍　督导：赵记辉①

一、案例介绍

基于2015年开放“全面二孩”政策的背景，本案例的服务对象作为家里的老大，由于二孩的出生，而受到父母的忽略，缺少了关爱与照顾。因此，社会工作者运用结构家庭治疗的方法，改善服务对象的家庭互动模式，发挥家庭的核心功能，满足服务对象爱与被爱的需要。同时，引导服务对象的父母与子女形成正确的沟通方式，从而达到服务对象改变和解决问题的目的。另外，运用认知行为治疗模式，重构服务对象用攻击行为解决问题的错误认知。历经两个月的个案服务，改善了服务对象的家庭沟通模式，增加了父母对其的关心与照顾，使服务对象的需求得到满足。同时，解决了服务对象的攻击行为问题。

（一）服务缘起

该服务对象是由社会工作者在社区四点半课堂服务中发现的。服务对象几乎每次在四点半课堂上，但注意力不集中，爱做小动作，也不爱做作业，而且不太讲个人卫生。另外，在课堂中他还经常出言不逊，爱寻衅，甚至还会顶撞社会工作者；还曾经出现过与四点半课堂上的同学打架的情况。该服务对象处于青少年发展阶段，心智发展尚未成熟。社会工作者认为，通过个案服务能够协助服务对象有所改变。

---

① 刘美一、尹春茜、周诗妍、赵记辉，山东女子学院社会与法学院，济南，250100。

（二）服务对象的基本信息

姓名（化名）	小白	年龄	13 岁
性别	男	职业	初中生
受教育程度	小学六年级	婚姻状况	未婚
兴趣、爱好	滑板、画画、打游戏	家庭情况	家中 6 口人，爷爷、奶奶和父母，还有一个 3 岁的妹妹
服务对象的来源	社会工作者在社区四点半课堂服务时发现	服务对象的类型	非自愿型
服务对象求助的意愿	求助意愿较低	服务对象对社会工作的认知程度	没听说过、不了解社会工作

（三）个案描述

1. 服务对象个人情况

服务对象在性格方面，主动、坚持、有点执拗。在学习方面，不爱学习，学习成绩较差。在日常生活中，不太讲个人卫生，总是穿着破旧的衣服。

2. 家庭环境

服务对象家中一共有 6 口人，爷爷、奶奶、父母和一个 3 岁的妹妹。爷爷、奶奶年事已高，需要服务对象的父母赡养。其母为初中学历，在手机专卖店当营业员；父亲为中专学历，职业为保安。家庭的经济收入较低，生活较为窘迫。父母工作忙碌，回到家中，把大部分时间放在了 3 岁的妹妹身上，与服务对象的沟通交流比较少，也缺少对服务对象的关爱和照顾。平时的生活，服务对象主要由奶奶来照顾。当服务对象调皮捣蛋或者学习成绩不理想的时候，父亲会揍他。因此，服务对象与父母的关系较为疏远。

3. 同学关系

在学校里，服务对象与同学关系一般。当与同学发生矛盾的时候，服务对象通常会出现攻击性行为，并以此来解决问题。

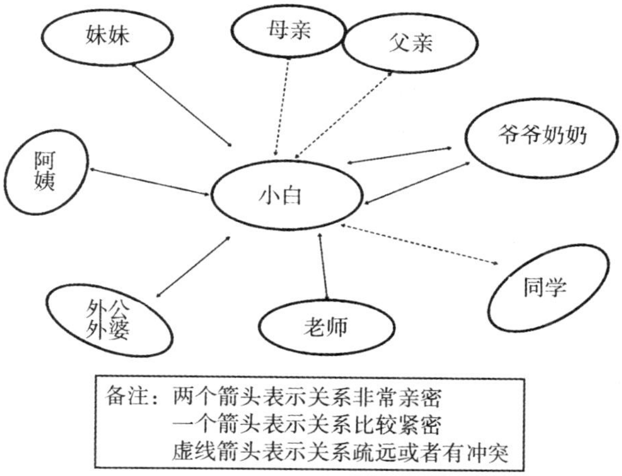

服务对象的社会生态系统图

二、个案工作服务的过程与专业关系

（一）接案与建立关系

1. 接案

	接案的过程	应用的方法和技巧	接案中的难点及其应对
初步接触	1. 简单向服务对象及母亲介绍自己及专长； 2. 社会工作者了解服务对象的求助意愿，初步与服务对象的母亲沟通，与服务对象建立一个良好的专业关系； 3. 澄清服务对象的期望，与服务对象沟通问题的解决需要双方的共同努力； 4. 初步了解服务对象及其家庭的基本情况、遇到的问题及需求； 5. 说明个案服务的目的、基本过程和保密原则； 6. 和服务对象及家人确认其需要后续的专业服务。	运用支持性的会谈技巧，通过言语和非言语方式，表达对服务对象及母亲的专注、倾听（关注服务对象在交谈中内隐的情绪和话语意义）、同理和接纳（对服务对象复杂、矛盾的求助心情以及所带来问题的接纳）。	难点： 服务对象对社会工作者有些排斥，表现为服务对象不想回答社会工作者的一些询问。 应对： 社会工作者用适合服务对象年龄特点的语言与其交流，采用简单、轻松的聊天方式与服务对象慢慢建立关系。适当的时候，采用自我表露的方式，真诚分享与服务对象交流的感受和想法，以此影响服务对象逐渐放开自己。

续表

	接案的过程	应用的方法和技巧	接案中的难点及其应对
接案	1. 通过会谈、访视等方式，较具体了解服务对象面临的问题及需求，服务对象的家庭情况、朋辈群体的情况等； 2. 了解并澄清服务对象对个案服务的希望，和服务对象达成初步的口头服务协议； 3. 邀请服务对象填写个人资料表和问题评量表。	1. 在会谈过程中，运用引领性技巧，了解服务对象的信息、澄清服务对象的问题； 2. 问卷法：通过服务对象填写问题评量表，初步评估服务对象面临的问题及程度； 3. 摘要：社会工作者把服务对象谈论过长的内容，进行整理、概括和归纳，并作简要重点的概述。	难点： 1. 服务对象不太愿意填写某些个人信息； 2. 在与服务对象确定目标时，存在差异。 应对： 1. 社会工作者在同理的基础上，向服务对象再次详细说明保密原则及其操作细节，以降低服务对象的顾虑； 2. 进一步了解服务对象的想法，与其不断澄清，最终共同达成服务的目标。

2. 建立关系

建立关系的过程	应用的方法和技巧	建立关系中的难点及其应对
1. 社会工作者在每次个案服务中，主动与服务对象进行沟通，了解其现实情况； 2. 服务对象属于非自愿案主，社会工作者特别关注和服务对象关系的建立，社会工作者主要采取面对面交流的方式，不断尝试与服务对象建立轻松、愉快、信任、温暖的关系； 3. 社会工作者重视并与服务对象的母亲也建立了良好的关系。	1. 表达对服务对象的专注，社会工作者积极面对服务对象，表示愿意和其在一起的态度，给服务对象带来安全感； 2. 主动倾听服务对象，全面而有效地收集服务对象的信息，并悉心观察服务对象的言谈举止和行为表现； 3. 同理。站在服务对象的角度，感知其想法、情绪，并用恰当的语言表达； 4. 鼓励与支持。鼓励服务对象克服心理挣扎，能够自愿向社会工作者讲出其在家庭和学校面临的困难。	难点： 1. 服务对象比较活跃、好动，不能安心与社会工作者交流； 2. 社会工作者询问服务对象在学校表现和学业成绩的情况时，服务对象会不自在，而且不太愿意交流。 应对： 1. 社会工作者会采用服务对象感兴趣的话题或者东西，吸引服务对象的注意力，让服务对象逐渐能够安心与社会工作者交流； 2. 社会工作者及时察觉服务对象的情绪变化，一是尊重其情绪，适当跟随其转移的话题展开交流，另一方面在建立关系中，选择恰当的时候回归到所询问的问题上。

（二）预估与发展关系

1. 预估

收集资料			预估中的难点及其应对
服务对象遇到的问题	服务对象的需求	服务对象的资源	难点： 1. 如何与服务对象发展出良好的专业关系； 2. 收集资料时，服务对象隐瞒了一些信息，给社会工作者聚焦服务对象的问题带来困难。 应对： 1. 积极、主动与服务对象交流，运用更亲和的方式安抚服务对象，适当进行自我表露，与服务对象持续建立良好的关系； 2. 敏锐地觉察出服务对象的一些不一致。在征得服务对象同意的情况下，社会工作者通过对家庭、学校的访视，较全面地收集资料，以便不断澄清服务对象遇到的核心问题； 3. 适当寻求社会工作督导的支持与帮助。
1. 核心问题：服务对象缺少陪伴与关爱； 2. 其他问题：在同辈关系中，通过攻击性行为解决问题。	1. 需要父母的关注与陪伴； 2. 对同伴关系、良好人际关系的需要。	1. 服务对象自身的潜力，如主动、坚持等特点； 2. 服务对象的家庭系统，如爷爷、奶奶的照顾和父母对其学业的关注； 3. 学校系统的支持，如老师和同学； 4. 社区中心，如社区四点半课堂。	

2. 发展关系

发展关系的过程	应用的方法和技巧	发展关系中的难点及其应对
1. 同服务对象接触沟通，倾听并观察服务对象的非言语信息，进一步感知、了解服务对象的内心世界； 2. 社会工作者向服务对象讲述与其相关的自己的故事，引起服务对象的共鸣，进一步发展了关系； 3. 与服务对象逐渐建立有利于其积极表达的关系模式。	1. 社会工作者主要运用个案会谈技巧中的“支持性技巧”的表达专注和主动倾听； 2. 自我表露：社会工作者向服务对象选择性地表露自身的经历，拉近与服务对象之间的距离； 3. 同理心：社会工作者了解并感知服务对象的内心世界，用准确而恰当的语言表达出来，引导服务对象进一步思考； 4. 聚焦：社会工作者找出服务对象谈话的重点，并与其进一步探讨、交流。	难点： 1. 社会工作者对于服务对象，出现反移情情况； 2. 服务对象在诉说令其痛苦的事情时，情绪过度低落，社会工作者与服务对象关系的发展遇到困难。 应对： 1. 社会工作者增强自我觉察，清晰个人化的经验和服务角色的界限，并及时作出行为上的调整； 2. 社会工作者在尊重服务对象的基础上，对其进行恰当的情绪疏解和安抚，这既是在缓解其情绪，又是在发展关系。

（三）制订计划

1. 社会工作者和服务对象在制订计划中的关系

在制订计划过程中，社会工作者和服务对象是一种平等的关系。目标不是由某一方决定的，而是由双方共同协商决定的；并且在制定目标的过程中，社会工作者要帮助服务对象明确他想要的结果，并与服务对象一起，确定问题解决的优先次序。

2. 个案工作服务计划

个案工作服务计划表

目标		个案的服务模式及方法	服务对象需要有的努力或行动	社会工作者链接的资源
直接目标	增加服务对象家人对其的关爱和陪伴，改善家庭关系。	结构家庭治疗模式	1. 向父母表达自己的需要和对家庭关系的期待； 2. 将关注点放在父母对自己关怀、照顾的细微变化上； 3. 理解父母的辛苦，给父母一段发生改变的时间。	家庭成员、家庭服务机构、社区
	改变服务对象在同学关系中用攻击性行为解决问题的错误认知。	认知行为治疗模式	1. 服务对象需要意识到用攻击性行为解决问题所带来的弊端； 2. 在新的认知形成的同时，一方面控制住自己，另一方面在与同学关系中，学习新的解决问题的方式。	服务对象的父亲

（四）实施计划

个案服务实施计划进程表

实施计划的过程	应用的服务模式、方法和技巧	实施计划中的难点及其应对
1. 与服务对象及其主要家庭照料者进行沟通。一方面，培养服务对象讲卫生的好习惯。另一方面，让服务对象感受到母亲和奶奶主要照料者的辛苦，增强其彼此的关联和情感； 2. 社会工作者与服务对象的父母进行面谈。服务对象的父母表示，有了二孩以后，缺少了对服务对象的关注和照顾。通过会谈，服务对象的父母表示会多多听取孩子的想法，多和孩子交流沟通，尽量不对孩子发脾气。尤其是服务对象的父亲表示会停止对孩子的打骂行为； 3. 了解服务对象行为背后的主要原因是存在认知偏差。社会工作者以此为切入点，将服务分为两个阶段：一是自我探索，二是认知重建。	1. 运用结构家庭治疗模式，促进服务对象与父母的交流和沟通，增加父母对服务对象的关爱和照顾，增强服务对象的家庭支持； 2. 根据服务对象的具体情况，社会工作者采用认知行为治疗模式。通过改善服务对象对攻击性行为的偏差认知，帮助其重构认知，改善同学关系； 3. 在整个服务过程中，社会工作者不断地为服务对象链接资源，如家庭、学校等，以增强服务对象的社会支持网络。	难点： 1. 服务对象的父母，因为工作忙碌没有时间见面，面谈被推迟； 2. 在实施计划的过程中，社会工作者做了各种努力，但是服务对象的改变缓慢，社会工作者产生畏难情绪。 应对： 1. 通过家庭走访和多次沟通，让服务对象的父母了解社会工作者及其服务，增强其父母主动接受服务的意愿和行动力； 2. 接受服务对象缓慢的改变，正向积极地看待服务对象的改变。另外，及时寻求督导和同行的指导和帮助。

（五）评估与结案

1. 评估

评估的内容	应用的方法	服务成效	评估中的难点及其应对
服务对象的改变情况	观察、访谈	1. 服务对象的衣着、容貌明显变得干净、整洁； 2. 服务对象与父母之间的关系变得亲密，服务对象开始向父母表达自己的意愿，他告诉父母，自己最想要的是父母的关注和照顾； 3. 服务对象与同学的关系有所好转，虽然有时还会出现用一些偏激语言和他人沟通的情况，但当服务对象与同学发生矛盾时，他能够控制自己，不出现攻击性行为。	难点： 服务对象因为意识到被评估而感到“不自在”。 应对： 结合平日的接触进行自然观察和及时记录。

续表

评估的内容	应用的方法	服务成效	评估中的难点及其应对
目标的实现程度	目标行为测量、访谈、观察	1. 服务对象的家人对其的关爱和陪伴增强，家庭关系得以改善。服务对象的父母能够主动询问其在学校里学习和生活的情况。在日常生活中，其父母会花更多的时间和精力关爱和照顾服务对象； 2. 在与同学的关系中，服务对象改变用攻击性行为解决问题的错误认知。	难点： 1. 服务对象对家庭关系的情况讲述得比较简单； 2. 结果评估的时候，服务对象的父母表示并没有明显感觉到服务对象的改善。 应对： 1. 社会工作者运用澄清和询问的技巧，用适合服务对象的方式，让其能够讲得更具体； 2. 社会工作者向服务对象的父母呈现出有关服务对象改变的记录，让其看到服务对象在服务过程中的改变和成长。

2. 结案

结案的标准	社会工作者结案的过程	应用的方法	结案中的难点及其应对
1. 社会工作者和服务对象共同确定的目标已经达成，服务对象认为可以结案； 2. 服务对象认为结案后，自己能够独立解决问题。	1. 与服务对象确认结案的时间无误； 2. 对个案服务工作进行总结，回顾工作过程以及帮助服务对象澄清服务取得进步和成效； 3. 巩固服务对象作出的改变，让其认识到自己所拥有的能力，给予其支持； 4. 说明并结束专业服务关系； 5. 与服务对象沟通，每个月回访跟进一次，持续评估工作成效。	1. 运用会谈技巧中的澄清、摘要等技巧，对个案服务进行整理、回顾； 2. 给予服务对象鼓励与支持，相信其可以面对今后的生活。	难点： 服务对象既有自身能力提升的开心，又有离别的伤感和不舍。 应对： 进一步肯定服务对象的能力与进步。提前告知服务对象结案的时间，让服务对象有一些心理准备，社会工作者尽量处理好与服务对象的分离情绪。

3. 跟进个案

跟进情况	应用的方法与技巧
持续评估服务目标的达成情况：连续三个月每个月回访一次，进行问题评估、访谈服务对象及其父母，发现服务对象及其家庭关系有了更好的转变。	电话访谈、家庭访视、问卷评估法

三、总结与反思

（一）收获

1. 专业方面的收获

（1）倾听、鼓励支持和沟通等技巧：与服务对象建立关系的过程中，运用到个案工作中的主动倾听、鼓励支持和沟通等技巧，并且在服务时能够熟练地运用和掌握。

（2）对质、澄清的技巧：在开展个案的过程中，熟练地运用了对质、澄清的技巧。能够较清晰、准确地把握服务对象的表达及其背后的含义。

（3）个案服务模式的运用：运用认知行为治疗模式、结构家庭治疗模式时，较熟悉地掌握了这两种模式的内容、理论假设和治疗技巧，并且能够较熟练地运用这两个服务模式解决服务对象的问题。

（4）社会工作者角色定位：对服务对象的问题进行聚焦和干预的过程中，充分了解社会工作者应该扮演的角色，对社会工作者的角色定位更加清晰。

（5）专业价值与伦理：在社会工作的专业价值与伦理方面，有了更加深刻的认识。能够秉持助人自助的专业价值与理念，更加灵活地掌握了处理伦理困境的原则。

（6）撰写个案报告：提升了撰写个案报告的能力，能够较熟练、准确地撰写出个案服务计划表、服务记录等。

2. 个人方面的收获

（1）提高了人际沟通能力。作为社会工作者，在服务的过程中，认识了不同领域、不同身份的人，在和他们沟通时，较熟练地运用了大量的沟通技巧。

（2）提升了反思能力。通过认真反思个案服务中出现的问题及其原因，能够思考出更多样的解决问题的办法。

（3）锻炼了实践能力。在开展个案服务过程中，能够把所掌握的理论知识较好地应用到实际中，发展了自身的实践能力。

（4）提高了撰写文案的能力，撰写的逻辑更加清晰、语言更加准确和流畅。

（5）整理资料的能力进步很多，能够较快速、有条理地整理各种文档资料。

（二）经验与创新

1. 个案服务中用到的过往工作经验或方法

（1）自我表露：在服务过程中，良好地运用到了自我表露的技巧，向服务对象讲述社会工作者自身的经历，主动引导服务对象探索自己过往经历以及借鉴他人的经验。

（2）忠告：在服务对象遇到问题的时候，能够用忠告的技巧为服务对象提供必要的信息或者建议。

（3）结构家庭治疗：将曾经学习到的结构家庭治疗的方法，用在个案服务中，带来了家庭互动和关系的改善。

（4）鼓励支持和主动倾听：在开展服务时，运用了鼓励支持和主动倾听的技巧，主动倾听服务对象所遇到的问题和目前的需要，并且运用认知行为治疗模式，帮助服务对象重构认知、解决问题，满足其自身的需要。

2. 个案服务中的创新

基于“全面二孩”政策的社会背景，在一些家庭中会出现这样的情况：因为二孩的出生，父母在不经意间会减少对第一个孩子的关注。对于处在青少年阶段的孩子，基于其身心发展的特点，一些大孩在心理上会产生落差，并出现行为偏差。如何针对这样的青少年开展个案服务，本个案是一次新的尝试。

3. 个案服务对行业工作的贡献及价值

（1）本案例为“全面二孩”政策背景下的青少年个案服务，提供了新思路和一定的实践参考，具有一定的借鉴意义。

（2）在本个案服务中，社会工作者的实践思路和服务模式具有一定的启发性和示范性。

（三）专业反思

1. 个案服务中印象最深刻的是什么

当社会工作者了解服务对象需求和期望的时候，询问其“最想要实现的愿望是什么”，服务对象的回答是“最想要的礼物是一套新衣服，最想要的是父母的关心和照顾”这样的回答，深深地触动了社会工作者的内心。“一套新衣服”在一般家庭中是一件比较容易实现的事情，但在服务对象心中却是一个重要的礼物。这激发了社会工作者想要帮助服务对象的强烈意愿。

2. 个案服务中有哪些印象深刻的情绪感受

（1）在与服务对象的交流过程中，通过服务对象描述父母对其缺乏关注和照顾，他最想要得到关爱。社会工作者出现了反移情和同情，过于感性化地去认识和理解服务对象。

（2）服务对象提到自己最想要的礼物是一套新衣服，这让社会工作者感触很深，对服务对象产生了同情，甚至产生了给服务对象买新衣服的冲动。

（3）在个案服务过程中，服务对象出现不积极与社会工作者合作的情况时，社会工作者会情绪波动明显，甚至有些气愤。

3. 个案服务中有哪些与专业服务有关的新发现

社会工作者在开展服务的过程中，发现服务对象表面所呈现出来的问题与其实际情况存在一定的偏差。因此，社会工作者要不断地进行动态评估。

4. 在未来的服务中，将如何运用专业收获开展服务

（1）通过倾听、鼓励等支持性技巧的运用，与服务对象建立良好的专业关系。

（2）通过对焦、澄清等技巧的运用，能够清晰服务对象的表达；与服务对象一起尽快找到解决问题的关键，并进行深入、具体的讨论。

（3）根据服务对象的现实情况，综合运用个案服务的治疗模式。

（4）在不同的服务阶段，社会工作者要灵活扮演不同的角色，这样才能够更好地帮助服务对象解决其面临的问题。

（5）在服务过程中，要做好服务记录和过程性评估。

四、督导评语

（一）社会工作者在个案服务中价值理念的践行

1. 案主自决：社会工作者在与服务对象协商目标的过程中，运用案主

自决的理念，让服务对象意识到，自己才是问题的解决者。

2. 保密原则：在服务过程中，社会工作者告诉服务对象，其个人资料只会用于服务当中，不会被泄露。

3. 社会工作者将助人自助的理念应用到个案服务中，相信服务对象是有能力改变的。将各种方法结合，挖掘服务对象的优势，提高服务对象的能力。

（二）社会工作者在个案服务中的专业能力

社会工作者同时从结构家庭治疗和认知行为治疗两个不同的模式，去理解服务对象不同层面的问题和需要。并且在这个过程中，较全面和准确地分析了问题的成因，根据分析制订出相应的服务计划并加以实施。

（三）社会工作者在个案服务中突出的表现

1. 社会工作者在建立专业关系上的处理方法较专业。一方面社会工作者尽心尽力，让服务对象看到了她的真诚、温暖和同理；另一方面，社会工作者也实质性地协助服务对象满足了需要，解决了一些问题。因此，社会工作者与服务对象建立了良好的关系。

2. 社会工作者能够在对问题分析的基础上，根据分析与服务对象一起制定目标和计划，并切实执行，达到了一定的成效，这反映出社会工作者具备了一定的执行能力。

（四）社会工作者在个案服务中有待提升的方面

1. 社会工作者虽然在个案服务中能够良好地运用倾听技巧，但是对于服务对象倾诉背后的重点把握不够，还不能更好地分析服务对象出现问题的深层次原因。

2. 社会工作者对于控制个人情绪方面还需要提升，对服务对象出现反移情，虽然有一定的觉察，但是不能很好地从专业角度看待服务对象。

3. 社会工作者的觉察力和敏锐度需要提高，要能够及时感知服务对象的情绪变化。

第三章　广州东部市郊“家·校·社”青少年社会工作服务

——以穗东街社工站“成长·互助·融合”青苗成长快线项目为例

作者：莫静施　督导：杨晓慧[①]

一、项目介绍

（一）项目的缘起

广州市普爱社会工作服务社从2010年至今，在广州市东部的黄埔区穗东街开展社会工作服务。由于穗东街位于市郊，且由于广州BRT（快速公交）向西方向的终点站在穗东街内，交通方便，且日常生活成本较低，又靠近市郊的工业园集中区，因此穗东街内聚集了大量的来穗务工人员。穗东街共有常住人口5.9万人，包括户籍人口1.2万人，来穗人员约4.7万人，占常住人口的80%左右。

穗东街辖区内有崇德实验学校（原海地实验学校）、春晖学校（初中部）两所中学，都是民办学校，校内的学生绝大多数都是来穗务工人员的子女。为了让这些处于青春期的孩子们拥有更全面的发展机会，广州市普爱社会工作服务社在穗东街社工站开展了相应的青少年社会工作服务项目。

（二）项目介绍

1. 项目类型

本项目是2015年启动的“成长·互助·融合”青苗成长快线项目，本项目案例介绍的是2015－2018年的项目管理与服务情况。本项目的服务

① 莫静施、杨晓慧，广州市普爱社会工作服务社，广州市，510000。

类型属于个体心理青少年社会工作、驻校青少年社会工作、社区青少年社会工作三者的结合，是多维度考虑了青少年所在系统的“家·校·社”青少年社会工作服务（见下图）。

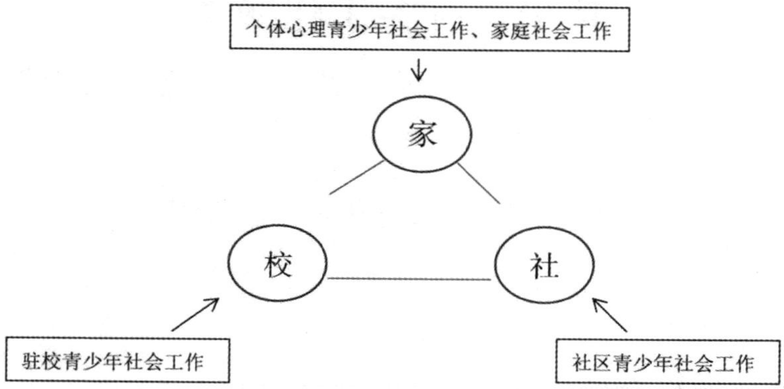

“家·校·社”青少年社会工作服务图

2. 项目服务主题

社会工作者希望将青少年的兴趣发展与能力提升相融合，促进青少年的个人成长，协助青少年平衡因身心发展而可能引发的与家庭、学校、社区的矛盾。通过搭建社区平台，促进青少年个人与家庭、学校、社区的良好互动，并在互动中，进一步完善个人的社区角色，帮助青少年在互动中自我成长，同时也促进个人与家庭、朋辈、社会的融合。因此，2015－2018年，项目服务的主题是“青苗成长快线——成长·互助·融合”（见下图）。

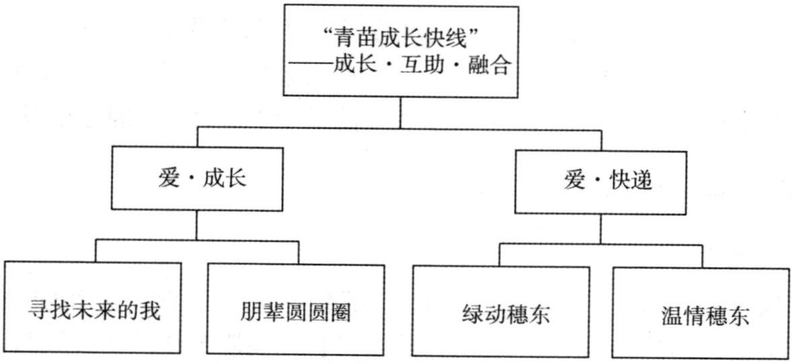

项目服务总主题及分主题图

在总的服务主题下，还包括以下分主题及其子项目计划：

①爱·成长分主题

该分主题回应青少年个人成长的需求，设置有寻找未来的我计划、朋友圆圆圈计划，协助青少年解决成长过程中面临的困惑，促进青少年的自我认知，最终达到促进青少年德、智、体、美全面健康发展的目标。

A. 寻找未来的我计划

该计划主要针对青少年面临“同一性混乱”这一危机，回应需求调研中了解到的青少年缺乏对自身的认识，不知道自己是谁、要做什么、能做什么的问题，目的在于协助社区青少年通过自我优势的发掘、能力的提升、职业规划等更多地了解自己，帮助青少年更好地自我定位，减少青春期的困惑。

B. 朋辈圆圆圈计划

该计划回应需求调研中青少年在校生活的需求，协助其形成一个互助、融合的同辈群体，促进青少年之间更好地相处，并拓展青少年的人际支持网络。

②爱·传递分主题

该分主题回应青少年的社区融合和社会化的需求，设置“绿动穗东”和“温情穗东”两个项目计划。通过青少年关爱社区环境和社区特殊群体，引导他们在社区发声、倡导的过程中，一方面学以致用、成长自我、提升能力；另一方面进行社会化的同时，与社区成员共建互助、融合的社区，从而实现青少年与家庭、学校、社区等多系统的融合。

A. 绿动穗东计划

该计划通过引导青少年参与社区环境建设，鼓励其参与到社区环境保护行动中。青少年在参与社区建设中发挥作用、体现价值，有利于激发青少年的社会责任感，培养其社区文明意识。通过参与服务中的策划、管理、协调、实施等，青少年的参与意识和各项能力均得到提升。

B. 温情穗东计划

该计划通过引导青少年在服务中学习技能、增强体验、吸取经验，增强其社会适应。更重要的是，社会工作者整合社区资源，为青少年搭建关爱社区困难群体的平台，让其学会关爱、帮助他人，增强青少年的利他意识、行为和社会关怀。

二、预估

（一）预估服务对象

<table>
<tr><th colspan="4">服务对象预估情况一览表</th></tr>
<tr><th colspan="3">预估服务对象</th><th rowspan="2">预估中的难点及其应对</th></tr>
<tr><th>服务对象遇到的问题</th><th>服务对象的需求</th><th>资源及其资源障碍</th></tr>
<tr><td>1. 家长习惯采取最方便的方式管理青少年，会经常说：“你还小，你知道什么，我吃的盐比你吃的饭都多，听我的！”
2. 家长过多地为青少年安排，使得他们对自己的事情没有发言权，缺少活力，久而久之，也失去了一定的自主性；
3. 害怕被同学嘲笑、孤立，想积极融入青少年群体中；
4. 没有较多的平台展现自己。</td><td>认识自己，成就未来的需求、朋辈交往需求,实现自我价值的需求</td><td>资源：
1. 有自我发现和自我发展的潜力；
2. 青少年常驻校园，存在较多朋辈资源的可能；
3. 青少年潜在的社区资源。
障碍：
1. 有时候会受到家长的管教和自我怀疑的影响，还有可能受到校园、班级一些不良氛围的影响；
2. 青少年沟通技巧和人际交往信心的缺乏；
3. 社区资源的发掘需要时间和人力等。</td><td>难点：
1. 单一从青少年个体介入，难以从根本上帮助服务对象自我探索和发展成长；
2. 学校课程时间安排紧凑，影响到驻校社会工作者的服务时间；
3. 青少年的课业作业较多，参与社区服务的机会有限。
应对：
1. 针对青少年个体，还可以从家 – 校 – 社三个维度，系统地评估、服务青少年；
2. 尽量和校方沟通、协商，确定合适的驻校方式，包括服务的时间、服务的地点等，适当保证有效的服务；
3. 除了鼓励青少年在周末抽时间积极参与社区活动外，可以在寒暑假期间，选择恰当的时间，开展青少年社区实践活动。</td></tr>
</table>

（二）预估项目

项目的各类资源	开展项目的阻碍及应对
1. 社区基层政府的青少年服务资源，如团委、关工委、妇联，可以与这些关注、关心青少年工作的部门或者组织合作，争取资源开展服务； 2. 学校资源，包括人力、物力等资源，如与学校建立良好的合作关系，争取校领导和各级教师对社会工作者驻校服务的支持； 3. 服务机构的服务资源，可以结合其他领域的社会工作者，更有效地为青少年搭建社区实践的平台； 4. 行业的资源链接，可以积极申请适合资助要求的各类公益资金。	1. 寻找未来的我计划 （1）困难预估：由于青少年数量较多，如何筛选出更有需求的青少年参与服务。 （2）对策 A. 加强与学校、家长的沟通，向其了解更有需要的服务对象，尽量实现有效筛查； B. 在学校、班级宣传教育性、预防性的知识，帮助青少年健康成长。 2. 朋辈圆圆圈计划 （1）困难预估 A. 如何帮助青少年，避免其认为自己被标签化而导致不愿意参加该活动； B. 如何筛选、招募有需要的青少年，如何设计合适的活动。 （2）对策 A. 做正面积极的宣传，如注重宣传的是“学长计划”或者是“朋辈辅导大使”等； B. 加强与学校、家长的沟通、联系，让其推荐参与的青少年。另外，采用结伴方式，让参与活动的青少年邀请情况相似的同伴加入； C. 社会工作者在总结经验，参考大量活动设计资料的基础上，邀请有经验的同行和督导对活动设计予以指导。 3. 绿动穗东计划 （1）困难预估 A. 家长对青少年参与社区实践的意识相对薄弱，很多家长会认为目前青少年最重要的任务就是认真读书。因此，家长的支持率可能相对较低； B. 青少年平时主要是在学校读书，只有周末有一些空闲时间。 （2）对策 A. 借助街道的力量，联合街道、居委会等部门在社区宣传；联合团工委，在学校、工厂进行有力活动宣传。基于家长的情况和需求，向家长多角度呈现青少年参与社区实践后的改变，以争取家长的支持； B. 多方沟通、协调，选择适合青少年参与活动的时间。 4. 温情穗东计划 （1）困难预估 A. 可能部分青少年对困难群体有些偏见，造成开展服务的困难； B. 部分服务计划，如漫画达人工作坊等活动，需要一些专业志愿者的支持。 （2）对策 A. 开展服务前，社会工作者针对青少年开展服务前的培训，增强他们对困难群体了解、理解和支持； B. 提前跟志愿者组织合作，请志愿者组织帮忙招募一些专业的志愿者。此外，社会工作者尝试联系周边的大学，与大学的相关社团合作。

三、制订项目服务计划

项目服务计划书

1. 计划书名称

“成长·互助·融合”青苗成长快线项目

2. 设计理念

秉持全人观、系统观、助人自助的理念，为青少年提供专业服务，希望青少年度过一个全面发展的青春期。

3. 理论支持

根据社会生态系统理论，家庭、邻里、同辈群体是青少年的中系统，学校、社区等属于宏系统，各系统彼此互动、相互影响。青少年的社会化能否顺利进行，与其赖以生存的社会生态系统的各个子系统之间的稳定性、一致性及其互动等直接相关。

4. 项目服务目标

（1）总目标

为青少年提供多维、全面的服务，促进青少年与家庭、学校、社区、邻里等社会生态系统的共融。

（2）分目标

①2015－2016年度服务目标：通过组织、动员青少年积极参与社区实践，促进青少年与长辈、同辈群体的沟通与了解，让青少年在服务中学习知识、增长技能、积累经验，同时获得自我主动性与创造性的提升与成长。

②2016－2017年度服务目标：通过协助青少年组成支援小组和自助小组参与社区服务，在满足困难群体需求的同时，促进青少年社会化，让青少年在服务中反思，在服务中成长，能够学会正确、全面地评价自己，提高自我效能感，实现助人自助。

③2017－2018年度服务目标：通过协助青少年形成较稳定的互助及援助性小组，促进青少年自主参与社区服务活动的策划、管理、协调、实施等环节，激发青少年的潜能，增强其社区参与的意识与能力，在其社会化过程中顺利实现与各个系统的共融。

5. 项目具体服务计划表

①项目服务计划（2015—2018年）

服务主题——“青苗成长快线”——成长·互助·融合										
服务分主题	服务总目标	服务分目标			服务子项目	服务内容	服务指标量	服务成效		
		第一年	第二年	第三年				短期成效（第一年）	中期成效（第二年）	长期成效（第三年）
爱成长	协助青少年解决成长中面临的困惑，促进青少年的自我认知，最终达到促进青少年德智体美全面健康发展的目标。	协助青少年自我认识、自我规划，提升技能。	增强青少年与其所处社会生态系统的互动，促进其社会化。	促进青少年与其所处社会生态系统中各个群体间的互动。	寻找未来的我	开展青少年寻找自我、成就自我为主题的社区活动、小组活动及个案服务。	15个个案，21个小组活动，12个探访和150个电话访问。	帮助青少年找到自己的定位，增强自我认知。	让第一年获得成长的青少年协助社会工作者开展服务，促使其他青少年的自我成长。	让更多的青少年加入协助青少年成长的行列，形成利他与互助的传承。
					朋友圆圆圈	开展青少年与朋辈之间交往的小组活动、个案服务。	27个个案，12个小组活动，18个探访，200个电话访问。	促进青少年更好地与同辈群体相处；解决青少年在同辈相处中产生的困扰。	1. 尝试建立家-校-社平台； 2. 协助青少年与家长、老师彼此之间增进了解、相互体谅； 3. 协助青少年解决人际交往中的困扰并形成青少年之间的互助。	青少年与自我、家长、老师、同辈等群体相互理解、彼此支持。

续表

服务主题——“青苗成长快线”——成长·互助·融合										
服务分主题	服务总目标	服务分目标			服务子项目	服务内容	服务指标量	服务成效		
		第一年	第二年	第三年				短期成效（第一年）	中期成效（第二年）	长期成效（第三年）
爱传递	引导青少年关爱社区。有效促进青少年与学校、社区、邻里等群体的互动与共融。	提升青少年的主动性与创造性，协助青少年形成互助。	提升青少年的社会参与意识和能力，促进其社会化发展。	促进青少年与其所处社会生态系统中各个群体间的融合。	绿动穗东	引导青少年参与社区环境建设，开展社区和小组活动。	6个小组活动，9个社区活动，50个电话访问。	青少年行动起来美化社区，增强青少年的环境保护意识和行为。	青少年在改良社区环境过程中，带动家长和社区居民强化环保意识。	在绿化社区和带动居民的过程中，实现青少年和社区更好地融合。
					温情穗东	引导青少年开展关爱社区困难群体的个案、小组及社区服务。	6个个案，9个小组活动，80个探访，150个电话访问。	社会工作者带领青少年关注社区，解决社区存在的一些问题，给予困难群体关注和关怀。	青少年开始自发关注社区，更多发挥主观能动性，自行倡导组织部分活动服务社区，促进社区和谐。	青少年和社区中的群体互助、关怀，打造更加和谐、共融的社区氛围。

②项目人员表

项目负责内容	开展时间	参与人员及人数
项目主管兼督导	2015－2018	莫静施
项目监管	2015－2018	黄燕妃
项目服务执行与落实	2015－2018	邓玲、裴玲、黄雨晴、李月婵、冯可、赵晓犀、张惠、彭帅8人

四、实施项目服务计划（2015－2018）

1. 实施2015－2016年项目服务计划

服务主题——“青苗成长快线”——成长·互助·融合				
服务分主题	服务子项目	服务形式	服务类型	服务量
爱·成长	寻找未来的我	志愿者领袖小组	小组	1个
		活动策划小组	小组	1个
		抗逆力小组	小组	1个
		技巧提升小组	小组	1个
		职业规划小组	小组	1个
		放飞梦想主题班会	大型活动	1个
		创意我主导，才能展示	中小型活动	1个
		轻装上战场——减压小组	小组	1个
		我发现、我自信小组	小组	1个
		My show 才能展示	中小型活动	1个
		我成长、我快乐交流会	大型活动	1个
	朋辈圆圆圈	朋辈辅导员计划小组	小组	1个
		社交技巧训练	小组	1个
		成长大变身系列1、2（青春期）	活动	2个

续表

<table>
<tr><td colspan="5">服务主题——“青苗成长快线”——成长·互助·融合</td></tr>
<tr><td>服务分主题</td><td>服务子项目</td><td>服务形式</td><td>服务类型</td><td>服务量</td></tr>
<tr><td rowspan="6">爱·成长</td><td rowspan="6">朋辈圆圆圈</td><td>爱心满校园——应对学校欺凌</td><td>大型活动</td><td>1个</td></tr>
<tr><td>呵护生命，感恩父母</td><td>大型活动</td><td>1个</td></tr>
<tr><td>家长、老师的讲座</td><td>中小型活动</td><td>1个</td></tr>
<tr><td>相处没烦恼——冲突应对小组</td><td>小组</td><td>1个</td></tr>
<tr><td>情绪管理训练</td><td>小组</td><td>1个</td></tr>
<tr><td>奔跑吧，少年</td><td>中小型活动</td><td>1个</td></tr>
<tr><td rowspan="10">爱·传递</td><td rowspan="5">绿动穗东</td><td>TEAM 行动</td><td>中小型活动</td><td>1个</td></tr>
<tr><td>志愿者策划活动</td><td>中小型活动</td><td>1个</td></tr>
<tr><td>爱的发声练习</td><td>小组</td><td>1个</td></tr>
<tr><td>社区美化小组</td><td>小组</td><td>1个</td></tr>
<tr><td>环保展览</td><td>大型活动</td><td>1个</td></tr>
<tr><td rowspan="5">温情穗东</td><td>大手牵小手，我们共成长</td><td>中小型活动</td><td>1个</td></tr>
<tr><td>社区资源探索小组</td><td>小组</td><td>1个</td></tr>
<tr><td>手工义卖市集</td><td>大型活动</td><td>1个</td></tr>
<tr><td>漫画达人坊</td><td>小组</td><td>1个</td></tr>
<tr><td>漫画成果展</td><td>中小型活动</td><td>1个</td></tr>
<tr><td>合计</td><td colspan="4">个案：16个、小组：15个、中小型活动：10个、大型活动：6个、探访：100个、电话访问：200个。</td></tr>
</table>

2. 实施 2016－2017 年项目服务计划

服务主题——“青苗成长快线”——成长·互助·融合				
服务分主题	服务内容	服务形式	服务类型	服务量
寻找未来的我	提升青少年面对困难的抗压能力，增强青少年自信心。	抗逆力小组	小组	1 个
		自信心提升小组	小组	1 个
		情绪管理小组	小组	1 个
		减压小组	小组	1 个
	从生理、心理两个方面协助青少年对自我进行探索，减少青少年对自我的困惑，促进其自我了解、自我认识。	自我探索小组	小组	1 个
		走进青春期	中小型活动	2 个
		青春期小组	小组	1 个
		青春期知识宣传活动	中小型活动	1 个
	协助青少年在生涯规划学习中，找到自己想要努力的方向。	放飞梦想主题班会	中小型活动	1 个
		职业规划小组	小组	1 个
		“梦想旅途”交流活动	中小型活动	1 个
		职业体验活动	中小型活动	1 个
朋辈圆圆圈	促进家长对青少年成长的支持，营造青少年成长的良好家庭环境。	小升初，家长支援活动	大型活动	1 个
		与青春期的孩子相处分享会	中小型活动	1 个
		小升初、中考家长支援宣传活动	中小型活动	1 个
		练爱学堂——亲密之旅	中小型活动	1 个
	协助营造良好的学校氛围，协助青少年与学校良好互动。	小升初主题活动	中小型活动	1 个
		关爱满校园宣传活动	大型活动	1 个
	协助青少年学习朋辈相处的技巧，为青少年搭建社交网络平台，满足青少年人际交往的需求。	社交训练小组	小组	1 个
		人际冲突小组	小组	1 个
		徒步交友活动	中小型活动	1 个
		万圣节派对	中小型活动	1 个
		元宵节派对	中小型活动	1 个

续表

服务主题——“青苗成长快线”——成长·互助·融合				
服务分主题	服务内容	服务形式	服务类型	服务量
青春修炼曲	促进青少年参与社区互动，增强其自我价值感及对社区的归属和责任感。	领袖训练小组	小组	1个
		策划小组	小组	1个
		爱的发声练习小组	小组	1个
		资源探索小组	小组	1个
合计	个案：18个、小组：14个、中小型活动：13个、大型活动：2个、探访：80个、电话访问：132个。			

3. 实施2017－2018年项目服务计划

服务主题——“青苗成长快线”——成长·互助·融合					
服务分主题	服务内容	服务形式	地点	服务类型	服务量
寻找未来的我	提升青少年情绪管理、面对压力的能力，增强青少年的自信心。	自信心提升小组	穗东家园	小组	1个
		情绪管理小组	穗东家园	小组	1个
		减压小组	穗东家园	小组	1个
	从生理、心理两个方面，协助青少年对自我进行探索，进一步减少青少年对自我的困惑，促进其自我了解、自我认识。	春晖学校系列服务·走进青春期（男生版）	春晖学校	大型活动	1个
		春晖学校系列服务·走进青春期（女生版）	春晖学校	大型活动	1个
		崇德学校系列服务·走进青春期（男生版）	崇德学校	中小型活动	1个
		崇德学校系列服务·走进青春期（女生版）	崇德学校	中小型活动	1个
		崇德学校系列服务·青春期小组（男生版）	崇德学校	小组	1个
		崇德学校系列服务·青春期小组（女生版）	崇德学校	小组	1个
		春晖学校系列服务·青春期小组（男生版）	春晖学校	小组	1个
		春晖学校系列服务·青春期小组（女生版）	春晖学校	小组	1个

续表

<table>
<tr><th colspan="6">服务主题——“青苗成长快线”——成长·互助·融合</th></tr>
<tr><th>服务分主题</th><th>服务内容</th><th>服务形式</th><th>地点</th><th>服务类型</th><th>服务量</th></tr>
<tr><td rowspan="3">寻找未来的我</td><td rowspan="3">协助青少年进行生涯规划，找到自己想要努力的方向。</td><td>暑期夏令营·职业定位活动</td><td>穗东家园</td><td>中小型活动</td><td>1个</td></tr>
<tr><td>暑期夏令营·职业体验活动</td><td>穗东家园</td><td>中小型活动</td><td>1个</td></tr>
<tr><td>职业规划小组</td><td>穗东家园</td><td>小组</td><td>1个</td></tr>
<tr><td rowspan="7">朋辈圆圆圈</td><td rowspan="7">协助青少年学习朋辈相处的技巧，营造良好的学校氛围，协助青少年更好地和学校以及他人进行良好的互动。</td><td>崇德学校系列服务·和谐校园主题班会</td><td>崇德学校</td><td>中小型活动</td><td>1个</td></tr>
<tr><td>春晖学校系列服务·和谐校园主题班会</td><td>春晖学校</td><td>中小型活动</td><td>1个</td></tr>
<tr><td>学校系列服务·当大熊遇到胖虎，向欺凌 say no</td><td>崇德或春晖</td><td>大型活动</td><td>1个</td></tr>
<tr><td>学校系列服务·当大熊遇到胖虎，向欺凌 say no 活动性培训</td><td>崇德或春晖</td><td>活动性培训</td><td>1个</td></tr>
<tr><td>社交训练小组</td><td>穗东家园</td><td>小组</td><td>1个</td></tr>
<tr><td>人际冲突小组</td><td>穗东家园</td><td>小组</td><td>1个</td></tr>
<tr><td>沟通零距离亲子沟通小组</td><td>穗东家园</td><td>小组</td><td>1个</td></tr>
<tr><td rowspan="6">青春修炼曲</td><td rowspan="6">促进青少年参与社区互动，进一步增强其自我价值感及对社区的归属和责任感。</td><td>青少年志愿者体验营之无障碍地图体验小组（夏园篇）</td><td>夏园</td><td>小组</td><td>1个</td></tr>
<tr><td>青少年志愿者体验营之无障碍地图体验小组（南湾篇）</td><td>南湾</td><td>小组</td><td>1个</td></tr>
<tr><td>青少年志愿者体验营之无障碍地图体验小组（跨四社区）</td><td>庙头</td><td>小组</td><td>1个</td></tr>
<tr><td>青少年志愿者体验营·文明穗东污墙美化活动（跨四社区）</td><td>夏园</td><td>中小型活动</td><td>1个</td></tr>
<tr><td>青少年志愿者体验营·文明穗东污墙美化活动（跨四社区）培训</td><td>南湾</td><td>活动性培训</td><td>1个</td></tr>
<tr><td>青少年志愿者体验营·文明穗东污墙美化活动（跨四社区）</td><td>南湾</td><td>中小型活动</td><td>1个</td></tr>
</table>

续表

服务主题——“青苗成长快线”——成长·互助·融合					
服务分主题	服务内容	服务形式	地点	服务类型	服务量
青春修炼曲	促进青少年参与社区互动，进一步增强其自我价值感及对社区的归属和责任感。	青少年志愿者体验营·文明穗东污墙美化活动（跨四社区）	庙头	中小型活动	1个
		青少年志愿者体验营·文明穗东污墙美化活动（跨四社区）	南石市	中小型活动	1个
		青少年志愿者体验营·文明穗东污墙美化活动（跨四社区）培训	南石市	活动性培训	1个
		文化穗东小导游导赏·南湾本土文化导赏活动	南湾	中小型活动	1个
		发展志愿者	穗东社区	专案	15个
合计	个案：26个、小组：14个、中小型活动：9个、大型活动：3个、探访：100个、电话访问：75个、活动性培训：3个、社区专案：1个。				

五、评估

（一）项目评估的方法

1. 量化评估

根据年度设定的服务量评估服务的完成情况，以评估服务推进的效果。

2. 质化评估

每一个服务年度后，进行一次系统的调研，采用问卷调查和访谈的方法；调研对象包括青少年、家长、学校的领导和老师们、社区基层政府的相关部门（团委、关工委、妇联）。负责项目的社会工作者会综合考虑多方的调研结果和建议，调整项目服务设计，不断优化项目服务。

（二）服务项目的成效

1. 在服务对象层面的成效

经过了几年的坚持和努力，本项目使广州市东郊黄埔区穗东街的异地务工子女青少年群体，获得了一个全面发展的稳定平台。该青少年群体及其家人获得了社会的公益资源，感受到社会的关爱。本项目也获得了校方、政府、行业的好评与支持。

2. 在服务推广层面的成效

由于本项目的成功推行，在 2018 年 9 月，本项目正式运用到广州东郊另一个和穗东街辖区情况相似的来穗务工人员密集的区域——黄埔区荔联街。该项目的“家·校·社”联动模式也成为荔联街社会工作站一个重要的工作模式。

六、总结与反思

（一）收获

1. 专业方面的收获

真正理解了社会工作与心理学的区别，以及社会工作在项目管理中的优势。心理学在个体心理层面探索相对深入，可以在社会工作实务中加以运用。在为青少年提供帮助性服务时，社会工作者需要基于“人在情境中”，人在社会生态系统中，根据青少年的发展特点、需求及面临的问题，引导并与服务对象一起全面、多维度设计服务项目。

2. 个人方面的收获

切身体会到了做一件事情需要持之以恒，不能中途而废，不能朝三暮四。社会工作服务是一个长期的过程，其服务成效无法在短时间内有很明显的呈现，同一个项目计划要有长期、有效的推行，才有可能出现较明显的服务成效。

（二）经验与创新

1. 项目服务中的创新及所获奖项

本项目是“家·校·社”联动模式本土社会工作实务一种有效的实践

尝试。通过三年的项目实践，较充分地体现出该模式的生命力和有效性。因为项目团队的辛勤付出和努力工作，“成长·互助·融合”青苗成长快线项目也收获了成果。该项目荣获广东省联合会颁发的“小雁闹新春”奖，荣获广州市黄埔区团委颁发的“金雁服务”一等奖，并曾获得广州市番禺区慈善会关爱异地务工人员子女夏令营项目大赛奖。

2. 项目对行业工作的贡献及价值

（1）定期将“家·校·社”青少年服务经验汇编成册，为有需要的同行及社会各界提供参考的模板或了解具体服务的途径。

（2）本项目曾在中央华夏之声广播电台播出，曾在广州电视台被报道，也曾在广州市黄埔区官方微信公众号“广州黄埔”、《黄埔区创业导报》登出。通过电视台、广播电台、网络、报刊书籍等多种传播方式，有效地扩大了本项目的社会影响力，有效地促进了社会各界对异地务工子女这一青少年亚群体的关注与关爱。

（3）“家·校·社”服务项目于 2017 年 10 月入编由国家卫计委编录的《为流动人口撑起一片蓝天》案例集。

七、督导评语

（一）社会工作者在项目服务中价值理念的践行

本项目的社会工作者团队在青少年社会工作服务中，没有被青少年亚群体的独特性局限在心理学领域，而是不断清晰、坚定社会工作的价值理念，做到了从社会生态系统的视角，有效开展助人自助的服务。

（二）社会工作者在项目服务中的专业能力

本项目的社会工作者团队在服务当中，切实谨记“助人自助”的黄金定律，充分运用建立关系的技能、预估的技能、三大社会工作方法和评估的技能，为青少年群体提供有效的服务。

（三）社会工作者在项目中的突出表现

本项目的社会工作者既能做好社会工作实务，又能对服务经验进行较好的总结梳理，并能够推广到适合的服务区域进行拓展。另外，还能通过文字、语言等多种形式和多种媒体扩大项目的社会影响力。

（四）社会工作者在项目服务中有待提升的方面

一线社会工作者因为实务工作繁忙，缺少了专门的学习时间，久而久之，会影响到专业知识、技能方法的学习和反思。只有不断学习、不断思考，才能不断优化社会工作服务，这是今后本项目社会工作者团队需要加强的。

第四章 “混世魔王”也能成为“明日之星”

——社会工作介入多动症学生案例

作者：蒋美华 王 傅 督导：伍建新 陆卫红①

一、案例背景

服务对象小天（化名），男，8岁，广州市C小学三年级学生。C小学是一所市级公立小学，学生以本地户籍生为主，也有少量随迁子女。服务对象即是一名随迁子女，他出生于河南，但父母均在广州市务工。上小学前，服务对象的生活由其爷爷奶奶照顾，是典型的留守儿童。上小学后，为了让服务对象接受优质教育，父母将其带到广州市生活，进入C小学就读。在C小学就读后，服务对象出现了各种问题，如打架、偷东西、辱骂老师和同学、上课擅自离开等，情节严重时，一个月被叫入校长室谈话5次。针对这一情况，家长显得不够敏感，只是简单地认为孩子年纪小，刚刚升入小学，规则意识不强是正常的，随着年龄增长，“树大自然直”，慢慢就会好转的。

然而，随着年龄增长，服务对象不良行为却越来越严重了。到了三年级时，俨然成为“校园小霸王”了。具体表现有：其一，顶撞老师。在受到老师批评时，他拒不接受批评，还回敬老师“死八婆”“丑八怪”“母夜叉”等侮辱性称号。其二，攻击同学。服务对象经常挑衅、捉弄其他同学，一旦与同学意见不合，他就会诉诸武力，拳脚相加。同学们避之唯恐不及。最严重的一次，他因为打架斗殴导致同学头破血流，引发6位家长联名投诉，强烈要求服务对象退学。

服务对象的行为严重影响了学校正常的教学秩序，不利于其本人和周

---

① 蒋美华、陆卫红，广州市穗星社会工作服务中心，广东广州，510250；王傅，仲恺农业工程学院社会工作与社会政策系，广东广州，510225；伍建新，香港青少年事务发展服务有限公司，中国香港，999077。

围同学的身心健康发展，校方在前期做了很多努力，但收效甚微。在这种情况下，校方将服务对象转介给学校社会工作者进行个案介入，希望社会工作者可以帮助服务对象改善行为，减少对同学的影响。

二、个案基本情况

（一）微观层面：个人方面

1. 在身体和心理上，服务对象存在一定的健康问题。经精神发育科医生评估，服务对象患有注意力缺陷多动障碍（Attention Deficit Hyperactivity Disorder，ADHD）[①]，具体表现为：上课时无法安坐在座位上，影响其他同学学习；平时情绪易冲动，一言不合就会跟人拳脚相加。服务对象曾经尝试过短期服用药物，后停止服药。除此之外，服务对象的自我评价极低，认为自己是“臭老鼠”“大家都讨厌我”。

2. 在社会适应上，服务对象存在学校环境适应困难问题。服务对象无法适应学校环境，表现在以下两个方面：一是对周围环境不适应，服务对象不遵守学校规则，干扰学校教学秩序；二是对周边人际关系的不适应，经常辱骂老师，殴打同学。

（二）中观层面：家庭情况

1. 家庭成员

与服务对象相关的家庭成员情况如下表所示：

相关家庭成员	职业与工作内容	与服务对象的互动关系
父亲	从事机械制造行业	每周回来一两次，互动不多
母亲	某大型企业部门经理，业务能力强	忙于事业，与孩子沟通不良
祖父	已退休，曾任乡镇小学校长	对服务对象要求高，经常打骂

① 注意缺陷多动障碍（ADHD）：也称为多动症，表现为与年龄和发育水平不相称的注意力不集中和注意时间短暂、活动过度和冲动，常伴有学习困难、品行障碍和适应不良。

续表

相关家庭成员	职业与工作内容	与服务对象的互动关系
祖母	普通家庭妇女	没有住在一起，无互动
外祖父	小区保安	互动不多
外祖母	普通家庭妇女	在孩子妈妈忙时负责接送和三餐

2. 家庭关系分析

（1）家庭成员众多。该家庭属于非典型核心家庭，关系比普通三口之家复杂。服务对象的祖父母、外祖父母时常会短期入住服务对象家里，因生活习惯和教育观念不同，有时会出现不和的情况。

（2）家庭关系紧张。服务对象父亲因创业失败，身心遭受打击，患有抑郁症，情绪不稳定，经常打骂服务对象，特别是得知服务对象在校的种种表现后。服务对象母亲是家中的经济支柱，承受着挣钱养家和照顾服务对象的重担，对于服务对象的不良表现十分焦虑。服务对象父母的教育理念分歧明显，父亲相信“不打不成才”，母亲喜欢不厌其烦地说教，两人经常因为服务对象的教育问题产生争执，甚至在服务对象面前大打出手，夫妻关系濒临破裂。

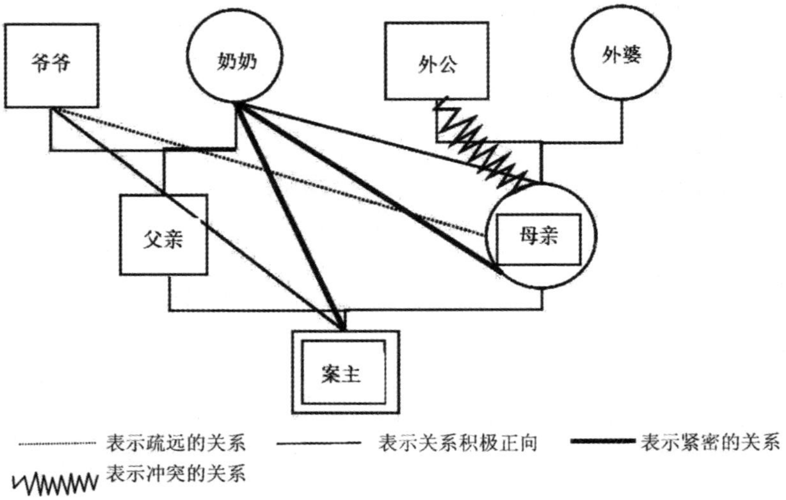

服务对象家庭结构图

（三）宏观层面：社交方面

1. 在学校领域，与同学关系不融洽。服务对象经常挑衅同学，当同学与服务对象意见不合时，服务对象会非常激动地用暴力压制对方，因此，同学们对服务对象的评价非常负面，服务对象在班上没有好朋友。

2. 在社区领域，存在交友不善等情况。服务对象在社区也经常与同样的问题儿童交往，在社区做一些恶作剧的事情，有时候会遭到其他业主的投诉。

三、服务计划

1. 服务目标

（1）学生个人层面：提升服务对象的人际交往能力和情绪管理能力。

（2）家庭层面：提升家长的亲子沟通和正向教养能力。

（3）学校层面：提升班级同学和老师对服务对象的接纳度。

2. 理论依据

（1）认知行为疗法。[①] 认知行为理论认为，人的情绪来自人对所遇到事件的信念、评价或解释，而非来自事件本身。该疗法认为，治疗的目标不仅仅是针对行为、情绪这些外在表现，而且分析服务对象的思维活动和应付现实的策略，找出错误的认知并加以纠正。服务对象除了多动障碍之外，还存在更多的不当的人际交往认知，如此造成了情绪障碍和行为偏差。社会工作者在介入的时候，需要了解针对行为、情绪这些外在表现，更需要分析其思维活动和应付现实的策略，找出不合理的认知加以引导。

（2）“人在情境中”理论。[②] 根据该理论，人受到环境压力和人们彼此冲突的影响和困扰，因此，应该关注服务对象的环境和社会环境间各要素的关系，用系统的方法去分析情境中人们的行动。对服务对象的介入，需将其放到他所处的环境中进行，即他的家庭、学校、社区等。

---

① Judith S. Beck，Cognitive Behavior Therapy：Basics and Beyond（Second Edition）[J]. 2013. 6.

② Marry Richmond，Social Diagnosis. [J]. 1917.

3. 服务方法

（1）社会工作者的直接服务

①引导服务对象。社会工作者澄清服务对象的非理性信念，引导服务对象改变动机。

②支持服务对象。社会工作者鼓励服务对象表达自己的想法，肯定服务对象的优点和价值，积极关注服务对象的感受，使服务对象感觉到自己是被关心、被支持的。

（2）社会工作者链接的资源

①正式资源：学校、街道居委会、家综、社会工作者、督导、医务人员、心理治疗师。

②非正式资源：班主任、同学、其他朋辈群体。

（3）服务对象需要有的努力或行动

①在认知上，服务对象和家长需要配合社会工作者为协商好的目标而努力。

②在行动上，服务对象需要配合社会工作者，定期与社会工作者见面（每周至少1次），服务对象家长每月与社会工作者见面至少一次。

四、实施计划

（一）接案与建立关系

1. 建立关系过程

首先，进行了历史资料搜集。社会工作者事先了解服务对象的成长经历和背景。社会工作者与服务对象家长、服务对象班主任分别进行面谈，收集服务对象资料。随后，社会工作者多次约见服务对象母亲面谈，了解服务对象母亲的教育理念和行为模式，服务对象母亲慢慢敞开心扉，积极向社会工作者倾诉自己在夫妻关系和孩子教育方面遇到的问题。然后，社会工作者前往服务对象班级开展人际交往主题的团体辅导，通过团体辅导，服务对象对社会工作者有了初步的认识。团体辅导结束后，社会工作者邀请服务对象和服务对象同学去社工站玩耍，借此机会与服务对象相互认识。此外，社会工作者邀请服务对象课间来社工站参与游戏，加深工作者和服务对象的相互认识。

2. 遇到的困难之处及应对策略

服务对象父亲对服务对象接受社会工作者辅导有抗拒心理，认为进入社工站就是“心理有问题”，担心服务对象被“标签化”，成为被同学嘲笑的对象。应对方法为：其一，社会工作者向服务对象父亲澄清学校社会工作的作用是恢复和发展学生的社会功能，服务范围是全校师生，使服务对象父亲对社会工作者在学校中的角色有了进一步的认识，消除服务对象父亲的担忧。其二，社会工作者通过澄清和聚焦使服务对象父亲意识到服务对象目前面临的困境及潜在的危机，提高服务对象父亲对服务对象情况的重视度。

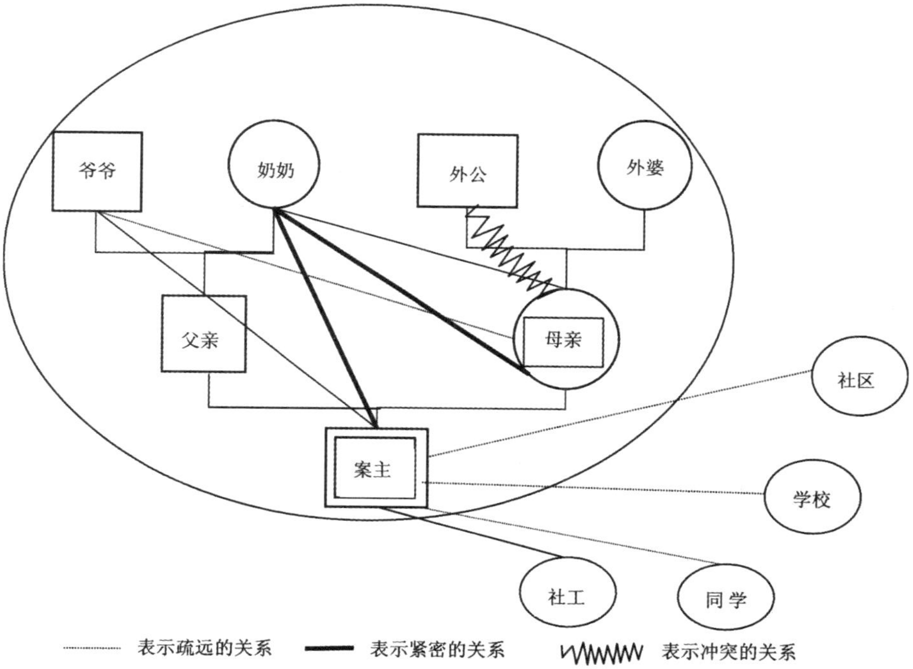

服务对象社会生态系统图

（二）计划实施过程

1. 第一阶段（2017 年 3 月 1 日 –2017 年 3 月 20 日）

①与服务对象家长和服务对象班主任交流，了解服务对象的家庭和学校表现，取得学校和家长的配合。

②对服务对象进行课堂、课间观察，了解服务对象与同学互动情况。

③在服务对象班级开展“人际交往”主题团体辅导，观察服务对象表现，与服务对象认识。

④以服务对象感兴趣的桌游为媒介，运用积极关注、尊重、接纳等支持性技巧，与服务对象建立了良好的专业关系，服务对象对社会工作者产生信任感，开始主动向社会工作者倾诉自己的烦恼，表示自己长期被老师批评，被同学厌恶，被家长责骂，感觉自己很没用，之所以打同学，是希望同学们可以关注他，和他一起玩。

⑤通过全面收集到的资料对服务对象的需求进行评估，服务对象面临的问题包括缺乏自我认同感、不恰当的社交认知和行为、社会支持网络薄弱、家庭关系不和。

2. 第二阶段（2017 年 3 月 21 日 –2017 年 4 月 30 日）

①社会工作者以优势视角理论，引导服务对象发现自己的优势，鼓励服务对象参加书法比赛展现自己的特长，并邀请服务对象课间来社工站做小助手，帮助管理社工站，引导服务对象发现自己的价值，提升自我认同感。

②社会工作者以游戏辅导的方式，协助服务对象学习恰当的人际交往技巧，通过正向鼓励的方法，激发和维持服务对象改变动机。

③当服务对象出现情绪问题时，社会工作者运用接纳、积极关注、同理心等技巧给予服务对象支持，引导服务对象转变信念，找到可以令自己迅速平静下来的方法，如撕草稿纸、缓慢读数、涂色等。

④当服务对象与同学、老师发生冲突时，社会工作者通过角色扮演的方式使服务对象重现当时的场景，与服务对象一同分析场景中的不合理反应并鼓励服务对象在生活中运用，使服务对象习得新的应对冲突的方法。

3. 第三阶段（2017 年 5 月 1 日 –2017 年 6 月 30 日）

①针对服务对象无法安坐，上课影响同学这一情况，社会工作者表示理解服务对象难以控制多动行为，但要尽量不影响同学。社会工作者与服务对象制定契约，服务对象可以在自己的座位上小幅度地活动，不能离开座位去拍打其他同学。契约制定后，社会工作者通过定期奖励的方式强化服务对象这一行为。

②同学方面，社会工作者邀请服务对象和同班同学课间来社工站进行活动，以游戏为媒介促进服务对象和同学之间的互动，鼓励服务对象在实

践中运用习得的社交技巧。

③家长方面，社会工作者定期与家长面谈，引导服务对象家长调整教育观念，采取引导和鼓励的方法帮助服务对象改变。

④学校方面，社会工作者与班主任和相关老师面谈，增强他们对多动症儿童的认识，关注服务对象的特殊需求，给予服务对象更多的包容和接纳，当服务对象取得进步时，及时给予服务对象鼓励。

4. 第四阶段（2017 年 7 月 1 日 –2017 年 7 月 17 日）

①社会工作者与服务对象定期面谈，肯定服务对象的改变，针对服务对象书法比赛获奖一事，社会工作者引导服务对象意识到要勇敢地去展现自己，提升服务对象的自信心。

②社会工作者布置社交任务给服务对象，定期与服务对象沟通人际交往技巧，巩固服务对象的进步。

③定期与服务对象班主任和服务对象家长沟通，反馈服务对象的进步，取得多方配合，共同促进服务对象的成长。

（三）评估

1. 评估方式

服务对象自评、个案辅导家长反馈表、个案辅导老师反馈表和基线测量法。

2. 服务成效

通过 3 个月的辅导，服务对象的自信心提升，与同学相处情况改善，与父母之间的关系也越来越好。具体变化有认知上的改变：服务对象的自我评价由原来的 4 分提高至 9 分；行为上的改变：服务对象攻击同学的次数由原来的一个月 16 次减少至一个月 0 次。

（四）结案

1. 结案的过程

社会工作者提前一个月告知服务对象结案安排，与服务对象一起探讨结案后可能出现的情况，处理服务对象离别情绪。社会工作者与服务对象回顾自己的问题、解决问题的方法和辅导过程，巩固服务对象的进步。社会工作者肯定服务对象的进步，强化服务对象的信心，鼓励服务对象积极面对未来。

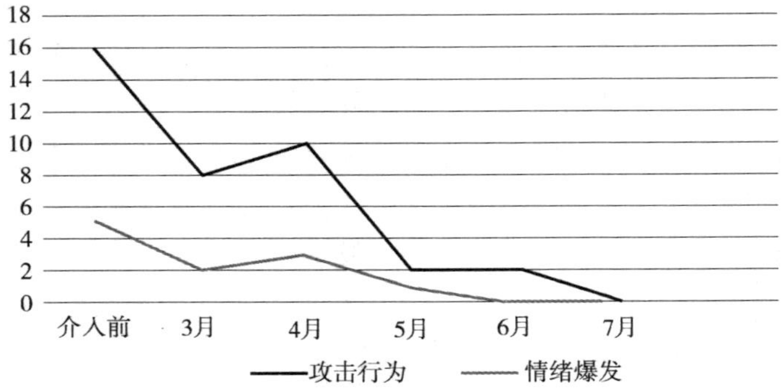

服务对象行为变化情况图

2. 个案的跟踪

直接回访：社会工作者通过回访电话了解到服务对象情况良好，处于稳定进步中。间接跟进：与相关的家庭综合服务中心、居委会和社会工作者保持联系，关注服务对象的社区参与情况。

五、总结与反思

（一）收获

1. 专业方面的收获

（1）在专业价值观方面，社会工作者通过理解诠释服务对象的处境，在实践中针对服务对象进行个别化的介入，对尊重、接纳和同理心的社会工作价值观有了更深切的体会。

（2）在介入方法技巧上，社会工作者在服务过程中，对支持性技巧、引领性技巧和影响性技巧的使用更为纯熟，对于认知行为模式疗法的理解更为通透，有利于专业能力的提高。

2. 个人方面的收获

（1）社会工作者方面，这是社会工作者接触的第一个多动症儿童个案，通过这一次的经验，社会工作者对于多动症儿童有了更加全面、深刻的理解，为今后的个案辅导积累了宝贵的经验。

（2）服务对象方面，服务对象的成长和改变，离不开其自身努力，在社会工作者的协助下，服务对象行为改善、自信心提升、与同学相处友好，与父母的沟通也有明显进步。

（二）经验与创新

1. 个案服务中用到的过往工作经验或方法

（1）与青少年建立关系的技巧，游戏是青少年的本能，社会工作者在与青少年互动的过程中，首先要激发其兴趣，提高认知能力。

（2）家长支持技巧，多动症学生的家长经常会因为孩子在学校的不良表现被老师和其他家长投诉，承受了比普通家长更多的压力。因此，对待多动症学生的家长，社会工作者要具备较强的同理心，使用各种支持性技巧，给家长以支持。

2. 个案服务中的创新

（1）视角创新：本案中，社会工作者站在发现问题本身和发现问题背后的多重视角，深入分析了服务对象与同学冲突频繁的原因，一方面是缘于自身的多动症疾患所致，另一方面是不恰当的人际交往所致。

（2）方法创新：社会工作者通过多方面搜集资料，深入分析服务对象的需求，运用多种技巧与服务对象建立了良好的专业关系。辅导期间，社会工作者充分考虑服务对象的身心发展特征，采取游戏辅导和角色扮演的方式，使得服务对象可以积极地表达自己，并将辅导中习得的社交技巧运用到生活当中，服务对象在行为、社交、情绪方面都有了明显的改善。

3. 个案服务对行业工作的贡献及价值

（1）对社会工作服务手法的丰富和完善。针对具体情况，灵活选择具体的介入技巧。

（2）对青少年社会工作领域的贡献与价值。多动症儿童这一群体并不罕见，他们有自己的优势和潜能，他们需要获得社会的接纳，通过针对性的引导可以改善多动症学生的人际交往和情绪管理能力，帮助他们更好地融入校园生活。希望这一个案能对同行社会工作者提供一些参考，帮助大家更好地为多动症学生提供有效的社会工作辅导。

（3）对学校社会工作领域的贡献与价值。本个案是社会工作介入教育系统的正面案例，学校是学生成长的主要场所之一，针对学生出现的各种社会功能问题，社会工作者的介入是非常有必要的。

（三）专业反思

1. 个案服务中印象最深刻的是什么

个案服务中印象最深刻的，是这位“混世魔王”，真的成为“明日之星”，辅导后期，本案例中的服务对象在辅导期间参加书法比赛获得第一名，结案后社会工作者回访时，服务对象母亲激动地告诉社会工作者，孩子因在校表现进步明显，获得了学校颁发的“校园之星”荣誉。

2. 个案服务中有哪些印象深刻的情绪感受

（1）焦虑：个案服务中期，服务对象家长对服务对象失去信心，家长辅导陷入僵局，社会工作者也陷入困境，因为个案成效缓慢感到焦虑。万幸有督导的及时支持，督导陪同社会工作者与服务对象家长进行了深入的面谈，引导服务对象家长转变理念，积极配合社会工作者，共同推动服务对象的进步。

（2）喜悦：个案服务后期，服务对象进步显著，服务对象本人、家长和班主任非常认可个案的成效，社会工作者也感到十分欣慰。

3. 个案服务中有哪些与专业服务有关的新发现

对人格发展八阶段理论的本土化解读。根据埃里克森的理论，人的自我意识的形成和发展过程划分为八个阶段，这是由遗传来决定的，因而是不可变更的。6～12岁的青少年面临的危机是勤奋和自卑的冲突，儿童在这一阶段的任务是体验完成工作的乐趣，从而获得勤奋感。社会工作者在个案服务过程中发现，这一阶段的青少年面临的另外一个重要挑战，即发展与他人建立社会互动关系的能力，这一项能力对青少年融入班群和品格培养是非常重要的。

4. 在未来的服务中，将如何运用专业收获开展服务

（1）专业伦理方面，认同个人的尊严和价值是社会工作者的伦理守则，作为一名社会工作者，一定要坚信“相信人能改变”这一理念，尊重人的多样性。

（2）实务能力方面，社会工作者不断提升实务能力，综合运用各种方法和技巧去促成服务对象的正向成长。

六、督导评语

（一）社会工作者在个案服务中价值理念的践行

在本案例中，社会工作者践行了如下的价值理念：

1. “无条件接纳”“非评判”和“尊重多样性”。在世俗的社会关系

中，人对人的尊重是有条件的，比如对于学生而言，成绩好，善于沟通，家庭条件优越，就容易得到同学们的尊重。案例中的服务对象，存在很多偏差行为如打架、偷东西、辱骂老师、上课擅自离开等，情节严重的时候，一个月就被叫入校长室谈话 5 次，这样的人容易被人嫌弃，得不到尊重。有时候为了引起他人注意，还会作出危险的举动。针对这样的服务对象，社会工作者给予的是无条件的尊重，这是本案例能够顺利开展并收到良好效果的基本条件。

2. 相信人的潜能。本案例中服务对象被认为未来可能会成为犯罪分子，比如服务对象三年级时，俨然成为“校园小霸王”了，既攻击同学，又顶撞老师。这种情况，在一般人看来，会将其标签化为社会不安定因素。但是，社会工作者相信任何人都能改变。对于本案例中的服务对象，社会工作者以极大的专业耐心，采用专业的方法帮助服务对象，最终实现了服务对象的改变。

（二）社会工作者在个案服务中的专业能力

本案例中体现的专业能力，其中最为突出的能力体现在：

1. 全面诊断服务对象问题的能力

本案例中，社会工作者运用“人在情境中”理论，通过全面了解，认为服务对象身体健康状况尚可，但心理上存在一定问题，在社会适应上，服务对象存在学校环境适应困难问题。同时，在家庭层面，家庭成员众多，家庭关系紧张，服务对象父亲经常打骂服务对象，服务对象母亲是家中的经济支柱，夫妻关系濒临破裂，对服务对象的个人和社会环境作了全面的评估，这种能力对于后期的有效介入是极有价值的。

2. 运用既改变服务对象又改变环境的综合方法的能力

在传统的社会工作介入中，人们习惯于运用一种方法，或者只改变服务对象本身。本案例中，社会工作者根据“人在情境中”理论，认为应该关注服务对象的环境和社会环境间各要素的关系，用系统的方法去分析情境中人们的行动。对服务对象的介入，需将其放到他所处的环境中进行，即他的家庭、学校、社区等，从而寻求改变。

（三）社会工作者在个案服务中突出的表现

在本案例中，社会工作者在个案服务中突出地表现为：

1. 灵活机动地运用社会工作方法。在本案例中，社会工作者利用多元化方法介入。当服务对象不配合时，运用游戏法增加其配合度；当服务对象倦怠时，运用代币法引导其坚持；当服务对象出现情绪问题时，社会工作者运用接纳、积极关注、同理心等技巧给予服务对象支持，引导服务对象转变信念，找到令自己可以迅速平静下来的方法，如撕草稿纸、缓慢读数、涂色等；当服务对象进步时，运用注入希望引导其取得更大的进步，等等。

2. 兼用优势视角和问题视角的方法。本案例中，社会工作者以优势视角理论，引导服务对象发现自己的优势，鼓励服务对象参加书法比赛展现自己的特长，并邀请服务对象课间来社会工作站做小助手，帮助社会工作者管理社会工作站，引导服务对象发现自己的价值，提升自我认同感。但同时，案例中对于服务对象的问题，社会工作者仍然保持着清醒的头脑。

（四）社会工作者在个案服务中有待提升的方面

1. 在专业方面，社会工作者的社会工作专业理论水准需要提升。理论是保证对社会工作实务认识高度的基石。对于一般人司空见惯的问题，社会工作者要能够站在理论的高度上进行探讨。

2. 在个人方面，工作者还需要全面提升自身的知识，特别是非编码知识。知识就是力量，社会工作者的知识，也是保证服务奏效的坚强后盾。社会工作者要善于在实践中，发现那些“只可意会不可言传”的非编码知识，提升服务的效用。

第六篇

青少年婚恋交友支持服务

第一章 “春风万里·我只与你”

——青年异性交往能力提升小组

作者：赵全 督导：姜振华[1]

一、案例介绍

为全面贯彻落实以习近平同志为核心的党中央关于青年工作的决策部署，关心青年成长和发展过程中遇到的问题和困难，引导广大青年坚定不移听党话、跟党走，《中长期青年发展规划（2016—2025年）》明确指出党和政府、群团组织以及社会等各方面资源要共同努力，积极营造有利于青年发展的良好环境，关心、解决青年的现实问题和迫切需求，切实做好青年婚恋交友服务工作。支持开展健康的青年交友交流活动，重点做好大龄未婚青年等群体的婚姻服务工作。充分发挥工会、共青团、妇联等群团组织和社会组织的作用，为青年婚恋交友提供必要的基础保障和适合青年特点的便利条件。

“厂洼一·社区青年汇”积极响应北京团市委的号召，针对紫竹院街道单身青年开展“春风万里·我只与你”青年异性交往能力提升小组活动。活动旨在为单身青年提供相互认识和交流的平台，帮助广大单身青年加深自我认识及对他人的了解、培养人际交往中的沟通能力，理解和接纳性别差异，树立正确的婚恋价值观，从而落实社区青年汇联系青年、服务青年的工作要求。

（一）服务起源

1. 社区介绍

紫竹院街道位于海淀区西南角，众多高校林立，教育资源优厚，文化氛围浓厚，接受初、高级文化教育人群较为集中。在紫竹院街道有大量文

① 赵全，北京中青社会工作发展中心，北京，100089；姜振华，中国青年政治学院社会工作系，北京，100089。

化单位、企事业单位、商务楼宇，在诸多人群之中青少年群体占比较大，流动青年也较多；而在诸多楼宇、企事业单位之中，单身青年数量大，青年单身现象突出，青年群体对于婚恋交友类服务有较大需求。

2. 调研情况

“厂洼一·社区青年汇”通过与青年汇总干事和街道团工委书记的工作例会、通过对街道社区楼宇工作站以及对企业青年的走访，了解到目前街道辖区内各个楼宇工作站和企事业单位中单身青年较多，且普遍存在着缺乏有效的交友平台、对自我的认识不清晰以及社交能力不足等问题。

3. 往期活动

2018 年 11 月初至 2018 年 12 月底，社区青年汇顺利招募到 20 余名企事业单位的适龄单身青年并开展了“缘来是你，情定金秋”交友联谊小组活动。此次联谊活动设计了一系列环环相扣、层层递进的服务环节，帮助小组成员清晰自我认识、提升社交能力、扩大交友范围、尝试新奇挑战并树立正确的婚恋价值观，活动的预期目标基本达成，成效显著，同时也存在一些问题，如个别组员对某次活动积极性不高、对小组归属感较低等，需要项目组反思总结和改进。

4. 问题及需求分析

（1）街道辖区企事业单位目前普遍存在着单身青年较多，缺乏有效的交友途径和平台。

（2）当下开展的联谊活动基本上都以单次主题性活动为主，不能够为青年提供长期交流的空间和机会，活动流于形式，效果欠佳。

（3）单身青年自身存在着不足，迫切需要自我成长，继续提升其沟通能力、交友能力、树立正确的婚恋价值观。

（二）服务对象的基本信息

人数	14 人
年龄段	25～35 岁
性别组成	男性 7 人，女性 7 人
受教育程度	本科（7 人）、硕士（6 人）、博士（1 人）
兴趣爱好	旅游、健身、唱歌、绘画等
类型	公务员 3 人、事业单位 2 人、企业 8 人、社会组织 1 人
来源	面向街道、社会招募
对社会工作者的认知	总体而言有一定程度的认知，但具体了解较少

二、小组工作服务过程

（一）招募和预估

1. 招募

招募过程	应用的方法与技巧
（1）发布活动信息推送 在微信公众平台上发布活动招募信息，并定向转给辖区单位及其他个人。 （2）收集青年报名信息 进行了为期三周的报名，收集报名青年的申请表，汇总报名情况。 （3）筛选条件合适的青年 根据相似的问题、共同的兴趣、年龄和性别、文化水平、工作状况、参加小组的期望条件筛选出适合的青年。	（1）紧扣小组目标，确定小组的组合条件为单身青年，年龄在 25 ~ 35 岁，有稳定收入，可以全程参与活动。 （2）考虑组员的特征及能力，综合分析每一名组员的信息，以确保招募的组员具有一定的同质性和异质性，确保组员对小组的期待和小组目标相一致。筛选过程会与所有组员电话沟通，澄清小组目标和目的，说明小组参与的条件、风险、小组的具体、注意事项等。在尊重个人意愿的情况下综合考量确定小组名单。

2. 预估

服务对象遇到的问题	服务对象的需求	资源
（1）缺乏有效的交友平台和交友途径。 （2）许多社交平台只能提供一次性的交友机会，不能够与他人有充分的相互了解。 （3）对自我的认识不清晰，两性交往之中缺乏必要的手段和技巧。	（1）自我成长的需要：树立正确的婚恋价值观、提高沟通表达能力、提高社会交往能力。 （2）社会交往的需要：广大单身青年需要一个现实的、稳定的环境去相互认识、了解、建立关系。	（1）中国青年政治学院社会工作系的老师和专家的技术支持和指导。 （2）社区青年汇的社会工作者提供具体服务。 （3）街道团工委的配合和资金的支持。 （4）国家对单身青年的关注和相应的政策福利。

（二）设计服务计划

小组计划书

1. 计划书名称

广洼一·社区青年汇“春风万里，我只与你”青年异性交往能力提升

服务小组

2. 设计理念

在彼此的相通中联结，在彼此的差异中成长。

3. 理论支持

（1）马斯洛的需求层次理论

马斯洛理论把需求分成生理需求、安全需求、爱和归属感、尊重和自我实现五类，依次由较低层次到较高层次排列。单身青年通过参与活动，在过程中获得尊重，增强爱和归属感，满足自身发展的需要，在活动中共同学习、反思和进步。

（2）社会交往理论

社会交往理论是由马克思开创，后对德国哈贝马斯的交往行动理论产生直接影响的社会学理论。马克思从人的需要和满足需要的方式出发，认为社会交往是人类生存、活动、实践以及社会发展的一种重要方式，是人们为满足自身生存需要而进行物质生产的前提，是制约个人生存与发展的重要方面。本次小组活动为单身青年男女提供了社会交往的机会和平台。

（3）社会支持理论

社会支持网络是指一组由个人接触所形成的关系网，通过这些关系网个人得以维持其认同，并获得情绪支持、物质援助、服务、信息、新的社会接触等。通常个人与社会环境的连接类型有亲密伴侣、社会网络、社区三种。单身青年男女在活动中与伙伴们相互扶持，增进交流，进而促进社会交往能力的提升和有效社会支持的扩展。

4. 活动目标

（1）总目标

协助单身青年认识自己和他人，提升其与异性的社会交往能力，促进其身心健康发展。

（2）分目标

①为单身青年搭建一个舒适的交友、交流平台，丰富青年人的业余生活；

②提升单身青年对自我和异性的了解和认识；

③树立正确的婚恋价值观；

④学习人际交往的方法和技巧。

5. 小组工作模式

本次小组是发展性小组工作模式。该模式以小组成员的发展为核心，以其社会功能性的提升为目标，强调通过挖掘组员的潜能、解决问题，从而达到自我实现。

6. 参与成员及人数

小组组成由项目专家团队、项目执行团队和小组组员构成。

其中项目专家团队：中国青年政治学院社会工作系副教授1人，北京中青社会工作发展中心项目主管1人。

项目执行团队：北京中青社会工作发展中心社会工作者1名，中国青年政治学院社会工作专业硕士研究生3名。

小组成员：14名辖区单身青年。

7. 小组具体活动计划表

活动单元	活动时间及地点	活动目标	主要活动内容	所需物资	可能遇到的难点及其应对
第一节“你我初相识”	14:00－16:00紫竹院街道中青社区青年汇	1. 澄清活动目标和过程； 2. 帮助组员相互认识，培养其对小组的认同感和归属感； 3. 形成小组规范。	1. 简介小组活动和社会工作者； 2. 热身游戏（大风吹）； 3. 主题活动：神秘人物（小组成员自我介绍、相互认识）； 4. 制定小组规范； 5. 本次活动总结与分享。	姓名贴、抽签桶、签到表、笔、A4白纸、彩笔、大白纸、小卡片、签字笔、相机、旗子、小礼品。	难点：组员之间相对陌生，小组气氛比较安静。 应对：工作人员积极带动，鼓励小组成员。
第二节“遇见最初的自己”	14:00－16:00紫竹院街道中青社区青年汇	1. 促进组员的认识和熟悉； 2. 帮助组员清晰自己并了解他人的价值观； 3. 促进组员进一步了解自己。	1. 热身活动、六一儿童节特辑活动（踢毽子与你比我猜游戏）； 2. 价值观拍卖； 3. 自我状态测评； 4. 本次活动总结与分享。	姓名贴、签到表、笔、价值观所需的钱、价值观词卡、自我状态测量表、你比我猜词卡、零食。	难点：个别组员对个人自我状态测评有疑惑。 应对：邀请专业人员说明、澄清。
第三节“爱之红砖随手拍”	红砖博物馆	1. 为组员提供自由交流、相处的空间和机会； 2. 帮助其增强沟通，提升交往能力。	1. 外出前往红砖美术馆； 2. 本次活动“爱之红砖随手拍”介绍及任务说明； 3. 本次活动总结与分享。	笔、签到表、车、活动名单（联系方式）、签到表、任务卡、相机。	难点：组员可能忘记活动任务，沉浸于游览。 应对：社会工作者特别强调，并请组员相互提醒。

续表

活动单元	活动时间及地点	活动目标	主要活动内容	所需物资	可能遇到的难点及其应对
第四节“爱之七嘴八舌”	14:00 – 16:00 紫竹院街道中青社区青年汇	促使组员了解不同人的性格差异，学会尊重和理解他人。	1. 热身游戏； 2. 主题活动：辩论赛； 3. 本次活动总结与分享。	正反方姓名贴、白纸、笔、奖品。	难点：辩论赛中可能出现由辩论内容到评价个人的情况。 应对：社会工作者在恰当的时候，引导、澄清，促进组员觉察。
第五节“爱之由表及里”	14：00 – 16：00 紫竹院街道中青社区青年汇	1. 引导组员觉察并表达其爱情价值观； 2. 进一步增强组员的沟通、交流。	1. 热身活动； 2. 主题活动：“爱情观”表盘； 3. 本次活动总结与分享。	白板、笔、词卡、颜料、调色板、画笔、表盘、颜料、围兜。	难点：组员的个人特点和特长，影响到其活动参与度及投入程度。 应对：一方面社会工作者在介绍活动内容时，说明组员之间可以相互邀请、请教和帮忙，以此促进组员的参与及其之间的交流；另一方面，小组的辅助带领者会观察组员的现场情况，通过互动、支持促进一些组员的参与及投入。
第六节“爱之我想对你说”	10：00 – 11：00，11：30 – 16：00 紫竹院街道中青社区青年汇	1. 帮助组员树立正确的恋爱价值观，更好地与异性交往； 2. 促进组员的情感交流； 3. 协助组员勇于表达内心的想法。	上午 1. 热身活动； 2. 爱情小讲堂； 3. 主题活动：“爱情观”表盘； 4. 本次活动总结与分享。 中午 丰盛的午餐，组员一起完成。 下午 1. 观看以往的活动视频； 2. 主题活动：我想对你说； 3. 活动总结与告别。	签到表、笔、PPT、话筒、做饭所需厨具、玫瑰花、照片。	难点：组员离别不舍的情绪较高。 应对：接纳、共情组员的情绪并让其表达，引导组员将小组内的经验迁移到日常生活之中。

8. 所需资源

项目	内容	备注
人力资源	中国青年政治学院社会工作系副教授1人，负责项目支持以及予以组员支持。 北京中青社会工作发展中心主任，协调场地、经费、人员。 北京中青社会工作发展中心项目主管，负责项目执行支持。 社会工作者1人，全面负责小组设计、执行、总结。 中国青年政治学院社会工作研究生3人，配合小组设计和小组执行。	
物力资源	活动场地（紫竹院街道中青社区青年汇）	
财力资源	街道和中心为小组的设计和执行提供资金支持	

9. 活动评估

小组工作将会采取需求评估、过程评估和结果评估相结合的方法，开展对小组活动的评估。

（1）需求评估

小组开展前期采用座谈会、单位走访的方式，多方面、多层次了解辖区单位、社区、企事业青年的基本情况，单身青年数量、基本情况与需求。同时运用问卷法和访谈法，深入了解单身青年的需求，评估其状况，并依据此制订服务计划。

（2）过程评估

过程评估在服务开展中进行，是对整个服务过程的监测评估。主要内容有对小组开展状况评估，如记录组员出勤率、组员活动参加次数、活动时间等；在活动中，对组员和工作员进行观察，做好每一次观察记录，使用观察记录表；每次活动后，邀请组员填写活动评估表，对当次活动效果及工作表现进行评估。每次活动后，工作员都进行总结和反思，对自己的工作进行评估，使用工作员自评表。

（3）结果评估

结果评估以小组效果评估为主。主要针对的是单身青年社会交往能力评估，小组开展前后分别对小组成员社会交往能力进行测量，比较活动前后小组成员该能力的变化程度。

（三）实施服务计划

1. 小组初期（形成期）

主要工作内容	应用的方法及技巧	遇到的难点及其应对
1. 协助小组成员彼此认识，以消除陌生感。 2. 帮助小组成员厘清对小组的期望。 3. 制定小组规范，讨论保密原则等。 4. 营造信任的小组气氛，形成相对稳定的小组关系结构。	1. 评估和管理小组规范； 2. 支持和鼓励成员参与互动； 3. 考虑成员的生理、心理、情绪等方面的需求。	难点：个别组员出现两种差异性的期待，在初次见面时，一方面希望尽快认识其他组员，另外一方面希望保持个人的独立性。 应对：社会工作者引导组员澄清认识他人和保持个人独立性的关系，两者是相对独立的。

2. 小组中期（转折期）

主要工作内容	应用的方法及技巧	遇到的难点及其应对
1. 处理抗拒行为。帮助组员了解小组是分享和表达感受的重要场所，同时营造一种开放、安全的氛围，帮助小组成员探索自己的担心和防卫，鼓励其承认并尝试调整。 2. 评估并引导组员保持对小组整体目标的意识，以及小组目标与个人目标一致的部分。	1. 包容，客观面对小组过程之中出现的问题。 2. 冷静，不做冲动的反应。 3. 负责，勇于面对冲突，带领组员解决冲突。 4. 焦点回归，把问题抛给小组成员，运用团体动力予以解决。	1. 难点：遇到小组中比较沉默的组员。 应对：一方面深入了解其沉默的原因（组员是比较慢热的性格），另一方面在尊重的同时，鼓励其在恰当的时候，尝试表达自己。 2. 难点：小组成员出现小团体。 应对：社会工作者引导小团体成员澄清小组共同的目标，并鼓励其与其他成员的互动。

3. 小组后期（成熟期）

主要工作内容	应用的方法及技巧	遇到的难点及其应对
1. 维持小组的良好互动。 2. 协助组员从小组中获得新的认知和技能。 3. 协助组员把认知转变为行为。 4. 协助组员解决有关问题。	1. 引导成员的积极互动。 2. 咨询，及时解答组员的询问，尽可能提供信息。 3. 支持与鼓励小组成员的自我管理。 4. 运用体验性活动或者游戏。	难点：如何应对组员在小组分享中深层次的自我表露，并促进组员认知转变。 应对：充分发挥引导者、支持者和辅导者的角色。社会工作者一方面对自我表露的组员做积极的回应，另一方面引导其他组员积极回应、分享。对于组员认知的转变，一是促进组员不断觉察自己的认知状态及由于行为变化带来的认知改变；二是运用良好的小组动力，通过组员之间的觉察和互动，促进每个组员对自己认知转变的发现和反思。

4. 小组末期（结束期）

主要工作内容	应用的方法及技巧	遇到的难点及其应对
1. 引导组员回顾小组历程和收获，处理离别情绪。 2. 巩固小组成员的学习经验，协助组员制订未来行动计划。 3. 评估小组目标的实现情况。	沟通与互动的技巧，如积极回应、自我表露、引导，及时小结。	难点：组员离别不舍的情绪较明显。 应对：接纳、共情组员的情绪并让其表达，肯定组员在小组中的投入与收获；引导组员将小组内的经验迁移到日常生活之中，同时表达祝福。

（四）评估

评估的内容	应用的方法	服务成效（服务目标的达成情况、小组成员发生的具体改变）	评估中的难点及其应对
1. 街道辖区青年情况、青年需求。 2. 服务过程评估，组员表现、活动效果、工作人员自评。 3. 项目成效评估。	1. 调研、座谈会。 2. 测量法：运用社会交往能力量表。 3. 工作人员自评、小组观察、小组满意度调查。	1. 通过活动丰富了单身青年的生活，为其提供了较稳定的交友平台。 2. 通过性格测评、专家讲解，增强组员对自己的性格和恋爱价值观的认识。 3. 提升了组员对两性差异的认识，提高了两性交往的技能。	难点：对青年婚恋价值观的有效评估。 应对：通过访谈，发现组员在小组开展前后婚恋价值观的变化。

三、总结与反思

（一）收获

1. 社会工作价值观的内化

社会工作价值观是一整套用以支撑社会工作者进行专业实践的哲学信念，是一整套对人对事的总体判断与核心理念。在小组工作过程中，在面对服务对象时，社会工作者尽量尊重每一个人的价值和尊严，本着接纳和非批判的态度去了解组员。同时相信每一个人都具有发展的潜质。

2. 小组活动具体流程的掌握

想要顺利开展一项小组活动，需要做的工作有很多，从前期的小组申报计划书开始，就已经要系统策划好整个小组的目标和每一节活动的大致内容。申报成功后，要进行组员的招募与遴选，然后要具体设计每一节活动的流程，并根据实际情况调整具体的活动计划；每一节活动开展时，都要认真观察组员的表现情况并做好拍摄录像等记录工作；活动结束后，要及时撰写观察记录并整理活动材料；小组接近尾声时，还要处理好组员的离别情绪，最后完成结项工作。这是一整套工作流程，环环相扣，缺一不可。

3. 小组工作技巧的学习和掌握

沟通的技巧。首先要营造一个轻松安全的活动氛围，组员发言的时候要专注倾听，并给予组员积极的回应，适当的自我表露有助于让组员感到被信任。社会工作者需要引导并鼓励组员表达自己的看法和意见，提醒其他组员认真倾听他人的发言，促进组员间相互理解和相互回馈。

讨论的技巧。恰当的议题能够帮助反映组员的“三观”和待人处事的风格，促进组员认识自己、了解他人，同时也能够提高组员的沟通能力、表达能力和社会交往能力。

带领的技巧。包括开场的技巧、了解的技巧、提问的技巧、鼓励的技巧、限制的技巧、沉默的技巧、引导的技巧、结束的技巧等。一个优秀的小组活动带领者，需要熟练掌握以上技巧，随机应变、灵活处理小组活动过程中的各种突发情况。

（二）经验与创新

1. 提高社会工作的知名度、社会认可度及社会影响力

社会工作是一项助人的专业和职业，社会工作的焦点在于人与环境的互动，旨在协助个人、家庭、团体、社区适应所在的社会环境，恢复或增强其社会功能，及创造有利于达成目标的社会条件，预防或者舒缓社会问题。社会工作起源于西方，后传入中国，结合本国国情形成了“本土化”的特色，我国的社会工作仍处于初步发展阶段，知名度、认可度和社会影响力都有待提高。通过开展“春风万里·我只与你”交友联谊服务项目，能够让更多的人参与到社会工作专业的小组中来，切身感受到社会工作的服务模式和效果，进而促进社会工作的社会影响力。

2. 探索小组工作在单身青年交友联谊领域的具体运用

在青年婚恋交友方面，当下仍在流行的一些大型交友联谊活动。这类活动以择偶为主，且更注重客观条件，忽视对个人的认知及与他人交往的体验，活动时间较短、形式较单一、成效不明显。社会工作小组活动可以打破“蜻蜓点水”式的活动模式，通过环环相扣的计划、层层深入的环节，能够提高参与者的体验性和互动性，为单身青年提供了较稳定的交友平台和沟通机会。更重要的是，小组工作的方法能够促进单身青年进一步认识自己和异性，较有效提升单身青年的社会交往技能。

（三）专业反思

一个完整、有效的小组工作除了价值理念之外，社会工作者需要运用理论架构及视角和对小组关系的感知和把握，借助一系列的小组技巧，协助、引导组员达成小组目标，使得组员获得成长。这种助人方法是让组员的能力得到提升，并非直接“赐予”的帮助。在本次小组设计、开展和总结的过程中，如何将社会工作纳入青年社会交往能力提升的联谊项目中，是本团队一直思考和探求的议题。

本次小组的开展，一方面是回应国家对于青年婚恋问题的关注，另一方面是结合辖区内实际情况展开的。小组服务计划书不断修改、完善。为什么开展、开展什么、什么时间开展、在哪里开展、如何开展等议题，都是执行团队不断研讨、不断思考之后决定的。

本次小组的服务对象是街道辖区 25～35 岁单身青年，其特殊性要求我们在设计活动的时候，要考虑时间的安排、活动的内容及其形式等内容。在本次小组工作中，执行团队一方面以辖区为单位，对单身青年的状况和需求进行了摸底调查，并对青年表述的需求进行有效甄别；另一方面，在小组过程中，工作人员每一次活动结束之后都会与组员进行沟通，了解组员的需求、听取组员的意见，并以此为依据对下一节活动进行调整，力求每一次活动都能够保证活动内容的针对性和丰富性，能够带给组员真正的改变和成长。

四、督导评语

（一）社会工作者在小组工作中价值理念的践行

1. 尊重与接纳

在小组活动开展的过程中，社会工作者全程秉持并贯彻社会工作价值理念，尤其小组活动中的观点讨论环节。以“爱之七嘴八舌”这节小组活动为例，本节活动的目的是通过辩论赛的形式，组织组员针对与爱情、恋爱、婚姻有关的“网红话题”进行辩论，表达自己的观点和看法。在这一过程中，就要求社会工作者本人需要遵守社会工作价值理念，尊重和接纳组员的观点，实施非批判原则，不对个人的表达进行对或错的判断。同时要影响和引导其他组员，当不同的看法和观点被表达时，可以控制现场活动气氛、保障活动的顺利进行。

2. 同理心

由于本小组的总目标是促进和提升青年异性交往能力，活动内容设计里也涉及一些青年分享个人经历的内容。当青年向组员分享个人过往经历时，社会工作者及时表达对于该成员的同理，并能够设身处地地给予对方回应，使分享个人经历的青年能够感受到理解，并将社会工作者与组员的专业关系进一步加深，对于其他组员也起到一定的积极影响。

3. 保密原则

该原则对于涉及个人经历较多的小组来说十分重要。社会工作者在第一节活动中就着重强调保密原则对于本小组的重要性，并且利用组织小组成员共同讨论和制定小组契约的形式来强化保密原则，为小组成员建立保密意识，确保了小组内部的安全环境，为小组成员与社会工作者之间的相互信任奠定基础。

（二）社会工作者在小组工作中的专业能力

1. 对于青年需求的评估能力

本小组的开展缘起社会工作者对日常工作中的发现和其他联谊交友类活动的分析与总结。社会工作者发现了参与活动青年的需求和实际需要解决的问题，并对现有的同类型活动进行分析和总结，从而确定了小组活动的主题，并在小组活动开发与设计过程中贡献了自己的实践经验与想法。

2. 活动设计与创新的能力

社会工作者在活动设计的讨论过程中，注重结合青年人喜欢新鲜事物、愿意挑战和寻求刺激的特点，在确保活动内容可达到小组目标的基础上，结合预算情况，尽可能选择青年喜爱并新颖的活动形式。比如，组织青年外出，将活动场地确定为青年较为感兴趣的红砖美术馆；以辩论赛的形式引导青年表达个人对于婚恋问题的观点和看法等，使小组内容极其吸引青年参与。

3. 活动开展过程中的随机应变能力

社会工作者需要对于小组开展过程中出现的任何情况进行及时处理和回应。这就要求社会工作者需具备一定的活动带领经验和随机应变的能力。良好的现场反应和干预，其实也是社会工作者前期充分准备的表现。

小组开始前，社会工作者需要对可能发生的情况和问题进行提前预想并做好准备，这才能在问题发生时进行正确并及时的干预与处理。

4. 总结与反思的能力

社会工作小组活动的开展是一个持续的过程，在每周一次小组活动的工作安排下，及时总结每次小组活动情况，针对小组组员的反应和表现对小组计划书进行修改和完善，对小组进程的推进情况予以调整等，都能保障小组活动的顺利进行以及成员对于小组其他成员、社会工作者的信任关系的建立。在不断的小组活动实践中总结和发现出现的问题或可以改进的内容，及时对小组计划进行完善，确保整体小组活动的质量。

（三）社会工作者在小组工作中突出的表现

1. 社会工作者的专业敏感度

从小组的宣传招募到小组成效评估，小组进程的顺利推进离不开社会工作者随时保持其专业敏感度。本小组主要负责的社会工作者受过专业的社会工作者本科教育，并拥有丰富的小组带领实务经验，这使社会工作者在开展青年服务的过程中，对青年需求、青年服务活动形式、问题和改进方向具有专业敏感度。在小组的实际开展过程中，也高度保持专业敏感，及时对小组成员的反应和表现进行反馈和处理，调整小组活动的节奏和内容安排等，确保小组的效果和质量。

2. 社会工作者在工作中的创新意识

社会工作者善于对现有的活动形式、活动设计进行总结和创新，积极发现活动设计中可改进的内容。避免青年在参与活动过程中感受到无聊无趣、无法深入参与的情况，结合青年自身特点设计具有趣味、新奇和吸引力的活动形式与内容。

3. 社会工作者的反思能力

社会工作者开展小组的实践经验能够得到及时分析和总结，就能对后续小组活动的开展产生积极作用。这就要求社会工作者能够随时发现和总结在小组过程中的需求或问题，分析其中的原因，找到改进的方法。社会工作者具备较好的反思能力，就能将实践经验与后续小组活动开发和升级联系起来，使小组活动内容更能满足青年需求，更好地解决青年实际问题。

（四）社会工作者在小组工作中有待提升的方面

社会工作者在开展小组过程中，应注意个人的语速语调。该社会工作者在带领活动时容易语速过快，语调无起伏，容易使青年在接收社会工作者传递的信息时产生误差。

社会工作者之间的配合也需要进一步加强。小组中的主工作员与辅助工作员应在小组开始前详细明确地确认各自的职责和工作内容，提前按照小组计划书进行活动预演，避免一些临时的突发情况出现，也能提高小组活动时间的效率。

第二章 “左右逢‘缘’”

——以能力提升为本的中职学生人际交往小组

作者：李超 督导：黎志芬[①]

一、案例介绍

“左右逢‘缘’”——以能力提升为本的中职学生人际交往小组，是面向中职学生开展的旨在提升中职学生人际交往能力的小组活动。小组内容根据服务对象的实际需求设计，强调以能力提升为本，重点提升服务对象在人际沟通中的倾听能力、欣赏他人的能力、处理人际冲突的能力等。在小组流程设计方面，充分考虑服务对象的特点，将相对“程序化”的流程“生动化”，调动服务对象参与的积极性。小组一共招募服务对象9名，是社会工作者从报名的60多名学生中，根据参与小组的目的、个人的参与意愿等筛选而来。小组整体服务成效较好，服务对象改变较大，一方面在小组服务过程中，服务对象的人际交往能力得到提升；另一方面在小组结束后社会工作者借助“阳光心理社团”巩固小组的成果，将小组工作和“培育学校社团”有机地结合起来。

（一）服务缘起

1. 中职学生的特点

中职学生是一个相对特殊的群体，他们正处于一个生理、心理都发生巨大转变的关键时期，而与大多数高中生相比，他们在学习动机、自我认识、情绪控制、情感及意志等方面都存在着一定的差异，部分中职学生较为自卑，这将对他们的人际关系造成非建设性的影响。相对而言，中职学生课业压力较小，在学校中的人际关系，很大程度上影响到他们的自我评价和心理状态。提升中职学生的人际交往能力，改善其人际关系，对他们

---

① 李超、黎志芬，深圳市龙岗区至诚社会工作服务中心，深圳市，518000。

的身心健康发展十分重要。

2. 中职学生的实际需求

自2013年4月22日，学校社会工作者入驻该中职学校以来，学生前来社会工作室咨询最多的便是人际关系问题。2013年6月，学校社会工作者面向全校学生开展了服务需求的调研工作，在“你希望社会工作者能在哪些方面给你提供帮助”的问题上，559名学生中选择处理人际关系（同学关系）问题的学生共131人，占23.4%；选择能力提升（人际交往能力、情绪管理能力等）的学生共301名，占54%。半年之内，在学校30个个案辅导中有80%以上是关于人际关系方面的问题。由此可以看出，解决人际关系问题及提升人际交往能力，是中职学生重要而迫切的现实需要。

（二）服务对象的基本信息

人数	9人
年龄段	14～18岁
性别组成	女性：5人，男性：4人
受教育程度	中专
类型	普遍面临人际交往问题
来源	服务对象报名，老师推荐，社会工作者主动接触
对社会工作者的认知度	平时参与社会工作服务，对社会工作者认知度较高

二、小组工作服务的过程

（一）招募和预估

1. 招募

招募过程	应用的方法与技巧
1. 海报宣传，接受学生报名 2. 进班直接宣传，接受学生报名 3. 班主任老师推荐 4. 社会工作者平时观察，发现适合参加本小组的学生	多种媒体的宣传、观察、有针对性地筛选

2. 预估

服务对象遇到的问题	服务对象的需求	资源
1. 服务对象不善于和同学交流、相处。 2. 服务对象容易与他人产生人际冲突，又缺乏解决冲突的能力。	通过问卷调研发现，中职学生对于处理同学关系的需求较大，希望提升自我的人际交往能力。	驻校社会工作者，中职学生中人际关系良好的榜样

（二）设计服务计划

小组活动计划书

1. 计划书名称

“左右逢‘缘’”——以能力提升为本的中职学生人际交往小组

2. 设计理念

本次小组，社会工作者以“连接、包容、分享”为理念，通过小组服务对象之间的互动，让服务对象体验到被他人尊重、关爱和包容。

3. 理论支持

运用社会心理学家舒茨的人际关系三维理论。舒茨认为，每一个个体在人际互动过程中，都有三种基本的需要，即包容、支配和情感。这三种基本的需要决定了个体在人际交往中所采取的行为，以及如何描述、解释和预测他人的行为。三种基本需要的形成与个体的早期成长经验密切相关。

4. 活动目标

（1）总目标

本小组旨在为服务对象营造一个良好的沟通与交流的平台，根据中职学生的特点和实际需求，以能力提升为本，通过解决服务对象人际交往中面临的问题，提升其在人际沟通中的倾听能力、欣赏他人的能力、处理人际冲突的能力等。

（2）分目标

①帮助服务对象了解其在人际交往中面临的问题，培养、提高服务对象的沟通能力与解决人际冲突的能力；

②服务对象将小组中的感受与经验，有效运用到实际生活的人际交往中。

5. 运用的小组工作模式

本小组活动主要运用小组工作的发展模式。服务对象通过小组中的互动、分享、学习获得自我成长，并能够学以致用于未来的人际交往中。社会工作者在其中扮演协调者和使能者的角色，促进小组成员的互动、激发服务对象的潜能。

6. 参与成员及人数

（1）参与成员：深圳市龙岗区第二职业技术学校在校学生，小组成员9人。

（2）社会工作者：至诚社会工作服务中心，社会工作者2人。

7. 小组具体活动计划表

本小组以中职学生的能力提升为本，在小组具体活动计划中，第一节重在服务对象之间的相互认识和熟悉，建立小组契约和安全的小组氛围。之后主要从两个方面开展服务：一是协助服务对象认识在人际交往中的自我，如对人际交往的态度、个人性格及其对人际交往的影响；二是根据服务对象对自我的认识，重点提升倾听能力、欣赏他人的能力、解决人际冲突的能力。

活动单元	活动时间及地点	活动目标	主要活动内容	所需物资	可能遇到的难点及其应对
第一节主题：第一次亲密接触	2013.11.21 19：00－20：00 心理咨询室	服务对象初步认识，引出小组目标	1. 欢迎服务对象参加本次小组活动。 2. 社会工作者做自我介绍。 3. 社会工作者介绍小组的目的及开展的时间、地点及内容安排。	无	难点： 服务对象比较拘谨，小组气氛比较沉闷。 应对： 社会工作者以幽默、风趣的言语带动并影响小组气氛。
		促进服务对象的相互认识	自我介绍和相互认识。	人名贴	
		建立小组内部的安全感。	热身活动：你追我避。	夹子50个	
		了解服务对象对小组的期望。	“许愿精灵”，了解服务对象对小组的期望。	大彩纸1张，彩笔1盒	
		形成小组契约	“你我的约定”，制定小组契约。	大彩纸1张，彩笔1盒	
		强化本节目标，促进小组动力	活动总结与分享。	无	

续表

活动单元	活动时间及地点	活动目标	主要活动内容	所需物资	可能遇到的难点及其应对
第二节 主题：打开心扉去交往	2013.11.27 19：00－20：00 心理咨询室	承上启下	简要回顾上一节内容，简单介绍本节内容。	无	难点： 活动中个别组员打断他人发言，引起其他组员的不满。 应对： 社会工作者引导小组成员一起回顾小组契约，再次获得成员的认可和约定。
		巩固小组安全感，进一步增进成员间的了解	热身活动：“我猜我猜”和“乌龟乌鸦”。	无	
		引导服务对象认识人际交往中的开放、尊重、接纳	主题活动：“爱在指尖”。	无	
		评估服务对象的参与程度	团体检测站。	无	
		强化本节目标，促进小组动力	活动总结与分享。	无	
第三节 主题：沟通从倾听开始	2013.12.04 19：00－20：00 心理咨询室	承上启下	简要回顾上一节内容，简单介绍本节内容。	无	难点： 本次活动的内容比较多，时间上有点紧张。 应对： 社会工作者在超时的情况下，征得服务对象的同意，将剩余的时间安排好。
		活跃小组气氛、引出活动主题	热身活动：“捉虫虫”。	无	
		让服务对象感知到倾听在沟通中的重要性	主题活动“我说你画”。	笔9支，纸9张	
		协助服务对象掌握倾听技巧	主题活动“倾听练习”。	椅子两张，案例2个	
		强化本节目标，促进小组动力	活动总结与分享。	无	

续表

活动单元	活动时间及地点	活动目标	主要活动内容	所需物资	可能遇到的难点及其应对
第四节主题：好人缘来自好性格	2013.12.11 19：00－20：00 心理咨询室	承上启下	简要回顾上一节内容，简单介绍本节内容。	无	难点： 本节关于人际交往的知识和技巧比较多，给社会工作者带来压力。 应对： 社会工作者与服务对象一起探讨，发掘其潜能，引导其思考。
		促进服务对象的互动和交流	热身活动“我们一起来找碴”。	无	
		引导服务对象讨论、学会反思自己	主题活动“魅力测试站”。	笔9支，A4纸9张；大彩纸1张，彩笔1盒	
		引导服务对象思考自己的人际圈，反思影响自己人际关系的因素	主题活动“人际财富”。	笔9支，A4纸9张	
		强化本节目标，促进小组动力	活动总结与分享。	无	
第五节主题：赞美——人际交往的法宝	2013.12.18 19：00－20：00 心理咨询室	承上启下	简要回顾上一节内容，简单介绍本节内容。	无	难点： 学习称赞五部曲过程中，个别服务对象不够专注。 应对： 社会工作者通过引导，以邀请服务对象分享的方式，促进服务对象能够专注。
		让服务对象学会发现他人的优点并及时给予反馈	热身活动“好人好事”。	无	
		让服务对象学会更好地称赞他人	学习及练习“称赞五部曲”。	称赞五部曲材料	
		让服务对象学会用积极的眼光欣赏自己和他人	主题活动：“我很欣赏我的伙伴，因为……”	笔10支，纸20张	
		强化本节目标，促进小组动力	活动总结与分享。	无	

续表

活动单元	活动时间及地点	活动目标	主要活动内容	所需物资	可能遇到的难点及其应对
第六节主题：解开人际千千结	2013. 12. 25 19：00－20：00 心理咨询室	承上启下	简要回顾上一节内容，简单介绍本节内容。	无	难点：“解手链”环节需要男女拉手完成。部分服务对象不敢拉异性伙伴的手。应对：社会工作者将问题抛给小组成员，通过小组动力，正向引导小组成员解决问题。
		促进服务对象之间的关系	热身活动“电波传递”。	无	
		协助服务对象改变对人际冲突的消极看法	主题活动“解手链”。	无	
		协助服务对象掌握建设性解决人际冲突的基本技巧	人际冲突分享及讨论。	无	
		强化本节目标，促进小组动力	活动总结与分享。	无	
第七节主题：友谊地久天长	2014. 01. 02 19：00－20：00 心理咨询室	承上启下	简要回顾上一节内容，简单介绍本节内容。	无	难点：最后一节活动中，部分服务对象的离别伤感的情绪比较浓。应对：社会工作者倾听、共情，接纳离别情绪的同时，展望未来。
		协助服务对象分享参加小组的心得与感受	“回首来时路”。	9支笔和9张纸	
		小组成员相互祝福，小组结束	“祝福留言卡”“友谊天长地久”，集体合影留念。	贺卡9张，彩笔1盒；小礼品，饮料9罐，相机1部	
		评估小组成效	填写参加者评估表。	评估表9份；签字笔9支	

8. 所需资源

项目	内容	备注
人力资源	社会工作者 2 名	无
物力资源	活动物资一批	详见活动计划
财力资源	活动经费	详见活动计划

9. 活动评估

（1）问卷调查法：通过问卷调查，一是了解每节活动后的目标达成情况，二是了解服务对象的整体目标的达成情况和服务满意度。

（2）观察法：通过观察记录服务对象的出席情况、活动投入度进行评估。

（三）实施服务计划

1. 小组初期（形成期）

主要工作内容	应用的方法及技巧	遇到的难点及其应对
营造一个包容、开放尊重、接纳的小组氛围，促进成员之间的相互认识，澄清小组功能，制定小组契约。	1. 通过热身活动和重要的主题活动，递进式地拉近小组成员的关系，营造适宜的氛围。 2. 通过“许愿精灵”和“你我的约定”等活动，引导小组成员澄清对小组的期望，共同制定小组契约。	难点：第一节小组活动时，小组成员较为拘谨，小组气氛略显沉闷。 应对：社会工作者以幽默、风趣的言语及动作，带动小组气氛。

2. 小组中期（转折期）

主要工作内容	应用的方法及技巧	遇到的难点及其应对
协助小组成员认识自己、发现在人际交往中自己可能面临的问题。学会倾听，发现自己的人际资源。	1. 通过角色扮演让小组成员意识到倾听的重要性。 2. 通过“倾听练习”协助小组成员掌握倾听的技巧。 3. 通过主题活动“魅力测试站、人际财富”，协助小组成员认识自己，发现自己在人际交往中可能面临的问题，并学会应用自己的资源解决问题。	难点： 个别组员较为“活跃”，会时不时打断他人发言，引致其他小组成员的不满。 应对： 社会工作者引导小组成员一起回顾小组契约，再次获得成员的认可和约定。

3. 小组后期（成熟期）

主要工作内容	应用的方法及技巧	遇到的难点及其应对
引导小组成员学会用积极的眼光欣赏自己和他人，并能够运用一些方法，做到真诚的赞美和欣赏。	社会工作者运用带领的技巧和促进小组成员沟通的方式。	难点： 在分享及讨论时，个别成员不够专注于分享。 应对： 社会工作者促进这些成员的觉察，澄清其不专注的原因并积极回应，在接纳的同时，进一步正向引导。

4. 小组结束期

主要工作内容	应用的方法及技巧	遇到的难点及其应对
1. 处理小组成员对小组结束的情绪和感受。 2. 巩固小组成员收获的关于人际交往的知识和技能。 3. 评估小组总目标的实现情况。	1. 鼓励小组成员面对内心的感受，并且表达出来。 2. 以祝福等形式，强化组员之间的支持与激励，巩固小组动力。 3. 社会工作者带领小组成员回顾小组历程，强化其认知和积极的感受。 4. 社会工作者通过问卷调查评估小组活动成效。	难点： 部分小组成员离别伤感的情绪比较浓重。 应对： 社会工作者倾听、共情，邀请其把对他人的不舍和祝福写出来。接纳离别情绪的同时，与大家展望未来。

（四）评估

评估的内容	应用的方法	服务成效	评估中的难点及其应对
总目标： 营造一个良好的沟通与交流平台，提升服务对象的人际交往能力。	1. 问卷调查法：运用小组活动调查表，在活动结束后调查。 2. 自然观察法：根据小组活动的总目标观察组员的改变情况。	本小组活动给服务对象提供了一个良好的沟通与交流的平台；大部分服务对象倾听、赞美的能力有所提升等。个别的服务对象转变明显，从之前的对他人不友好、人际关系较差变得懂得欣赏、赞美他人，人际关系有明显的好转。	难点： 如何评估服务对象人际交往能力的提升。 应对： 社会工作者可以通过现场观察结合活动后的访谈，后续跟进进行评估。

续表

评估的内容	应用的方法	服务成效	评估中的难点及其应对
分目标 1. 帮助服务对象了解其在人际交往中面临的问题，培养、提高其沟通能力与解决人际冲突的能力。 2. 引导服务对象将小组中的学习经验有效运用到实际的人际交往中。	1. 问卷调查法：运用小组活动调查表，在活动结束后调查。 2. 自然观察法：根据小组活动的总目标和组员的期待，观察组员的改变情况。	服务对象们对小组目标达成情况评价较好，平均分为 4.67 分（满分为 5 分）。对小组的内容、社会工作者的表现评价较高；对社会工作者开展小组总体上非常满意。全部服务对象表示，有机会还想参加此类小组活动。	难点： 评估的目标较为概括，使用问卷调查法较难测量到服务对象的真实情况及改变。 应对： 增加自然观察法和访谈法进行评估，通过第三方的观察及直接访谈，能够较全面、真实地反映出服务成效。

三、总结与反思

（一）收获

1. 专业方面的收获

（1）社会工作者自身形象和工作态度对服务对象改变的促进作用

本次小组活动，社会工作者较为用心投入，这在一定程度上感染了小组的服务对象。在人际交往小组中，社会工作者作为带领者，首先需要为服务对象做好人际沟通的示范。这体现在带领小组时如何与服务对象沟通、如何处理小组中存在的人际冲突、如何倾听等方面。社会工作者表现出的积极形象，能够对服务对象起到较大的促进作用。因此，作为社会工作者，在开展相应服务的时候，首先需要身体力行。“用生命影响生命”便是在这样良好的示范中发生的。

（2）先接纳和尊重服务对象原本的样子，再谈改变

在小组活动中，个别服务对象总是会“调皮”“捣蛋”，一些社会工作者可能为了小组的正常发展，会去打压和控制他们。通过这次小组活动，让我明白，最重要的是要先接纳和尊重服务对象原本的样子，再去谈改变。个别服务对象露出真实“面目”，这是一个好的开始，一方面说明小

组给服务对象带来了安全感，另一方面只有看到服务对象真实的样子，才能知道他们需要在哪里成长。对此，社会工作者需要一定的接纳，并做细致的评估，可以尝试将出现的问题作为一个一般化的问题，让小组成员一起探讨、解决。

(3) 小组结束后，创造条件以便服务对象将小组经验迁移到现实生活中

在小组过程中，大部分服务对象都表示自己得到了很大的成长和改变，但是小组结束后，由于回归到原来的生活环境，一些服务对象容易出现退化现象，这是社会工作者需要关注的问题。在小组结束之前，社会工作者一是要未雨绸缪，二是要创设条件，以便服务对象将小组经验迁移到实现生活中去。

2. 个人方面的收获

小组带领能力得到了提升，能够更好地践行尊重、接纳等专业价值理念。

（二）经验与创新

1. 小组工作中用到的过往工作经验或方法

对小组组员的严格筛选，是确保小组顺利开展并能够达到预期目标的重要一环。社会工作者价值理念的运用，“用生命影响生命”，为服务对象提供人际交往的学习示范。

2. 小组工作中的创新

为了强化服务对象的成长，社会工作者邀请部分服务对象加入了社会工作者创办的“阳光心理社团”。他们在相关的活动中，协助社会工作者完成一些工作，这样即给予服务对象强化其认识和能力的平台，对其在小组中的成长起到了巩固作用。

3. 小组工作对行业工作的贡献及价值

本小组工作的服务对象是中职学生，这是一个相对独特的群体。本小组工作的开展，为社会工作在中职学生服务方面提供了一定的参考。

（三）专业反思

1. 小组工作中印象最深刻的是什么

小组工作中印象最深的是在小组中期，出现个别小团体、意见分歧

时，非常考验社会工作者和服务对象。经过社会工作者的努力带领和澄清，最终与服务对象一起解决了问题，同时也激发了小组动力。

2. 小组工作中有哪些印象深刻的情绪感受

基于过往的服务经验，在小组活动结束后，部分服务对象容易出现退化的情况，这是社会工作者担心的问题。

3. 小组工作中有哪些与专业服务有关的新发现

在小组工作中发现，服务对象往往是解决自己问题的能手，个人具有较大的潜能，潜能需要不断被激发并加以运用。

4. 在未来的服务中，将如何运用专业收获开展小组工作

在未来的服务中，社会工作者在开展相关小组工作时，首先，要将社会工作的价值理念很好地运用在与服务对象的沟通互动中，尊重、接纳服务对象；其次，通过社会工作者真诚的服务态度、良好的沟通能力为服务提供行为示范；最后，要重视小组工作结束后，服务对象能力的巩固，社会工作者尽可能创造条件，促进服务对象的能力在其今后的生活情境中得以巩固、运用。

四、督导评语

（一）社会工作者在小组工作中价值理念的践行

本小组工作中，社会工作者能够遵循社会工作的价值理念，做到尊重、接纳服务对象，与服务对象建立了较为专业的服务关系，并能从内心真正接纳这些“并不完美”的组员，从接纳到“助人者”做了非常好的处理。

（二）社会工作者在小组工作中的专业能力

社会工作者根据平时工作的了解，准确把握住中职学生的需求，针对提升其人际交往方面的能力开展小组工作。在小组设计的过程中，确定了倾听、欣赏他人和解决人际冲突等几方面的重点，并有针对性地开展工作。在流程设计方面，也充分考虑到这个年龄阶段中职学生的特点，将相对“死板”的流程“生动化”，如将表达对小组的期望环节设定为“许愿精灵”，将设定小组契约命名为“你我的约定”，这样的处理能让组员理解

每个环节的作用，也调动了他们参与的积极性。这种类型的小组活动，社会工作者并不是第一次带领，在流程的控制和小组突发情况的处理上，社会工作者都可以相对从容应对。在小组结束后，社会工作者还能借助“阳光心理社团”巩固小组的成果，将小组工作和“培育学校社团”有机地结合起来。该社会工作者具备较扎实的专业能力。

（三）社会工作者在小组工作中突出的表现

1. 能较好地处理组员之间的冲突

本次小组工作中，个别服务对象经常打断他人说话，引起其他服务对象的不满。对此，社会工作者能较好地运用小组规范、澄清、鼓励等技巧予以处理，使服务对象得到改变。

2. 孵化社团巩固服务对象的成长

在小组结束后，社会工作者借助“阳光心理社团”巩固小组的成果，将小组工作和“培育学校社团”有机结合起来。社会工作者邀请部分服务对象加入了社会工作者创办的“阳光心理社团”，在相关的活动中协助社会工作者，给予服务对象强化和提升的平台，使得部分服务对象在小组中的成长得到了巩固。

（四）社会工作者在小组工作中有待提升的方面

1. 在发挥小组动力方面的能力待提升

本次小组工作中，社会工作者教育者的角色出现较多，影响到小组动力的发挥，未能充分调动服务对象之间的参与互动，进而促进服务对象发挥潜能共同处理人际交往的问题。社会工作者需提升小组历程带领及内容解说的能力。

2. 小组工作理论知识运用方面待提升

社会工作者对小组发展阶段及小组工作模式方面的知识应用需要继续加强，小组发展阶段的主要工作任务还需厘清，对小组工作模式的理解和运用还需要进一步深入。

第七篇

青少年创业就业服务

第一章　运用优势视角助残疾青少年实现就业创业

作者：张新民　高连娟　秦廷升　马玉娟　督导：张洪英[①]

一、案例介绍

本案例主要介绍了社会工作者通过专业方法帮助残疾青少年实现就业创业目标，促进残疾人积极融入社会，发挥自身价值的过程。服务对象身体残疾经过手术得到一定程度的康复，衣食无忧。但是随着年龄的增长，遇到了成长的烦恼，即在福利院的生活状态下，如何实现个人的就业或者创业。因为这一烦恼，服务对象产生了一些偏差性的想法和焦虑、失落的情绪。

社会工作者遵循助人自助的价值理念，运用优势视角关注服务对象的内在力量和优势资源，同时运用理性情绪治疗模式、行为修正模式和任务中心模式等个案工作的工作模式和方法，通过帮助服务对象制定目标、挖掘潜能、疏导情绪、整合资源等，帮助服务对象开了一间修表店，并兼顾经营换锁配钥匙、夏秋卖冷饮等，使服务对象能够全身心地投入工作，形成了一定的理性想法、建立了适应性的行为、激发了自我潜能，同时各方面能力也得到了发展。服务对象的修表店已经度过了9个春秋，目前生意依然红红火火。

（一）服务缘起

服务对象先天四肢发育不良，重度残疾，遭父母遗弃后，被一位爱心老奶奶收养了近10年。2001年老奶奶年事已高，无法继续养育服务对象，经由当地民政部门转介进入福利院。进入福利院后，服务对象住在儿童

① 张新民、高连娟，潍坊市社会福利院，261200；秦廷升，潍坊市民政局，261200；马玉娟，潍坊市儿童福利院，261200；督导：张洪英，山东大学哲学与社会发展学院社会工作系，济南市，250000。

部，在平时的生活中，服务对象爱笑、爱模仿，聪明伶俐。2009 年，服务对象从某高级技工学校电工与电子专业毕业后回到福利院，因为就业困难而无所事事，出现消极的自我评价、焦虑和失落的负面情绪等情况。如果不及时进行专业服务，服务对象可能会陷入绝望，甚至产生更加严重的后果。社会工作者在了解到服务对象的情况之后，协同其他同事，为服务对象提供个案服务。

（二）服务对象的基本信息

姓名（化名）	大栋	年龄	18 岁
性别	男	职业	无业
受教育程度	技工学校	婚姻状况	未婚
兴趣、爱好	模仿、小维修	家庭情况	从小为弃婴（孤儿），未找到父母
服务对象的来源	他人转介	服务对象的类型	自愿型服务对象
服务对象求助的意愿	学一门技能，开一间门店	服务对象对社会工作者的认知程度	从不了解到逐渐了解

（三）个案描述

2009 年，服务对象从某高级技工学校电工与电子专业毕业后回到福利院，已经不能继续住在儿童部，也不能住到相对封闭的成年智障康复科，只能借住在老年区与智力正常的孤寡老人为伴。服务对象聪明伶俐，爱模仿，接受新生事物快。经过两次较大的手术后，服务对象四肢残疾得到了较好的康复，手脚相对灵活。服务对象从童年到青少年时期，缺少完整的家庭教育，渴望被爱，而借住在老年区属于“寄宿”“代管”，不是重点服务对象。老年区的工作人员主要由医护人员组成，主要为老人提供生活照料、医疗康复服务，缺乏对服务对象内在需要的关注。服务对象对自己从小被父母遗弃感到自卑，对未来很茫然，既没有近期目标，也缺少长远目标。技工学校毕业后，服务对象无学可上，由于身体原因较难实现就业，久而久之，没有了创造新生活的动力，也形成了不劳而获的习惯。服务对象觉得自己一辈子都需要别人照顾，是没用的“废物”，没有价值，认为自己将一天天依赖在福利院到老，看待事物比较消极，情绪变得低落并且无法控制自己的悲伤情绪，言语和行为上也出现了一些偏差，有时候会搞一些损人损物的恶作剧。另外，服务对象还将在技校学会的开锁技术随意使用，打开别人的房间或者公共房间，任意拿取物品。在人际关系上，服务对象对工作人员态度不友好，对别人的帮助缺少感恩，觉得他人的服务都是理所当然的。因为与孤寡老人住在一个区域，也缺少与同龄人交流的机会。

二、个案工作服务的过程与专业关系

（一）接案与建立关系

1. 接案

	接案的过程	应用的方法和技巧	接案中的难点及其应对
初步接触	1. 简单介绍自己及专长，从服务对象感兴趣的话题切入，尝试建立关系。 2. 简要了解服务对象遇到的困难及需求。 3. 说明本次会谈的目的和内容，以及双方的角色和责任，介绍服务及伦理原则（保密）和工作过程。 4. 和服务对象确认其需要专业服务。	接纳、尊重、同理心、倾听等建立关系的技巧。	难点：降低并消除服务对象的防备和抗拒。 应对：以尊重、接纳、平等的态度进行初步接触。
接案	1. 较具体了解服务对象面临的问题及需求，即想就业或者创业。 2. 了解并澄清服务对象对专业服务及社会工作者的希望。 3. 和服务对象达成初步的口头服务协议。	1. 不把服务对象“问题化”。 2. 将会谈中收集到的资料，以摘要的形式做好接案记录。	难点：澄清双方的责任和期望。 应对：通过说明、澄清、沟通、协商，互相澄清彼此的责任和期望，逐渐达成一致。

2. 建立关系

社会工作者以平等的身份、真诚的态度与服务对象认真会谈，在全面了解他的想法及主要面临问题的过程中，注重建立关系。同时，在会谈过程中，发现服务对象锻炼身体和学习打字的现实性需要，通过带给他一套哑铃和一台二手计算机，并教会服务对象使用，及时地满足了服务对象的需要，因而也获得了服务对象的逐渐信任。看到服务对象身体越来越健康、笑容也变得自信起来，社会工作者依然抱持着关怀和支持，在彼此良性的互动中促进着关系的建立。

建立关系的过程	应用的方法和技巧	建立关系中的难点及其应对
1. 与服务对象达成服务目标的共识。 2. 在开始阶段保持每天见面。 3. 社会工作者以服务对象的目标和利益为中心。 4. 根据服务对象锻炼身体和学习打字的需要，带给他一套哑铃及一台二手计算机。	1. 同感，感受服务对象的情感、想法，并向其表达这些感受。 2. 真诚，保持真诚、开放、真实的态度。 3. 温暖与尊重，表达对服务对象的关心，对其想法的理解。 4. 积极主动，关注服务对象、鼓励他。	难点： 准确的同感。 应对： 社会工作者放下自己的参照标准，设身处地以服务对象为参照，尝试感受其喜怒哀乐的情绪、情感和想法，并体会其中的原因，再尝试用较准确的词语表达出来。

（二）预估与发展关系

1. 预估

通过个案会谈和走访福利院，全面收集、整理和分析服务对象有关资料，社会工作者和服务对象一起发现目前其面临的问题及其影响。同时，社会工作者和服务对象从优势视角出发，一起评估服务对象的各类优势资源。

收集资料			分析与统整	预估中的难点及其应对
服务对象遇到的问题	服务对象的需求	服务对象的资源		
1. 存在就业或者创业方面的非理性信念，并导致负面情绪困扰。 2. 社会化功能不足导致出现偏差行为。	1. 学习就业或者创业技能。 2. 获得就业或者创业的支持及资源。	1. 服务对象聪明伶俐、心灵手巧、有一定的文化基础和学习能力、吃苦耐劳。 2. 多名持证社会工作者，具备理性情绪治疗和行为修正的专业服务能力。 3. 福利院可以提供门头房，社会工作者可以寻找教会服务对象学习修表技能的师傅。 4. 有愿意提供帮助的社会爱心人士。	见服务对象的社会生态系统图	难点： 如何找到愿意教服务对象、技能水平较高的师傅。 应对： 多方寻找，同时调动服务对象的意愿和行动力。

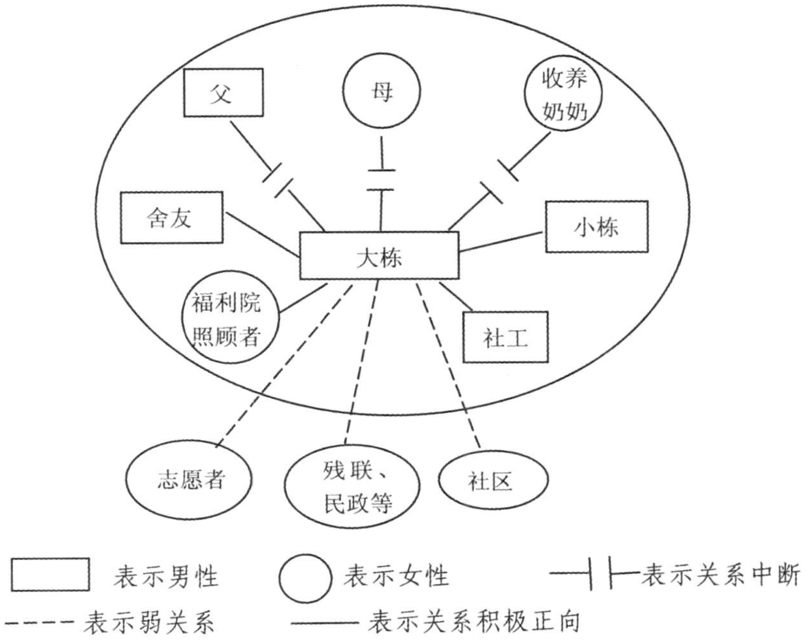

服务对象的社会生态系统图

2. 发展关系

发展关系的过程	应用的方法和技巧	发展关系中的难点及其应对
在预估会谈的过程中，表达对服务对象的关注、理解和支持，进一步增强相互间的信任。	预估会谈、沟通技巧、支持性技巧、引领性技巧和影响性技巧。	难点： 社会工作者的双重角色，一是专业服务者，二是福利院院长的身份——给服务对象造成压力感。 应对： 坚持平等、接纳、尊重的态度。

（三）制订计划

社会工作者和服务对象在制订计划中的关系

制订服务计划是一个理性思考及作出决定的过程，包括制定目标及选择目标而采取的行动。制订计划需要服务对象和社会工作者双方一起协商制定服务目标、计划的具体内容和方式、大致的时间表等。这既是专业价值观的践行，也是服务对象体验式学习“助人自助”的历程。

个案工作服务计划表

目标		个案的服务模式及方法	服务对象需要有的努力或行动	社会工作者链接的资源
直接目标	帮助服务对象消除“自己做不了事情”“自己将一天天老在福利院，终生依赖福利院”等非理性信念和失落的负面情绪，树立理性信念和积极、乐观的人生态度。	采用理性情绪治疗模式：帮助服务对象找出非理性信念，进行分辨，建立起理性信念，并调整自己的情绪和行为。	和社会工作者一起发现、认识自己的非理性信念及其影响，并实现认知重塑，形成理性信念。	福利院内持证社会工作者、部分住院老人、志愿者。
直接目标	协助服务对象建立正向、积极的行为，增强其社会适应的功能。	运用行为修正模式，以示范、榜样等方式，协助服务对象进行观察学习，并以赞扬等正强化增强新的行为。	不断坚持、用心学习新的行为。	福利院内持证社会工作者。
直接目标	帮助服务对象学习一技之长，并依靠学习的技能实现自食其力。	任务中心治疗模式：调动并利用服务对象的自主性，发掘服务对象就业及创业的潜能，强化并激励服务对象学习一技之长。	服务对象清楚地认识到自己才是解决自己当前问题的关键，努力尝试、吃苦耐劳、坚持对自己负责任。	修表师傅、社区负责人、城管负责人。
间接目标	恢复服务对象的自助能力，帮助其挖掘生命潜能，选择适当的生活。	采用人本主义治疗模式，促进服务对象挖掘生命潜能，追求自己想实现的生活。	在不断的行动中体会到自己的价值和生命的意义。	民政、工商管理、残联等部门。

（四）实施计划

社会工作者一方面运用理性情绪治疗模式，帮助服务对象调整他的非理性信念及负面的情绪；另一方面通过找到福利院附近的修表师傅，让服务对象拜师学艺，提升其就业技能。随着服务对象认知、情绪的改善，就业技能的提升，社会工作者通过链接工商局、残联、福利院等相关部门和志愿者等各类资源，为服务对象提供物、财等方面的就业条件，和服务对象一起，根据服务对象的现实情况，灵活实施服务计划。

个案服务实施计划进程表

实施计划的过程	应用的服务模式、方法和技巧	实施计划中的难点及其应对
社会工作者扮演使能者、辅导者的角色，与服务对象进行个案会谈面谈，协助其消除非理性信念，树立积极、乐观的生活态度。	运用支持性技巧、引领性技巧和理性情绪治疗模式。	难点： 社会工作者的双重角色，一是专业服务者，二是福利院院长的身份——给服务对象带来紧张、压力感。 应对： 社会工作者澄清助人者的角色，表达平等、接纳、尊重的态度，减轻服务对象的心理压力。
社会工作者扮演辅导者、教育者的角色，引导服务对象学习、练习降低压力的方法。	运用支持性技巧、引领性技巧和行为修正模式。	难点： 服务对象表现出学习不适应和学习进度慢的问题。 应对： 社会工作者不断表达耐心、鼓励和支持，坚持积极主动和诚恳关怀的态度；并多次示范。
社会工作者扮演倡导者的角色，与服务对象周围的重要他人，如舍友、养护人员、行政管理人员等进行沟通，请他们关注、鼓励、支持服务对象的正向改变。	采取面对面沟通和座谈交流等方式，影响服务对象周围的他人，创设有利于服务对象改变的环境。	难点： 在福利院服务对象周围的重要他人，对服务对象存在刻板印象，对其改变起到一定负向的影响。 应对： 社会工作者与他们进行面谈沟通，用“优势视角”的观念，促进这些人员聚焦观察、关注服务对象的改变。
社会工作者扮演联系人的角色，在调动起服务对象积极性和主动性之后，寻找、联系愿意教授服务对象修表等技术的师傅。	运用任务中心治疗模式，发掘服务对象的主动性。发挥联系人的角色，在福利院的支持下，链接资源、多方寻找愿意帮助服务对象的师傅。	难点： 有些具备条件的师傅，因为担心“教会徒弟，饿死师傅”，不愿意教授服务对象。 应对： 社会工作者多方寻找，与师傅分享残疾人自强自立，愿意学习一技之长的强烈愿望，真诚邀请他们支持残疾人就业创业。

续表

实施计划的过程	应用的服务模式、方法和技巧	实施计划中的难点及其应对
社会工作者扮演联系人的角色，陪同服务对象正式拜师学艺。	本着“助人自助”的理念，运用沟通、协调等方法。	难点： 服务对象有时表现出为难和焦虑，担心自己学不会修表的技术。 应对： 社会工作者定期探望服务对象并给予鼓励和支持，并与师傅面谈，请其循序渐进地教授，多鼓励服务对象。
社会工作者扮演资源链接者与整合者角色，在服务对象学艺成熟后，协调福利院提供门头房和启动资金，协调社区、城管对其支持，发动志愿者支持其创业。	运用沟通、整合资源的方式，帮助服务对象建立社会支持系统；在多方支持下，进一步强化服务对象的正向改变。	难点： 服务对象管理资金、设备等资源的能力稍显欠缺。 应对： 社会工作者与其师傅共同教授服务对象如何管理资金、设备等。

（五）评估与结案

1. 评估

评估的内容	应用的方法	服务成效	评估中的难点及其应对
服务对象的改变状况	测试、观察、座谈	1. 服务对象经过哑铃操等锻炼，明显比此前强壮，基本达到正常人力量的一半以上； 2. 服务对象用轮椅恶意冲撞墙裙等偏差行为彻底消除； 3. 服务对象从以前的封闭、自卑变得愿意主动和亲近的人交流，可以和陌生人正常沟通。	难点： 服务对象因为意识到被评估而感到“不自在”。 应对： 结合平日的接触进行自然观察和及时记录。

续表

评估的内容	应用的方法	服务成效	评估中的难点及其应对
目标的实现程度	测试、观察、访谈与调查	1. 服务对象的负面情绪和非理性信念基本消除；有自食其力的意愿并愿意为此而努力，能够积极地面对生活，甚至开始谋划未来的生活，最突出的体现是服务对象说“如果可以，我想找个对象成家”。 2. 服务对象成功学会了修理手表的技能，并在福利院、志愿者的帮助下开了修表店，有了自己的收入；在志愿者的帮助下扩展了营业范围，月收入基本稳定。	难点： 如何较全面而有效地评估服务目标的实现情况。 应对：邀请并培训服务对象身边的人观察、记录。 难点： 服务对象学到的修表技术是否可以得到客户的认可。 应对：根据客户的意愿，留存好其联系方式。修完表一段时间后，由福利院人员随机电话回访，了解服务质量。
服务的资源投入	访谈 资料分析	因为人、财、物、时、空等方面的资源的链接和投入（社会工作者 3 人、修表师傅 1 人、院内志愿者及社会志愿者 20 余人、社会福利院门头房两间、志愿者提供的冰柜、锁具等价值 2000 元、修表设备），服务成效显著。	难点： 因为经验不足，对有些资源的投入没有事前列计划、在投入过程中没有及时记录。 应对： 邀请社会工作者及有关志愿者等回忆后访谈、整理。

2. 结案

结案的标准	社会工作者结案的过程	应用的方法	结案中的难点及其应对
社会工作者和服务对象共同确定的目标已经达成，服务对象认为可以结案。	1. 社会工作者促进服务对象不断巩固其已有的改变。 2. 与服务对象探讨未来的行动计划、可能遇到的困难及应对办法。 3. 社会工作者与服务对象协商，逐渐延长每次会谈的间隔，减少会谈的频率。 4. 关注到即将结束个案时服务对象的情绪。	支持性的会谈技巧，逐渐延长服务间隔。	难点： 服务对象对结案有些回避，希望社会工作者多关注他。 应对： 与服务对象一起回顾他的成长与改变，肯定并鼓励其逐渐独立。告知服务对象，在他特别需要帮助的时候，仍然可以找社会工作者寻求帮助。

3. 跟进个案

跟进情况	应用的方法与技巧
1. 跟进结案时服务对象的行动计划：（1）在修表方面继续深造学习；（2）学习使用电脑和手机；（3）除了工作之外，培养自己的一种兴趣爱好。 2. 通过跟进，发现服务对象在修表、电脑和手机方面有了更多的学习。	定期电话或者走访。
关注服务对象周围的资源和社会支持，促进服务对象获得持续的社会支持： 1. 与服务对象修表、修鞋的师傅保持联络，请其定期与服务对象联系，提供技术和情感支持。 2. 走访服务对象的朋友、舍友等，邀请他们关注并支持服务对象的正向改变。 3. 征得服务对象同意后，在民政、残联、社区、城管等部门单位及志愿者队伍中，宣传服务对象自强不息的事迹，并邀请他们给予适当的关注、支持。	电话沟通或者走访。
持续评估服务目标的达成情况。	志愿者跟进：志愿者与服务对象结成对子，每月与服务对象沟通，了解其想法、行为和生活状况。

三、总结与反思

（一）收获

1. 专业方面的收获

通过个案服务，锻炼了社会工作团队中每个人的实务能力。社会工作者第一次将学习过的增权理论、优势视角、通用实务过程等理论知识和会谈的技巧、链接资源的技巧等，充分运用于实践并取得了较好的成效。三位社会工作者不仅具备了一定的专业实务能力，还能够在福利院内尝试开展初级的社会工作督导。该个案服务结束之后，福利院先后启动了三个个案服务。

2. 个人方面的收获

通过该个案服务，社会工作者除了在专业知识和能力上有实践性的提升外，对社会工作“助人自助”的理念有了更深、更体验性的领悟，对专业关系有了更直接的体验和深入的思考。对人的潜能和优势有了更深刻的认识和反思，也看到了自己更多的潜能和成长空间。

（二）经验与创新

1. 个案服务中用到的过往工作经验或方法

社会工作者在当医生时，有着较丰富的与病人接触、交流的经历。30岁之后，担任事业单位的负责人，相对了解工作人员和福利院孩子的心理状态，有过“一帮一”的经历，并运用过“个别谈话、组织座谈”等方法，这些经验对本次个案服务都起到了一定的促进作用。

2. 个案服务中的创新

在个案服务中，社会工作者敢于“打破福利院长大的孩子，一辈子离不开福利院”这一偏见，着眼于协助残疾人实现人生最大的价值。同时开展个案服务和个案管理，为服务对象链接、搭建资源，尽可能提供全方位服务，从而实现了案主的自立，整个服务过程不断践行着“助人自助”的理念。

3. 个案服务对行业工作的贡献及价值

“在福利院长大的弃婴、弃儿长大后难以就业、不思创业”是一些学者研究后得出的结论，也是未开展专业社会工作服务的福利院的现实情况。而在福利院中，能够有社会工作者秉持专业的价值理念，运用专业的工作方法，充分调动各类社会资源，可以帮助在福利院长大的孩子实现自食其力、独立生活的目标。

（三）专业反思

1. 个案服务中印象最深刻的是什么

个案服务中印象最深刻的是服务对象就业后的喜悦、工作10年的坚守和开拓创新的精神，他们不断在工作中增加新的服务内容，如卖表、卖冷饮、洗车、汽车美容、换锁配钥匙等，在自食其力中体现着个人价值和社会价值。

2. 个案服务中有哪些印象深刻的情绪感受

个案服务结束后体会到的温暖和助人的快乐：每年春节，当收到大栋、小栋真诚的新年祝福时，社会工作者的心里充满了温暖和喜悦，这是一种难以言表的、助人的快乐。

3. 个案服务中有哪些与专业服务有关的新发现

（1）个案服务过程中，根据服务对象的需求与情况，同时适当考虑服务成本，可以将有共同服务目标的服务对象组成小组，进行个案与小组工作方法整合式的专业服务。

（2）个案服务的同时进行示范性督导。因为社会工作者所在的单位系社会工作专业实习实践基地，在开展个案服务的同时，也向前来实习的社会工作专业学生不断示范个案服务的理念和方法，起到了有效督导的作用。

4. 在未来的服务中，将如何运用专业收获开展服务

社会工作者将继续秉持“助人自助”的理念，根据福利院服务对象的实际情况，对其进行初步分类，并逐个进行系统性评估，发现其内、外优势，有效链接各类资源，立足于帮助残疾人实现人的最大发展。

四、督导评语

（一）社会工作者在个案服务中践行了价值理念

在该个案服务中，社会工作者在践行核心价值观、机构价值观、社会工作专业价值观及内化个人价值观方面结合较为良好。践行传播了平等、正义、勤奋、竞争、独立等整个社会所崇尚的基本价值，体现了福利院人的爱岗敬业、尊重他人、乐于助人的职业道德，在服务中充分运用了接纳、自决、个别化、助人自助等社会工作专业价值原则，以自身善良和积极的态度，鼓励服务对象进步，起到了模范作用。

（二）社会工作者在个案服务中展现了专业能力

首先表现在社会工作者的专业理论较为丰富，运用了优势视角理论，发掘了服务对象的内在潜能。社会工作者不仅帮助服务对象克服困难和解决问题，还引导服务对象树立了理性的信念，提高了服务对象的就业技能，促进了服务对象的综合发展，最终实现了就业创业、积极生活的目标。在个案服务的实践中，社会工作者在“人在情境中”“人与环境”交

互作用、社会生态系统理论等理论指导下，重视服务对象的环境与条件，充分发掘和调动了院内外、社区、志愿者等各种资源，使服务对象的“生存空间”优化，汲取了丰富的环境滋养。在社会工作者宏观、中观、微观系统的帮助下，服务对象激发了自身潜能、可持续地发挥了自身的功能，成功融入社会、回报社会。

其次是社会工作者综合运用了社会工作的方法。既有个案管理，又有小组活动，把社区工作及社会行政的知识和方法也加以综合运用。工作过程阶段化，工作任务阶段化。阶段目标设计合理，循序渐进。通过建立感情，提高身体能力和从业能力，跟进继续教育和继续培训，不断追加投资，改善工作环境及条件等，实现服务对象心里想干，手上能干，环境允许有条件干的综合目标。

最后是注重了四个系统的相互配合。改变媒介系统，由非专业人员提升转换为专业人员，成为服务对象改变的媒介和促使改变发生的主要行动者；辨别服务对象系统，使潜在的服务对象成为现实的服务对象；社会工作者与服务对象一起确定目标系统，一步一个脚印地实现。

（三）社会工作者在个案工作中的突出表现

一是社会工作者理念价值观把握得好。从大处讲，帮助服务对象就是在践行实现社会和谐、维护社会正义的社会价值观念。具体来讲，就是真诚地对待服务对象，尊重服务对象的尊严及价值，帮助服务对象自我实现。

二是在理论上综融了多个理论，重点是通过优势视角、社会生态系统理论搭建了理论框架，明确了服务对象所面临的冲突、压力，同时也发现了服务对象的支持性资源、可以发挥的优势，进而找到了个案服务的目标方向，探索出帮助服务对象重新建立心理能量、提升就业能力的渠道和方法。尤其是运用优势视角看待困难、看待问题，不会因为残疾人的缺陷而不尊重他，而是会从如何发挥其个人长处和周围环境资源入手，发掘服务对象的优势所在，如专注、耐心等。

三是在服务技巧上，社会工作者发自内心地尊重和关爱残疾人，建立了平等合作的专业关系，通过讨论一起树立了恰当的、能够实现的目标，进而提升能力，挖掘潜能，从而达到目标和能力的平衡。社会工作者不仅帮助服务对象实现了心理建设，重振信心，也通过链接资源帮助服务对象在生活中生存发展，回报社会。

（四）社会工作者在个案服务中有待提升的方面

在本服务中，由于社会工作者非科班出身，理论功底、实务能力还需进一步提升，具体表现为需要提升运用优势视角、人本主义理论、理性情绪疗法等理论和方法时的自觉性和反思性，能够更加有意识地熟练应用。

第二章 “路在前方”职业规划小组

作者：李青霞 卢艳芬 督导：李桂芳①

一、案例背景介绍

（一）服务缘起

YG 街成立于 2001 年 12 月，辖区内 5 个社区居委会，居住的总人口约 6 万人，其中户籍人口约 7000 人，非户籍人口约 5 万多人。YG 街内有公交枢纽和地铁枢纽，社区交通便利，社区资源配套较完善，吸引了大量的外来务工人群在此就业和居住。青少年随其父母来到社区，就读民办学校。这部分青少年毕业后主要有两个选择：就读大中专院校或者出来打工。在日常服务过程中，社会工作者了解到由于父母文化水平有限，可利用的资源较少，极大地影响了青少年对未来规划（主要体现在职业）的意识、能力及选择权。因此，大多数青少年毕业在即，仍对自己的兴趣、能力、职业选择等十分迷茫，对未来更是彷徨。在老师访谈中，老师也表示希望社会工作者为青少年提供职业规划服务，提升职业规划能力。

为此，社会工作者计划开展“路在前方”职业规划小组，旨在通过有趣的游戏和 MBTI 性格模型等工具引导组员认识和探索自己，引导青少年更全面地了解和探索自己，为青少年提供职业规划方面的积极引导。

---

① 李青霞、卢艳芬、李桂芳，广州市北斗星社会工作服务中心，广州市，510000。

（二）服务对象的基本信息

人数	8人
年龄段	17～20岁
性别组成	5名男生、3名女生
受教育程度	中专
类型	青少年
来源	学校招募
对社会工作者的认知度	日常较多参与志愿者服务，对社会工作者的认知度较高

二、小组工作服务的过程

（一）招募和预估

1. 招募

招募过程	应用的方法与技巧
青少年在社会工作者提供服务的过程中，向社会工作者反馈自己面临职业规划的困惑。因此，这些青少年成为招募的服务对象。	社会工作者进行访谈，倾听青少年的困惑，了解他们在职业规划上面临的困难和期望。

2. 预估

服务对象遇到的问题	服务对象的需求	资源
青少年正处于中专毕业、寻找实习单位阶段，不知道自己喜欢的职业是什么，也不知道自己能够胜任什么职业。	青少年职业规划及发展的需求	社会工作者曾接受机构开展的生涯规划系列培训，在生涯规划、职业规划方面具备一定的专业知识和技能。

（二）设计服务计划

1. 计划书名称

“路在前方”职业规划小组

2. 设计理念

第一，相信青少年是有潜能的；

第二，青少年有权利和能力作出适合自己的选择。

3. 理论支持

埃里克森认为，青少年努力发现他们独特的优点和缺点，以及他们在未来生活中能够扮演得最好的角色。他们会通过尝试不同的角色或者选择，来看看哪些角色和选择更符合自己的能力和观点，其中，职业就是他们的一个选择范围。埃里克森将此称为同一性和同一性混乱阶段。若青少年能顺利度过这一阶段，了解到自己独特的能力，并相信这些能力，能够为将来的道路做一个好铺垫。

4. 活动目标

（1）总目标：着重于在校中专生的自我认识，引导他们了解自己的职业兴趣、性格、能力等，提升其职业规划和自主选择职业的能力。

（2）分目标：

第一，70%以上的组员能够了解自己的职业性格倾向；

第二，70%以上的组员能够运用SWOT分析法进行自我探索；

第三，70%以上的组员通过设计并实施职业规划书，提升职业规划和自主选择职业的能力。

5. 运用的小组工作模式

“路在前方”职业规划小组采取发展性小组模式。通过小组的互动与体验，凝聚小组动力，为组员提供支持，协助对未来择业、就业缺乏信心与方向的组员发掘内在能力，增强他们的自信心，培养他们的职业规划技能，促进其个人成长，以更好地适应社会角色的转变。

6. 参与成员及人数

在校中专生8人、社会工作者1人。

7. 小组具体活动计划

活动单元：第一单元

活动单元	活动时间及地点	活动目标	主要活动内容	所需物资	可能遇到的难点及其应对
第一单元	2018.11.29：16：00－17：30，元岗社会工作服务站义诚园	1. 组员间相互认识，形成小组契约；2. 澄清组员期望、小组内容与目标；3. 职业性格测试。	1. 社会工作者自我介绍，介绍小组的目的和内容；2. 破冰活动：“爱网重重”游戏；3. 建立小组契约；4. 了解并澄清组员期待和小组目标；5. 引导组员分享对职业规划的认识与看法；6. 运用简版 MBTI 职业性格测试，让组员了解自己的职业性格；7. 总结本次活动并预告下次活动。	毛线球1个；便利贴若干；签到表1张；A4纸若干；职业性格测试表8份；签字笔8支；轻音乐2首。	可能遇到的难点：如何引导组员，制定有效的小组契约。应对方法：社会工作者可通过引导组员观察、思考可能阻碍小组进程的因素，并强调小组契约的重要性来促进。

活动单元：第二单元

活动单元	活动时间及地点	活动目标	主要活动内容	所需物资	可能遇到的难点及其应对
第二单元	2018.12.07：16：00－17：30，元岗社会工作服务站义诚园	1. 促进组员间互动与交流；2. 引导组员了解自己的职业性格倾向，并进行自我探索。	1. 热身活动：成长三部曲。2. 简短回顾上次的内容，引导组员分享、认识自己的职业性格（测试结果的参考性）。3. 寻找一幅职业地图，思考三个问题：“我是谁——自我定位；我在什么地方——环境分析；我要做什么——职业规划”。本次先运用 SWOT 分析法，思考第一个问题：“我是谁”。4. 布置家庭作业，让组员回去通过请教父母、同伴或者看书、上网等方式，初步了解自己感兴趣职业的信息。5. 总结本次活动并预告下次活动。	卡片若干；签字笔8支；A4纸若干。	可能遇到的难点：组员花费较多的时间分享、认识自己的职业性格。应对方法：社会工作者把控好破冰游戏的时间。

活动单元：第三单元

活动单元	活动时间及地点	活动目标	主要活动内容	所需物资	可能遇到的难点及其应对
第三单元	2018.12.11：16：00－17：30，元岗社会工作服务站义诚园	1. 协助组员寻找职业地图，进行环境分析； 2. 协助组员了解不同的职业生涯阶段，让组员清晰目前自己所处阶段； 3. 引导组员进行职业人生目标的初步规划。	1. 热身活动：戴高帽游戏。 2. 简短回顾上次的内容，引导组员分享完成的家庭作业。 3. 继续寻找一幅职业地图，本次思考后面两个问题："我在什么地方""我要做什么"；并了解中国式职业生涯的四阶段。 4. 时间流水账，促进组员更有效地管理自己的时间，并引导组员进行初步的职业规划。 5. 布置家庭作业：让组员在小组结束后，更全面地收集自己想从事职业的情况及能力要求，为下次活动做准备。 6. 总结本次活动并预告下次活动。	高帽子1顶；A4纸若干；签字笔8支。	可能遇到的难点： 部分组员对自己的职业选择仍不太清晰，暂时无法形成初步的职业规划。 应对方法： 引导组员深入认识自己的职业地图，适当给予个别化的辅导。

活动单元：第四单元

活动单元	活动时间及地点	活动目标	主要活动内容	所需物资	可能遇到的难点及其应对
第四单元	2018.12.18：16：00－17：30，元岗社会工作服务站义诚园	提升组员职业规划的能力	1. 热身活动。 2. 社会工作者简单了解组员家庭作业的情况。 3. 组员完成职业规划书：（1）社会工作者介绍职业规划书包含的要素；（2）组员根据前几次活动的收获和个人的职业期望，设计自己的职业规划书。 4. 组员分享职业规划书。 5. 总结本次活动并预告下次活动。	A4纸若干；签字笔8支。	可能遇到的难点： （1）部分组员不太主动愿意分享职业规划书； （2）部分组员的职业规划书过于简单。 应对方法： （1）营造有益于分享的氛围，以积极的组员带动其他组员； （2）简单了解部分组员职业规划书过于简单的原因，根据实际情况引导他们将职业规划书具体化、细化。

活动单元：第五单元

活动单元	活动时间及地点	活动目标	主要活动内容	所需物资	可能遇到的难点及其应对
第四单元	2018.12.27：16：00－17：30，元岗社会工作服务站义诚园	1. 通过分享职业规划书在未来的执行，提升组员职业规划的能力，促进其执行力； 2. 回顾整个小组活动，肯定组员的努力并结束小组。	1. 热身活动； 2. 组员分享在整个小组活动结束后，如何实施自己的职业规划； 3. 通过活动回顾组员在整个小组活动中的收获，肯定组员的努力； 4. 大家彼此祝福，在分享活动中，结束整个小组活动； 5. 填写活动评估表。	A4 纸若干；签字笔 10 支；尼龙绳若干；活动评估表 8 份；纪念品 10 份。	可能遇到的难点：部分组员对实施职业规划考虑不多，或者觉得有些困难。 应对方法： 社会工作者通过关怀式的询问、调动小组动力等方式，促进其进一步思考、行动。另外在活动结束后适当进行个案辅导。

8. 所需资源

项目	内容
人力资源	一名社会工作者负责小组计划书的撰写与小组活动的开展，另一名社会工作者协助开展小组
物力资源	活动场地、桌子和 8 张椅子等
财力资源	150 元

9. 活动评估

第一，采用问卷法。通过问卷调查，比较组员在参加小组前后职业规划上的变化，来评估小组目标的达成情况。

第二，采用工作人员观察记录评估。通过社会工作者在小组过程中观察组员的参与度、表现及行为等，动态评估组员的改变。

（三）实施服务计划

1. 小组初期（形成期）

主要工作内容	应用的方法及技巧	遇到的难点及其应对
1. 促进相互认识	1. 社会工作者以闲聊的方式缓和略为紧张的气氛。 2. 通过热身活动，递进式地拉近服务对象间的空间距离。 3. 根据游戏设置情景：小组就像一个网，每个人都是里面的重要节点，彼此紧密联结，形成牢固的支持网络。	难点： 个别女性服务对象比较害羞，不敢叫出男性服务对象的名字。 应对： 社会工作者主动介入，了解该服务对象“不敢”的原因，鼓励该服务对象根据个人的节奏及适合的方式参与其中。
2. 澄清小组功能	社会工作者通过期望管理，引导组员对小组的目标形成认识并达成共识。	暂无
3. 制定小组契约	基于服务对象大多有参与过小组的经历，社会工作者主要以共识决策的方式，引导服务对象制定小组约定。	难点： 在讨论过程中，服务对象容易“扯开话题”。 应对： 社会工作者适时接过话题，以简单的概述结束该话题，并鼓励服务对象在小组活动结束后，继续讨论感兴趣的话题。之后引导组员回归到小组契约的讨论中。

2. 小组中期（转折期）

主要工作内容	应用的方法及技巧	遇到的难点及其应对
1. 鼓励服务对象认识自己、进行自我探索	1. 通过MBTI职业性格测试，引导服务对象了解个人的职业性格、合适的职业等。同时，强调任何测试工具只是起到参考性作用，谨防自我标签。 2. 运用SWOT分析法，结合职业地图的方法，引导服务对象进一步探索自我。	难点1：个别组员对MBTI的测试结果有些疑问，觉得该结果夸大了自己的优缺点。 应对1：社会工作者澄清其疑问，强调测试工具起到参考性作用的同时，引入他人评价的方式，拓展组员认识自己的途径。 难点2：部分组员理解SWOT分析法存在一些困难。 应对2：社会工作者倾听组员的困难，有针对性地、耐心说明SWOT分析法的使用，并引导其他组员分享个人理解，以协助组员增强对该方法的认识，学会应用。
2. 鼓励服务对象互相帮助、互为资源	1. 社会工作者通过热身及互动游戏（如“戴高帽”），引导服务对象积极关注彼此，欣赏他人优点的同时，协助对方发现自身的优势或亮点。 2. 通过优势视角分享原则等方式，引导服务对象分享个人想法、经历等，给予彼此经验支持，同时以共同经验（困境或者挫折）引起共鸣，巩固小组凝聚力。 3. 鼓励服务对象发挥个人优势，营造互助的小组氛围。	难点： 个别服务对象，在分享环节表现出被动、退缩的行为。 应对： 社会工作者先邀请主动、积极的组员进行分享，在尊重并适时评估该组员状态的同时，进行潜移默化的引导。

3. 小组后期（成熟期）

主要工作内容	应用的方法及技巧	遇到的难点及其应对
协助服务对象把领悟（认识）转化为行为	1. 通过时间流水账的方式，促使组员反思个人时间管理，尽早具有职业规划的意识和行为。 2. 布置家庭作业，鼓励服务对象进一步了解经济发展形势和就业环境，特别是心仪职业的职业信息及能力要求，为制订职业规划做好准备。 3. 设计职业规划书并计划行动。	难点： 部分组员因为忙于毕业事宜，未能及时完成小组之后的作业。 应对： 社会工作者表示理解的同时，与组员沟通家庭作业的意义和功能，在组员认同的基础上，讨论如何有效地完成家庭作业。

4. 小组末期（结束期）

主要工作内容	应用的方法及技巧	遇到的难点及其应对
处理服务对象有关小组结束的情绪和感受	1. 社会工作者调节好个人的情绪，接纳服务对象在小组后的担忧与迷茫； 2. 鼓励服务对象面对内心的感受，并且表达出来； 3. 以互动式的游戏活动，强化组员之间的支持与激励，巩固小组动力。	难点： 个别组员依然表示很迷茫，未能有效地选择实习单位。 应对： 社会工作者安抚其情绪，鼓励他转为个案辅导，进一步回应他的个性化需要。
巩固服务对象已习得的知识/技能	1. 社会工作者带领服务对象回顾小组历程，强化认知和积极的感受。 2. 鼓励组员在小组结束后，进一步细化、调整其职业规划书，并着手行动。 3. 建立小组微信群，鼓励服务对象在小组后动态分享个人的实践情况、疑难困惑，彼此及时给予支持，进而强化小组外的支持网络。	难点： 个别组员在回顾小组历程时，对一些内容如 SWOT 分析法印象不深刻。 应对： 社会工作者邀请其他组员分享，以促进个别组员对这些内容及方法的回忆和思考。在小组结束后，协助并跟进个别组员整理并保存其在小组中的收获，以便运用到今后的个人职业规划行动中。
评估小组目标的实现情况	社会工作者主要以前后测、过程观察等方式评估小组成效。	难点： 个别组员对自己的职业规划不够清晰，不能有效地选择实习单位。 应对： 社会工作者共情的同时，询问其个案辅导的意愿，并发出个案服务的邀请或者予以恰当的个案服务转介。

（四）评估

<table>
<tr><th>评估的内容</th><th>应用的方法</th><th>服务成效（服务目标的达成情况、小组成员发生的具体改变）</th><th>评估中的难点及其应对</th></tr>
<tr><td>总目标：提升青少年的职业规划能力。</td><td rowspan="2">1. 问卷调查法：运用小组活动调查表，在活动之前及结束后调查。
2. 访谈法：在小组活动过程及结束之后，通过个别访谈和焦点小组，评估组员的职业规划认识及能力是否提升。</td><td>根据分目标实现情况来看，总目标达成度良好。</td><td rowspan="4">难点：
如何评估组员的职业规划能力得到提升。
应对：
将职业规划具体化，侧重在自我认识和设计职业规划书及行动计划两个方面去衡量、评估。</td></tr>
<tr><td>分目标一：70%以上的组员能够了解自己的职业性格倾向。</td><td>1. 组员活动前的调查数据显示：100%的组员在小组前并不了解自己的职业性格倾向，活动后的调查数据显示：87%的组员通过小组活动了解到自己的职业性格倾向。
2. 访谈结果表明，大部分组员通过职业性格测试，较清晰地了解了自己的职业性格倾向，这有助于自我职业规划。
3. 通过社会工作者的自然观察发现，大部分组员对自我的职业性格倾向有所了解。</td></tr>
<tr><td>分目标二：70%以上的组员能够运用SWOT分析法进行自我探索。</td><td rowspan="2">3. 自然观察法：根据小组活动的目标和组员的期望，观察其改变的情况。</td><td>1. 组员活动前的调查数据显示：100%的组员在小组前并不会使用SWOT分析法进行自我探索。活动后的调查数据显示：100%的组员表示能够运用SWOT分析法进行自我探索。
2. 访谈结果表明，大部分组员通过学习并运用SWOT分析法，能够较全面地认识自我，有利于今后的职业规划。</td></tr>
<tr><td>分目标三：70%以上的组员通过设计并实施职业规划书，提升职业规划和自主选择职业的能力。</td><td>1. 组员活动前的调查数据显示：100%的组员在小组前，并不能完成一份职业规划书，活动后的调查数据显示：87%的组员表示能够完成一份职业规划书，并在近期有一定的行动计划。
2. 访谈结果表明，大部分组员通过设计职业规划书，对自己未来的职业方向及规划有了较清晰的认识，并打算在整个小组活动结束后开始行动。</td></tr>
</table>

三、总结与反思

（一）收获

1. 专业方面的收获

在带领小组的过程中，社会工作者的小组带领能力得到进一步的提高，社会工作者能够更加耐心地倾听组员的分享。同时，在引导组员分享的技巧上得到锻炼，能够较好地处理组员沉默、不愿发言等情况。

2. 个人方面的收获

社会工作者在带领小组过程中，能够熟练地运用 MBTI 职业性格测试和 SWOT 分析法，引导组员进行自我探索，加深了对这两个工具的了解和运用。同时，小组也促使社会工作者对优势视角有了更多的实践与理解，鼓舞社会工作者进一步学习和探索优势视角，将更多的知识、技巧运用到工作中去。

（二）经验与创新

1. 小组工作中用到的过往工作经验或方法

在青少年的职业规划方面，MBTI 职业性格测试与 SWOT 分析法，是相对常用的自我认识与自我探索的方法。社会工作者在以往的经验中发现，MBTI 职业性格测试有两个方面的优势：一方面能够较全面地“告诉”服务对象其个人的性格特征、优点等，给予服务对象直接的肯定；另一方面根据服务对象的性格特征，罗列出其可能适宜的职业范围，为处在职业选择阶段的服务对象提供了一定的职业参考。SWOT 分析法则有助于引导服务对象走出个人系统，能够观察、评估环境系统，避免“想时天花乱坠，做时寸步难行”的窘境。需要强调的是，这些测试是帮助服务对象拓展自我认识的途径之一，主要起到参考性作用，社会工作者在使用中，要注意避免服务对象对测评结果盲目自信或者妄自菲薄。

2. 小组工作中的创新

社会工作者的服务理念是相信青少年是有能力的。因此在小组活动中，社会工作者会把优势视角嵌入到职业规划中，更多地鼓励组员去挖掘、欣赏自己和他人的优点，互相学习，共同进步；同时，社会工作者强调组员自主决策，选择适合自己的职业方向。

3. 小组工作对行业工作的贡献及价值

近年来，青少年就业、创业的需求越来越凸显，相关部门对此也越来越重视。社会工作者及其机构若能够总结有效的服务经验，形成可参考、可复制的服务模式，将有助于拓深青少年服务。从另一层面来看，这亦是对青少年违法犯罪等问题的“超前预防”。

（三）专业反思

1. 小组工作中印象最深刻的是什么

印象最深刻的是社会工作者从优势视角出发，鼓励组员进行正向互动。

2. 小组工作中有哪些印象深刻的情绪感受

看到组员很认真地查看自己的MBTI职业性格测试结果并一起分享时，社会工作者感到很高兴。当组员挑战社会工作者，如插话或者偏离分享的主题时，社会工作者起初会有些紧张，随后会应用带领的技巧采取不同的行动，如邀请组员感知并觉察当下的发生，同时请偏离分享主题的组员回顾本次小组活动的目标，或者一起回顾小组契约，或者适当地表达社会工作者此时此刻的感受。

3. 小组工作中有哪些与专业服务有关的新发现

从优势视角理论出发，促进青少年之间的正向互动，更有利于社会工作者与青少年建立信任关系，也有利于青少年之间建立良好的互动关系。

4. 在未来的服务中，将如何运用专业收获开展小组工作

在未来的服务中，社会工作者会进一步探索职业规划小组的形式，尝试链接企业资源，为青少年提供职业体验的机会。同时，社会工作者会更加强调从优势视角设计并开展服务，在实践中运用小组工作并深化专业学习。

四、督导评语

（一）社会工作者在小组工作中价值理念的践行

欣赏社会工作者能够用慧眼识得每个组员的特点以及不同的闪光之

处，把青少年本身看作是宝藏，挖掘其资源及优势。

（二）社会工作者在小组工作中的专业能力

小组活动的设计循序渐进，社会工作者在小组进程的各个阶段能够厘清专业角色、践行专业手法。如在小组过程中对小组动力的关注和运用。在小组形成阶段注重组员关系的建立，也有清晰的事项指引；在中期则借助一些自我探索的工具推进组员的参与；在后期，能够总结小组经验协助组员实际应用。

（三）社会工作者在小组工作中突出的表现

对 MBTI 职业性格测试与 SWOT 分析法的运用，既借助工具促使组员投入及思考，又注重组员的个人特质不被标签化。

（四）社会工作者在小组工作中有待提升的方面

小组开展之前对组员关系的评估可以更加细致；个别环节衔接上可以更自然顺畅。

第八篇

青少年社会保障服务

第一章　画中新人生

——重度肢残少年吹画学习增能服务项目

作者：陈燕妹　肖亚君　督导：向琴①

一、项目介绍

（一）项目的缘起

深圳市L福利院是一家多功能的社会福利机构，主要职能是收养安置由公安部门送来的查找不到其生父母的弃婴，为孤残儿童提供养护、医疗、康复、教育、收寄养、就业等服务。

在服务过程中，社会工作者发现重度肢体残疾少年参与学校教育以及中心各项服务的机会很少，导致他们产生了“我们因为不能走路都不要我们上课”“我做康复也没什么意义了”“我们这辈子大概就这样了吧”等消极的生活态度，自我认同感很低。经社会工作者评估，一些重度肢残少年虽然四肢使用不便，但是认知能力尚可，具有渴望改变自己的内驱力，基于此，社会工作者与院方和督导沟通，决定为重度肢残少年开展“画中新人生”吹画学习增能项目，达到增加自信、提升自我效能感等增能目的。

（二）项目简介

社会工作者根据L福利院肢残少年渴望被关注和参与学习的需求，同时结合他们认知能力和学习能力较好、肢体残疾或多重残疾（手或脚控制能力较弱、语言功能较弱）、自我认可度较弱但渴望改变现状等特点，运用人本主义、优势视角理论和互惠理论，形成了肢残少年“画中新人生”

---

① 陈燕妹、肖亚君、向琴，深圳市龙岗区至诚社会工作服务中心，深圳，518172。

吹画学习增能项目。旨在满足肢残少年渴望被关注和学习的需求，协助挖掘自身资源，习得“吹画”技能，形成支持、互助小组。同时通过吹画成果展示，为肢残少年提供展示自我的平台，获得社会关注和认可，提升自信心和自我成就感。

二、预估

（一）预估服务对象

1. 项目服务对象基本情况

服务对象共计 15 名，其人口特征分布如下：

生理年龄	8～10 岁（3 名）；10～15 岁（10 名）；15～18 岁（2 名）
心理年龄	5～10 岁
认知水平	相当学龄前儿童（11 名）；相当小学三年级学生（4 名）
残疾定级	均为重度肢体残疾（1～2 级残疾）且都是轻中度智力残疾
语言功能	13 名成员可单次发出单个音节，2 名服务对象可正常沟通
教育水平	11 名成员未接受过教育 1 名成员接受过 1 年教育，因重度肢残行动不便被退学 3 名成员正在接受特教教育
社交水平	无社交生活，原因为没有社交能力、社交环境和社交机会（生活在重残区，80% 生活成员长期卧床，认知能力语言能力极弱，也较少有机会接触其他区域儿童和外界人士）
社会参与	参与中心活动的机会约 10%，仅能参与观影、生日会、体育康复训练服务
收寄养情况	12 名成员因残疾程度达到或超过了 3 级，不能做收寄养资料，3 名成员拥有收寄养资料

2. 项目服务对象预估情况一览表

预估服务对象			预估中的难点及其应对
服务对象遇到的问题	服务对象的需求	资源及其资源障碍	
1. 微观层面：因肢体残疾行动不便，生活单一枯燥，自我认可度和自我价值感较低。 2. 中观层面：朋辈交往少，社会支持系统单薄，资源配置被边缘化。 3. 宏观层面：政策规定 3 级以下残疾儿童不能办理收寄养手续，社会人士倾向领养条件较好的儿童，重度肢残少年被收寄养的机会很低，影响了肢残儿童的社会化水平，加重自卑心理。	1. 参与学习的需求：重度肢残少年渴望获得学习的机会，习得本领为自己增能，增强自信。 2. 社会交往的需求：参与社会交往，发展语言、沟通功能，打造社会支持系统。 3. 获得社会认可的需求：获得展示机会，得到社会关注和认可，消除自卑心理的需求。	1. 服务对象自身“优势”。社会工作者通过日常观察、访谈服务对象照顾者、实地调研等方式发现服务对象认知能力尚可的特点，为“吹画”技能习得提供前提条件；且服务对象具有渴望改变自己的内驱力，有利于社会工作者在服务过程中激发其自身的能动性，实现增能。 2. 院舍资源配置倾斜的有限性。L 福利院考虑到未来发展潜力和资源投入产出的成效，一般会更倾向为条件较优的儿童优先配置资源。	1. 需求表达准确性：服务对象语言表达能力和理解有限，无法正确表达诉求和需求，会给社会工作者分析问题时造成误差。 应对：通过社会工作与服务对象“一对一”做调查问卷、访谈服务对象照顾者等多种方式，多渠道准确了解服务对象需求。 2. 服务对象需求分析不全面：重度肢残儿童开展服务难度系数很大，社会工作者初次为该群体提供专业化服务，在预估服务对象需求时可能会存在需求分析不全面的问题。 应对：社会工作者积极寻找机构督导支持，通过专项会议、反复沟通，最终确定了“画中新人生”吹画学习增能项目。

（二）预估项目

项目的各类资源	开展项目的阻碍
1. 社会工作者与服务对象建立良好的专业关系。社会工作者已进驻 L 福利院 3 年多，社会工作者通过个案、小组、活动、情绪辅导等多种专业服务方式与服务对象已形成了良好的专业关系，这为项目的实施提供了基础。 2. 社会工作者专业服务经验扎实。项目服务团队成员在该 L 福利院已经工作 3 年以上，具有丰富的一线实务经验，有利于项目服务的优化实施。	1. 人力成本的投入：服务对象均需借助轮椅和别人协助来行走，且生活在不同的生活区域，在服务开展时服务对象需要“一对一”接送，增大了服务人力成本的投入。 2. 服务对象吹画能力不足而产生挫败感，吹画学习增能成效难以体现。服务对象因身体的特殊性，记忆力短暂、学习能力较弱，影响“吹画”技能学习成效的实现。

续表

项目的各类资源	开展项目的阻碍
3. 固定的服务场地。L福利院为一家多功能的社会福利机构，在硬件配置方面，配备有多功能厅专用于院舍儿童活动需要，这为社会工作者服务的开展提供了必要的服务场地。 4. 机构的支持和志愿者捐赠成为活动物资链接的两大重要来源。除向服务机构申请活动经费外，社会工作者前期与2支志愿者队伍形成了固定的合作关系，服务过程中社会工作者可适当向爱心志愿者推介项目服务，链接志愿者资源，为项目开展提供必要物资支持。	3. 服务群体的特殊性，为社会工作者开展项目的持续性带来挑战。社会工作者首次为重度肢残少年开展专业服务，因服务对象身体肢体残疾带来的行为不便，认知能力和学习能力有限，以及社会工作者自身专业能力有限，给吹画学习增能项目的持续性带来挑战。 4. 服务宣传受限。L福利院为L民政局管辖下单位，以往因民政局要求对L福利院少年的隐私保护，在L福利院对外报道方面有严格要求。而服务对象为L福利院儿童中的困弱群体，因服务对象身体畸形的特殊性，介入服务和宣传时都有较大局限性。

三、制订项目服务计划

项目服务计划书

1. 计划书名称

“画中新人生”重度肢残少年吹画学习增能服务项目

2. 设计理念

社会工作者根据服务对象渴望被关注和参与学习的需求，结合他们认知能力和学习能力较好、肢体残疾或多重残疾（手或脚控制能力较弱、语言功能较弱）、自我认可度较弱但渴望改变现状等特点。同时考虑到服务对象的特殊性，服务成效可能会比为普通儿童提供服务更加缓慢，为了更好地达成吹画增能的项目目标，在人本主义、优势视角理论和互惠理论指导下，主要运用“进阶”的服务策略。“画中新人生”重度肢残少年吹画学习增能项目一共由5个阶段组成，其中包含测试阶段（1次测试性活动）、学习阶段（6节小组）、形成阶段（6节小组）、巩固阶段（6节小组）和成果展示汇报阶段（1次活动）。

3. 理论支持

（1）优势视角：较好的认知能力和渴望改变现状的优势为满足肢残少

年的需求提供了可能性

优势视角着眼于个人的优势，以利用和开发个人的潜力为出发点，协助其从挫折和不幸的逆境中走出来，最终达到其目标，实现其理想的一种思维方式和工作方法。这一视角强调人类精神的内在智慧，强调即便是最可怜的、被社会所遗弃的人都具有内在的转变能力。

尽管肢残少年存在重度肢残、语言功能较弱的缺陷，但是根据日常服务观察和前期调研发现，大部分肢残少年具有较好的认知能力，并且 90% 的服务对象渴望改变现状，获得更多服务得到更多关注，为开展此次项目，满足肢残少年部分需求提供了可能性。此外，为了激励服务对象们发现自身优势，增加自信，在本次项目中还专门设计了一节以发现自身优势为主要目标的项目内容。

（2）互惠模式：协助项目成员形成互助模式，搭建支持系统

在互惠模式中，项目被视为一个互动的系统，项目成员依靠其他成员作为自己解决问题的资源，并且强调项目成员之间交互反应关系、成员之间的互相帮助。肢残少年因残疾而无法参与学习、集体活动而自我认可度较低，社会工作者在发挥服务对象“优势”的基础上，促进项目服务对象间的互动合作，形成相互支持、互助网络，从而提升儿童自我效能感和自信心，实现人生价值。

4. 项目服务目标

（1）总目标：通过项目服务的开展，满足肢残少年渴望被关注和学习的需求，协助挖掘自身资源，习得“吹画”技能，形成支持、互助团队，提升自信心和自我成就感。

（2）分目标：通过发展挖掘服务对象自身潜能和资源，实现每个服务对象拥有 1 份优势清单；在服务对象的相互合作下完成 15 幅吹画作品，提升服务对象的相互协作能力和自我成就感；85% 以上的服务对象的自信心和自我成就感有所提升；服务对象对项目服务满意度达到 90% 以上；院舍领导对项目的满意度达到 90% 以上。

5. 项目具体服务计划表

（1）服务计划表

项目主题	开展时间	参与人员及人数	项目服务目标	主要内容	服务形式	所需资源	可能遇到的难点及解决预案
项目需求调研期	2018年4月	L福利院15名肢残少年	了解重度肢残少年的现状、问题和需求；了解L福利院院方对项目的期望、投入的资源等。	社会工作者针对福利中心15名轻中度智力残疾重度肢残的少年开展问卷调研。	问卷调查实地访谈	问卷调查	服务对象读写能力较弱，无法独立完成问卷调查。社会工作者可采用“一对一”访谈式调查，完成问卷调查。服务对象认知和理解能力的有限，影响调查结果真实性和客观性。问卷设计时需要运用简单易懂的词汇和封闭式问答，便于服务对象理解和正确作答。
项目服务的设计期	2018年4月	L福利院15名肢残儿童、督导1名、社会工作者3名	分析服务对象基本情况。	开展服务方案讨论会。	讨论会	调研报告、肢残少年服务案例、督导资源	服务对象身体条件受限，服务开展形式的有限性。服务对象均为重度肢残儿童，手脚不灵活、行动不便，社会工作者在服务内容的设计上需要充分考虑服务对象本身身体条件的“优势”（嘴尚可），并发挥好这一“优势”，最终实现增能。争取L福利院对项目的支持，有利于项目服务有效宣传。前期社会工作者需及时与院方领导进行沟通，积极推介本项目服务，争取院方在服务宣传方面的支持。
项目筹备动员期	2018年4月	L福利院15名肢残儿童	招募合适的项目成员，申请项目所需经费物资等。	以探访、邀请的方式宣传动员；优化服务方案，申请物资、经费等。	探访邀请	服务方案项目宣传	服务对象对服务不了解，影响参与的积极性。制作宣传单（辅以网络“吹画”作品）调动服务对象参与项目的好奇心和积极性。

续表

项目主题	开展时间	参与人员及人数	项目服务目标	主要内容	服务形式	所需资源	可能遇到的难点及解决预案
项目开展期	2018年4－11月	L福利院15名肢残儿童	测试阶段：激发儿童对吹画活动的兴趣，评估项目的可行性和可操作性。	开展“吹画初体验”测试性活动（1次活动）。	社区活动	活动方案活动物资	初次体验“吹画”，部分服务对象因为气息的不连贯，可能出现挫败和退却心理。一是活动形式以趣味体验式为主，以调动服务对象兴趣；二是社会工作者多运用鼓励工作技巧，鼓励服务对象大胆尝试，并在服务对象能够吹动“墨汁”时给予适当的鼓励；三是“集体效应”，鼓励服务对象分享自己的“作品”，同时带动其他服务对象给予肯定，能够极大地调动服务对象参与的积极性。
			学习阶段：教习重度肢残儿童学习吹画技巧，初步产出吹画作品；形成优势清单	开展“风吹墨香，跃然纸上”吹画学习小组（6节小组）。	项目服务	服务方案活动物资	受服务对象记忆力短暂、学习能力较弱的特点，影响“吹画”技能学习成效的实现。一是“项目服务＋日常练习”相结合，巩固技能的掌握。在服务开展过程中，除项目服务中技能的教习，可通过布置家庭作业、团队内部趣味“小比赛”的形式，巩固服务对象对技能的掌握；二是重视及时鼓励的重要性。
			形成阶段：系统性的训练，掌握和提升吹画技巧、着色技巧；激发服务对象求助意识，教导求助技巧，初步形成互惠支持项目。	开展“人生如画，吾画人生”吹画支持小组（6节小组）。	项目服务	服务方案活动物资	对认知能力的进一步挑战。本阶段服务对象需学习颜色、形状以及色彩搭配等方面的要求，对服务对象的要求也会更高。在服务的过程中，社会工作者需要充分考虑服务对象认知情况；在服务对象出现畏难情绪时，需及时安抚服务对象情绪和调整服务目标，重视服务对象自信心的保护，而不仅仅是服务作品的产出。

续表

项目主题	开展时间	参与人员及人数	项目服务目标	主要内容	服务形式	所需资源	可能遇到的难点及解决预案
项目开展期	2018年4－11月	L福利院15名肢残儿童	巩固阶段：一是引导服务对象学习运用自身优势帮助项目成员，增加服务对象的成就感和助人意识；二是形成稳定的互惠朋辈项目。	开展“肢心协力，共筑新生”互惠增能小组（6节小组）。	项目服务	服务方案活动物资	服务对象因身体条件（重度肢残）影响，给相互协助带来极大的挑战。社会工作者需要充分分析服务对象身体条件，做到合理搭配，比如左手较灵活的服务对象则可以配对右手较灵活的服务对象，形成两两互补；能够熟练运用辅助器具的服务对象则可以相应承担角色，如发绘本、发围裙等工作。
			成果展示汇报阶段：为项目成员提供展示自我平台，获得社会热心人士和用人单位关注，吸引资源倾斜。	开展“画中新人生”项目成果汇报展示活动（1次活动）。	社区活动	活动方案、活动物资、服务可视化成品	服务对象为敏感性群体，在活动宣传方面较为限制，在一定程度影响了“画中新人生”吹画小组在获得社会关注方面的成效。寻找机构督导支持，邀请福利中心领导参与成果展活动，通过观看视频、画展等形式，让福利中心领导看到服务对象的努力和潜能，在此基础上再争取进一步的宣传。

（2）项目服务策略逻辑图

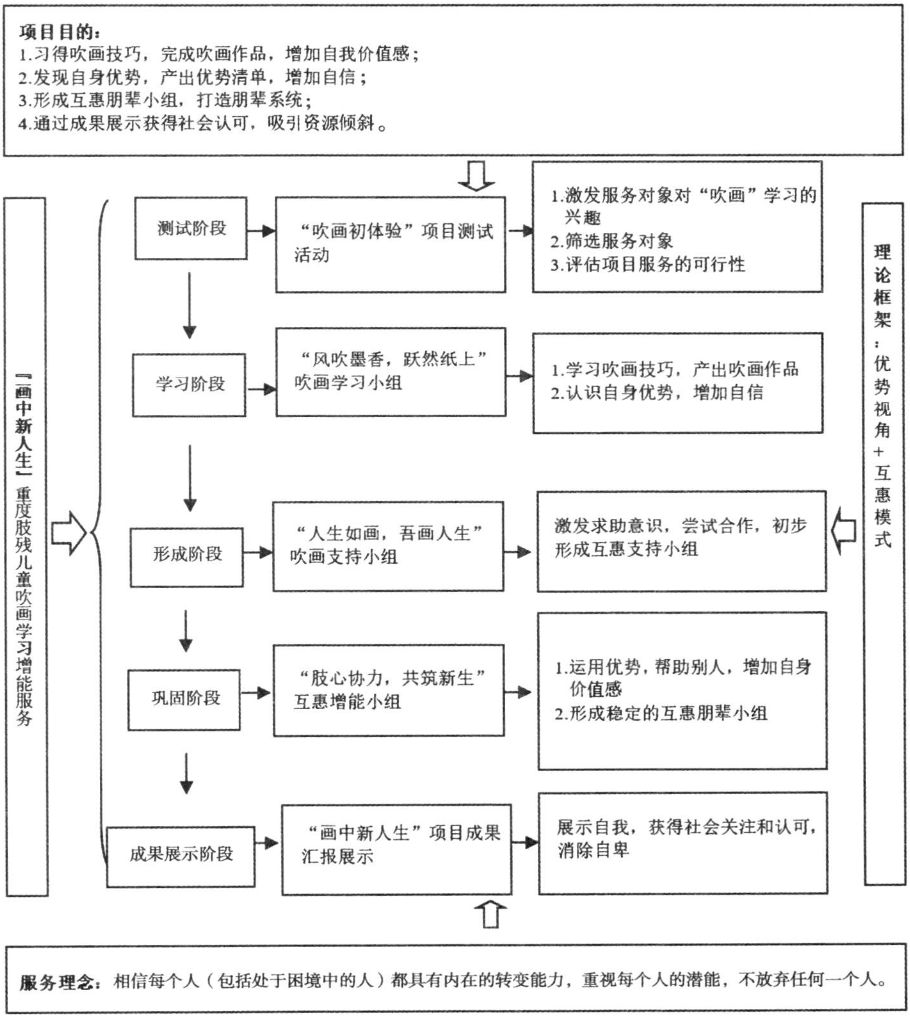

6. 项目评估

主要通过问卷调查、服务对象反馈、用人单位满意度调查问卷、社会工作者观察评估等方式对项目进行评估。

四、实施项目服务计划

1. 开展项目服务

开展项目服务的过程	项目服务的方式及方法	开展项目服务中的难点及其应对
项目需求调研期： (1) 工作目标：了解重度肢残儿童的现状、问题和需求；了解L福利院院方对小组的期望、投入的资源等。 (2) 工作内容：社会工作者针对L福利院15名轻中度智力残疾重度肢残的儿童进行问卷调研。调研显示：自我感觉方面，41%的儿童认为"一般"，58%的儿童认为"良好"；在被关注度方面，64%的儿童认为"偶尔被关注"；参与中心活动频率：70%的儿童表示"偶尔参与中心活动"；对现状的满意度：34%的儿童认为"对现状的满意度为一般和不满意"；改变现状的意向方面，71%的儿童表示"非常愿意改变现状"，29%的儿童表示"愿意改变现状"；期望关注度的意向，100%的儿童表示"期待能有更多关注"。同时调研结果显示，65%的重度肢残儿童虽然四肢使用不便，但是认知能力和学习能力尚可，83%的儿童具有语言功能，其中52%的儿童能够与人正常交流，具有渴望改变自己的内驱力。	问卷调查	难点：部分服务对象无语言功能，无法顺利完成访谈问卷调查。 应对：社会工作者可鼓励服务对象运用身体语言进行表达，同时可邀请服务对象照顾者或生活区朋辈代为作答。
项目设计期： (1) 工作目标：分析服务对象基本情况。 (2) 工作内容：开展服务方案讨论会。至诚社会工作者结合调研报告、服务对象需求和能力，多次与院方和督导沟通（多次查阅国内针对肢残儿童开展服务的资料），最终决定为重度肢残儿童开展"画中新人生"重度肢残儿童吹画学习增能服务项目，达到增加自信，提升自我效能感等增能目的。	讨论会	难点：较难设计适合服务对象的服务，服务对象身体特殊，参与活动能力一般或较弱，社会工作者对服务对象提供适合增能的服务内容存在挑战。 应对：寻找专业督导支持，多次查阅国内针对肢残儿童开展服务的资料，为项目增加一场以评估服务对象参与项目可能性的测试活动。

续表

开展项目服务的过程		项目服务的方式及方法	开展项目服务中的难点及其应对
项目筹备期	工作内容：招募合适的项目成员，申请项目所需经费物资等。	探访	难点：社会工作者通过探访方式招募项目组员，其他明显不适宜参与项目的儿童（需长期卧床）也邀请参加项目服务。 应对：给儿童做情绪辅导，邀请儿童参与其他替代性服务。
项目开展期	1. 测试阶段：开展“吹画初体验”测试性活动（1 次活动） （1）工作目标：激发儿童对吹画活动的兴趣，评估项目的可行性和可操作性。 （2）工作内容：针对重度肢残儿童开展了“吹画初体验”活动，一方面激发肢残儿童对吹画的兴趣，另一方面观察儿童的能力，评估小组开展的可能性。有 73% 肢残儿童的吹画能力达到良好及优秀以上。活动中，所有重度肢残儿体验了吹画活动。社会工作者分别就吹画能力（注意力、观察力、理解力、操作能力、肢体控制能力、肺活力以及规则意识）对 15 名服务对象进行评估，评估得出：“优秀”占 13%、“良好”占 60%、“差”占 27%。	社区活动	难点：部分肢残儿童因能力受限不适合继续参与吹画学习增能项目而产生挫败情绪。 应对：社会工作者对被退出吹画项目的儿童进行情绪辅导，肯定儿童的能力，或者通过让该儿童参与其他活动或志愿者服务来替代。
	2. 学习阶段：开展“风吹墨香，跃然纸上”吹画学习小组（6 节小组） （1）工作目标： 教习重度肢残儿童学习吹画技巧，初步产出吹画作品；结合吹画过程，引导服务对象认识自身优势，每个服务对象产出 1 份优势清单，增强自信。 （2）工作内容： 在第一、二节中，为了锻炼肢残儿童手指的灵活性，训练吹画必须具备的“吹气”技巧，社会工作者设计了“手指操”“吹气大王”等游戏环节。并且通过“赋权”（让服务对象充当裁判官的角色）调动服务对象的积极性，	小组活动	难点：服务对象畏难情绪。在本次小组的第 3、4 节中，部分服务对象因为自身残疾，学习困难，出现畏难、退缩等情绪。 应对：社会工作者通过鼓励、加强示范、适当协助、优势点评等方式引导小组组员攻克难关，掌握吹画技巧。

续表

开展项目服务的过程		项目服务的方式及方法	开展项目服务中的难点及其应对
项目开展期	让服务对象在小组中“兴奋”起来，营造小组动力；在第三、四节小组中，小组成员的主要任务是学习吹画技巧，认识自身优势，提高自信心。在第五、六节中，服务对象在社会工作者的引导和相互鼓励下，完成了吹画作品，初步获得成就感，同时通过互相欣赏、相互点赞的方式每个服务对象都获得了一份优势清单，服务对象的信心大增，对吹画学习的兴趣继续高涨。 3. 形成阶段：开展“人生如画，吾画人生”吹画支持小组（6 节小组） （1）工作目标：通过系统性的训练，让肢残儿童掌握和提高吹画技巧、着色技巧；结合吹画技能提升的过程，激发服务对象求助意识，教导求助技巧，初步形成互惠支持小组。 （2）工作内容：在本阶段，随着项目的推进和深入，服务对象互助意识得到增强，组内互助模式趋于稳定。第一节小组通过运用前一个阶段产出的“服务对象优势清单”，为服务对象进行组内任务分工，鼓励服务对象承担相应角色奠定了基础。每节小组中均以互穿围裙、行动能力较好的服务对象分发吹画材料、吹画较好的服务对象协助欠佳的服务对象共同吹画等互助方式，成功激发和增强了服务对象互助意识。从第一节的被动安排到第五、六节的自主承担、协同互助，共同完成小组任务目标，组内互助模式趋于稳定。在此阶段小组成员通过作品分享的形式赢得了其他服务对象的肯定和表扬，社会工作者通过现场询问，90%的服务对象均表示学会了吹画后，认为自己“很棒”“很厉害”。	小组活动	项目中期，服务对象参与服务积极性下降。在项目中期阶段，吹画任务加重和服务对象对吹画“好奇心”下降，服务对象参与吹画项目的积极性下降。社会工作者通过加强示范、手把手教习、请求其他组员协助等方式鼓励服务对象持续学习。同时通过制作服务对象参与吹画项目的成长微视频，展示服务对象参与吹画服务后的作品分享和成长点滴，有利于提高服务对象参与服务的积极性，同时有效地巩固了服务成效，极大地增强了服务对象的自我效能感。

续表

开展项目服务的过程		项目服务的方式及方法	开展项目服务中的难点及其应对
项目开展期	4. 巩固阶段：开展“肢心协力，共筑新生”互惠增能小组（6节小组） (1) 工作目标：一是引导服务对象学习运用自身优势帮助小组成员，增加服务对象的成就感和助人意识；二是通过项目中互助意识的启发，形成稳定的互惠朋辈小组。 (2) 工作内容：此阶段共包含6节小组内容，以建设互惠朋辈小组为主要目标。在互惠朋辈小组建设方面，小组继续沿用第二阶段小组中组员角色人物分工，通过承担发放材料、互相帮助对方穿戴围裙、相互鼓励、分享作品等方式，实现项目成员之间的互助。互惠朋辈小组初具模型后，社会工作者引导服务对象交流讨论，为团队取名称和统一口号，服务对象积极发表自己的意见，最后以“小墨鱼”为团队名称，“棒棒糖”为统一口号。“小墨鱼”互惠朋辈小组团队正式建立。在吹画学习方面，在服务对象相互配合支持下，每个服务对象均完成了《林中嬉戏》《秋之韵》《扇中诗》三幅作品。 组员因肢体残疾、语言功能残缺，无法及时用鼓掌的方式来赞美肯定他人，也无法及时得到他人的肯定，打击组员的积极性。 应对：社会工作者引导组员共同讨论同意赞美的口号，最终组员独立完成了“棒棒糖”为口号。组员听到社会工作者对其表示“棒棒糖”时，刚开始觉得很新奇，很好玩，随着小组推进和“棒棒糖”赞美的强化，组员之间很自然、及时地用“棒棒糖”口号肯定他人。	小组活动	见上页

续表

	开展项目服务的过程	项目服务的方式及方法	开展项目服务中的难点及其应对
项目开展期	5. 成果展示汇报阶段：开展“画中新人生”小组成果汇报展示活动（1 次活动） （1）工作目标：为服务对象提供展示自我平台，获得社会热心人士和用人单位关注，吸引资源倾斜。 （2）工作内容：成果汇展前期：确定活动形式、排练工作（服务对象吹画表演、感受分享及画展讲解）、可视化产品制作（定制书签、服务宣传视频、吹画作品画展墙）、邀请用人单位与社会爱心人士。服务对象非常期待成果展活动的开展，积极参与每一次的吹画表演排练，并积极争取画展讲解员角色。 成果汇展中期：在成果展活动的前两天，接待了两批志愿者团队参与非正式成果汇展活动。志愿者在观看完服务宣传视频后深受感动，纷纷流下了泪水，对服务对象的吹画作品、吹画能力和社会工作者服务给予高度评价。成果汇展活动当天，服务对象成功向用人单位的工作人员、社会爱心人士等表演了吹画，同时完成了教志愿者、护理员、康复师吹画的“小老师”角色和画展讲解员角色。服务对象表示自己能够教其他人吹画感到非常自豪。用人单位领导及工作人员、社会爱心人士对吹画作品进行点赞。 成果汇展后期：成果汇展活动的美篇得到民政局领导的高度认可并在民政系统转发宣传。福利中心工作人员及领导、社会爱心志愿者、社会工作者同行以及民政局及民政系统皆对“画中新人生”吹画服务给予高度的赞扬。院方领导表示在以后开展关于肢残儿童服务以及社会工作服务时，福利中心尽可能提供更多的资源。 目前已经成功向用人单位领导、工作人员、社会爱心人士等成功发放了吹画作品定制的书签 500 张，“画中新人生”吹画展览墙已经接待过 4 批志愿者团队的来访参观，吹画展览墙将保存 1 个月的时间，已经最大限度地向更多社会爱心人士宣传服务对象的能力和潜能，吸引更多的关注度。	社区活动	服务对象为敏感性群体，在活动宣传方面较为限制。在项目的后期阶段，在 L 福利院允许的范围内（因 L 福利院基于保护儿童隐私方面，平时较少通过多媒体宣传院内服务），社会工作者通过发放吹画作品定制书签、服务制作宣传视频、布置吹画作品展览墙、培养服务对象成为画展讲解员、提供展示平台给服务对象展现吹画技能以及制作美篇的形式，最大限度地宣传服务对象的成效，让更多的福利中心工作人员、社会爱心人士以及民政系统了解到服务对象的能力，吸引更多人员对服务对象以及“画中新人生”吹画服务的关注，给予更多资源支持。

2. 结束项目服务

结束项目服务的标准	结束项目服务的方式及方法	结束项目服务的难点及其应对
(1) 建立 1 个互惠支持小组; (2) 完成小组 3 个阶段共计 15 节, 项目测试性活动 1 次, 项目成果汇报活动 1 次; (3) 活动美篇 3 篇以上。	项目成果展示活动: (1) 吹画作品形成的画展墙; (2) 吹画作品定制书签; (3) 吹画表演; (4) 吹画增能服务宣传视频。	服务持续性对于服务对象的重要性。服务对象参加了"画中新人生"吹画增能项目服务后, 都得到了不同程度的正向变化, 服务对象通过 L 福利院工作人员、院方领导、爱心人士以及民政局领导等的高度认可, 自信心和成就感明显增强, 希望社会工作者再次持续开展吹画服务。同时服务成效辐射的其他儿童也表现了对吹画的浓厚兴趣和需求。社会工作者对于服务的可持续性需要做更多的考量, 考虑是否纳入下一年年度服务计划中, 如果纳入, 可尝试在今年开展"画中新人生"吹画增能项目的基础上, 结合服务对象的需求和潜能, 设计出"进阶"服务。如果不纳入, 那么对于服务对象的失落抑或是失望情绪就需要恰当地给予辅导和跟进。

五、评估

(一) 评估的内容及方法

1. 评估内容

主要针对服务对象的"自信心和生活态度""吹画学习""社交与互助""社会关注""资源倾斜"和"康复效果"等方面进行评估。

2. 评估方法

(1) 调查问卷;

(2) 前后测量;

(3) 服务对象反馈;

(4) 用人单位满意度调查问卷;

(5) 社会工作者观察。

（二）项目服务的成效

1. 用人单位评价

（1）民政系统的评价

吹画作品定制的书签、服务宣传视频、吹画作品形成的画展墙，尤其是吹画成果汇展活动美篇得到民政局领导的高度认可并在民政系统转发宣传，民政系统皆对“画中新人生”吹画服务给予高度的赞扬，对服务对象的吹画能力和潜能给予高度认可和肯定。

（2）用人单位领导评价

该项目受到了用人单位的高度好评，在《“画中新人生”服务情况评价表》中给予100%满意。院方领导表示“服务非常有创意和有意义，看到了肢残儿童的能力和潜能”，对社会工作者的服务给予高度赞扬，并推介“画中新人生”吹画增能成果汇展活动成为L福利中心2018年度大型画展活动。

（3）福利中心护理人员、康复师评价

护理员看到重度肢残儿童的吹画作品和奖状，惊呼“很惊奇，很不可思议，这个画竟然是吹出来的”“他们怎么这么厉害，他们怎么会吹得这么好看”“我们要跟儿童学习学习怎么吹的了”“非常感谢社会工作者的培养，这些肢残儿童终于有事情做了，让他们知道即使残疾也可以做一些事情了，是有希望的！”

专业康复师看到肢残儿童吹画表演后，对吹画增能服务给予高度认可，表示吹气训练、手指操训练有利于提升肢残儿童的肺活量和手指灵活程度，并建议把吹画训练照片收录在康复档案。

2. “画中新人生”项目服务对象评估

社会工作者为服务对象开展了“画中新人生”项目分享会，对项目开展前后服务对象的变化进行了评估，评估结果如下。

评估项	项目前	项目后
自信心 生活态度	“我们做康复也没什么意义了。” “我们这辈子大概就这样了吧！”	1. 每名服务对象拥有一份优势清单。 2. “能帮助别人很开心、自豪。” 3. “我竟然可以教护理员阿姨和志愿者吹画了。” 4. “我要成为画展讲解员。” 5. “看到大家参观我的吹画作品，觉得非常开心。”

续表

评估项	项目前	项目后
吹画学习	1. 未接触过吹画学习。 2. 86.67%的服务对象未参与学习类服务。	1. 每名服务对象完成了8幅吹画作品。 2. 吹画作品获得多方赞赏，举办L福利院的大型画展。 3. 成功发放了500张吹画作品定制的书签，得到多方的高度赞扬。 4. 每名服务对象成功向福利中心领导及工作人员、志愿者等展示了吹画技能。 5. 服务对象积极主动教护理员、康复师、志愿者等吹画。
社交与互助	无社交、互动，生活枯燥无聊。	1. 形成“小墨鱼”互惠朋辈项目。 2. 服务对象之间矛盾减少，交往更加密切和友好。 3. 愿意主动向护理员、院内其他儿童分享作品。 4. 积极教护理员、康复师、志愿者以及院内其他儿童吹画。
社会关注	较少获得志愿者、护理员的关注，很少有机会参加除了康复以外的其他服务。	1. 成功向院方领导及工作人员、社会爱心人士、民政系统发放500张定制书签。 2. L福利院的基本工作人员都了解到吹画增能服务和服务对象的吹画技能。 3. 80%的服务对象被邀请参与其他社会工作服务机构开展的园艺治疗、音乐治疗等服务。 4. 民政局领导及民政系统了解到吹画增能服务和肢残儿童的吹画技能及潜能。
资源倾斜	较少有机会享受到优质教育资源、社会活动、志愿者服务。	1. 院方领导反馈对社会工作者服务和肢残儿童服务提供更多资源支持。 2. 院方反馈以后社会工作者设计服务时，建议社会工作者扩大服务对象范围，包括肢残儿童、卧床儿童等。 3. 其他社会工作服务机构相继为服务对象及其他肢残儿童提供园艺治疗、音乐治疗等服务。 4. 已经链接到中广核志愿者团队为服务对象及其他肢残儿童在2019年提供针对性服务。
康复效果（附加）	手指僵硬。	手指更灵活、肺活量有明显提升，得到专业康复师的高度认可，吹画训练照片收录在康复档案。

3. 项目过程中活动能力前后测量

测量时间	优	良	差
2018 年 5 月 18 日	22.2%	55.6%	22.2%
2018 年 11 月 19 日	44.4%	55.6%	0

（三）评估中遇到的难点及其应对

难点 1：服务对象读写能力和语言表达能力较弱，无法独立完成调查问卷。

应对：社会工作者通过“一对一”访谈式，同时通过访谈护理员（照顾者）进一步了解服务目标达成情况。

难点 2：服务对象认知能力和表达能力较弱，单是调查问卷无法全面佐证服务目标的达成情况。

应对：社会工作者需要通过多方调查、日常观察等方式收集服务成效达成情况表现，用以佐证服务目标的实际达成情况。如服务对象“社交与互助”的改善，社会工作者可通过前测的工具了解服务对象社会支持网络半径的增大情况，有时还需要通过访谈服务对象照顾者以及其朋辈系统进一步了解服务对象的社交与互助的改善情况，为服务目标的达成提供更全面的佐证材料。

六、总结与反思

（一）收获

1. 专业方面的收获

（1）助人自助宗旨的实践

服务对象为重度肢残儿童，是困弱群体中的弱势边缘群体。他们因为重度肢体残疾，得到的受教育机会、参与集体活动、福利中心关注度及爱心人士关注度更少。本次项目中，服务对象珍惜机会，表现出较其他生活区域的儿童更高的专注度、投入度，也反映出他们参与活动愿望更强烈。社会工作者在项目中坚信即便最可怜、被社会遗弃的人都具有内在的转变能力，重视每个儿童的潜能，不放弃任何一个儿童。社会工作者在提供项目服务的过程中充分肯定每名服务对象的“优势”，形成“优势清单”，运用各自优势，承担任务角色（互穿围裙、行动能力较好的服务对象分发吹画材料，吹画较好的服务对象协助欠佳的服务对象共同吹画，等等），协同合作共同完成吹画，形成了稳定的互惠项目。社会工作者通过过程评估、效果评估及后期跟踪的方式，了解到服务对象都有明显的正向变化，都具有内在转变的能力。服务对象之间的矛盾减少，交往更加密切和友好，服务对象的社会交往能力和社会支持系统得到明显增强，真正实现助人自助的宗旨。

（2）优势视角、互惠模式在重度肢残儿童服务中的重要性

服务对象是困弱群体中的“劣势群体”，因自身条件、客观资源、外部环境的影响，受教育机会、参与集体活动、受关注度更少。但他们的学习和认知能力尚可，且渴望被他人关注的欲望较强。

社会工作者重视困弱群体的需求，结合服务对象的特点和优势，提供了“画中新人生”吹画增能小组服务。社会工作者通过过程评估、效果评估及后期跟踪的方式，了解到服务对象都有明显的正向变化，都具有内在转变的能力。服务对象之间的矛盾减少，交往更加密切和友好，服务对象的社会交往能力和社会支持系统得到明显增强。优势视角和互惠模式的灵活运用，让原本是困弱群体中的“劣势群体”有机会也能够发挥和发展自己的“优势”，实现自我价值。

2. 个人方面的收获

（1）理论用于实践，个人专业能力得到了有效提升

优势视角和互惠两大专业理论始终贯穿于整个服务项目，社会工作者通过实践对两大理论掌握了解得更加透彻，运用专业理论的能力得到了显著的提升，这对以后类似群体的服务开展有借鉴意义。

（2）社会工作者自我效能感的有效增强

项目从立项到服务成效产出，历时近8个月，因为服务群体的特殊性，为服务的开展带来了很多的挑战，过程中社会工作者也时常会出现畏难的情绪，但通过自我调节、督导的支持，最终取得了较好的服务成效。服务对象的肯定、行业领域的认可、用人单位的高度好评，社会工作者的自我效能感得到了有效增强，为服务的坚持提供了最有力的保障。

（二）经验与创新

1. 项目服务中用到的过往工作经验或方法

（1）充分使用特殊儿童服务技巧

服务对象为重度肢残儿童，存在认知有限、言语表达能力较差的特点。社会工作者在三年多服务于L福利院儿童的基础上，与该项目群体儿童建立良好的专业关系。在服务对象无法用清晰的语言表达时，社会工作者会认真、耐心聆听，接纳服务对象的特点，不着急、不催促，给予服务对象充分的尊重和信任，并积极回应服务对象。这样，给服务对象持续性参与服务增加了自信心，提高了积极性。

（2）全面了解服务对象特点，让服务设计更精准

社会工作者在三年多服务于L福利院儿童的基础上，通过日常的探访以及儿童参与其他集体活动的表现情况，结合照顾者访谈情况，充分了解服务对象的优劣势。这样，让项目服务的设计更能真切地贴合服务对象的实际情况和真切需求。

2. 项目服务中的创新

（1）服务领域的创新：轻度智力障碍重度肢体残疾领域

社会工作者秉承“人本主义”的理念，在优势视角和互惠理论的指导下，为轻度智力残疾重度肢残的服务对象提供服务，成功挖掘服务对象的潜能，提升自信心和自我成就感，开创了为重残领域提供增能服务的先例。

（2）服务形式的创新：进阶模式

社会工作者考虑到服务对象均属于重度肢体残疾儿童，同时也伴有智力残疾，其服务成效可能会比为普通儿童提供服务更加缓慢，为了更好地达成增能目标，在服务策略方面主要选择“进阶”的方式。“画中新人生”吹画增能服务长达8个月，在循序渐进的过程中，服务对象均有不同程度的正向成长，最终达成了增能目标。

（3）宣传形式的创新：可视化产品的形成与宣传

L福利院为L市民政局管辖下单位，以往因民政局要求对L福利院儿童的隐私保护，在L福利院对外报道方面有严格要求。而服务对象为L福利院儿童中的困弱群体，因服务对象身体畸形的特殊性，在对外报道和宣传时要求更为敏感。

因此，社会工作者通过布置画展墙、书签制作以及宣传积极向上精神的服务宣传视频、制作美篇等可视化产品，最大限度地宣传了“画中新人生”吹画增能服务，让更多人了解到服务对象的能力和潜能。

3. 项目服务对行业工作的贡献及价值

（1）服务领域的示范性：“画中新人生”吹画增能服务的成功开展，刷新了对重度肢残儿童的认识

服务对象因肢体残疾和智力残疾，限制了参与服务、教育和被关注的机会，也较难享受到优质的教育资源。以往，L福利院和社会爱心人士对该群体的认识都是只需要满足生存需求和基本的娱乐需求（观看电视和基础康复），是需要“被服务”的，没有发展的潜能。社会工作者在设计服务时，预估到为重度肢残儿童开展服务难度系数很大，影响服务的可执行性，且成效不容易呈现，不敢尝试为他们开展服务，会优先为条件更优的儿童开展服务。

社会工作者运用优势视角充分挖掘服务对象的潜能，“画中新人生”吹画增能服务成功开展以后，L福利院和社会爱心人士对服务对象的吹画作品非常惊讶，对服务对象的吹画能力、发展潜能及社会工作者的服务给予高度认可，表示期待服务对象有更好的发展。

社会工作者看到重度肢残儿童的潜能，其他社会工作服务机构为部分重度肢残少年相继开展了园艺治疗服务和音乐治疗服务。在以后的服务设计时，社会工作者同样会关注重度肢残儿童的需求，也为社会工作者后期服务以及同领域服务提供了可借鉴的经验。

（2）一线社会工作者对社会工作专业的坚持，和对社会工作者理论的重视，可以借鉴于整个残障领域

在“画中新人生”吹画增能服务的过程中，因服务对象肢体残疾、认知有限等出现过很多困难。但是社会工作者秉承助人自助的坚持，在互惠理论和优势视角的支持下，最终与服务对象达成了增能的目标。

因服务对象身体的特殊性，针对残障领域的服务会存在更多的困难和挑战。因此在这个过程中，更加需要社会工作者对社会工作助人自助的坚持与努力，相信服务对象的潜能，最终才有可能与服务对象共同达到增能的目标。

（3）专业反思

①“看见”的力量，坚信即便最弱势的群体也有内在转变能力

本次项目中的服务对象是困弱群体中的“弱势边缘群体”，他们因为重度肢体残疾，得到的受教育机会、参与集体活动、福利中心关注度及爱心人士关注度更少。本次项目中，服务对象珍惜机会，表现出较其他生活区域的儿童更高的专注度、投入度，也反映出他们参与活动愿望更强烈。社会工作者在项目中坚信即便最可怜、被社会遗弃的人也具有内在的转变能力，重视每个儿童的潜能，不放弃任何一个儿童。社会工作者在提供项目服务的过程中充分肯定每一名服务对象的优势，形成“优势清单”，运用各自优势，承担任务角色（互穿围裙、行动能力较好的服务对象分发吹画材料、吹画较好的服务对象协助欠佳的服务对象共同吹画等互助方式），协同合作共同完成吹画，形成了稳定的互惠项目。社会工作者通过过程评估、效果评估及后期跟踪的方式，了解到100%的服务对象都有明显的正向变化，都具有内在转变的能力。服务对象之间的矛盾减少，交往更加密切和友好，服务对象的社会交往能力和社会支持系统得到明显增强。

②让服务内容为服务对象服务，而不是让服务对象为内容服务

重度肢残、轻中度智力障碍少年因身体残疾、教育资源有限以及开展服务难度系数较大，如果对重度残疾少年不了解，服务内容不符合服务对象的能力，容易弄巧成拙，造成再度打击服务对象自信心。因此，服务的设计，需要建立在对服务对象能力、需求充分了解和分析的基础上。为此，在本次项目中，故专门设计测试性活动，以评估服务对象的兴趣、能力和项目开展的可行性。

③特殊儿童服务关注成长过程比关注结果更重要

重度肢残少年长期较少参与教育和集体活动，容易“被忽视”，渴望得到更多关注，他们的情感比其他儿童更敏感、细腻，自尊心更强，学习速度也会更慢。随着项目任务的推进，他们也可能产生挫败感。因此，在此项目中，社会工作者采取“进阶项目”的方式，更加配合服务对象的节奏，让服务对象有充分的时间和机会分享感受、困难和成长，慢慢体验到自己的变化。同时，社会工作者要加强正向引导，加强和巩固服务对象自信心的成长。反之，如果急于求成，过于关注服务对象吹画技能的成长、互惠模式的形成，容易弄巧成拙，反而降低了服务对象的自我成就感和自信心。

④肯定服务对象的点滴变化，增强服务对象自我效能感

每次吹画作品的成功产出，社会工作者对每个服务对象的吹画作品都进行点评，且引导和组织服务对象使用正面语言和“优势视角”对其他服务对象的吹画作品进行点评和肯定，极大地增加了儿童的成就感和自信心；服务对象“赋权”，引导其他服务对象共同学习并给予肯定，在树立榜样的同时极大地增强服务对象的自信心。

⑤尊重服务对象的自主权，可以增加自信心

福利中心采用集体制、供养式的方式养育儿童，肢残儿童伴随着语言功能的残疾，在日常生活中都是被动式“别人给什么就用什么”，较少有自由选择的机会。在这次项目中，社会工作者尊重服务对象的自主权，可以自由选择吹画的颜料、图案等，让他们自由发挥，体验到被尊重的感受，有利于增加服务对象的自尊心和自信心。

⑥宣传方式的重要性，可以得到更多关注，资源倾斜

外界的认可是增加自信和自我效能感的有效途径，服务对象渴望获得外界关注，得到展示自我的机会，被社会认可，从而获取更多的服务、教育资源。在“画中新人生”吹画增能服务的后期阶段，在 L 福利院允许的范围内（因 L 福利院基于保护儿童隐私方面，平时较少通过媒体报道院内服务），社会工作者通过发放吹画作品定制书签、制作服务宣传视频、布置吹画作品展览墙、培养服务对象成为画展讲解员、提供展示平台给服务对象展现吹画技能以及制作美篇的形式，最大限度地宣传服务对象的成效，让更多的福利院工作人员、社会爱心人士以及民政系统了解到服务对象的能力，吸引更多人员对服务对象以及“画中新人生”吹画服务的关注，给予更多资源支持。

“画中新人生”吹画增能服务成功开展后，L 福利院反馈，在以后开展关于肢残少年服务以及社会工作服务时，L 福利院尽可能提供更多的资源。同时目前已成功链接中广核志愿者团队为服务对象及其他肢残儿童在 2019 年提供针对性服务。其他社会工作服务机构为部分重度肢残少年相继开展了园艺治疗服务和音乐治疗服务。在以后的服务设计时，社会工作者同样会关注重度肢残少年的需求。

七、督导评语

（一）社会工作者在项目服务中价值理念的践行

此案例在开展过程中体现了社会工作者在优势视角、助人自助等服务价值理念的践行。在优势视角的价值理念的践行方面，社会工作者在服务中坚持“相信即便最可怜、被社会遗弃的人都具有内在的转变能力，重视每个人的潜能，不放弃任何一个人”的理念，因此关注到以往被忽视的这一群体，并运用制作“优势清单”的方式激励每个重度肢残少年的内在潜能，从自小价值感低到画展开展结束后的为自己感到骄傲的转变证明社会工作者成功为他们增能。在助人自助的理念实践方面，社会工作者采用互惠模式开展小组，让同质性较高的服务对象们组成一个相互支持、互帮互助的“小墨鱼”团队，让服务对象运用自己的资源和团队解决自己的问题满足自己的需要，较好地践行了社会工作助人自助的理念。

（二）社会工作者在项目服务中的专业能力

在社会工作专业能力方面主要体现在以下几个方面：一是服务需求的挖掘方面，服务对象多年生活在L福利院，他们的问题和需求并没有得到关注，社会工作者在服务中通过专业的视角能够察觉他们面临的问题和需求体现了社会工作者专业敏锐度和挖掘服务对象需求的能力；二是其专业性体现在项目的设计环节，项目的设计仅仅结合服务对象的特征，如选择吹画增能的方式是考虑到服务对象四肢不便但可以动口的特征，选择进阶小组的方式是考虑到服务对象肢体、认知、理解等能力的限制可能会出现成效较慢的现象；三是在项目逻辑方面，所有服务紧扣项目为服务对象增能，争取资源倾斜的目标而设计；四是在项目评估方面，不局限于服务对象表现、多方评价，更是采用前后测量的方式直观展示服务成效。

（三）社会工作者在项目服务中突出的表现

社会工作者的突出表现体现在各个服务的细节中。一是社会工作者秉承“助人自助”的理念，肢残少年在作画过程中会遇到各种困难，社会工作者并没有直接代劳或指导服务对象完成作品，而是引导服务对象寻求伙伴的帮助，由 1 ~2 个同伴共同帮助完成；二是在项目产品化思维方面，在项目最后一次活动吹画展览活动上面，社会工作者将服务对象的作品和项目理念设计成书签，并制作视频现场播放扩大服务影响力，吸引了民政局领导、院内领导和香港等爱心志愿者对服务对象的关注，实现了资源倾斜的目标。

（四）社会工作者在项目服务中有待提升的方面

该项目在产出方面产出了一个由小组成员组成的“小墨鱼”互助团队，但社会工作者还没有考虑好孵化的“小墨鱼”团队如何长效运营，社会工作者需要在自组织孵化和持续运营方面进行能力提升和优秀经验的学习。

第二章　爱青助学

——“生态系统”化的慈善助学项目

作者：罗卉　陈梓华　龙润安　潘永光　林淑欣

督导：袁美芝、卢敏珊[①]

一、项目介绍

2012 年 2 月，经过社会工作者在东莞市两年多的一线服务，发现作为经济发达、教育资源丰富的地区——东莞市，也出现了青少年教育问题。为了充分了解这些问题产生的原因及解决方法，社会工作者运用问卷调查法及观察法，进行了数据收集并作出统计调查。研究发现青少年教育问题的家庭的困难原因多样化，需求也不一，主要原因有学费负担高、自身成长资源匮乏及家庭管教问题等。因此成立“爱青助学”项目，致力于通过资源的再分配让本地区内每个儿童及青少年都公平地享受教育和成长的权利，强化教育工作以及相关的教育服务或辅导工作，是社会工作的一个重要方向。

（一）项目的缘起

百年大计，教育为本，教育的发展是城市现代化建设的坚实基础。东莞市委、市政府充分认识到教育的重要意义，历来高度重视教育，把教育作为战略发展重点，确定科教兴市和人才强市战略，采取重大举措，创造良好条件，确保教育在现代化建设中先导性、全局性、基础性的地位和作用，优先发展教育事业。经过多年不懈努力，东莞市教育事业取得较大发展，成功创建为广东省教育强市，全市 32 个镇（街）全部创建为广东省教育强镇，教育现代化建设不断推进，教育综合实力稳居全省前列。

其中石龙镇就是拥有良好教育资源的地区，尽管如此，也存在发展不平衡的现象。2012 年石龙镇越来越多居民因家中经济困难导致青少年无法

---

① 罗卉、陈梓华、龙润安、潘永光、林淑欣、袁美芝、卢敏珊，东莞市鹏星社会工作服务社驻石龙爱青服务中心，东莞，523320。

正常继续学业、子女成长资源匮乏等原因前来爱青服务中心求助，甚至有些求助者就是青少年自身，他们渴望解决自身的教育问题。为此，石龙镇爱青服务中心了解镇内的青少年读书困难的情况并收集了数据。

根据民政数据，石龙镇有221户低保户，这些家庭当中的青少年则因家庭经济能力欠缺而存在教育困难问题。此外，石龙镇还存在有其他因素的家庭，如低保单亲家庭31户，残疾人家庭1500户，这些家庭因存在特殊原因造成家境特别贫困而无法负担教育费用。

另外，石龙作为经济较为发达的地区，工作资源也较多，近年来大量新莞人涌入，最新数据指出新莞人已达到7万人，而新莞人子女则将近1万人，其中有部分家庭经济条件较差，并且由于是户籍外人员，无法享受国家的九年免费义务教育，面临同样问题的还有石龙镇内的超生儿、未婚生儿等群体。

除此之外，石龙镇内还有一些家庭内的青少年则为高中以上的学子，家庭无力负担继续升学的费用，因此面临失学的情况。为了得出较为精准的数据，社会工作者对这一人群进行深入的问卷调查，并从经济问题、青少年个人成长资源需求问题及家庭存在管教等问题入手。

在爱青服务中心对镇内的贫困家庭及其青少年进行问卷调查后，社会工作者进一步了解石龙镇内存在学费支出、青少年成长方面的服务需求，调查分析发现石龙镇内的贫困家庭有86%是由经济收入低所致。且导致这类家庭负担加重的情况中，有22%因家庭内子女数量过多，另超过90%的家庭内则是受重大开支的影响。而这些困难家庭中的青少年所需资源都难以根据自身能力争取，如学业辅导、自身兴趣强化培养的机会等。据调查数据显示，有超过40%的父母较少或几乎没有陪伴子女，社会工作者推测这种情况的出现或因这类家庭父母忙于生计或其他原因等造成。这也导致了家庭中子女们管教问题的发生，也有20%以下的小部分家庭因内部问题影响青少年无心向学等。

鉴于石龙镇内的贫困家庭青少年教育存在服务需求，爱青服务中心认为强化教育工作以及相关的教育服务或辅导工作，是社会工作的一个重要方向，为此打造了“爱青助学”项目，促进镇内贫困家庭中的青少年教育相关问题得到缓解。

（二）项目简介

2012年2月，在石龙镇政府及东莞鹏星社会工作服务社的指导下，石龙社会工作者爱青服务中心针对居住在石龙镇的本地区贫困家庭学龄儿童及青少年发起了“爱青助学”慈善项目。项目注重以人为本、以家庭为本，采取以过程取向的个案管理模式，通过协调和获得各种资源，来协助改善服务对象的教育及家庭情况，为其建造良好成长环境，主要提供经济资助、成长支持及家庭关注三大服务。

二、预估

（一）预估服务对象

服务对象预估情况一览表：

预估服务对象			预估中的难点及其应对
东莞市石龙镇的低保困难户或低保边缘户家庭中的学龄儿童及青少年：他们所在的家庭经济条件差，面临着被迫放弃教育权利的困境。	服务对象的父母及其监护人：由于该类家庭中的父母多为忙于生计或有病痛等各方面的原因，因此缺乏许多资源——管教时间、子女教育方面、子女成长方面等。	社会热心公益事业的个人及团体组织等：他们希望能通过参与项目进行公益事业的投入，满足自我实现的需求。	1. 零的突破 一开始在筹备项目的时候，大家最没信心的就是如何筹集资助金。中心的社会工作者都是刚刚毕业，社会阅历浅，掌握的社会资源也很有限，社会工作者们只好从平常接触的志愿者当中物色合适的人选去谈合作。刚好社会工作者认识了一个资深志愿者，也就是家乐志愿者组织的负责人，了解到在好几年前，他也曾经发起过助学行动，当时由于没有专人的管理，最终结束。听了社会工作者的助学理念后，他觉得非常好，毅然决然地达成合作意向。第一批资助款就是来自家乐部所整合的社会资源。 2. 得到资助者的信任 在项目运作中，我们慢慢发现，其实社会上想做善事的人很多。特别是东莞这样比较发达的地方，500 元、1000 元对于很多人来说都不是什么大钱，他们有很强烈的意愿去回报社会，但是像红十字会“郭美美”这样的事件大大打击了他们做慈善的积极性，他们不知道自己的钱是给学生买了书包，还是给谁买了名牌包。因此在为助学项目筹集资源的时候，我们都会严格遵循以下步骤：解释项目→达成初步意向→签订捐赠协议→资助者把款项汇入机构公共账户→出具东莞市统一慈善收据→在报纸、网络公布资助情况。 3. 服务对象的信任 由于项目涉及社会信任度及对资助方的责任，需要对服务对象进行严谨的排查和筛选，并且需要对资助方公开一定的相关信息，因此涉及服务对象的隐私及保密处理。在联合社区居委会、校方等多方合作后，可取得服务对象的相关信息，减少对无需求对象的打扰，以及服务对象对不熟悉的社会工作者的疑心等。项目通过项目准则进行多方审核，会议记录留档，以示项目服务的公平性。

（二）预估项目

项目的各类资源	开展项目的阻碍
1. 经济资助：即教育经费资金资源 主要为拉动社会资源，支持贫困家庭内在读儿童及青少年的教育经费中自我负担的部分（包括学费、书本费、住宿费、伙食费等）。 2. 成长支持：各种教育类机构、志愿者及相关课程、讲座等资源 关注服务对象们的成长过程，通过社会工作者链接和整合社会资源，扩大他们的学习资源，使他们提升其自身能力水平，学会自我管理，并开阔自身眼界，提高自身自信。 3. 家庭关注：联动心理咨询师、教育学者等相关专家及资深志愿者多方合作共同关注服务对象的家庭状况 重视其家庭问题及家长的子女管教及由家庭所衍生出来的影响受助者的问题，为学生们营造更良好的成长环境。	爱青服务中心是东莞市首个岗位社会工作者项目化运作的中心。如果仅利用每个月每个社会工作者200元的活动经费来运作项目，显然是不可能的。特别是助学，经济上的资助是工作的重点，这些资助款怎么来，只能向社会各界去筹集。此外，做助学的理念是希望服务对象可以得到与同龄人一样的教育机会，这也需要机构联系大量的社会资源去满足。因此整合社会资源，是“爱青助学”项目的重点与难点。

三、制订项目服务计划

项目服务计划书

1. 计划书名称

东莞鹏星驻石龙社会工作者爱青服务中心“爱青助学”项目

2. 设计理念

东莞市是拥有良好教育资源的地区，尽管如此，也存在发展不平衡的现象。这两年石龙镇存在一些低保家庭当中的青少年因家庭经济能力欠缺而出现教育困难问题。此外，石龙镇还存在有其他因素的家庭，如低保单亲家庭、残疾人家庭，这些家庭因存在特殊原因而造成家境特别贫困而无法负担教育费用。

另外，石龙作为经济较为发达的地区，工作资源也较多，近年来大量新莞人涌入，其中有部分家庭经济条件较差，并且由于是户籍外人员，无法享受国家的九年免费义务教育。面临同样问题的还有石龙镇内的超生儿、未婚生儿等群体。

社会工作者进一步了解石龙镇内存在学费支持、青少年成长方面的服务需求。了解到石龙镇内的贫困家庭多为经济收入低下所致，而这些困难家庭中的青少年所需资源都难以根据自身能力争取，如学业辅导、自身兴趣强化培养的机会等。这类家庭多因父母忙于生计或其他原因等造成父母较少陪伴子女，导致了家庭中子女们管教问题的发生，从而影响青少年的成长。

鉴于石龙镇内的贫困家庭青少年教育存在服务需求，爱青服务中心认为强化教育工作以及相关的教育服务或辅导工作，是社会工作的一个重要方向，为此继续推进“爱青助学”项目，促进镇内贫困家庭中的青少年教育相关问题得到缓解。

3. 理论支持

（1）生态系统理论。社会生态系统理论（Society Ecosystems Theory）在社会学、社会工作学界内又往往被简称为生态系统理论（Ecosystems Theory），它是用以考察人类行为与社会环境交互关系的理论。该理论深受达尔文进化论思想的影响，把人类成长的社会环境（如家庭、机构、团体、社区等）看作是一种社会性的生态系统，强调生态环境（人的生存系统）对于分析和理解人类行为的重要性，注重人与环境间各系统的相互作用及其对人类行为的重大影响，是社会工作的重要基础理论之一。

（2）社会网络支持。社会支持网络指的是一组个人之间的接触，通过这些接触个人得以维持社会身份并且获得情绪支持、物质援助和服务、信息与新的社会接触。依据社会支持理论的观点，一个人所拥有的社会支持网络越强大，就能够越好地应对各种来自环境的挑战。个人所拥有的资源又可以分为个人资源和社会资源。个人资源包括个人的自我功能和应对能力，后者是指个人社会网络中的广度和网络中的人所能提供的社会支持功能的程度。以社会支持理论取向的社会工作，强调通过干预个人的社会网络来改变其在个人生活中的作用。特别对那些社会网络资源不足或者利用社会网络的能力不足的个体，社会工作者致力于给他们以必要的帮助，帮助他们扩大社会网络资源，提高其利用社会网络的能力。

4. 项目服务目标

（1）总目标

缓解本地区青少年成长资源匮乏问题，打造多元性渠道的机会让本地区青少年享有教育资源的选择权，让青少年全面健康地成长。

（2）分目标

①对本地区贫困家庭的青少年提供教育资源资助；

②关注本地区贫困家庭青少年的身心成长；

③营造适合贫困家庭青少年发展的系统环境。

5. 项目具体服务计划表

项目主题	开展时间	参与人员及人数	项目服务目标	主要内容	服务形式	所需资源	可能遇到的难点及解决预案
经济援助	1－3月，7－9月	社会工作者、资助者、服务对象及其家长、志愿者，150人	为服务对象及其家长提供经济援助	助学金派发	走访、活动	助学金、志愿者	服务对象在升读大学且仍需要低额资助时，常因不确定自身所需金额而无法提出相应申请。需要社会工作者与其不断协商
成长支持	4－8月	社会工作者、志愿者、服务对象及其家长150人	为服务对象寻找链接社会资源以及相关教育培训机构等为项目服务学生提供才艺培训、道德教育、能力提升的机会。	通过社会工作者链接和整合社会资源，为这群青少年建立一个与普通家庭孩子平等的发展培训平台，弥补其课余学习的空缺。建立一个平等的教育平台，让其拥有与其他青少年同等的课余学习机会，提升其自身能力水平。	活动、小组	各种教育类机构、志愿者及相关课程、讲座等资源	资源链接时培训机构对项目的不了解，需要逐一向培训机构讲解项目的目的及服务人群，定期邀请合作机构参加会议及向其反馈相关信息。
家庭关注、个案跟进	1－12月	社会工作者、服务对象及其家长100人	为服务对象提供一个更好的学习生活环境，同时解决由家庭所衍生出来的影响受助者的问题。	关注受助对象，还会关注其家庭状况，与其家人沟通。联系心理、教育专家为服务对象的父母举办讲座，通过讲座教育父母如何管教子女，为子女营造良好的家庭氛围。	走访、活动、讲座	专业人士	服务对象父母忙于生计，难以抽取时间参与活动。活动尽量在晚上开展，满足家长的参与条件，让其明白家庭对服务对象有着重要的影响力。

6. 项目评估

根据项目设定的指标数据，年终对项目进行服务检测，包括服务指标完成量、服务目标达成、服务满意度、服务资源链接、服务影响力等方面对项目进行评估。

四、实施项目服务计划

1. 开展项目服务

开展项目服务的过程		项目服务的方式及方法	开展项目服务中的难点及其应对
1月	1. “爱青助学”资助者资金收集； 2. “爱青助学”春节慰问活动； 3. 寻找项目合作商家或机构等社会资源，为课程提供资金支持。	电话、活动、面谈、电话访谈	难点：收集资金时往往同时需要逐一地向资助者讲解项目运行情况，以及反馈服务对象及家庭情况，需要花费社会工作者大量的时间和精力。 应对：安排2名或以上社会工作者负责此项工作，其他社会工作者将跟进学生的情况反馈给负责社会工作者。
2－3月	1. “爱青助学”项目总结会； 2. “爱青助学”资助金派发家访活动； 3. “爱青助学”项目半年向资助者反馈； 4. 项目宣传，发掘有需求的服务对象； 5. 筛选出适合参加项目的贫困家庭学生。	活动、走访、信件，摊位活动、电话咨询，面谈、辅导课、培训班	难点：申请参加项目的贫困家庭学生家庭经济状况的真实性需要得到较为客观的了解。 应对：安排社会工作者负责“爱青助学”资助金派发家访活动，家访的过程中注意通过观察、走访邻里和社区，收集和判断家庭经济状况的信息。
3－7月 9－12月	1. 让学生参加课业辅导、才艺培训。 2. 让学生亲身体验不同专业的课程，发掘自己的兴趣爱好。 3. 持续进行项目宣传，争取获得更多商家、机构、资助者对项目的支持。	专业课程、面谈、摊位活动	难点：寻找合作商家或机构。 应对：社会工作者通过志愿者或亲自联系相关机构，向商家或机构介绍项目目的及运营情况，让其充分了解后自愿加入。

续表

开展项目服务的过程		项目服务的方式及方法	开展项目服务中的难点及其应对
4月	“爱青助学”人际关系小组。	小组	学生平日忙于功课，小组只能在周末或寒暑假进行。
5－6月	“爱青助学”商家联合宣传慈善活动。 “爱青助学”家庭教育讲座。	活动、讲座	难点：服务对象父母忙于生计，难以抽取时间参与活动。 应对：活动尽量安排在周末，让其明白家庭对学生有着重要的影响力。
7月	1. “爱青助学”新增受助学生选取评估会议活动。 2. “爱青助学”资助者资金收集。	会议、活动、电话	难点：资助者大多较忙，难以抽时间参加会议。 应对：会议开展时间征求资助者意见，选择在周末或晚上开展。
8月	1. “爱青助学”资助金派发探访活动。 2. “爱青助学”适应能力小组。 3. 为学生建立一个展示平台，更好地宣传项目。	走访、活动、小组、晚会、义卖等	难点：宣传费用。 应对：通过义卖等方式为项目筹集管理及宣传费用。
9－11月	1. “爱青助学”项目半年向资助者反馈。 2. “爱青助学”义卖宣传活动。 3. “爱青助学”家庭教育讲座。	信件、活动、讲座	难点：家庭教育讲座是否符合受助家庭的需要。 应对：安排社会工作者事先通过摸底调查，了解受助家庭在家庭教育方面的需求，更有针对性地安排家庭教育讲座的主题内容。
12月	1. “爱青助学”年终项目调研评估活动及下年工作计划。 2. “爱青助学”资助者资金收集。	会议、电话	难点：年终项目调研评估活动的准确性。 应对：社会工作者事先反复讨论评估方案，尽量将服务的满意度、受助人的身心成长状况、受助人的家庭经济状况等方面的改变都纳入评估活动中。

续表

开展项目服务的过程		项目服务的方式及方法	开展项目服务中的难点及其应对
常规服务	“爱青助学”常规性探访。	走访	难点：服务对象较多，需要走访的家庭较多。 应对：安排中心所有社会工作者参与到项目中，将服务对象及其家庭适当分配到每位社会工作者跟进，两位社会工作者进行走访。

2. 结束项目服务

结束项目服务的标准（或指标）	结束项目服务的方式及方法	结束项目服务的难点及其应对
学生顺利完成学业或家庭经济情况好转等学生不符项目服务提供（审核）准则。	通过社会工作者及资深资源者的审核后，与服务对象及其家长进入结案程序及跟踪了解，经双方协商后结束服务。	项目服务者违反受助协议，或提出资源要求过高难以配对资源者，对于被结束服务不解。通过与其协商，指出服务的限制性，调整受助对象的需求，或与其监护者进行协调，矫正学生问题。

五、评估

（一）评估的内容及方法

1. 内容

（1）每年资助石龙镇内生活的90名次在读学生；

（2）策划“成长梦工场”圆梦课堂项目，并完成该项目的运作；

（3）对新增学生进行100%个案管理，关注学生成长，建设适合学生成长的良好家庭系统；

（4）营造公益社会氛围，强化社会慈善行动，拉动50个社会资源用于项目当中。

项目指标

服务协议指标	协议数	备注
活动	8 个	
小组工作	24 节	
家访	120 次	
资助学生	55 个	个案/个案管理
志愿者培训、团建	1 次	

2. 方法

（1）通过学生领款证明、照片；

（2）档案记录；

（3）学生才艺作品、照片；

（4）资助者捐赠协议；

（5）活动、小组等档案、新闻稿、照片；

（6）调查问卷、访谈及聚焦小组等。

（二）项目服务的成效

从 2012 年至今，“爱青助学”项目共资助学生 100 名，拉动个人、团体、企业、单位等相关资助者逾 70 个，筹集 519405 元社会资金，共有 49 名学生因顺利完成学业或家庭经济情况好转结束资助。其间为服务对象开展专业社会工作者服务（包含探访、个案、活动、小组等）共服务了 16808 人次。

2019 年，“爱青助学”项目进一步深化，打造了“成长梦工场”青少年圆梦课堂作为其子项目，筹集课程资助金共 29198 元，为服务对象免费提供了 43 个课外课程名额，服务对象通过这些课程学习，分别在考试成绩上获得了提高；习得相应才艺基础技能，交出了令人满意的作品。以上的这些服务都大大提升了服务对象的能力及自信心。

（三）评估中遇到的难点及其应对

1. 人力资源不足，限制项目发展

石龙社会工作者爱青服务中心现为岗位服务，仅有专业社会工作者 4 名，社会工作者助理 2 名。而“爱青助学”关注学生成长的特殊性决定这个项目需要投入较多的人力物力，因此只能组建“爱青助学”的志愿服务团队。但是作为助学的志愿者，要求很高，需要志愿者参加培训，并且入户探访，持续坚持地去做，而并不像其他的志愿活动有时间有兴趣才参加。因此在招募志愿者方面遇到了障碍，这也是我们每期新增助学学生并不多的原因之一。

2. 硬件设施及场地限制，阻碍项目发展

“爱青助学”关注的是学生本身的成长，因此非常有必要创造条件、场地和平台给学生锻炼与提升，但限于爱青中心本身硬件的不全，这一点受到很多的阻碍。另一方面，“爱青助学”项目需要联系各方资源，得到各界帮助，但是连一个正规的中心应有的设备和条件都没有，在一定程度上难以取得企业单位和个人的信任。

3. 资金有限，项目的深度发展有所限制

由于“爱青助学”的资源多为外界链接资源，因此在额度上本来就难以获得比较大量的金额来支持项目管理及深入发展。另外，现实社会对于慈善、公益事业抱有一定的提防心态也让项目资源上物资输入大于金钱输入，使得项目陷入“资源不足→难以更大力度地推广和完善项目→无法吸引更多资源”的恶性循环。

六、总结与反思

（一）收获

1. 专业方面的收获

2013 年 10 月“爱青助学”获东莞“十大慈善项目”20 强。

2. 个人方面的收获

项目社会工作者获得石龙镇“三星”志愿者称号。

（二）经验与创新

1. 项目服务中用到的过往工作经验或方法

（1）社会工作者作为资源链接者，对服务对象们进行档案管理工作，定期慰问困难家庭。

（2）项目中强调人在情境中，注重个案管理。

2. 项目服务中的创新

与一般只关注经济上资助的助学项目不同，“爱青助学”是造血式的助学，关注服务对象的整体性发展，是治本而非只治标。项目新开发出“放飞计划”追梦成长子项目，子项目更为关注服务对象的整体素质培养、自助能力提升，让服务对象获得更多元的选择机会，支持服务对象多面性发展，增强其自信心。同时项目将扩大资源链接，更注重商家资源，有利于推动全民公益意识的发展，从而资源多元化，让服务对象获得更多不同的平台，促进服务对象更全面的成才计划。

3. 项目服务对行业工作的贡献及价值

开发了“造血式”救助工作模式：项目关注受助青少年的整体性发展，更为关注受助青少年的家庭环境、整体素质培养及自助能力提升，给服务对象提供各种专业课程学习，让他们在成长方面获得更多元的选择机会；更提供多样心理辅导支持他们多面性发展，发掘他们的潜能，增强其自信心，让他们得到更优良的自我成长的空间。

（三）专业反思

1. 项目服务中印象最深刻的是什么

随着“爱青助学”项目的开展，两个内向胆小的姐弟走进了社会工作者的视线，他们来自一个残疾家庭。这个小家庭也曾充满温暖和生气，但意外总是突然降临，父亲因交通意外造成严重腿伤，经多次手术后仍无法痊愈，被鉴定为肢体残疾，因而无法寻求到合适的工作。生活的压力和家庭的压力，导致父亲突然患上严重精神分裂症，被迫开始了艰难的命运之争。在社会工作者接触到这个家庭的时候，父亲的精神分裂已经受到了药物的控制，情况不算太坏。但药费支出让这个原本就压在妈妈肩上的经济重担变得更沉重了。

为了减轻这个家庭的负担，让其家庭系统能良好地运作起来，并成为家庭成员的支持网络，社会工作者向该家庭提供了以下相关服务：经济资助以缓解该家庭的经济之急；将父亲转介到康复就业中心接受服务，为父亲的康复起到一定的作用；同时得知妈妈的工作收入并不高，社会工作者也会定期将一些工作资讯提供给妈妈做选择，以提高家庭收入；社会工作者日常还会让小姐弟俩参与成长式小组活动，并提供教育学习名额给他们，让他们能够有更多教育资源及机会，为其提供学业辅导、才艺培训课程、兴趣爱好培养等，提升其自身能力水平和未来社会竞争力。

在“爱青助学”的帮助下，这个小家庭的家庭系统慢慢健全起来，父亲在康复就业中心学习了一定的工作技能，并有被推荐就业的可能性，大大地缓解了父亲病情。而父亲的情绪对于小姐弟俩的成长起到重要的作用，小姐弟身上的波动性不定因素减少。妈妈也在社会工作者的帮助下选择了一份适合照顾家庭的工作，让家庭的经济更加稳定，有利于子女的养育。同时社会工作者还关注父母间的子女教育问题，给予父母专业的指导和建议，让小姐弟俩能得到良好的家庭教育。就此，小姐弟的家庭系统成为他们的系统内资源，家庭内互动良好，能为家庭成员提供动力支持个人成长、解决个人问题，社会资源也被引入对家庭形成正向影响。

虽然这对尚且年幼的姐弟与这个家庭要走的路还很长，但相信在社会工作者与“爱青助学”项目的支持下，他们一定会走向明媚的明天。

2. 项目服务中有哪些印象深刻的情绪感受

社会工作者的理念是用生命影响生命，在社会工作者用专业服务影响他们的同时，他们也在影响着社会工作者。他们总带给社会工作者一句真诚的感谢和祝福、一张张灿烂的笑脸，让社会工作者的社会工作之路走得更加坚定。正因为希望能看到服务对象们更多的改变以及获得更多的自助机会，社会工作者更加有动力一步步与项目一同成长，只为着一句：“幸好遇到了你们。”这也成为社会工作者坚守社会工作者之路的初心，通过服务去营造更多这样美丽的“邂逅”。

3. 项目服务中有哪些与专业服务有关的新发现

以家为本：即在社会工作者服务过程中体现出家庭核心价值，以家庭作为社会工作者服务的主体，强调家庭系统的互动及动力，注重社会环境对家庭的影响，树立家庭本位，并以家庭作为背景，使家庭中个人得以培育、树立个人的支持网络并从中协助了解个人问题的起因。

“爱青助学”项目正是以家为本，从社会工作者对服务对象的家庭作为介入点，强调家庭为主要服务对象，家庭经济原因导致助学需求的产生。因此，要解决助学需求不仅仅是以“输血式”地从助学资金问题入手，更重要的是关注服务对象的家庭问题，帮助受助家庭营造良好的家庭互动，并为受助家庭拉动社会资源，改善家庭环境，挖掘服务对象的家庭系统资源，从而解决服务对象的教育资源不均问题，促进家庭成员的发展。

4. 在未来的服务中，将如何运用专业收获开展项目服务

关注家庭系统，更多将结构式家庭工作方法运用到项目的家庭介入服务当中，关注受助家庭的内部互动，介入服务对象的家庭系统，协助其家庭系统获得良性运行，并使社会系统对家庭系统产生正面影响，支持家庭系统持续运作。

七、督导评语

（一）社会工作者在项目服务中价值理念的践行

“助人自助”一直是社会工作的宗旨，社会工作者在“爱青助学”项目中，不仅从经济援助这一外在因素进行介入，还关注学生能学习新知识，增强自信，提供体验兴趣机会等让其自我增值这一内在因素，让其能通过自身的改变来改变现状，这正是社会工作价值理念的体现。

（二）社会工作者在项目服务中的专业能力

社会工作者在本项目中主要发挥着资源链接者、教育者及提倡者等专业能力，主要体现在提倡并整合了社会热心团体、人士为学生提供资金援助，为学生提供多种兴趣教育体验等平台，也通过个案跟进、辅导等形式协助学生提升意识，从而通过自身努力达致改变现状的目的。

（三）社会工作者在项目服务中突出的表现

“爱青助学”与传统的助学项目不同，其不仅关注学生经济援助这一需求，还更多地关注学生自身意识、能力，家庭关系等的改变，这一直接介入与间接介入相结合的方式能凸显项目的造血性。

（四）社会工作者在项目服务中有待提升的方面

在项目执行过程中，社会工作者发现学生除了受经济影响外，部分学生的家庭教育、沟通方式等也存在一定的障碍，因此社会工作者在跟进项目过程中，需运用家庭理论与方法对学生家庭进行介入与跟进。因此，社会工作者需多加强专业性，从学生核心问题进行介入，协助学生得到成长与改变。

第三章　交通安全移动教育基地体验项目

作者：王会娟　林丽丽　督导：倪赤丹[①]

一、项目介绍

2017－2018年，为深入贯彻习近平总书记关于加强公共安全工作的重要指示精神和国务院安全生产委员会印发的《道路交通安全“十三五”规划》，践行“预防为先、综合治理、齐抓共管、社会共治、科技支撑、法治保障”的工作原则，针对“交通安全高发点从机动车辆向行人和非机动车辆群体转移”这一新形势，深圳市公安局交通警察局南山大队委托深圳市南山区社会工作协会（以下简称南山社协）在南山区率先开展“交通安全进社区社会工作服务项目”，依托全区102家社区党群服务中心，在全区范围内开展交通安全宣传，提升辖区居民交通安全意识，助力幸福深圳、和谐南山打造。该项目是国内首个在交通安全服务领域由政府与社会工作专业服务平台合作的项目。

2018年8月，在项目基础上，南山社协结合3～18周岁儿童青少年年龄特征，创新交通安全宣传教育新模式，开发集情景教育与互动体验为一体的“交通安全移动教育基地体验项目”。依托社区党群服务中心平台，广泛联动政府相关部门、社区居民、学校、社会组织、志愿服务团队等多方共同参与，开展寓教于乐的交通安全宣传教育体验活动，培养儿童、青少年群体自我安全保护意识和掌握必要的交通安全知识，养成遵守交通规则、文明出行的良好习惯，同时促使儿童和青少年积极参与友好社区交通环境建设，健康快乐成长、安全幸福生活。

---

① 王会娟、林丽丽、倪赤丹，深圳市南山区社会工作协会，深圳，518000。

（一）项目的缘起

近年来，随着共享单车、外卖配送等新型生活方式的流行，城市交通安全迎来新的挑战。据深圳交警统计，2017 年，在各类交通事故下降 16.83% 的情况下，涉及自行车交通事故死亡人数不降反升 48.72%。交通安全事故开始以行人、非机动车驾驶者为主体呈现新的高发态势。

根据数据显示，我国每年有将近 2 万名 14 岁以下儿童青少年死于交通事故：2018 年 5 月 9－11 日期间，仅 3 天时间，深圳市宝安辖区发生 4 起涉及少年儿童的伤亡交通事故。2018 年，深圳市共发生涉及儿童道路交通事故 25 起，共造成 10 名儿童死亡、27 名儿童受伤，死亡人数同比上升 25%。同时，根据南山社协《基于宣传教育策略的南山区道路交通安全情况调研报告》显示：18 岁以下的儿童青少年对交通安全法不完全了解占比 19.8%，高中及以下学生群体是交通安全教育的重点对象。

（二）项目简介

儿童青少年安全关系到千家万户的幸福安康，也是强国的基础，预防儿童青少年道路交通伤害需要社会各界包括公众、社区、学校、家庭、儿童青少年等各阶层的关注、重视和广泛参与。

儿童青少年时期是人生发展的关键时期，南山社协在“交通安全进社区社工服务项目”实施经验基础上，针对 3～18 周岁儿童青少年的年龄特征，创新安全教育宣传模式，开发“交通安全移动教育基地体验项目”，先后走进蛇口街道育才四小、桃源街道龙光社区、福光社区崇文幼儿园、塘朗社区塘朗小学共开展 4 场交通安全专场体验式教育活动，倡导学校师生、家长、社会各界共同关注儿童青少年出行安全，共创友好社区交通环境；同时提高辖区儿童青少年、在校学生对交通工具、设施及规则的了解，提升交通安全和守法意识，引导儿童青少年养成自觉遵守交通规则、从小养成文明出行的良好习惯；促使儿童和青少年积极参与友好社区交通环境建设，健康快乐成长、安全幸福生活。

二、预估

（一）预估服务对象

服务对象预估情况一览表

预估服务对象			预估中的难点及其应对
服务对象遇到的问题	服务对象的需求	资源及其资源障碍	难点： 1. 交通安全教育和宣传的手段、资源相对单一，缺少系统性。 2. 跨部门合作模式初步建立，各部门之间的协调沟通多需要交警部门整合，涉及多部门联动，需要花费更多的时间和精力在沟通协调方面。 应对： 调动社会工作者参与的积极性，保持跟交警部门的紧密联系，共同开发多样的宣传方式和手段，逐渐推动宣传教育的系统化。 与各部门加强沟通，通过初步合作，建立基本信任。通过了解需求，进行精准对接，通过专业服务，加强部门合作。
1. 根据数据显示，我国每年有将近2万名14岁以下儿童青少年死于交通事故。 2.《基于宣传教育策略的南山区道路交通安全情况调研报告》显示：18岁以下的儿童青少年对交通安全法不完全了解占比高达19.8%，高中及以下学生群体是交通安全教育的重点对象。	1. 交通法律法规宣传教育部分缺失； 2. 自我安全保护、自我防护意识能力弱； 3. 针对儿童友好社区交通环境建设的需求较大。	1. 链接交警、政府相关职能部门、社会工作者、志愿者、学校老师、爱心企业等多部门人力； 2. 整合交警宣传设备、VR技术、宣传模具设计制作等物资。	

（二）预估项目

项目的各类资源	开展项目的阻碍
南山交警，深圳市社会工作者协会、13家社会工作者机构、102家社区党群服务中心，8家街道社会组织服务中心，南山区交通安全理事会、南山区志愿者联合会、太平人寿保险公司、南山区慢性病防治院、深圳市安澜社会工作者服务社、邻客（深圳）虚拟现实技术有限公司，党代表、人大代表、政协委员、高校专家、广告媒体等。	涉及多方沟通、多方需求，需更多的时间和精力沟通协调。

三、制订项目服务计划

项目服务计划书

1. 计划书名称

南山区交通安全移动教育基地体验项目

2. 设计理念

多元参与交通安全教育，共建共治共享文明交通。

3. 理论支持

体验式学习法是将学习过程置于各种虚拟或真实的情景之中，让服务对象通过实地体验内化所学知识，并将知识运用到实际生活中。体验式学习的优势在于将体验与教学有机结合，能激发服务对象学习兴趣，能调动服务对象将被动学习变成主动掌握的过程。该理论/方法常运用于儿童青少年社会工作服务中。

本项目结合儿童青少年年龄特征，通过开发“交通安全移动教育基地体验项目”，设计寓教于乐的互动体验与游戏活动，把交通安全教育基地搬到学校与社区，让服务对象通过直观的体验式教育内化所学安全知识，提高对交通工具、设施及规则的了解，增强安全认知，帮助养成遵守交通规则、文明出行的良好习惯。

4. 项目服务目标

（1）总目标：增强服务对象交通安全认知，提升自我保护能力和防范意识，共建共创共享友好社区交通环境。

（2）分目标

①整合宣传资源，创新体验式宣传手段，普及交通安全法律法规；

②帮助服务对象了解交通、利用交通、适应交通时代的生活，培育服务对象乘坐公共交通设施、安全过马路、交通标识认知、交警指挥手势等方面的常识，提升文明出行意识和自我保护能力；

③联动学校师生、家长、社区居民、社会组织，共同参与友好社区交通环境建设，实现多元共建。

5. 项目具体服务计划表

<table>
<tr><th>项目主题</th><th>开展时间</th><th>参与人员及人数</th><th>项目服务目标</th><th>主要内容</th><th>服务形式</th><th>所需资源</th><th>可能遇到的难点及解决预案</th></tr>
<tr><td>交通安全移动教育基地体验项目（育才四小）</td><td>2018 年 4 月 26 日</td><td>育才四小师生 600 人</td><td rowspan="4">1. 提升师生与家长们的交通安全法治意识；
2. 服务对象能认识 2～3种以上交通安全设施及标识；
3. 服务对象能掌握 2～3种安全出行技能。</td><td>安全知识宣传、互动体验教育</td><td>舞台表演游戏互动体验</td><td rowspan="4">场地物资布置、活动展板搭建、活动道具、VR 设备等物资准备；邀请媒体记者、各部门领导、老师、社会工作者、志愿者参与活动现场。</td><td>难点：活动当天遭遇天气问题。
解决预案：启动应急方案，及时将 12 个互动摊位转移到室内场地。</td></tr>
<tr><td>交通安全移动教育基地体验项目（龙光专场）</td><td>2018 年 8 月 26 日</td><td>社区儿童青少年 300 人</td><td rowspan="3">安全知识宣传、互动体验教育</td><td rowspan="3">游戏互动体验</td><td rowspan="3">难点：活动现场人员较多，秩序问题。
解决预案：提前做好分工，链接志愿者，做好秩序维持。</td></tr>
<tr><td>交通安全移动教育基地体验项目（福光社区崇文幼儿园专场）</td><td>2018 年 9 月 29 日</td><td>崇文幼儿园师生 260 人</td></tr>
<tr><td>交通安全移动教育基地体验项目（塘朗小学专场）</td><td>2018 年 10 月 12 日</td><td>塘朗小学师生 400 多人</td></tr>
</table>

6. 项目评估

（1）过程评估：项目执行过程中团队评估、监测。在项目实施过程中采用的评估手段有：①项目前期召开工作会议，提出工作要求，制定工作标准。②项目执行过程中，设计调查问卷，测评服务对象掌握相关知识的情况。③单场活动结束后，召开工作会议，进行自评。讨论工作进程中存在的问题，探讨以后活动开展的策略，如各环节设计的节奏如何搭配，针对服务对象年龄进行灵活设计测评表，针对交警参与的比重设计。④项目后期，单场活动结束后，提交文书资料，检讨反思活动过程。

（2）成效评估：①自评。项目完结后，南山社协进行自评，针对项目指标完成情况、服务效果、各机构完成数据核查以及项目影响力等进行全面梳理。②第三方评估。按合同要求，邀请深圳市南山区社会创新促进会进行第三方评估。③交警及街道综治办评价。将活动报道链接等信息发布给交警部门及综治办。交警和综治部门给予评价。

四、实施项目服务计划

1. 开展项目服务

南山区社会工作协会联合深圳市彩虹社工服务中心、蛇口社工驿站分别深入到育才四小、龙光社区、福光幼儿园、塘朗小学开展项目服务。开展项目的过程有：

（1）与彩虹社工服务中心、蛇口社工驿站协商确定项目开展的方式，就项目开展方式、要求、步骤、目标、形式等达成初步合作的意向。

（2）与交警部门沟通，结合交警的实际需要，将初步方案进行汇报，并结合当前的任务重点，调整服务方式、重点人群、开展地点等内容，基本确定项目方案。

（3）初步与学校沟通开展项目的意向，整合学校等方面的意见，介绍项目开展的形式，探讨初步开展的时间和地点，协商参与的人员等。

（4）执行方确定项目开展的时间、地点、形式、分工、邀请参与人员、应急预案、流程、需要物资、宣传报道等内容。

（5）分步骤按流程筹备项目服务开展。

（6）有条不紊地执行项目方案。

（7）开展项目后续的总结。

项目安全体验环节包括：节目表演/带领服务对象学习交通指挥手势、观看安全视频、汽车盲区你我知、VR 体验、安全有奖问答、醉酒状态体验、我与铁骑亲密接触、交通安全红绿灯、交通标志猜猜看、交通安全知识大富翁、公交车体验等。

开展项目服务的过程	项目服务的方式及方法	开展项目服务中的难点及应对
1. 活动现场搭建布置； 2. 引导服务对象集合、签到和秩序说明； 3. 主持人开场介绍主题内容、出席领导和参与规则； 4. 节目表演/带领服务对象学习交通指挥手势； 5. 领取体验卡片； 6. 社会工作者和志愿者协助服务对象分队候场体验各环节（体验不少于4个项目）；同时社会工作者引导出席活动领导了解各体验环节内容的设置以及宣传的重点内容； 7. 服务对象获取各环节通关印章，兑换通关证书和纪念品； 8. 活动满意度调查。	安全视频播放； 体验学习； 观察法； 现场访谈法； 问卷法。	难点1：育才四小专场活动当天遭遇天气问题。 解决预案：启动应急方案，及时将12个互动摊位转移到室内场地。 难点2：活动现场人员较多，秩序问题。 解决预案：提前做好分工，链接志愿者，做好秩序维持。

2. 结束项目服务

结束项目服务的标准	结束项目服务的方式及方法	结束项目服务的难点及其应对
1. 举办4场专场宣传活动，直接服务覆盖人群不少于1500人； 2. 项目痕迹管理完善，资料系统建档。	1. 指标完成对比表； 2. 项目资源库； 3. 活动反馈表和现场观察、访谈法。	难点：项目服务的延续性。 应对：携手家长志愿者，组建文明观察团，通过日常观察和引导，培养学生安全出行习惯，保障服务延续。

五、评估

（一）评估的内容及方法

<table>
<tr><td rowspan="3">成效评估</td><td>社区活动目标</td><td>评估指标</td><td>评估方法</td></tr>
<tr><td>服务对象能认识2～3种以上交通安全设施及标识。</td><td>85%的参加者能认识2～3种以上交通安全设施及标识。</td><td>通过随机提问，了解服务对象掌握知识的情况。</td></tr>
<tr><td>服务对象能掌握2～3种安全出行技能。</td><td>90%的参加者在互动体验中能掌握2～3种安全出行技能。</td><td>通过社会工作者观察服务对象在各个环节体验表现，了解服务对象对出行技能的熟悉情况。</td></tr>
<tr><td rowspan="3">过程评估</td><td colspan="2">评估内容</td><td>评估方法</td></tr>
<tr><td colspan="2">场地、时间、工作员表现、活动内容、满意度（>80%满意）等</td><td>活动反馈表</td></tr>
<tr><td colspan="2">筹备工作、内容/形式之合适度、人手分工、参加者表现等</td><td>社会工作者观察</td></tr>
</table>

（二）项目服务的成效

1. 建立项目资源库，包括链接交警、教育局、学校师生、家委、社会工作者、志愿者、社会组织、爱心企业等多方资源。

2. 完成4场专场安全知识宣传活动，直接服务覆盖人群不少于1500人。

3. 通过活动反馈表抽查和现场访谈法了解，参与活动的满意度均在90%以上。大部分服务对象对活动的形式、活动带来的改变予以认可。

4. 搭建政府、企业、社会组织、志愿者共同参与交通安全共建共治共享综合平台，同时激发服务对象、社区居民融入和积极参与社区环境建设。

（三）评估中遇到的难点及其应对

难点：如何保障项目服务的延续性。

应对：携手家长志愿者，组建文明观察团，通过日常观察和引导，培育学生安全出行习惯，保障服务延续。

六、总结与反思

（一）收获

1. 专业方面的收获

通过该项目，在项目管理能力、资源整合、政策倡导方面有所改善和提升。

（1）项目管理能力：一是开展交通安全专项调研工作，以调研为基础开展精准服务；二是做好核心团队管理，明确角色定位、质量、时间、资金、成本、团队激励措施等要素管理；三是项目标准流程管理的重要性，制定项目指引、规范流程和操作方式等能有效提升项目执行力，确保项目规范运作；四是项目管理能力提升培训和分享交流，能有效提升项目服务品质。

（2）资源动员和整合能力：整合多方资源，建立项目资源库；创新项目宣传方式，多维度、多渠道、多形式做好交通安全宣传教育工作；发挥社会工作专业优势，开展精准服务，与交警形成合力刚柔并济开展宣传工作。

（3）政策倡导能力：发挥社会工作专业优势，深入102个社区进行入户调研，共发放问卷10400份，回收问卷10225份；形成调研报告1份，分析南山区交通出行现状，掌握居民群众对公共交通的需求和建议等；并提出可行性分析，为交警部门提供对策。

2. 个人方面的收获

在项目执行过程中，涉及沟通、协调、进度把控等诸多环节，着实不易。有幸参与项目全程，担任项目负责人以来，收获颇多。一是项目团队信任和团队默契，让各项工作都能顺利推进；二是如何进行有效沟通，在经历跨部门合作的磨合阶段，需要明细工作任务及要求，寻找合适的沟通方式，探索出点列式任务清单很有必要；三是积累了项目立项、管理手册编制、视频脚本撰写、项目调研、课程标准制定、视频制片人和导演等角色体验。

（二）经验与创新

1. 项目服务中用到的过往工作经验或方法

基于2017－2018年深圳市南山区社会工作协会联动在南山区服务的13家社会工作服务机构，依托全区102个社区党群服务中心的600名社会工作者从业人员，并发动了2000名志愿者，通过“交警＋社会工作者＋志愿者”联动模式，共同开展实施了“交通安全进社区社工服务项目”经验。南山社协与南山交警、教育局、社会工作者、志愿者、部分学校、部分公益企业已建立良好合作关系，利于交通安全移动教育基地体验项目有效落地。

2. 项目服务中的创新

通过多元主体的参与和联动，形成了政府主导与社会参与、刚性治理与柔性服务结合，使得交通安全的宣传教育工作呈现出多元参与、社会共治局面。

一是通过交警、教育局跨界合作，与学校、家长、志愿者等多方联动，保障交通安全知识在校园中的无障碍传播。

二是联动辖区社会工作者，发挥专业优势，运用社会工作专业手法针对中小学生特征开展精准宣传。

三是整合多方资源，南山社协联动公益企业，结合中小学生出行形式，开发以共享单车、公交安全、行走安全等主题VR或场景体验，让学生通过直观形象的教育，从小就养成遵守交通规则和文明行车、走路的良好习惯。

四是依托南山社协、南山交警、教育局微信平台，实现“线上＋线下”同步宣传模式。

3. 项目服务对行业工作的贡献及价值

（1）拓宽社会工作服务领域，该项目是国内首个在交通安全服务领域由政府与社会工作专业服务平台合作项目。

（2）枢纽型服务平台的统筹角色和不可替代性是综合性服务项目区域性推广的重要因素。

（3）提升南山社会工作者知名度和品牌，多部门对社会工作者在交通安全服务中发挥的重要作用给予充分肯定。

（三）专业反思

1. 项目服务中印象最深刻的是什么

项目立项之初，经历较长时间、多部门的沟通、协调等诸多环节，筹备工作推进不易。因此，加强沟通交流，促进资源方了解，建立双方共同推动的机制。

树立组织良好的信誉，公信力是促成项目顺利推进的重要依据。

2. 项目服务中有哪些印象深刻的情绪感受

作为项目管理者需要对团队成员的状态和氛围保持敏锐度，当团队成员面临迷茫、压力大时，要多换位思考、授权、多倾听、正向引导，建立良好的人际关系，互相理解和帮助，才能让项目顺利实施。

3. 项目服务中有哪些与专业服务有关的新发现

在项目执行过程中，通过不断的学习、交流、培训、管理等多样的手段，推进项目有计划实施。（1）统筹工作要落在细节，制作统一的标准和明确的要求，是项目顺利推进的关键步骤。（2）实时把握项目推进的进度，落实监督考核的明确指标，建立信息上报的渠道，是项目推进的必需过程。（3）建立定期沟通的机制，了解交警最新的动态，结合新动态开发新的宣传内容和服务形式，是项目创新的必备能力。（4）整合多方资源，注重资源分配的平衡性，调动各方参与积极性，是项目有效推动的助推能量。

4. 在未来的服务中，将如何运用专业收获开展项目服务

该项目立足于发现、探索和依托各社会组织、各社区党群服务中心的优势，结合社区类型和人群特征，达成项目目标，高质高效完成项目各项指标。通过发展、组建、培育社区志愿者队伍，发动社会力量共建共治共享文明交通的目标。因此，梳理、整合多方资源，注重资源分配的平衡性，有利于实现资源最大化，调动各方参与积极性。

七、督导评语

（一）社会工作者在项目服务中价值理念的践行

在项目执行过程中，社会工作注重社会参与及动员，注重体验式学习技术的运用，注重沟通技巧在工作中的应用。该项目涉及教育部门、社会工作组织、志愿服务等多元参与及联动，如何推动项目有效实施和落地，社会工作全面考虑到各方需求，注重挖掘各方参与的积极性，制定清晰的活动开展指引，整合足够的经费，调动社会工作者开发的动能。同时社会

工作者也注重服务对象接受知识的能力和水平建设，将体验式学习的方式和技巧进行多元创新和植入。

（二）社会工作者在项目服务中的专业能力

在项目服务过程中，体现社会工作的专业能力包括：（1）资源整合及链接的能力，该项目整合的部门、组织、参与的人员较多，活动规模大、影响较强，社会工作者充分发挥协会枢纽型平台的作用，将各部门参与角色进行有机划分，发挥所长，推动项目有效落地；（2）有效沟通的能力，面对多部门的沟通，社会工作者能够分阶段、分重点，采用任务清单式的沟通方式，列明工作重点，推动项目分阶段实施、分部门推进，保证各环节都能够顺畅推进；（3）需求评估的能力，社会工作者在项目实施中，充分发挥需求评估能力，将交警部门、学校教育部门、社区、居民、学生、老师的需求进行有机整合，把握需求点，找到切入点；（4）政策倡导的能力，社会工作者还将需求调研、掌握交通知识的测评等手段融入项目中，形成精准的调研报告，推动交警部门和社会工作者进行精准宣传。

（三）社会工作者在项目服务中突出的表现

在项目实施中，社会工作者的突出表现：（1）专业形象凸显。社会工作者的服务设计、社会工作者服务模式创新、社会工作者宣传手段的特色、社会工作完善的专业反思等给交警部门留下了深刻的印象，与交警部门建立稳妥的信任关系；（2）敏锐的洞察力。社会工作者能够及时掌握到交警部门的阶段性任务重点和需求，发现社区交通管理的漏洞，并及时开发相应的服务，进行及时介入。

（四）社会工作者在项目服务中有待提升的方面

在项目推动中，社会工作者有待提升的方面：

1. 大胆创新，勇于突破。这是一个相对较新的项目，各项服务模式推动都会存在一定的困难，在面对挫折和困难的境遇下，执行团队需要继续大胆突破，拓展服务资源；

2. 宣传推广，扩大影响。项目在严密的部署和扎实的执行下，进行有效落地，但宣传的广度和深度还不足，需要继续扩大影响。

第四章　家庭增能视角介入罕见病青少年个案

作者：吴嘉慧　杨俊华　督导：揭坤焰[①]

一、　案例介绍

（一）服务缘起

J家庭综合服务中心（以下简称家综）的社会工作者协助残联更新辖区内残障人士信息。服务对象小威的妈妈在与社会工作者交谈时，提到想为小威找一所学校读书。因当天时间另有他事，小威的妈妈隔天到访家综。

（二）服务对象基本信息

服务对象小威（化名），男，13岁，未上学，一直在家中，平时多看电视和玩手机。由妈妈向家综求助。

（三）个案描述

1. 服务对象家庭系统：服务对象小威生活在五口之家，爸爸的职业是维修员，工作时间是两班倒；而妈妈是在超市做收银员，每天的上下班时间不定；两个妹妹在幼儿园上小班。白天小威主要由外公外婆照顾。

2. 服务对象个人系统：小威在幼时，手腕出现褐色角化性斑块，右足小趾离断。后来在2009年至2016年期间，服务对象小威被医院确诊耳聋、毁形掌跖角化病[②]和良性颈部淋巴肿瘤。以下是小威的生命历程：

---

① 吴嘉慧、杨俊华、揭坤焰，广州市天河区启智社会工作服务中心，广州，510000。

② 常染色体显性遗传方式，罕见。掌跖弥漫性角化过度，手足背皮损呈特殊的海星状角化或条状角质增生。角化过度可延及足背、腋、踝、肘、膝等处。常常伴有颅骨畸形和感觉神经性耳聋。

年份	情况
2006	小威被检查出褐色角化性斑块，那时候父母开始为小威寻医，在广州市皮肤病防治所治疗一个星期后就回家了。
2007	父母发现小威全身出现褐色角化性斑块，立即带他去广州儿童医院治疗，医生表示暂时没有医治的方案，只能开一些止痒的药膏。可是父母依然不放弃，再次带着小威重新去到广州市皮肤病防治中心，可医生却又告知一个不好的消息。经过筛查，发现小威的听力出现问题，医生建议再大一点时，再过来复诊。对于身上出现的斑块，无法寻找原因。
2009	小威再到医院检查，报告显示确诊耳聋，医生告知父母办理残疾人证可以优惠医疗费用，父母回到居住的地方办理，残联评定小威是听力残疾一级。父母依然带着小威去医院治疗。
2012	小威父母带着小威去到广州南方医院，医生告知，小威被检测出基因突变，被确诊为残毁性掌跖角化病，也找不到遗传的原因。同一年，小威由于扁桃体手术大出血，住了三个月的 ICU 病房，花费巨大。那时候的小威已经 8 岁了，父母都觉得他很听话，也不会像其他孩子撒娇，闹脾气。可父母觉得带着孩子奔波劳累，苦了孩子，也让他得了这些病，一直在抱怨自己。
2013	小威的妈妈怀孕，就没有带着小威继续寻医，就让医生开点止痒的药膏让儿子不要抓破身体。在这段时间里，教会小威写字，简单的家务活，有时候带着他与其他小伙伴玩等。
2016	小威的颈部出现小小的肿瘤，膝盖部分由于吸收不了蛋白质，也长出了十几个小肿瘤，小威父母带着小威去广州市妇女儿童医疗中心治疗，确诊肿瘤良性。小威的父母因为小威的病，导致家庭因病致贫，还需要到处向亲戚好友借钱，所以一方面考虑到小威太小，另一方面实在筹不到款，最后放弃治疗。
2017 –2018 年 9 月	父母也没再带着小威去看病，只要他开开心心就好。小威和妹妹们相处得很好，到了妹妹上幼儿园时，小威开始闹脾气。父母也明白小威的心情，所以小威的父母主动向社会工作者求助帮忙找到学校收留小威上学。
2018 年 9 – 11 月	父母带着小威去到广州市妇女儿童中心（珠江新城）医院进行检查。这次很幸运，医生告知并无恶化，暂时不会对生命造成危险，不过也建议尽早做手术。第二天就做了手术。

二、个案工作服务的过程与专业关系

（一）接案与建立关系

1. 接案

个案在2018年8月开启，求助者是服务对象母亲。服务对象母亲希望社会工作者能帮助孩子上学。社会工作者在大概了解服务对象情况后，与服务对象母亲重新厘定了需求，聚焦在家庭的经济支援需求与服务对象的心理辅导需求层面。

2. 建立关系

社会工作者与服务对象及家属建立同盟的关系。对于服务对象小威，社会工作者借助小威喜欢的兴趣爱好，也会加入妹妹在一起玩耍，逐渐建立关系。虽然小威不能表达，但是他会通过表情来传递情绪。尽管服务对象父母希望能为孩子找到合适、接纳他的学校，社会工作者引导他们重点关注孩子的健康。

（二）个案预估

社会工作者主要对服务对象目前的身体及心理情况、家庭支持网络、社会支持网络四个方面进行分析。

1. 生理状况

因患有残毁性掌跖角化病，小威的全身都有严重的掉皮现象，手指、脚趾都变畸形，右足小趾离断。而小威的身形偏瘦偏小，颈部有一颗很大的肿瘤，完全听不到，也不会讲话。据小威的父母表示如果挠破伤口，处理不及时的话，可能会有截肢的危险。

2. 心理状况

服务对象小威看到陌生人来家时，会躲得远远的，比较安静。与妹妹在一起玩耍时，手舞足蹈，据父母表示这是表示开心，也会把自己的东西分给妹妹们，情绪还比较乐观。

3. 家庭关系及支持

服务对象的父母及外公外婆，对小威特别关心，也非常保护他。对于小威的一些疾病，父母从没有放弃治疗，依然在找解决的方法。对于一些事情，父母会对小威非常严格，例如学会写自己的名字，不能抓破皮肤，学会生活小技能等。妹妹不会排斥哥哥，会带着哥哥一起到外婆家里玩；而外公外婆对小孙子特别地疼爱，有什么都会想着小孙子，所以小威的家庭系统功能是比较良好的。

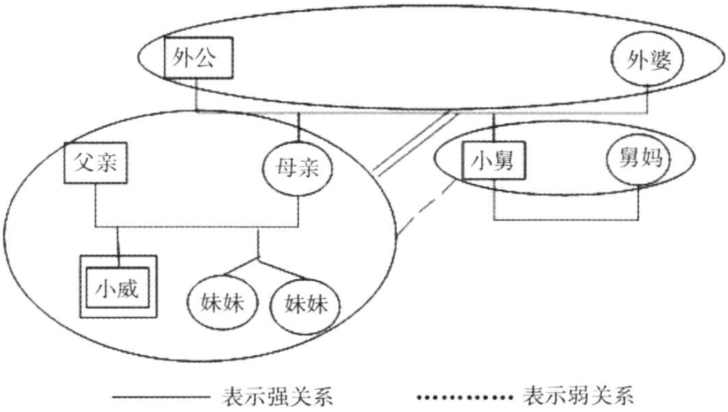

服务对象家庭关系图

4. 社会支持网络

服务对象小威较少外出，对社区环境不熟悉，服务对象很少接近其他居民或孩子，父母也很少带着孩子去亲戚朋友家里做客，不过听到服务对象出事，会一起想办法解决，有些兄弟姐妹会借钱给服务对象父母，暂时缓解昂贵的医药费，可经济缺口还是很大。总的来说，服务对象及其家庭的社会支持网络较弱。

5. 问题与需求总结

（1）服务对象家庭因病导致经济贫穷，家人被迫只能放弃治疗，需要链接更多的救助资源，缓解家庭经济压力。

（2）服务对象颈部出现肿瘤，如果不及时治疗，会影响病情的好转，需要及时就医。

（3）服务对象渴望能上学，能认识多点同龄伙伴，需要链接合适的学校。

（4）服务对象母亲在照料小威时，承受身体与精神的压力，需要情感的支持。

（5）服务对象自我照顾能力不足，需要生活照料等方面的支持。

（三）个案服务计划

1. 介入模式

任务中心模式。任务中心模式特点：第一，清楚界定问题。服务对象知道、承认、愿意、有能力处理这一问题。第二，明确界定服务对象。愿意承担任务、处于正常生活状态、有自主能力的服务对象。第三，合理界定任务。任务中心模式强调，只有把以下三个因素融入任务中来，这样的任务才是最好的，这三个因素是：服务对象的问题，服务对象解决这个问题的能力，服务对象的意愿。

增能理论。增能是个人在与他人及环境的积极互动过程中，获取更大地对生活空间的掌控能力和自信心，以及促进环境资源和机会的运用，以进一步帮助个人获得更多能力的过程。

结合任务中心模式和增能理论，并根据服务对象的实际问题和需要，社会工作者在介入过程中帮助服务对象及其家庭清楚界定问题，通过对问题的界定，增强服务对象对问题的了解，让服务对象及其家庭更加专注于目前需要完成的任务，提升服务对象及其家庭对当前问题应对的信心，并为其链接社区资源，进一步帮助服务对象个人及其家庭获得更多的支持以应对当前的困难。

2. 介入目标

（1）服务对象家属熟知关于儿童重大疾病救助渠道及办理流程；缓解家庭经济困扰压力。

（2）关注服务对象的身体情况，提升服务对象家属对康复治疗的优先意识。

（3）为服务对象链接相关特殊学校。

（4）服务对象家属在照顾过程中得到支援，照顾压力得到缓解，自身健康的关注得到持续。

（5）提升服务对象自我生活照料能力。

3. 介入策略

（1）提供救助金及企业资源的帮助，使得父母缓解经济困扰压力。

（2）通过个别面谈，关注服务对象的身体情况，尽快安排小威到医院就医。

（3）向残联了解定点的训练学校。

（4）通过聆听、同理与情绪支持，促进服务对象家人照顾压力的释放。

（5）通过生活技能培训，使得服务对象自我生活照料有所提升。

4. 介入行动

（1）与服务对象及家属建立同盟的关系，链接相关的医疗救助资源，协助服务对象共同协商处理服务对象未来生活的安排。

（2）提升服务对象父母关注服务对象的健康情况。

（3）链接相关资源，为服务对象提供学习的机会。

（4）聆听服务对象的家属困难的经历，提供情感支持和正向鼓励。

（5）鼓励、促进服务对象生活基本的技能。

（四）个案跟进过程

1. 个案跟进初期

为小威链接相关的医疗救助资源，缓解服务对象家庭的经济压力。社会工作者通过了解到相关资助政策和爱心企业，为小威家庭提供医疗救助。社会工作者为小威家联络了《信息时报》的记者，让小威家能够能到更多社会爱心人士的关心和救助，同时联系狮子会告知小威家庭的情况，狮子会也为小威家庭提供了医疗救助。社会工作者也了解相关重大疾病政策，并将政策向小威父母解释，告知申请流程。让其缓解家庭经济困扰，使得父母再次为孩子走向寻医的路上。

社会工作者提升并关注服务对象的身体健康情况。社会工作者也告知父母企业的第一笔钱已拨款，可以带着小威看看颈部的肿瘤，父母也担心过了那么久，不知道是否恶化，所以拨款后预约了医生，带着小威去到广州市妇女儿童中心（珠江新城）医院进行检查。这次很幸运，医生告知并无恶化，暂时不会对生命造成危险，不过也建议尽早做手术。父母也在当天向医生确定让小威做手术，也咨询医生手术是否存在危险，一直向医生提出问题，等到医生将问题回答完后，父母心里还是忐忑不安。小威母亲将医院的事情于第二天向社会工作者描述，社会工作者知道小威下午做手术，也听出母亲还在为小威感到担忧中，也了解到母亲昨晚一直都没有睡觉，所以当天下午社会工作者去医院陪着小威的父母，在他们身边给予正面的鼓励，陪伴小威父母，在身边静静等待手术结束。

2. 个案跟进中期

服务中期，社会工作者聆听服务对象的家属应对困难的经历，提供情感支持和正向鼓励以及皮肤治疗资讯。

社会工作者一方面继续关注小威的身体情况，还会与小威继续有互动，一起玩游戏，一起看视频等。同时，社会工作者还会与企业、狮子会继续沟通小威接下来的医药费资助情况等。另一方面会与小威的父母、外公外婆分别交流，了解夫妻的关系、翁婿的关系，或者每个照顾者遇到困难的经历，社会工作者给予情感支持。曾听小威的外公外婆表示，因为小威的身体情况，父母到处寻医，向亲戚朋友借了很多的钱。亲戚朋友也告知小威的父母这笔钱不用急着还，等小威的病情缓解后再慢慢还，可小威父母觉得不好，所以每月拿到工资后，都会先还一小部分。小威家庭的社会支持网络围绕着亲朋好友，对于重大疾病救助政策，父母是不知道的，也不主动找居委会了解情况。

社会工作者与小威母亲聊天时，小威母亲在讲自己带着孩子到处求医的过程，真的很辛苦，一方面考虑到经济问题，另一方面考虑孩子不能康复的问题。那时候压力真的很大，甚至有想过放弃治疗，不是丈夫和外婆的支持，定会放弃任何治疗。社会工作者观察小威母亲说到这些事件时，眼泪盈眶，觉得很委屈、很难受，很想赶快找到方法帮助孩子，一直在纠结中。感觉母亲说这句话的用意，不是真的放弃治疗，而是迫于无奈。社会工作者握住母亲的手，没有过多的语言，先让母亲感受到社会工作者给予的支持，用同理的方法表达出母亲的心酸、心累的事等。然后，把希望给到母亲，让其感受现在不是她一个人在奋斗，而是我们社会工作者也会一起协助她，让小威能快乐地成长。

另外，社会工作者为小威了解到中山三院皮肤专家有看过此病的研究，可以通过药物治疗，缓解小威在皮肤上的瘙痒和蜕皮现象；但由于父母年底较忙，还未预约医生。

3. 个案跟进后期

服务后期，社会工作者更注重服务对象及其家人的自我增能，包括链接资源的能力及生活照顾能力。

在后期的服务中，社会工作者继续跟进服务对象的皮肤病就医的情况，跟进服务对象母亲反馈，中山三院皮肤专家经过多次的用药及治疗，也表示无能为力，并且说明因此病是基因引起的，治疗并无作用，并告知不用再到医院就医了。服务对象母亲虽对此感到很无奈，但情绪没有明显波动起伏，并表示自己也有心理准备了。社会工作者通过陪伴、同理心缓解服务对象母亲无奈的情绪。

在链接资源方面，社会工作者积极跟进服务对象与狮子会对接的情况。据服务对象母亲反馈，狮子会已直接链接了1万元人民币，并且不需要任何的凭证及发票，此后也再无联系。社会工作者鼓励服务对象母亲多向狮子会工作人员反馈服务对象的就医情况，以及后续服务对象成长之处，保持与狮子会的联系并做及时的反馈。此外，社会工作者整理并链接了相关的政策、《残障居民资源补充手册》，并与服务对象母亲一一探讨可利用的政策或资源。社会工作者引导服务对象母亲可跟进自己的需求寻找不同的求职通道，如聋哑人服务机构等。

在生活照顾方面，服务对象母亲平常休息也会教导服务对象承担力所能及的家务事，如帮忙递送碗筷、清洁碗筷等。社会工作者肯定服务对象母亲对服务对象的日常技能的训练，并鼓励其坚持下去。

（五）评估与结案

1. 个案目标达成情况和成效

经过8个月的跟进服务，目前服务对象家庭的状况与目标达成情况如下：

（1）缓解家庭经济压力

因前期没有钱医治，导致服务对象错过最佳的治疗时期。经过社会工作者的介入后，在服务对象家属的同意下，为其链接《信息时报》，报道服务对象家庭情况，并得到了大叁益企业和狮子会赞助该家庭的医药费，暂时缓解了家庭的经济压力。

（2）提升服务对象家属对康复治疗的优先意识

前期服务对象家属向社会工作者寻求帮助时，只提到为服务对象链接一所学校，要他上学。经过社会工作者的沟通、介入后，服务对象家属同意先将服务对象脖子上的囊肿得到就医，然后了解是否有药物，缓解服务对象瘙痒和蜕皮现象。医生确诊囊肿无危险，后续也不会有恶化的情况。做完小手术后，医生也告知囊肿不会消掉，而随着年龄的增长，囊肿也会变大。而关于皮肤瘙痒和蜕皮，医生与服务对象家人多次尝试，因此病为基因引起，医生也没有更好的治疗方案，目前皮肤瘙痒和蜕皮无法改善。

(3) 为服务对象链接相关特殊学校

社会工作者向残联了解服务对象语言一级残疾，是否有定点的学校提供，残联提供了相关定点的学校。此外，社会工作者整理并链接了相关的政策、《残障居民资源补充手册》，并与服务对象母亲一一探讨可利用的政策或资源，拓宽服务对象家人可求助的渠道。

(4) 服务对象父母的情绪得到了支持

服务对象母亲与社会工作者聊天时，提到为儿子寻医的过程以及照顾他的时候，那时候的辛苦、心酸等种种复杂情绪，社会工作者陪伴在母亲身边，给予母亲情感支持，并用到倾听、同理、鼓励技巧，使得情绪能够释放。

(5) 提升服务对象自我生活照料能力

据服务对象父母表示，曾经训练过服务对象学会基本生活技能，可最后因为工作较忙，没有时间教，所以基本的自我照顾还是没学会，要父母来协助。社会工作者建议父母及其日常的照顾者，从日常的生活开始，细心地教导服务对象，让服务对象学会简单照顾自己后，父母也少担忧。

2. 结案过程

在结案前，社会工作者根据跟进计划完成情况，已提前与服务对象及其服务对象家人探讨计划的情况，并且为结案做好铺垫。

在结案面谈时，社会工作者一方面与服务对象母亲一一回顾了本次个案的整体情况，并且肯定了服务对象母亲的努力与成长，如情绪的处理，独立对接狮子会资源的能力等，另一方面也向服务对象母亲再次澄清社会工作者的工作性质。服务对象母亲也表示，自己在此过程中有了社会工作者的陪伴，家人的支持，自己的情绪、压力也得到了缓解，同时也感受到了自己并不是孤立无援的，今后也会自己尝试为孩子链接相关的训练资源，并感谢社会工作者的付出。

在此过程中，服务对象母亲出现离别情绪，社会工作者鼓励服务对象母亲除关注服务对象的情况外，也可带女儿们来参加家综的其他服务。

三、总结与反思

(一) 个人收获

在跟进个案的过程中，社会工作者在一开始的帮助，让服务对象家庭慢慢有了依赖，社会工作者努力地帮助服务对象家庭提升自我解决问题的能力；社会工作者帮助链接资源，服务对象父母向他们表达自我家庭的困难，更好达到“助人自助”。

社会工作者面对服务对象家庭的困难，政策上的无法帮助，社会工作者自我感到力不从心，做一些事情感觉无能为力，但在后来社会工作者通过挖掘社区，借用社会的力量，让家庭得到了经济上的“关爱”。

服务对象母亲的求助，从一开始的遮掩服务对象本身的情况，到后来愿意带着服务对象前来家综以及愿意让社会工作者服务，一步步地建立起信任关系。在服务中，也能让服务对象家庭有安全感和更加愿意向社会工作者表露，才能让服务有更大的成效。

面对此类个案，社会工作者需要有坚持的信心，给予服务对象以及家庭有勇气面对，更好地成长！

（二）专业反思

1. 建立信任关系

做个案服务，首先要与服务对象建立信任关系，这是达成助人目标的基础。良好的关系能产生轻松、舒适、信任和心理上的安全感，在有安全感的前提下，服务对象会更加容易表露，也能让社会工作者更好地了解服务对象需要的是什么。

2. 社会工作者要清晰角色

扮演不同的角色，让服务对象能有更好的发挥，及时关注以及得到服务对象的反馈。在小威的案例中，社会工作者作为倡导者、陪伴者的角色，帮助服务对象链接资源，陪伴服务对象，给予信心。

3. 服务中要注重服务对象本身及服务对象家人的增能

在个案服务中，社会工作者是服务对象生活中一个短暂的介入者、资源链接者。而个案服务最终的目的应是助人自助，故社会工作者在个案服务中也应注重服务对象及其家人的能力提升。

四、督导评语

在这个个案当中，社会工作者很有耐心地为服务对象家庭链接资源，对服务对象的情况有很大的帮助。对于一个新手社会工作者来说，能够反思自身的服务，有效避免服务对象对社会工作者的依赖，很不容易。个案早期阶段，社会工作者不加思考地相信服务对象父母所陈述的情况，承受了由此带来的“伤害”，这样的情况发生在很多社会工作者的早期职业生涯中。相信随着社会工作者社会阅历的丰富和服务经验的积累，能更快、更准、更客观地评估服务对象的情况。

第九篇

青少年事务社会工作项目管理

第一章 "阳光少年"学校社工项目

作者：陆卫红 王傅 督导：伍建新[①]

一、项目介绍

（一）项目的缘起

小学阶段是每个人社会化过程中的一个重要的基础阶段，其间的行为习惯的养成、心理素质的培养以及个人能力的挖掘及发展，都为今后中学阶段、大学阶段甚至更远的人生阶段产生深远的影响。然而目前就小学生群体的调研情况来看，小学生群体中普遍存在一些不良的行为及心理，除一般成长阶段常见的问题，如学习习惯不正确、上课容易走神之外，更表现出桀骜、自私以及脆弱、学习能力不足、心理及情绪问题、交往障碍等问题，已成为小学教师及家长最为头疼的突出问题。

在小学三至四年级中有23%的学生或多或少存在这类问题，即使随着年龄的增长而有所改善，也有19%的六年级学生带着这些问题行为进入初中阶段。具有问题行为的小学生比例在过去的7年中呈逐年上升的状态，较7年前的相关统计几乎上升了一倍。这些问题的存在及延续不仅妨碍小学生的社会化进程，从更长远的角度来看，将对其今后中学、大学阶段的行为习惯、社会交往以及社会处世方式方法产生极大负面影响，进而引发青少年社会问题，并影响到社会的和谐及稳定。但就目前学校教育的普遍情况来看，校方对学生不良行为习惯及心理素质方面在客观上无法完全兼顾，其原因主要有以下几个方面：

第一，老师的教学任务繁重，已占用教师几乎全部的精力，且正副班

---

① 陆卫红，广州市穗星社会工作服务中心，广州市，510000；王傅，仲恺农业工程学院，广州市，510225；伍建新，香港青少年事务发展服务有限公司，香港。

主任面对40个学生，即使日常对学生行为偏差问题有所意识，也缺乏时间及精力进行有针对性及持续性跟进。而且，在现时学校的思品教育课时较少的情况下，仍要维持对学生进行长期性的教育、观察、行为修正以及心理调适，教师在客观情况下无法做到。

第二，学生表达渠道存在限制。学生的困难和需要往往没有有效的渠道可以表达，学生的朋辈群体也无法解决成长方面的问题，因此学生有困难的时候，往往找不到合适的方法解决，这也造成许多不良的结果。

第三，教师的工作重点区域在学校，对学生家庭情况甚至学生成长环境了解不多。每个学生家庭教师家访次数一个学期最多一次，且每个学期的家长会也不会超过两次。这样，使得教师与学生家庭的密切度极低，对学生家庭的具体情况自然了解不深，这也造成了许多学生问题的根源难以被挖掘。

第四，教师的心理情绪及教育技能问题。不可否认教师由于长期面对学生问题，也会产生情绪及心理上的一些问题，这些都会影响到对学生的教育态度、方式及方法。在一年多的社会工作者入校实践中，也发现不少教师由于缺乏对学困生和偏常生进行有效判别及教育方式方法，造成学生的某些问题长期得不到有效解决。

第五，家校矛盾。由于教师及家长所处的角色不同，对于孩子的问题可能存在不同视角的观点及诉求。这些观点和诉求的不统一往往在相关学生的教育工作中产生不好的影响，阻碍了双方的沟通，造成了家校之间往往因为孩子的教育问题产生隔阂甚至矛盾。这也成为当前学生教育缺乏合力形成的一个重要原因。

综合上述原因，也就能很清楚地解释目前社会青少年问题激增的原因，其中固然不排除外部各种不良思潮以及价值观多元性等多种客观因素。但更重要的是，小学阶段的一些不良生活习惯和心理素质没有在当阶段得以解除或改善，延后至中学、大学甚至进入社会，可能日趋严重，最终将导致更大的社会问题。由此可见，学校方面的力不从心，家庭方面的无所适从，与社会对体制教育产出的实际要求已成为非常显著且严重的矛盾。从社会问题的预防角度来看，在小学阶段实现社会工作介入，以加强小学生良好行为习惯及心理素质的养成，具有其社会必然性。

同时，小学阶段学生通过在校学习，对社会环境的适应性逐步增强，他们的自我意识、道德和社会交往得到了进一步的发展。在这一阶段，小学生发展出更符合实际情况的自我观念、自我评价和自我体验，并逐步形成了自己的道德意识，能够以他人的立场来考虑问题，实事求是地评价他人。这也为社会工作者介入小学生社会化教育产生了可行性。

根据广州市穗星社会工作服务中心多年来先后在广州市海珠区内30多所小学实施社会工作入校工作（社会工作者驻校频度1次/周）的实践成果来看，在一定程度上协助学校解决部分困扰，但由于时间短以及介入的深度不足，社会工作的服务效果不明显。其根本原因是，学生除了在学校上课，晚上睡觉，课后做作业，有的还参加各类兴趣班、补习班，没有多少时间可以再抽出来在社区参与社会工作服务。而最好的办法就是我们将服务送入学校，让服务对象在学校期间就能接受服务。

（二）项目简介

针对上述情况，我们聘请香港资深社会工作督导伍建新博士为小学设计此专项——“阳光少年”全天驻校型小学社会工作服务项目，以专职社会工作者全天驻校的形式，主要针对小学阶段学校，以服务对象群体作为主要服务对象，同时辐射到全校的教职工及服务对象家庭的专业社会工作服务项目。为解决学校在教学过程中遇到的非教育辅导以外的“服务对象社会功能失调”的新问题而开设的项目，期望社会工作者能有效协助服务对象适应校园生活，恢复社会功能，缓解家校矛盾。让他们的家长学会面对孩子的实际情况，并学习到相关的技巧，协助服务对象更好地成长及配合学校的相关工作；同时，也给老师们相应的应对技巧，给予适当的支援，为老师们减压。

同时，通过有效的社区资源链接，将服务过程向家庭及社区延伸，增进家校间的合作与良性互动，促进服务对象家庭教育的正向提升，从而与学校教育形成现代教育环节中互为促进的良好构成。

2016年，我们项目正式启动以来，已先后有广州市海珠区内数所学校进行“阳光少年学校社会工作项目”自主购买。项目获得“2016年度全国社会工作百优案例”，2017年被中国社会工作教育协会评为“全国青少年社会工作服务优秀组织”，获得广州市民政局、共青团广州市委员会颁发的“广州市青年社工人才培育奖”，项目社会工作个人获得“广州市青少年社会工作事务大赛第一名”，2019年获得共青团广州市委员会授予“广州市青少年事务社会工作专业人才实训基地”称号。

通过小学社会工作者全天驻校开展社会工作服务，实现了学校、家庭及社区三方的有效结合，并形成服务对象社会化教育的合力，在服务对象获得良好社会化教育过程中起到很好的引导作用，并得到校方、服务对象、家长甚至社区的认可和赞誉。

服务成效引起了广州市海珠区教育局的重视，2018 年开始做项目区级层面的服务试点并取得了预期的效果，2019 年广州市海珠区教育局扩大了区级服务面。项目充分发挥社会工作者的社会倡导功能，实现了从下至上的推动，从学校需求出发，根据各校的实际情况量身定制服务内容，有效地回应了服务需求，成效显著。

二、预估

（一）服务对象预估

服务对象预估情况一览表

预估服务对象			预估中的难点及其应对
服务对象遇到的问题 服务对象层面： 1. 扰乱课堂纪律； 2. 同学间容易生产冲突； 3. 与同学相处关系紧张，甚至没有朋友； 4. 与家长相处关系紧张，甚至出现与家长对抗行为； 5. 师生关系紧张，甚至出现与老师对抗行为。 家长层面： 1. 家长对服务对象行为的不理解，甚至采用不恰当的处理方式； 2. 家长对学校不理解，甚至对学校产生敌对情绪，导致家校矛盾；	服务对象的需求 服务对象层面： 1. 提升人际交往能力； 2. 提升情绪管理能力； 3. 扩展朋辈支持网络； 4. 个别服务对象需要医学评估。 家长层面： 1. 改善家庭关系； 2. 学习新的家庭教育方法与技巧； 3. 调整对学校及老师日常教育管理的认知； 4. 推动家长与学校加强配合。	资源及其资源障碍 内在资源：服务对象有改变的动力，部分服务对象由于长期处于负面情绪或挫折感中，有时候会迷失，暂时失去方向与动力，迫切需要社会工作者能协助走出困境。	难点： 如果家校矛盾已经发生，而且已累积了一定的时间的怨恨的情况下，容易导致双方失去可改变的信心，要缓解这些矛盾，重新调整各方对事件的认知，调动各方合力紧密配合帮助服务对象难度会比刚发生或还没有发生前要难得多。

续表

预估服务对象			预估中的难点及其应对
3. 家长与家长之间的矛盾，甚至影响服务对象与服务对象之间的关系。 学校层面： 1. 对 S. E. N. ① 服务对象的不理解、歧视； 2. 欠缺日常事件的应对技巧，尤其是 S. E. N. 服务对象的言行。	学校层面： 1. 提高日常教育管理技巧，改善师生关系； 2. 增强老师对 S. E. N. 服务对象的了解及应对； 3. 加强与家长沟通，改善家校关系。	外在资源：老师和家长都想帮助服务对象，但由于暂时没有找到适合的方法或用错了方法。	应对： 与各方建立好关系，保持良好的沟通，找到共同可以接受和解决的方案。

（二）项目预估

项目预估情况一览表

项目的各类资源	开展项目的阻碍
1. 机构知名度。广州市穗星社会工作服务中心在本地有大量的政府采购社会工作服务项目及自营的公益项目，因此在社会上的知名度较高，能给予学校足够的信心。 2. 督导资源。香港资源社会工作督导伍建新博士，他同时也是广州市教育局的荣誉顾问及广州市团体康乐活动的创始人，在教育局声望很高。 3. 人力资源。有一群有着共同理想的专业社会工作者，我们都对此项目感兴趣，从各项目转入此项目，立志共同推动“校校进社工”的终极目标，造福青少年，为中国的未来出一分力。	让校方认同我们的专业服务能协助解决学校遇到的困境问题，还愿意自付经费购买我们的学校社会工作者服务。

① S. E. N. , Special Educational Needs，有特殊教育需要学生的简称。

三、制订项目服务计划

1. 计划书名称

“阳光少年”学校社工项目

2. 设计理念

以关爱群体理念为主。

（1）关爱群体具备以下特征

① 互相链接给力；

②真诚地分享；

③存有尊重、仁慈、忍耐及同理心的元素；

④积极地互相帮助，发挥互助精神；

⑤关爱群体强调合作、无私、愿意冒险、尊重、信任及有共同目标。

（2）关爱群体的基本理念架构

①经验式学习

Beard & Wilson（2002）认为，经验式学习的定义为“人们在以往的体验和知识的基础上，通过对所观察事物作出的有意识或无意识内化（internalization）后，获得深刻的理解及应用”[①]。由此可见，学习与经验是互为关联、不可分割的。我们的学习建基于过往经验。因此，有意义的经验对参加者十分重要，他们可从以往的经验找出意义。

关爱群体通过经验或学习而建立。关爱群体小组推行有系统及秩序的计划，包括不同的经验式游戏及活动，让参加者探讨现实环境。通过探讨活动或学习过程，参加者可反思创造有意义经验，并从宝贵的经验中学习。

②历奇为本辅导

历奇为本辅导可帮助建立关爱群体。历奇为本辅导的方法十分全面，涉及感觉（情绪）、思想（认知）及行动（行为）等多方面的人类经验。历奇为本辅导结合这三方面，以便在参加者完成计划后改善自我形象。历奇为本辅导让参加者了解自己的优点及弱点、令他们有成就感、与参加者

---

① Beard C , Wilson J P . The Power of Experiential Learning：A Handbook for Trainers and Educators［M］. Stylus Publishing，2002：16.

建立归属感及乐感解决不同的问题（Schoel，Prouty & Radcliffe，1988）[①]。

历奇为本辅导计划“是一系列精心设计的历奇活动，集中给予参加者成功经验，协助他们打破失败的厄运，让他们有成就感，增强信心”。历奇为本辅导计划的主要目的，是让参加者打破以往无助的恶性循环，感到及知道自己的能力。

历奇为本辅导计划设有规则，并要求参加者订下计划及步骤，以便他们可“解决经验式或真实的生活问题”（Schoel，Prouty & Radcliffe，1988）[②]。

历奇为本辅导计划鼓励参加者离开舒适区，到不熟悉及未能预知的边缘地区，当中他们会感到不安、失衡或危机处处。人们会离开或前往不熟悉的心理领域（边缘），可能突破自己或成功……新的行动或资源可成为转化及实践在工作地点、家庭或学校中（Luckner & Nadler，1997）[③]。崭新的历奇为本辅导计划经验，可以成为生活学习的新方式，转化及运用于日常生活，形成勇于求问、探索及实践创新的思维。

历奇为本辅导计划训练关爱群体面对不安、失衡及风险，因此关爱群体组员可成立朋辈辅导群体及支持网络，在小组内经验治疗及个人成长。

③多元智能

关爱群体建基于多元智能之概念（Multiple Intelligences）。哈佛大学教授加纳（Howard Gardner，1993）[④] 提倡人类之九种智能，包括：（1）语言（Linguistic）、（2）逻辑数字（Logical Mathematical）、（3）空间感（Spatial）、（4）音乐（Musical）、（5）身体动能（Bodily Kinesthetic）、（6）人际关系（Interpersonal）、（7）个人与自己的关系（Intrapersonal）、（8）与大自然的感应（Naturalistic）及（9）存在感（Existential）。

加纳教授增益了我们对人类智能的认识，从单元走向多元的智能发

---

① Schoel J . Islands of Healing. A Guide to Adventure Based Counseling [J] . 1988: 24.

② Schoel J . Islands of Healing. A Guide to Adventure Based Counseling [J] . 1988: 25.

③ Luckner J L , Nadler R S . Processing the Experience: Strategies To Enhance and Generalize Learning. Second Edition. [J] . 1997: 47.

④ Gardner, H. 1993. Multiple Intelligences: The Theory in Practice. New York: Basic Books: 9.

展。探索教育通过让学生在活动中发掘及培养他们的多元智能。在活动中，参加者能发掘（explore）、观察（observe）、欣赏（appreciate）、反省（reflect）及应用（apply）他们在小组活动中所学习的多元智能经历。

多元智能是探索教育里的基石（Bedrock）。参加者于小组活动互相奉献他们不同的多元智能，以致互相欣赏、学习，学会与人相处、学会怎样学习，并且学会怎样发挥团队精神于创新及日常生活之中。懂得怎样通过团队增益我们工作的效果及成果。因此，借着多元智能的概念，使我们发挥出中国人的和谐和团结精神，以致在学校建立关爱团体，照顾校内有需要的成员。

④情绪智商（Emotional Intelligence）

美国学者 Goleman（1995）指出①，青少年于发展期中面对着很大成长转变及需要。若青少年于情绪管理上有所偏差，会导致逃避（withdrawal）、社会问题（social problem）、忧虑及抑郁（anxious and depressed）、专注力或思考困难（attention or thinking problems），或产生服务对象偏差行为或过激行为表现（delinquent or aggressive problems）。他更指出提高服务对象的情绪管理及其情绪智商，有利于他们适应及面对困境的能力。

探索教育的关爱群体是培养服务对象情绪智商的好环境。服务对象在小组探索活动通过导师的指导及互相学习，学会怎样去管理自我及他人的情绪。通过活动，服务对象能在游戏中面对真实的困难，找出面对困难所需的解困方法、人际关系及有效的沟通方法，以提升他们的抗逆能力（Resilience）。

（3）训练方法

融入社交技巧训练、专注力及肢体感统、社群化训练。

（4）预期结果

在校建立关爱群体的预期结果：

计划旨在通过探索教育、历奇辅导为本的小组工作及经验学习法，创建关爱群体，从而建立和提升参加者在以下方面的能力：①与小组成员合作能力；②建立信任感与同理心，照顾自己及别人的需要；③解难技巧与创意能力；④面对挑战及压力；⑤最重要的是学习如何建立关爱校园及关爱群体回馈学校。

---

① Goleman D . Emotional intelligence ［M］. Bantam Books，1995：267.

3. 项目服务目标

（1）总目标

恢复在校服务对象社会功能，协助其更好融入校园的学习生活。

（2）分目标

①提升超过1000人次服务对象的个人能力，包括：人际交往能力、情绪管理能力、自我保护能力等；

②帮助1000名或以上家长提高家庭教育技巧，促进亲子关系的建立；

③提高社会工作在教育界的知名度；

④协助200名小学老师解决现代教学过程中遇到的困惑，缓解老师的压力；

⑤为有需要的服务对象提供个案辅导服务，恢复其社会功能。

4. 项目具体服务计划表

项目主题	开展时间	参与人员及人数	项目服务目标	主要内容	服务形式	所需资源	可能遇到的难点及解决预案
我快乐我成长	2018年1－12月	4所小学共5000人次在校服务对象	提升服务对象个人能力。	人际交往技巧、情绪管理方法、自我保护意识等	团体辅导、小组辅导	辅导的道具、拍摄器材等	难点：服务对象纪律不好，可能引起混乱。 解决预案：开始前做好契约，注意现场把控。
与孩子同成长	2018年1－12月	4所小学共1000名服务对象家长	提高家庭教育技巧，促进亲子关系的建立。	和谐亲子家庭的建立、生命教育、义卖活动、探访慰问活动等	家庭讲座、亲子辅导、亲子志愿服务	拍摄器材、辅导场地、组织家长等	难点：各家庭情况不同，不一定能解决全部家庭的问题。 解决预案：设置提问互动时间，解决个别化需求。
走近社会工作	2018年1－12月	200名小学老师	提高社会工作在教育界的知名度。	了解社会工作是什么，大家如何分工、如何配合等	老师讲座派发项目手册	拍摄器材、项目手册等	难点：组织老师。 解决预案：与各学校校长联系。

续表

项目主题	开展时间	参与人员及人数	项目服务目标	主要内容	服务形式	所需资源	可能遇到的难点及解决预案
爱的教育与教育的爱	2018年1－12月	50名小学老师	解决现代教学过程中遇到的困惑，缓解老师的压力。	什么是S.E.N.？日常教学中遇到如何应对等	老师讲座	拍摄器材、项目手册等	难点：各老师遇到的情况不同，不一定能解决全部老师的问题。 解决预案：设置提问互动时间，解决个别化需求。
恢复服务对象社会功能	2018年1－12月	根据实际需求开展	促进服务对象适应校园学习生活。	恢复服务对象社会功能	个案辅导	家访时需要人员支援	难点：一所学校仅一个社会工作者，在外出家访时需要人员支持。 解决预案：各校之间形成互助机制，有需要时互相支援。

5. 项目评估

项目评估采用质性调查、量性调查为主作为评估方法，个案辅导方面还采用了基线调查的前后对比法。

四、实施项目服务计划

（一）开展项目服务

开展项目服务的过程	项目服务的方式及方法	开展项目服务中的难点及其应对
我快乐我成长。原计划服务4所学校5000人次，由于效果很好，根据校方需求，增加服务数量1000人次，累计服务4所学校6000人次。	团体辅导 小组辅导	难点：学校仅有一名社会工作者，在做团体辅导时，尤其是全年级或全校性大型团体辅导时对社会工作者能力要求较高。 应对：通过寒暑假期培训不断提升社会工作者的整体能力。

续表

开展项目服务的过程	项目服务的方式及方法	开展项目服务中的难点及其应对
与孩子同成长。原计划服务 4 所学校 1000 人次，由于家长及亲子家庭踊跃报名，服务人次增加到 2500 人次。	家庭讲座 亲子辅导 亲子志愿服务	难点：学校仅有一名社会工作者，在做亲子辅导及亲子志愿服务时，人员方面难以应对。 应对：我们采取团队支援方法解决。
走近社会工作。与原计划一样，为 200 名老师介绍社会工作者。	老师讲座 派发项目手册	难点：面向老师们开讲座对于主讲者的能力要求极高。 应对：我们采取团队督导负责主讲，能给老师更大信心，更好地体现社会工作者的专业性。
爱的教育与教育的爱。为 50 名老师开展教育技巧，什么是 S. E. N.？日常教学中遇到如何应对。与原计划一样。	老师讲座	
恢复服务对象的社会功能。累计结案 24 个，其中包括厌学、情绪管理、家庭关系、人际交往、自杀或自虐、打架等。	个案辅导	难点：一所学校仅一个社会工作者，在外出家访时需要人员支持。 应对：各校之间形成互助机制，有需要时互相支援。

（二）结束项目服务

结束项目服务的标准（或指标）	结束项目服务的方式及方法	结束项目服务中的难点及其应对
4 所小学能按计划完成全部量化指标，并对学校转介个案有效跟进，促进其适应校园的学习生活，协助老师解决一些服务对象的情况，缓解老师的压力。	年度工作总结。采用书面、视频、彩册形式展现。	难点：视频与彩册制作。 应对：运用机构资源共同协助完成。

五、评估

（一）评估的内容及方法

个案辅导评估社会工作者对个案评估采用了基线调查的前后对比法，具体设计了三个维度的评估问卷进行资料的收集，包括：班主任、服务对象、服务对象的家长。

其他服务手法的评估均采用质性调查、量性调查的评估方法。

（二）项目服务的成效

项目共在广州市4所中小学开展，总服务超过7000人次，并能按原预期每半年开展一所新学校的社会工作服务的速度发展，有效解决学校在教学过程中遇到的非教育辅导以外的“服务对象社会功能失调”的新问题，协助服务对象适应校园生活，恢复有需要服务对象的社会功能。

在政治层面上的成效：社会工作者的相关工作能与家校德育相结合，达到共同全力抓服务对象的思想品德，做好思想引导及情绪疏导等相关工作。

在社会层面上的成效：有效缓解了家校矛盾，促进家校合作，营造友爱的校园氛围，减少服务对象之间冲突，促进服务对象间的友谊，就是促进了社会的和谐。

在服务层面上的成效：社会工作者在校内运用专业的社会工作技巧和方法，协助服务对象优化、发展、强化社会功能，对存在社会功能障碍的服务对象进行预防和及早干预，并能达到正向的转变，使购买方满意、服务对象及其家长满意。

在学校层面上的成效：让教师能将更多的时间和精力用于教学及班级管理上，教师的心理压力得到减缓，让教师能身心健康地开展教学工作，并一定程度上提高了教师的工作效率及质量。

（三）评估中遇到的难点及其应对

1. 难点

老师在转介个案过程中，不断提出新的诉求，没有正确认识到服务对象的进步。比如，当时校长特别向社会工作者反映一个二年级服务对象在上课时总是开小差，经过3个月的个案辅导他不再开小差了；班主任反映他在课间有打架行为，社会工作者增加了个案辅导目标后3个月此情况消失了；班主任发现服务对象在课间有损坏学校走廊物品行为，觉得服务对象的品德不好，甚至质疑服务对象的辅导效果，在老师和校长心目中，这个服务对象仍然是差的，并没有改变。

2. 应对

我们向校方详细说明，并在每月的服务报告中显现出服务对象的行为变化图，让校方更容易理解，需要与校方保持密切的沟通，避免误会发生。

六、总结与反思

（一）收获

1. 专业方面的收获

学校社会工作服务团队的整体专业服务能力得到明显提升，尤其是个案辅导及团体辅导方面。

2. 个人方面的收获

同时管理多所学校的学校社会工作项目，让社会工作者的个人整体协调能力及项目管理能力得到提升。

（二）经验与创新

1. 项目服务中用到的过往工作经验或方法

个案辅导及小组辅导的经验与方法基本上与过往的都相近。

2. 项目服务中的创新

（1）服务思路创新。将普遍性出现青少年犯罪、行为偏差、心理等问题的解决阶段前移到小学阶段，使用的手法是社会工作者的专业手法，以调整其社会功能为主要切入点，而不是一般的学校的教育方式进行，起到的效果也是非常明显和持续性的，弥补了现在政府采购仅针对中学生群体的社会服务。

（2）模式创新。是通过学校的自主购买这种自下而上的途径来解决项目的资金来源，而不是常见的运用自上而下的政府购买服务模式。这样的模式需要先调整好校方对社会工作者的基本认识及认同，才能更好地调动学校的积极性和提高配合程度，更有利于双方的共同合作解决各种相关的问题和满足学校个性化的需求，弥补了政府采购服务不能全面覆盖的不足。

3. 项目服务对行业工作的贡献及价值

为行业开辟了一个除政府采购外的新模式，让更多的社会工作者能进校园，共同推动“校校进社工”的终极目标。

可以作为行业成功案例，起草提交人大及政协作为提案，让更多的领导知道学校社会工作者的重要性及不可替代性，从而获得更多教育部门的相关领导认同，达到由下至上的政府采购社会工作入校园的终极目标。

（三）专业反思

1. 项目服务中印象最深刻的是什么

项目服务中印象最深刻的是能及时介入处理紧急个案，协助学校共同解决危机，避免悲剧的发生。

2. 项目服务中有哪些印象深刻的情绪感受

项目服务中一个想自杀的服务对象表述：“我多想做手机，让爸爸妈妈天天抱着我。”这一刻，让我深刻地感受到家庭关系对服务对象的影响有多深，我们的学校社会工作服务项目是多么的重要。帮助一个服务对象就是帮助了一个家庭，让我们更坚定地走下去，帮助更多有需要的服务对象。

3. 项目服务中有哪些与专业服务有关的新发现

项目服务中我们侧重以服务对象为主开展了大量的预防性工作、发展性工作，发现家庭对服务对象产生的影响很大，而在服务过程中也让我们感受到家长对学习新家庭管教知识与亲子辅导非常踊跃。

4. 在未来的服务中，将如何运用专业收获开展项目服务

在未来的服务中，将加大亲子辅导及家长讲座的服务内容，让家长能与服务对象共同成长，达到更好地适应服务对象不同阶段成长的管教需要。

七、督导评语

（一）社会工作者在项目服务中价值理念的践行

在本项目中，社会工作者在项目服务中的价值理念为：

1. 社会工作一般价值。在社会工作的最新定义中，社会工作是以实践为基础的职业，是促进社会改变和发展、提高社会凝聚力、赋权并解放人类的一门学科。社会工作的核心准则是追求社会正义、人权、集体责任和尊重多样性。基于社会工作、社会学、人类学和本土化知识的理论基础，社会工作使人们致力于解决生活的挑战，提升生活的幸福感。在本项目中，不歧视，无条件的尊重，相信人能改变、尊重多样性等价值观得到了充分体现。

2. 社会工作本土化价值。价值是社会工作的核心灵魂，在不同时空指导着社会工作者为人类福祉和社会正义而奋斗，但社会工作价值必须适应于具体的实践。如果机械地应用所谓的普世价值观，将会因为“水土不服”而导致项目夭折。本项目中，社会工作者能在实践中加强与政府和购买方的深度合作，以提升服务效能，最终实现了服务对象及利益相关者多方的共同满意。

（二）社会工作者在项目服务中的专业能力

1. 发现服务对象问题和优势资源的能力。项目中的服务对象存在着各种各样的问题，有些是真正的问题，有些是人们在特定的文化和社会心理条件下所认为的问题。而在社会工作者看来，这些问题可能不是问题。本项目中，社会工作者发现服务对象的问题和优势资源的能力得到了充分展现。比如，对于自认为是“臭老鼠”的服务对象，社会工作者能发现他人性的闪光点和能力上的过人之处；对于行为怪异屡屡要自杀的服务对象，社会工作者能发现这些问题背后的问题；对于普通学生鄙视的服务对象，社会工作者能以高度的同理心充分了解其内心，提供针对性强的精准服务。

2. 具体问题具体分析的精准的实务干预能力。社会工作服务作为一个以实践为主体的职业，没有固定的程式和方法。因此，能否根据服务对象的现实问题，进行精准的介入，是社会工作服务能否奏效的关键要素。所以，也可以说，社会工作服务介入贵在精准，重在精准，成败在于精准。

在本项目中，这一能力得到了充分的体现。

（三）社会工作者在项目服务中突出的表现

1. 仁者爱人的专业情怀。在本项目中，社会工作者对于工作的极端投入，对于服务对象的无限热爱，是可圈可点的。利他主义精神，无条件的尊重和接纳，是社会工作者的现实准则。社会工作者的项目实施中，运用自己的天赋情感，无私地为服务对象的全面成长而努力。这种情怀值得永远发扬光大。

2. 广泛运用多种介入方法和技巧。在本项目中，社会工作者运用了融入社交技巧训练、情绪管理训练、社群化训练在校建立关爱群体的预期结果，通过游戏治疗、艺术治疗（剧场及绘画）的团体辅导工作、小组辅导工作、亲子辅导工作，创建关爱群体，调动各系统合力，协助和促进服务对象建立和提升能力，建立了关爱校园及关爱群体回馈学校，让服务对象对感恩有更深层次的理解。

（四）社会工作者在项目服务中有待提升的方面

1. 在专业方面，要正确认识社会工作的实际效用，提高专业能力。在本项目中，社会工作者介入了很多问题严重的服务对象，有些疗效显著，有些收效一般。在遇到见效慢的服务对象时，社会工作者不能着急，应该认识到社会工作不是万能的，个案的跟进过程不一定有鲜明的时间效率性，但社会工作者能做到的是让服务对象感受到陪伴和专业的支持。在跟进情绪辅导个案的过程中，社会工作者的努力方向并不完全是让服务对象消除负面、否定的想法和情绪，更多的则是与服务对象共同学习如何学会与情绪共存。

2. 在个人方面，如何与专业理论深度结合并指导实践。社会工作专业理论众多，很多理论最初并非为社会工作而设立，而是源自其他学科，被社会工作学科借用过来。因此，如何将专业理论与现实深度结合是非常关键的。比如善用优势视角者，经常反对问题视角，但事实上问题是确实存在的，需要社会工作者去切实解决。再如，运用认知行为治疗模式的社会工作者，常常将焦虑症患者的问题界定为认知问题，但事实上有些严重焦虑症患者存在严重的身体和精神问题，需要服用抗焦虑或抗抑郁药才能解决。

第二章 “爱满星空”关爱社区自闭症青少年服务项目

作者：张艳荣 李娇 督导：张艳荣①

一、项目介绍

“爱满星空”关爱社区自闭症青少年服务项目自2014年立项以来，一直致力于为社区6~12岁自闭症青少年及家长提供同伴介入、艺术调理、社区融入、个别化辅导及家庭互助支持等服务。项目自实施以来持续服务自闭症青少年16人、培养志愿者37人。项目实施地从一个社区拓展到另外三个社区，项目影响力逐步提升。

（一）项目的缘起

2014年，经过初步调研，某社区有16名特殊青少年，其中自闭症青少年8名、精神残疾青少年6名、肢体残疾青少年2名。2014年针对自闭症家庭、社区居民、社区志愿者进行了问卷调研与深度访谈，总计调研112名服务对象，回收有效问卷102份，深度访谈4人。通过调研，自闭症家庭的需求集中在社区融入、家庭互助支持、艺术调理三个方面。

鉴于服务群体及服务需求的特殊性，在服务介入过程中探索了“1+1+N”跨界别服务模式，即1个服务对象匹配1名志愿者进行同伴介入服务，链接N个社会服务资源，包括“深圳市自闭症研究会、金天研生心理健康服务有限公司”等。项目从服务对象所处的“朋辈、家庭、社区”三个系统出发，在服务系统和支持系统两个方面为服务对象提供服务，并形成服务项目逻辑图。

（二）项目简介

“爱满星空”关爱社区自闭症青少年服务项目自2014年立项以来，一

① 张艳荣、李娇，深圳市龙岗区至诚社会工作服务中心，深圳，518000。

直致力于为社区6～12岁自闭症青少年及家长提供同伴介入、艺术调理、社区融入、个别化辅导及家庭互助支持等服务。项目自实施以来持续服务自闭症青少年16人、培养志愿者37人，得到了服务对象的支持与认同。

二、预估

（一）预估服务对象

预估中的难点及其应对			预估服务对象
服务对象遇到的问题： 1. 社区对自闭症青少年及家庭的接纳程度低； 2. 自闭症青少年家庭照顾能力弱、资源少； 3. 自闭症青少年日常生活单一，无兴趣爱好。	服务对象的需求 1. 社区融入需求； 2. 家庭照顾者能力提升需求； 3. 兴趣培养需求。	资源及其资源障碍 1. 社会资源：深圳市自闭症研究会、金天研生心理健康服务有限公司等； 2. 社区资源：关工委、妇联、社区工作站等； 3. 人力资源：专业社会工作督导、一线社会工作团队、青少年志愿者团队； 4. 场地资源：心理咨询室、多功能活动室。	1. 自闭症青少年的行为特征有很多不确定性，比如大哭大闹、不愿意配合咨询师、暴力倾向等，在项目开展过程中可能有突发状况。因此，在项目实施前期需要与家长沟通，签订自愿参与项目协议，将一些可能发生的情况与家长进行说明，在相互信任的基础上一起为青少年的康复而努力。 2. 因每个自闭症儿童的情况不一，在资源配置方面会有所倾斜，在项目前期需要与家长沟通，以免后期造成误解。 3. 志愿者缺少与自闭症青少年相处的经验，故在前期志愿者培训时需要针对此类问题进行系统的培训，让志愿者有足够的心理准备和相关经验，能够处理普通的突发状况。

（二）预估项目

项目的各类资源	开展项目的阻碍
本项目由深圳市龙岗区至诚社会工作服务中心统筹运营，项目需要链接专业心理康复机构、自闭症青少年康复中心等提升项目的专业性和项目成效；另一方面需要链接资金资源，扩大项目参与人数，促进项目持续性。	项目需要针对小志愿者进行培养，因此需要与专业的心理康复机构和自闭症青少年康复中心合作，由于项目金额有限，需要沟通协商。

三、制订项目服务计划

1. 计划书名称

“爱满星空”关爱社区自闭症青少年服务项目

2. 设计理念

“同伴介入＋跨界合作”项目服务理念。在同伴介入方面，通过自闭症青少年与普通青少年一对一结对子陪伴的形式，协助自闭症青少年进行康复训练，建立恰当的社交模式，强化自闭症青少年合适的社交行为来提高其社交能力，促进自闭症青少年的社会融入；在跨界合作方面，运用个案管理，调动跨界资源，包括政府资源、医院、爱心企业、其他社会组织的资金、人力、物力支持，实现社会工作整合社会资源，投向社会公益的初衷。

其服务内容主要包括五个方面，一是能力建设计划，即培育项目专业志愿者；二是社区融入计划，通过“一对一”同伴介入的形式，促进自闭症青少年的社区融入；三是自闭症家庭志愿计划，为自闭症家庭提供心理减压服务，自闭症青少年照顾技巧训练；四是个案管理计划，针对不同服务对象特点，提供个案跟踪及艺术调理服务；五是社区宣传倡导计划，结合自闭症日开展主题宣传活动，倡导社区居民接纳、关爱自闭症青少年，营造和谐友爱的社区氛围。

3. 理论支持①

生态系统理论的关键在于将服务对象放在一个有层次的系统之中，将服务对象与其所生活的环境作为一个完成的整体来看待，通过改变系统来实现个人需要的满足。项目从生态系统理论出发，以服务对象所处的“朋辈、家庭、社区”三个系统进行服务介入，通过建设服务系统和支持系统，促进自闭症青少年的社区融入、康复训练和艺术调理，缓解照顾者的心理压力，提升照顾者的照顾能力。

4. 项目服务目标

（1）总目标：通过个人、家庭、社区三个层面的服务介入，促进自闭症青少年的社区融入、康复训练和艺术调理，缓解照顾者的心理压力，提升照顾者的照顾能力。

（2）分目标：50%的服务对象在社区融入、语言表达方面有明显改善；项目服务平均满意度在90%以上；培养一支16人稳定友爱的志愿者队伍，保证项目基础服务得到顺利开展。

---

① 全国社会工作者职业水平考试教材编写组．社会工作综合能力（中级）［M］．2018年3月第七版．北京：中国社会出版社，2018年：99.

5. 项目具体服务计划表

项目主题	开展时间	参与人员及人数	项目服务目标	主要内容	服务形式	所需资源	可能遇到的难点及解决预案
“关爱自闭症·传递蓝丝带”社区宣传活动	2018.4.2 15：30－18：00	社区居民110名	1.80%的参与者提高了对自闭症的认识； 2. 至少100名居民参与传递蓝丝带行动并系上蓝丝带。	本次宣传活动包括宣传品展示、宣传资料发放；帮扶体验以及传递“蓝丝带”等。	宣传活动	1. 蓝丝带150条； 2. 宣传展架及宣传品若干； 3. 帮扶体验道具5套。	难点：活动现场参与者比较少；活动现场较混乱。 应对：加大活动前期宣传力度，与居民小组工作人员沟通；活动前期做好工作分工，增加活动协助人员。
“如何与星儿相处”志愿服务培训活动	2018.4.22 15：00－16：30	青少年志愿者15名	1. 招募及遴选15名青少年志愿者； 2.80%以上的参与者了解到与自闭症青少年相处的方法。	活动主要介绍关于自闭症青少年的相处方法、行为准则等。	培训	会议室、电脑、投影仪、PPT课件、专业师资。	难点：报名人数少，互动环节不活跃。 应对：加强活动前期宣传招募、遴选，做好活动前期动员和确认工作。
“快乐星儿”关爱自闭症青少年“梦想屋”制作活动	2018.6.3 14：45－16：45	特殊青少年及家长、青少年志愿者共24人	1.80%的自闭症青少年能够与普通青少年融入； 2.90%的自闭症青少年感受到了六一的节日氛围。	本次活动主要包括热身游戏“拍拍操”“梦想屋”制作、填写梦想卡、互动分享环节。	工作坊	横幅、签到表、笔、相机、雪糕棒房子道具、礼物、活动反馈表、礼品签收表、小蜜蜂扩音器。	难点：部分自闭症青少年好动，无法完成手工。 应对：及时补充手工制作的步骤解说，并提醒家长和志愿者给予引导和鼓励；提前对志愿者进行引导，协助活动。

续表

项目主题	开展时间	参与人员及人数	项目服务目标	主要内容	服务形式	所需资源	可能遇到的难点及解决预案
“以爱的名义，送母亲一份礼物”自闭症青少年绘画时装秀活动	2018.5.13 14：45－16：45	特殊青少年及家长、青少年志愿者共21人	1.80%志愿者和自闭症青少年在绘画的过程中进行了积极、频繁的互动； 2. 参与活动的自闭症青少年都表达对母亲的爱； 3. 参与活动的家长都感受到了来自青少年的爱。	本次活动主要通过道具游戏和“一对一”结对子完成绘图作品的形式来促进星儿和志愿者的沟通交流，从而达到促进相互融入的目的。	工作坊	签到表、笔、小蜜蜂扩音器、相机、礼品签收表、T恤、活动反馈表、桌子、凳子。	难点：自闭症青少年与普通青少年交流过少，某些自闭症青少年无法完成手工。 应对：鼓励普通青少年多主动，安排年龄较大、动手能力强的普通青少年在一旁协助共同完成任务。
2018年度自闭症青少年集体生日会	2018.7.15 14：45－16：45	特殊青少年及家长、青少年志愿者共22人	1.80%的自闭症青少年和普通青少年的互动性得到提高； 2.100%的自闭症青少年在生日会中收到普通青少年的祝福。	小志愿者与星儿一起完成贴画、切蛋糕、赠送生日礼物和祝福等。	工作坊	笔、相机、贴画道具、生日礼物、蛋糕、活动反馈表、装扮物资、志愿者纪念品。	难点：有个别服务对象较难融入活动中。 应对：社工与志愿者加以引导，并提前进行演练。

续表

项目主题	开展时间	参与人员及人数	项目服务目标	主要内容	服务形式	所需资源	可能遇到的难点及解决预案
“即兴剧场减压工作坊”	2018.8.25 15：00－16：30	特殊青少年及家长、青少年志愿者共23人	创造轻松活动氛围，使90%或以上的参与者至少参与互动两次并爆笑。	本次活动主要是以剧场的形式开展，即创作性戏剧初阶的专注、肢体动作、身心放松、游戏、想象、进阶的角色扮演、默剧、即兴表演、说故事剧场等。	工作坊	椅子、相机、即兴剧场讲师。	难点：服务对象家长日常奔波于各康复机构，较难进入这个轻松的氛围。 应对：社会工作者提前与即兴剧场讲师做好沟通，让讲师对服务对象情况有充分的了解，做好现场的把控。

6. 项目评估

项目资金管理。项目在每一年度均会结合资助情况、项目内容制定项目预算，并按照预算要求实施。项目实施后，每季度、半年度、年度进行资金核算，并向资助方反馈资金使用情况。

项目服务管理。项目在实施过程中通过问卷、访谈、观察等方法从服务对象、家长、志愿者三个维度进行成效测评；但项目前后测评的方法运用不够专业和系统，加之项目群体的特殊性，项目成效在初期不明显，项目后期以服务对象的改变佐证项目成效。

四、实施项目服务计划

（一）开展项目服务

开展项目服务的过程	项目服务的方式及方法	开展项目服务中的难点及其应对
项目初期：社区摸底＋人员排查。在2014年，经过初步调研，某社区有16名特殊青少年，其中自闭症青少年有8名，精神残疾青少年6名，肢体残疾青少年2名，再对周边社区进行走访，共发现自闭症青少年15名；针对自闭症家庭、社区居民、社区志愿者进行问卷调研与深度访谈，回收问卷102份，深度访谈4户家庭，服务对象的需求集中在社区融入、家庭互助支持和艺术调理三个方面。	问卷调研＋访谈	难点：所调研的对象不愿意进行深度的访谈。 应对：通过多次拜访，建立了稳定的关系；结合引导、专注、倾听等技巧与调研对象进行深度访谈。
项目中期：探索服务模式＋形成项目服务逻辑图。在服务介入过程中探索了“1＋1＋N”跨界服务模式，即1个服务对象匹配1名志愿者进行同伴介入服务，链接N个社会服务资源，为服务对象提供心理辅导、生活自理能力训练及为服务对象家庭提供减压服务等。项目从服务对象所处的“朋辈、家庭、社区”三个系统出发，在服务系统和支持系统两个方面为服务对象提供服务，并形成项目逻辑图。	“1＋1＋N”跨界别服务模式	难点：自闭症青少年的行为特征有很多不确定性，在项目过程中可能有突发状况；一些服务对象的改善不明显，容易导致纠纷。因每个特殊青少年的轻重程度不一，在资源配置方面会有所不同，容易引起误解。小志愿者缺少和自闭症青少年相处的经验，影响活动程序。

续表

开展项目服务的过程	项目服务的方式及方法	开展项目服务中的难点及其应对
项目中期：探索服务模式+形成项目服务逻辑图。在服务介入过程中探索了“1+1+N”跨界服务模式，即1个服务对象匹配1名志愿者进行同伴介入服务，链接N个社会服务资源，为服务对象提供心理辅导、生活自理能力训练及为服务对象家庭提供减压服务等。项目从服务对象所处的“朋辈、家庭、社区”三个系统出发，在服务系统和支持系统两个方面为服务对象提供服务，并形成项目逻辑图。	“1+1+N”跨界别服务模式	应对：在项目实施前期需要与家长进行充分沟通，签订一份自愿参与项目协议，将一些可能发生的情况与家长进行沟通说明，在相互信任的基础上一起为青少年的康复而努力。在前期志愿者培训时需要进行系统的培训，让小志愿者有足够的心理准备，能够应对普通的突发状况。
项目后期：服务反思+总结经验。该项目致力于服务自闭症青少年，坚持专业服务，一是合作方要专业；二是为家长提供康复治疗培训，提升家长康复训练的专业性；三是为志愿者提供自闭症青少年交流技巧培训，提升“一对一同伴介入”的专业性。项目在开展前、中、后期均会进行全面、深入反思，以不断总结项目经验。	督导，总结反思会议	需要针对持续参与项目服务的服务对象、社会工作者、合作方等进行多维度反思，总结项目成效。

（二）结束项目服务

结束项目服务的标准（或指标）	结束项目服务的方式及方法	结束项目服务的难点及其应对
结合项目目标达成情况及服务对象新增情况。	通过走访、总结座谈会等直接告知服务对象。	暂无

五、评估

（一）评估的内容及方法

1. 服务成效评估。项目在实施过程中通过问卷、访谈、观察等方法从服务对象、服务对象家长、志愿者三个维度进行服务成效测评。

2. 资金使用情况评估。项目在每一年度均会结合资助情况、项目内容制定项目预算，并按照预算要求实施。项目实施后，每季度、半年度、年度进行资金核算，并向资助方反馈资金使用情况。

（二）项目服务的成效

1. 为16名自闭症青少年提供个案管理服务，其中3名自闭症青少年改善效果显著，2名已经入学。

2. 建立“一对一”志愿者队伍16人，家长互助支持小组18人。

3. 主题活动平均满意度97.6%，得到省级媒体报道1篇，市级媒体报道6篇，自媒体单次服务点击率150人次以上。

4. 项目获得街道、区、市三级认可，项目得到省级媒体报道1篇，2015年获得区社区党群服务中心优秀项目，2016年获得街道第二届社区服务项目大赛三等奖。

5. 项目服务范围从1社区拓展到4社区。

（三）评估中遇到的难点及其应对

1. 项目资金问题。项目资金主要来源于政府单位支持，通过项目实施成效汇报，争取资金支持。

2. 专业单位的持续性合作问题。主动与具有相关资质的单位建立关系，尝试并推动持续合作。

3. 志愿者的专业能力提升问题。针对报名志愿者进行严格筛选，链接专业机构为志愿者开展自闭症青少年的相关知识培训，为同伴介入服务奠定基础。

六、总结与反思

（一）收获

1. 形成了项目逻辑图，探索了“生态系统理论+同伴介入+跨界合作模式”的运用，培养了在自闭症青少年方面具有工作经验的社会工作者。

2. 与各资源方建立了良好的合作关系，扩展了项目的支持系统。

3. 项目得到了服务对象和资金支持单位的认可，项目服务范围不断扩大。

（二）经验与创新

1. 项目服务中用到的过往工作经验或方法

一是坚持前期调研，精准服务需求。正是缘于项目前期进行深入调研，才能够掌握所服务社区服务对象的基本情况及服务需求。二是坚持资源整合，跨界联动。单纯依靠项目工作人员的能力是有限的，故项目从人力、物力、财力三个方面坚持以往项目资源整合、跨界合作的经验，促进项目持续性。最后，坚持社会工作者助人自助、专业服务的理念。项目致力于提升自闭症青少年及其家长的自助能力，同时在项目开展中无论是合作方的引入还是志愿者的培养均坚持专业服务的理念。

2. 项目服务中的创新

一是契合精准扶贫政策，聚焦自闭症青少年群体，实现心智障碍扶贫。该群体的服务介入是社会工作服务机构在服务群体上的重要突破。二是创新服务策略，运用个案管理，调动跨界资源。在整个项目运营期间共获得了社区、关工委、妇联、医院、银行、其他社会组织等在资金、人力和物力方面的支持，实现了社会工作“整合社会资源，投向社会公益”的初衷。三是操作方法创新，同伴介入服务，促进社会融入。通过自闭症青少年与普通青少年结对子陪伴的形式，协助自闭症青少年进行康复训练，建立恰当的社交模式，促进其社会融入。

3. 项目服务对行业工作的贡献及价值

自闭症青少年已经成为社会越来越关注的重要群体，目前在社会工作服务机构间尚无形成可借鉴的服务模式或服务经验，未来具有广阔的发展空间；该项目在介入过程中形成的项目逻辑体系、项目理念及经验对后续服务具有很好的借鉴和指导作用。

（三）专业反思

1. 项目服务中印象最深刻的是什么

社会工作者强调尊重、接纳、助人自助，在本项目服务中，对于特殊群体，当我们同样付出了接纳及平等之爱后，给予他们的则是强大的力量。曾有一名项目的服务对象在参加完一对一帮扶活动后，得到了同伴的鼓励，回家后努力走出第一步，开始了写字、算数。这就是社会工作者对助人自助服务理念的践行。

2. 项目服务中有哪些印象深刻的情绪感受

社会工作者能看到的最多的是母亲对于服务对象的付出，但由于服务对象的特殊性，很少进行爱的表达。但项目服务中有一场“以爱之名”送母亲一份礼物的活动，当服务对象在志愿者的帮助下，绘出一件“七彩”T恤，在引导下送给母亲时，母亲们异常激动。看着母亲们情绪的释放，社会工作者也深刻感受到了特殊青少年家庭的不易以及项目为服务对象带来的改变。

3. 项目服务中有哪些与专业服务有关的新发现

（1）青少年志愿者一对一结对子帮扶的模式。

（2）撬动社区内外资源，以“1+N”模式开展项目服务。

4. 在未来的服务中，将如何运用专业收获开展项目服务

进一步优化项目逻辑图，丰富项目内容；拓展项目服务对象，对前期接受服务的服务对象成效进行长效监测；持续培养项目志愿者，为后续项目服务介入奠定基础。

七、督导评语

（一）社会工作者在项目服务中价值理念的践行

社会工作者通过运用生态系统理论及同伴介入理念，在服务中坚持“助人自助”，促成了服务对象的良好改变。

（二）社会工作者在项目服务中的专业能力

在该项目服务中，社会工作者注重建立两个系统，一是服务系统，二是支持系统。社会工作者通过个案管理、同伴介入、艺术调理、家庭支持、社区氛围营造五个方面，促进了服务对象及家庭照顾者的改变，彰显了社会工作者的专业能力。

（三）社会工作者在项目服务中突出的表现

自闭症青少年的服务成效需要经过长期的服务跟进与监测，这也需要

社会工作者不断进行心理建设与能力建设。项目自2014年开展后，项目团队一直坚持开展相关项目服务，并促成了3个自闭症青少年入学，是社会工作者和服务对象的坚持带来了项目的良好成效。

（四）社会工作者在项目服务中有待提升的方面

社会工作者在自闭症青少年方面的服务技巧和服务能力需要进一步提升，后续项目需要结合安排对项目社会工作者进行长效培养，提升项目人员专业能力。

后　记

为了总结我国青少年事务社会工作的实务经验，推动青少年事务社会工作的发展，提高青少年事务社会工作者的职业化、专业化水平，中国社会工作学会于2018年底至2019年上半年开展了“征集评选优秀青少年事务社会工作实务案例”活动，全国众多社会工作服务机构、社会工作学者、一线社会工作者积极参与、踊跃投稿，本书就是部分获奖案例的汇编。

收入本书的案例基本上都有三个特点：一是真实性，即案例所提供的基本案情、工作过程、记录材料等均来源于实际的社会工作，内容真实有效，评述公正客观；二是专业性，即案例内容均具备了社会工作方法的基本要素，反映了社会工作的具体流程，体现了社会工作的专业理念；三是典型性，即案例均具有一定的现实意义和可操作性，可代表青少年事务社会工作的一般操作程序，反映了青少年事务社会工作的特色，对同类服务具有积极的示范作用。

本书案例比较全面地反映了青少年事务社会工作的主要领域，体现了青少年事务社会工作实务经验的丰富性。本书案例所涉及的青少年事务社会工作领域有九个方面：青少年道德建设、青少年权益维护服务、青少年违法犯罪预防与矫治服务、青少年社会融入和社会参与服务、青少年身心健康促进服务、青少年婚恋交友支持服务、青少年创业就业服务、青少年社会保障服务、青少年事务社会工作项目管理。

“青少年道德建设”“青少年违法犯罪预防与矫治服务”“青少年社会

保障服务”三篇（共11章）由中国青年政治学院讲师周军编审，中华女子学院副教授苗艳梅、中国青年政治学院社会工作专业硕士研究生郑州莹参与编审；“青少年身心健康促进服务”“青少年婚恋交友支持服务”“青少年创业就业服务”三篇（共8章）由中国青年政治学院讲师韩辉编审，北京政法职业学院助教曾庆松参与编审；“青少年权益维护服务”“青少年社会融入和社会参与服务”“青少年事务社会工作项目管理”三篇（共13章）由华南农业大学教授、北斗星社会工作服务中心治理委员会主任张兴杰编审，广州市穗协社会工作资源中心评估及培训专员徐玉霞、广州市穗星社会工作服务中心总干事何俊华、广州彩虹社会工作事务中心总干事陆卫红、中国农业大学社会学专业博士研究生苏志豪参与编审。北京华益社会工作促进中心联合发起人、总干事郑玉珍深度参与了“征集评选优秀青少年事务社会工作实务案例”的相关工作。

中国社会工作学会秘书长邹学银全程指导、参与了“征集评选优秀青少年事务社会工作实务案例”活动和本书的编写。

本书案例大多出自年轻的一线社会工作者，案例撰写时间很短，多数案例都没有参考什么文献，书的内容不少方面还显得比较稚嫩，还存在诸多不足，恳请各位读者不吝赐教，以便再版时修订。

张兴杰